サービス商品論

櫛田 豊 著

桜井書店

はしがき

　1　私は，早稲田の大学院時代からサービス商品論を専攻し，その後幸いにしてサービス商品論の研究を一貫して継続することができた。この分野で執筆した単著として，本書は2冊目になる。旧著（『サービスと労働力の生産――サービス経済の本質――』創風社，2003年）を発表した前後から，人間の能力を生産物範疇で捉える私見が少なからぬ論者の目に留まり，幸いにして検討そして批判の対象になった。労働過程論，価値論，再生産論，国民所得論，国家論等の多岐に亘る分野で，私見に対する検討と批判に応えるために発表してきた論稿が本書の元になっている。これらを整理してみると，思いもかけず体系的な体裁が整っているので驚くと同時に，これを機にひとつの区切りとして著書に纏めた次第である。

　本書は，教育，医療，福祉，娯楽等の対人労働部門をサービス産業と規定し，その経済理論的解明を試みている。対人労働部門は，財貨の運輸や修理や保管，また商業や金融等とともに，一般にこれまでは第3次産業あるいは広義のサービス産業に含めて論じられてきた。しかし，財貨の運輸や修理や保管は製造業や建設業などとともに物質的財貨の生産のなかに含めるべきものであり，商業や金融は経済的取引における権利また価値の移転を主たる目的にしており，生産活動ではない。したがって，本書がサービス産業と捉える教育，医療，福祉，娯楽等の対人労働部門は，財貨の運輸や修理や保管そして商業や金融といった社会的労働部門とは経済的性格が異なっている。そして今日，多くの先進資本主義国の産業別の就業労働者構成比において，教育，医療，福祉を中心とした「公共サービス」だけで全体の20％近くに達し，対人労働部門として本書が捉えるサービス産業はますますその比重を高めようとしている。このような現実を眼前にして，対人労働部門の経済的性格を解明し社会的再生産のなかに適切に位置づけることが求められているのである。

　対人労働部門としてのサービス産業を経済理論的に解明するために，本書が取り組んだ課題と論点を順に記すことにする。また，以下に記す内容は，本書で展開される各章の主題をあらかじめ纏めたものでもある。

2 対人労働部門としてのサービス産業を経済理論的に解明するにあたっての根本は，教育，医療，福祉等の対人労働部門の経済過程を生産過程であると捉えるか，そうではなく消費過程あるいは流通過程であると捉えるか，にある。前者の生産過程として捉えるならば，生産物という素材的視点また価値・価格といった評価体系の視点においても，対人労働部門で新たな経済的成果が産出されるとみることである。逆に後者であれば，対人労働部門で新たな経済的成果は産出されず，そこでは過去に産出された経済的成果が流通ないし消費されるだけであるとみることになる。このように，両者の視点は根本的に異なっているのであって，この違いは対人労働部門の経済過程に対するミクロ的把握の相違にとどまらず，国民所得論，経済成長論，国家論の捉え方にまで波及する根本問題なのである。

第1章「サービス生産物と新しい生産物観」は，対人労働部門が生産過程であるとみる本書の視点の基礎を与えるものである。本書は，対人労働部門を素材的視点でみた場合，人間の能力という生産物が産出される経済過程であるとする。つまり，教育では知力・体力といった学生の能力，医療では健康といった患者の能力，スポーツ・音楽・芸能の興行では精神的なリフレッシュといった観客の能力がそれぞれ維持・形成されるとするのである。本書のこうした把握は，人間の変換された能力を生産物という概念で捉えることを主張しており，生産物と言えば農産物や工業製品といった財貨の集合であるとする生産物観からの脱却・転換をはかっている。こうした見地にもとづき，第1章では，教育，医療，福祉等の対人労働部門で産出される人間の能力をサービス生産物と定義する。そのうえで，サービス生産物は財貨のような社会的労働による直接的な労働生産物ではなく，社会的労働と消費活動による共同生産物であるとする特殊性を明らかにしている。人間の能力に着目して，新しい生産物観を提起し，サービス生産物を共同生産物とする把握はわれわれ独自のものである。サービス論争に加わった多くの論者の賛同を得るに未だ至っていないが，広く読者の検討と判断を仰ぎたいと願っている。

第2章「サービス商品と労働価値説」は，資本制経済において人間の精神的・肉体的諸能力の総体である労働能力が広く商品化することを背景に，対人労働部門で産出される人間の能力も商品化することを論じている。本書は，対人労

働部門で商品として産出される人間の能力をサービス商品と定義し，このサービス商品に関わる経済的取引である教育における在学契約，医療における診療契約，福祉における入所契約などをサービス提供契約と呼ぶ。そのうえで，労働力商品の経済的取引である雇用契約は所有権の移転をともなう売買であるが，これに対し対人労働部門におけるサービス提供契約は支払請求権あるいは支払義務の発生と消滅であり，それは財貨商品の取引や雇用契約の場合と異なり所有権の移転をともなう売買ではないことを論じている。サービス商品の経済的取引は対価の支払いをともなうが売買ではない，とする把握は本書独自のものである。この把握は同時に，商品といえば売買であり，売買されることが商品であることの必要条件であるとする商品概念の見直しを主張している。この点も，広く読者の検討と判断を仰ぎたいと願っている。本書は，サービス商品が資本の排他的所有物となって売買される商品ではないとしつつも，対人労働部門における社会的労働の投入によって，サービス商品には剰余価値を含む新価値が創造されることを論じている。

　第3章「有用効果生産物説の批判」および第4章「有用効果生産物説の"サービス産業像"批判」は，サービス産業の経済過程を生産過程であるとみる有力な見解のひとつである有用効果生産物説を取り上げ，これを理論的・実証的に批判するとともに，この見解にもとづくサービス産業像を批判する。有用効果生産物説は，対人労働部門だけでなく財貨の運輸・修理などの物的サービス，ソフトウェア業などの情報関連サービスを含めてサービス産業とし，これらが就業者やGDPのなかで比重を高めてきていることを根拠に先進資本主義諸国における経済のサービス化を主張している。しかし，財貨の運輸・修理などの物的サービスは財貨生産のなかの追加的生産であり，ソフトウェア業などの情報関連サービスも情報財の製造・メンテナンスであり，これらはいずれも物質的財貨生産の範疇に含めて捉えられるべきものである。有効効果生産物説にもとづいて経済のサービス化を主張することは，物質的財貨生産の比重を過小評価し，経済のサービス化の過大評価につながるのである。また，有用効果生産物説の理論的根拠は労働あるいは労働過程そのものを有用効果生産物とするところにあるが，労働価値説の視点からすると，労働あるいは労働過程そのものを生産物とする見解は理論的整合性に欠けることを論じている。

第5章「サービス部門と再生産表式」および第6章「サービス部門と投入・産出モデル」は，対人労働部門としてのサービス部門が資本主義的商品の生産部門であるとする本書の見解を踏まえ，社会的再生産モデルを再構築している。再構築を試みたモデルは，再生産表式および投入・産出モデルの2つである。まず第5章「サービス部門と再生産表式」は，再生産表式が純生産物の迂回生産モデルという性格をもつと解釈し，そのうえで純生産物にサービス商品を加え，人間の能力をサービス商品として生産するサービス部門を社会的労働部門の3大部門のひとつに位置づけた。サービス商品を純生産物の構成要素のひとつとして捉えることにより，迂回生産モデルである再生産表式にサービス部門を加える意義を明確にした。すなわち，純生産物総体の持続的再生産また拡大再生産が正常に進行するためには，生産財および消費財といった財貨生産が一定の生産力水準を保ちまた発展するばかりでなく，教育，医療，福祉，娯楽等のサービス部門により就業労働者および彼の家族構成員（専業主婦，子ども，高齢者等）の能力を一定水準に保ちまた発展させることが不可欠なのである。サービス部門を再生産表式の商品生産部門として導入する意義は，これを経済の迂回生産モデルとして示せるところにある。

　次に第6章「サービス部門と投入・産出モデル」は，適切な方法的処理を施すことによって，再生産表式から投入・産出モデルへの接合が可能であることを論じている。産業連関表に代表される投入・産出モデルは，生産財の投入・産出を行列形式で表示し，生産財を産出する産業の部門間連関を究明することを目的にして形成されたモデルである。それ故，消費財部門とサービス部門とを組み込んだ再生産表式をいかにして投入・産出モデルに接合するかということが課題になる。これについては，労働者用の消費財およびサービス商品を各産業部門の労働力投入に対応する擬制的投入物としてみなして投入係数行列を作成するという方法を示した。これにより，サービス部門と財貨生産部門の相互依存，相互規定の関係が明確になるとともに，経済の正常な状態が社会全体として持続的に再生産するには，サービス部門と財貨生産部門の双方において剰余を生みだす相応の生産水準が必要であること等を論じている。また，サービス部門を加えた投入・産出モデルをベースに，価値体系，価格体系といった経済の評価体系を検討している。サービス部門が人間の能力を素材的実体とす

る資本主義的商品の生産部門であることを踏まえ2つの社会的再生産モデルの再構築を試みたが，これをつうじて明瞭になったことは，サービス部門は社会的労働による労働力の部分的生産部門という性格をもつという点である。

　第7章「サービス商品と国民所得」は，サービス部門が純生産物である国民所得の生産部門であることを論じ，再生産表式をベースに国民所得を生産局面，分配局面，消費局面で定義した。サービス部門は生産上の空費であり，財貨部門によって扶養される不生産部門であるとする従来の見解に対し，サービス商品を純生産物に加えることをつうじそれに対抗できる明快な論理を示した。サービス商品を純生産物に加えることは，経済活動において財貨生産だけが経済の目的ではなく，人間の能力の生産も経済の目的のひとつになることを示している。経済の目的が国民生活の維持・向上にあるとすれば，財貨生産が増大することは国民生活を豊かにする条件をつくりだすから，経済学の射程なり考察範囲は財貨生産で十分であるという考え方が少なからず存在する。農業生産物あるいは工業生産物を経済的富の中心におく論はその象徴である。しかし，こうした論は財貨生産が増大しただけで必ずしも自動的に国民生活が豊かになるわけではないという簡明な事実を没却している。国民生活の維持・向上には財貨を生産手段にした対人労働部門，すなわち人間の能力の形成・維持・向上をはかる教育，医療，娯楽等の社会的労働部門が必要になる。しかも，それら労働部門によって形成・維持・向上された人間の能力は，逆に財貨生産を効率的に生産する手段にもなる。財貨生産と人間の能力の生産は相互に連関しながら経済活動を活性化させ国民生活の維持・向上につながるのであり，こうした見地からすれば，財貨だけでなく人間の能力も経済的富に含まれる。国民所得の現物形態に財貨とともに人間の能力を明確に位置づけた3部門構成の社会的再生産モデルはこうした見地に立つ。

　第8章「国民所得と公共部門」は，公共サービスを生産活動として捉える論を提示する。第1章と第2章では，サービス部門で維持・形成される人間の能力を生産物と規定した。それは，新しい生産物観にもとづくサービス商品論の基礎を与えるものであった。その後の各章は，この基礎理論にもとづきサービス産業論，再生産論，国民所得論等に検討を加え，一部見直しを含めて新しい視点を示した。第8章は，新しい生産物観にもとづきサービス部門が人間の能

力を生産することを主張する本書のいわば到達点にあたる。すなわち，政府・地方自治体等の公共部門は公共サービスをつうじ国民の能力を維持，形成，発展させる生産活動を担う，とする論の展開である。これに関連し，国家は二面的性格をもち階級国家であると同時に国民国家であるとし，唯物史観における「物質的生産の第一義的役割」および「土台―上部構造論」をどう解釈するかについて論じている。公共サービスは生産活動であるとし，国家は上部構造であるだけでなく経済過程を担うとする論は，本書独自のものである。広く読者の検討と判断を仰ぎたいと願っている。

3 以下に，各章の元になった初出論文を記す。各章は，現在の到達点に立った統一的な視点から，以下の諸論稿に削除と補筆修正を加えたものである。

第1章 サービス生産物と新しい生産物観
「サービス生産物とその経済的性格（再論・上）」青森大学学術研究会『研究紀要』第36巻第3号，2014年2月。

第2章 サービス商品と労働価値説
「サービス生産物とその経済的性格（再論・下）」青森大学学術研究会『研究紀要』第37巻第1号，2014年7月。

第3章 有用効果生産物説の批判
「サービス商品の共同生産過程――飯盛教授の拙論批判への回答――」佐賀大学『経済論集』第44巻第5号，2012年3月。

第4章 有用効果生産物説の"サービス産業像"批判
「『対事業所』サービスの経済的性格――飯盛信男氏の見解をめぐって――」斎藤重雄編『現代サービス経済論』II部4章，創風社，2001年。
「書評：飯盛信男著『日本経済の再生とサービス産業』」経済理論学会編『季刊 経済理論』第52巻第1号，2015年4月。

第5章 サービス部門と再生産表式
「サービス生産と再生産表式」経済理論学会編『季刊 経済理論』第42巻第2号，2005年7月。

第6章 サービス部門と投入・産出モデル
「社会的再生産とサービス部門」日本大学経済学部『経済集志』第77巻第4

号，2008年1月。
　第7章　サービス商品と国民所得
　　「サービス商品と国民所得（上）」青森大学学術研究会『研究紀要』第37巻
　　　第3号，2015年2月。
　第8章　国民所得と公共部門
　　「サービス商品と国民所得（下）」青森大学学術研究会『研究紀要』第38巻
　　　第1号，2015年7月。

　4　本書のサービス商品論の根幹は，人間の能力を生産物範疇で捉えるところにある。そこから出発して，サービス生産物の共同生産過程論，サービス商品のサービス提供契約論，対人労働部門を中核とするサービス産業論，サービス部門を労働力の部分的生産部門とする社会的再生産論，サービス商品を純生産物の構成要素に加えた国民所得論また国富論，国家の二面的性格を踏まえた唯物史観の再解釈などを理論的に展開している。思い返せば，約10年前の旧著を発表した頃に人間の能力を生産物範疇で捉える着想は明確になっていたが，商品論や再生産論などの関連する分野との理論的整合性は十分に詰め切れていなかった。しかも，人間の能力を生産物範疇で捉える着想そのものが大胆なものであって，サービス論争のなかで当初は門前払いされるような代物であった。そのようななかで，この分野の第一人者であり私見とまったく対立する見解にあった金子ハルオ氏が，批判的な立場からとはいえ，著書のなかで私見を本格的に取り上げてくれた。その後，直接お会いする機会があり金子氏が私に話されたことであるが，私見の着想は荒唐無稽のようにみえるが労働価値説の根幹にある労働力概念をベースにしているから研究を進める価値がある旨の言葉をいただいた。その言葉をきっかけに30年近くにわたってサービス商品論を生涯の研究テーマとするに至った。

　また，私見の着想は，無形生産物説あるいは有用効果生産物説に立ってサービス商品論を展開していた代表的論者である故刀田和夫氏や飯盛信男氏による検討と批判を頂戴し，私見の理論展開を進める大きなバネになったことが本書の各所に記してある。そしてとくに，斎藤重雄氏とは，細部について見解の相違はあるものの，人間の能力を生産物範疇で捉える着想に賛同し合い，それを

踏まえてサービス生産物の共同生産過程論をともに展開することができた。斎藤氏との長期にわたる意見交換がなければサービス商品論に関する研究の継続は果たしえなかったという思いもあり，感謝の念に堪えないところである。しかも，経済理論学会において，人間の能力を生産物範疇で捉えサービス生産物の共同生産過程論を展開する斎藤氏と私の見解は，今日ではサービス商品論を代表するひとつの見解として認められるに至っている。これも，斎藤氏との意見交換と共同研究がなければ果たしえなかったところである。

　サービス商品論について，斎藤氏と私の見解は，労働価値説の根幹にある労働力概念をベースに出発している。いま思うに，この分野の代表的論者である金子氏は，そうであるが故に斎藤氏と私の見解を無視また排斥できなかったのである。周知のように，新古典派の体系には労働力商品論は存在しない。労働力商品による商品価値の形成を説くことは労働価値説の根幹である。人間の能力を生産物範疇で捉え，そこに商品価値の形成を説く斎藤氏と私の見解は，カール・マルクスの労働力商品論にとどまらず，18世紀後半の古典派経済学における労働価値説の伝統を受け継ぐものであると言ってもよい。人間の能力を生産物範疇で捉えることを基本にサービス商品論およびサービス産業論を展開することは，新古典派の系統のサービス商品論とは商品の実体把握が異なり，またその系統のサービス産業論とは押さえる範囲が異なってくる。よって，本書で展開するサービス商品論とサービス産業論は新古典派の系統のそれとは異なる社会経済的意味をもつことにつながるのである。

　本書の出版にあたっては，専門書の出版が厳しい環境下にあるにもかかわらず，桜井書店の桜井香氏に快くお引き受けいただいた。また，同氏には校正の際に適切な指摘を数多くいただいた。あわせて感謝する次第である。

　最後に，私の研究者としての生活を長年にわたり支えてくれた妻の薫に本書を捧げる。

2016年5月20日

櫛田　豊

目　次

はしがき　3

第1章　サービス生産物と新しい生産物観……………………15
　はじめに…………………………………………………………15
　Ⅰ　伝統的な生産物観からの脱却……………………………15
　　1　生産物としての労働力およびサービス………………18
　　2　サービス生産物の生産量………………………………21
　　3　サービス生産物の「人間の内部存在説」と
　　　「人間の外部存在説」……………………………………24
　Ⅱ　サービス業の共同生産過程および共同生産物…………27
　　1　サービス業の労働過程…………………………………29
　　2　共同生産過程……………………………………………30
　Ⅲ　生産的消費と個人的消費…………………………………33
　　1　金子ハルオ氏の見解……………………………………33
　　2　生産と消費の同時性……………………………………35

第2章　サービス商品と労働価値説……………………………39
　Ⅰ　サービス商品の生産過程…………………………………39
　　1　サービス商品の生産過程における投入と産出………40
　　2　サービス商品の価値形成過程…………………………41
　　3　消費活動と新価値………………………………………44
　Ⅱ　サービス提供契約…………………………………………45
　　　──サービス商品の価値・剰余価値の実現──
　　1　サービス提供契約をつうじたサービス商品価値の実現……46
　　2　サービス商品と商品の本質──"他人の商品生産説"
　　　という批判の検討…………………………………………51
　Ⅲ　サービス業における平準化生産の相対的困難性と
　　　労働価値説…………………………………………………55
　　1　サービス業における平準化生産の相対的困難性……55

2　サービス業への労働価値説の適用 ……………………………………… 61
　　3　サービス業における需要と供給の不一致 …………………………… 65
　Ⅳ　集団的サービスの価値形成 …………………………………………………… 67
　　1　サービス商品価値についての2つ設例 ……………………………… 68
　　　①　サービス生産量のバラツキとサービス商品価値――［設例1］　68
　　　②　同種サービス商品をめぐる競争とサービス商品価値――［設例2］　70
　　2　集団的サービスの価値形成をめぐる金子氏の見解と刀田氏の見解 ……… 72
　　　①　金子ハルオ氏の見解　72
　　　②　刀田和夫氏の見解　76

第3章　有用効果生産物説の批判 ……………………………………………… 83
　Ⅰ　時代の変化と飯盛氏のサービス論 ………………………………………… 83
　　1　飯盛信男氏の功績 …………………………………………………………… 83
　　2　飯盛氏のサービス論とその問題点 ………………………………… 86
　　　①　有用効果生産物　86
　　　②　労働対象の不在　88
　　　③　対物サービス　89
　Ⅱ　拙論批判への回答 …………………………………………………………… 91
　　1　労働力の売買は擬制ではない …………………………………………… 92
　　2　労働力価値は労働力に内在 ……………………………………………… 95
　　3　人間の能力は資本によって生産される（サービス商品）…………… 97
　　　①　サービス商品生産過程は社会的労働と消費活動の共同生産過程　98
　　　②　飯盛信男氏への回答　102

第4章　有用効果生産物説の"サービス産業像"批判 ……………… 107
　はじめに ……………………………………………………………………………… 107
　Ⅰ　「対事業所サービス」の成長とサービス経済化 ……………………… 107
　Ⅱ　「対事業所サービス」の理論的把握における問題点 ………………… 115
　　1　「有用効果生産物説」の特質、"無形生産物"および
　　　　"労働対象の不在" …………………………………………………………… 115
　　2　「対事業所サービス」における物質的生産部門 ………………… 117
　　　①　情報財の生産部門　117
　　　②　物質的生産の延長部門　120
　　3　「対事業所サービス」における流通部門 ………………………… 123

4　「対事業所サービス」におけるサービス部門……………………126
　おわりに……………………………………………………………………130
　補　書評：飯盛信男著『日本経済の再生とサービス産業』…………130

第5章　サービス部門と再生産表式……………………………………143
　Ⅰ　迂回生産と再生産表式…………………………………………………143
　Ⅱ　サービス部門を再生産表式に導入する際の論点……………………147
　　1　サービス部門は生産部門……………………………………………147
　　2　サービス部門で使用される財貨は生産財…………………………149
　　3　サービス商品は各部門の賃金（V）および利潤（M）と交換……151
　Ⅲ　サービス部門の導入表式………………………………………………155
　　1　単純再生産表式………………………………………………………156
　　2　拡大再生産表式………………………………………………………161
　Ⅳ　結び………………………………………………………………………164

第6章　サービス部門と投入・産出モデル……………………………173
　はじめに……………………………………………………………………173
　Ⅰ　サービス部門と物量経済モデル………………………………………175
　　1　生産量ベクトル………………………………………………………175
　　2　労働力商品と擬制的投入物…………………………………………180
　　3　生活ベクトルの導入と拡大投入係数行列…………………………184
　　4　投入・産出モデル……………………………………………………187
　　5　投入・産出モデルの意義……………………………………………191
　　6　財貨とサービス生産物の相互依存──和田豊氏のモデル………194
　　7　財貨とサービス生産物の相互依存──投入・産出モデルの安定条件……199
　Ⅱ　評価体系…………………………………………………………………203
　　1　労働価値体系…………………………………………………………204
　　2　価格体系………………………………………………………………210
　　3　価値による価格の規制………………………………………………212
　　　①　マルクスの基本定理　212
　　　②　総計一致問題　215
　補論　佐藤拓也氏の拙論批判について…………………………………219
　　1　サービスセクターの範囲について…………………………………219

① 隠されたサービスの定義　220
　　　② 「重要な部分の分析」　220
　　2 価値形成労働の成立条件をめぐって……………………………221
　　　① 具体的有用労働としての対象化について　222
　　　② 「対人サービス」における社会的必要労働時間の成立について　223
　　　③ 価値形成労働の必要条件をめぐる佐藤氏の矛盾　230

第7章　サービス商品と国民所得……………………………239

　はじめに……………………………………………………………239
　Ⅰ　再生産表式におけるサービス部門と国民所得……………239
　　1 再生産表式における国民所得——単純再生産………………240
　　2 再生産表式における国民所得——拡大再生産………………244
　Ⅱ　国民所得の生産部門としてのサービス部門………………248
　Ⅲ　サービス商品と労働力の生産費……………………………252
　Ⅳ　3部門経済モデルにもとづく国民所得論の範囲……………255
　Ⅴ　所得の本質……………………………………………………259
　　1 所得の本質について……………………………………………259
　　2 斎藤重雄氏の見解………………………………………………261

第8章　国民所得と公共部門……………………………271

　Ⅰ　国民所得の生産部門としての「公共サービス」……………271
　　　——公的医療を例にして——
　　1 医療における投入と産出………………………………………271
　　2 医療サービス商品の価格………………………………………274
　　3 医療部門における国民所得と再分配…………………………276
　Ⅱ　国民所得の生産者としての公共部門………………………280
　　1 「公共サービス」と「公共財」の生産的性格………………281
　　2 国家および共同社会事務の生産的性格——国家の二面的性格……284
　　3 本書の生産物観と唯物史観……………………………………287
　Ⅲ　生活様式論における「消費サービス労働」について………291

第1章　サービス生産物と新しい生産物観

はじめに

　教育，医療，介護，娯楽などで社会的に投下されるサービス労働は，労働力価値を形成する価値形成労働であり，よって各種労働の異なる価値形成力に関与する。また，その際に，サービス労働の労働対象を労働力の所有者である人間とし，サービス生産物を労働の成果として，すなわち対象となる人間の心身上の変化すなわち人間の能力の変化を生産物として捉える。この見解は，斎藤重雄氏の見解とともに，学界においてサービス労働・労働力価値形成説として位置づけられた。

　私たちの見解は，サービス労働は生産活動でないから，そこでは生産物も価値も生まれないとする見解[1]と根本的に対立する。また，サービス労働が生産活動であることは認めるが，そこでの生産物は労働の用役あるいは労働手段の機能そのものとする見解[2]とも相違する。私たちの見解は，幸いにして学界でひとつの見解として認められ，その後少なくない論者によって検討に付されてきている。

　私は，サービス労働そしてサービス生産物についての基本的考え方を10年前に書いている[3]。本論では，この間に私たちの学説に対して与えられた批判を踏まえ，またその後の理論的進展を織り込みながら再び論じることにする。

I　伝統的な生産物観からの脱却

　教育，医療，福祉，娯楽，人の運輸など私がサービス労働・サービス産業として捉える労働・産業分野は，近年では我が国の統計データにもとづく産業別就業労働者および産業別GDPのなかで年々構成比を高めてきている[4]。また，それらは，いずれの構成比で見ても全体の過半を超えるにいたった第3次産業と呼ばれるグループのなかの重要な一分野を形成している。直接投入労働だけ

でなくそこで使用される財貨も過去の社会的労働の投入による生産物として考えれば，サービス産業に投入される社会的労働は相当量にのぼるはずである。

　サービス産業に相当量の社会的労働が投入されているという事実によって，それらの労働に対する社会的な必要性は客観的に認められている。しかしながら，これまでの経済学の通説では，サービス産業では生産物は生産されず，したがってサービス労働は経済理論的に生産分野ではなく消費分野の労働であるとされた。サービス産業は人間相手の産業だからそもそも財貨は生産されない。しかし，そこでほんとうに生産物が生産されないと言えるのだろうか。私の研究の出発点はそこにあり，また10年ほど前に書いた旧著[5]はサービス産業でも生産物が生産されるという自説を体系的に示すための準備を整えたものであった。

　教育による学生の知的・肉体的能力の向上，医療による患者の健康維持や増進，福祉による入所者の生活力・生命力の維持，スポーツあるいは音楽・演劇などの観戦・観劇による観客の興奮や気分転換，理美容による整髪・美顔，運輸での人の所在変換，等を私と斎藤重雄氏[6]は人間の諸能力の維持・形成として捉え，これら成果をサービス労働の生産物とした。維持ないし形成される人間の能力を生産物と捉えることは，生産物といえば財貨であるという固定観念に捉われた人からすれば型破りに思えるかもしれない。しかし，私たちの生産物把握はよくよく考えてみればそう奇抜なものではない。

　労働の遂行過程である労働過程そのものを生産物として捉える見解を別にすれば，財貨ではない存在である労働力を，内容的に生産物として初めて明確に捉えた論者はカール・マルクスである。『資本論』第1巻第4章第3節「労働力の売買」で，彼は資本の価値増殖を解明する労働力の消費についてだけでなく労働力の生産について述べている。

　「労働力は，ただ生きている個人の素質として存在するだけである。したがって，労働力の生産は個人の存在を前提する。この個人の存在が与えられていれば，労働力の生産は彼自身の再生産または維持である。……労働力の所有者は，今日の労働を終わったならば，明日も力や健康の同じ条件のもとで同じ過程を繰り返すことができなければならない。だから，生活手段の総額は，労働する個人をその正常な生活状態にある労働する個人として維持する

のに足りるものでなければならない。」[7]

　このマルクスの文言は，次のように端的に解釈できる。人間の諸能力の統合体である労働力は生活手段の個人的消費によって生産されるものである。労働力はけっして天から与えられた無尽蔵なものではなく，労働過程のなかで繰り返し支出され消費されるから，それは日々補充されねばならない。つまり，労働力は日々の生活のなかで生活手段の個人的消費によって再生産されねばならない。すなわち，労働力は個人的消費の生産物である。この私の解釈は，大方の賛同を得られるはずである[8]。彼は，同じ章で，発達した労働力になるには一定の養成と教育が必要であるとも述べている。かくてマルクスは，財貨でない労働力を生産物として規定した最初の経済学者であったと言える。周知のように，マルクスはこの労働力をキー概念として労働価値説を体系化させた。

　労働力を生産物として規定したのがほかならぬマルクスであったということを考慮すれば，学生の知的・肉体的能力の向上，患者の健康の維持・増進，入所者の生活力・生命力の維持，観客の興奮や気分転換，理美容による整髪・美顔，人の所在変換などを人間の能力の維持・形成と捉え，これを生産物とする私たちの見解は，けっして奇抜でも型破りでもない。ただし，現代的な観点からすれば，労働力の生産に関するマルクスの把握は，けっして十分なものではなかった。第1に，労働力を生産物と規定したが，それを個人的消費による生産物としただけにとどまっている。すなわち，労働力を単に生産物というだけでなく，労働生産物として規定できるか否かについてほとんど語っていない。『剰余価値学説史』の一部に，労働力の形成にあずかる教師や歌手や召使の労働に関する叙述が散見されるが，体系的に述べたものとはとても言い難い。第2に，労働力の生産とサービス産業との関係について，ほとんど語っていない。私たちがサービス産業と捉える教育，医療，娯楽，旅行などは，19世紀中葉のヨーロッパにおいて，その多くは未だ貴族などの旧支配階級や一部の富豪たちのものであった。今日のように，賃金労働者階級の多くがそれらを日常的に享受できるような状況にはなかった。当時の賃金労働者の家計消費支出では，衣食住に関わる基礎的な消費支出の比重が高く，彼らは基本的生活欲求を満足させるのに精一杯であった。そのような時代的な制約が，労働力の生産とサービス産業との関わりを本格的に追求させなかったと推量される。『剰余価値学

説史』では，貴族や富豪たちお抱えの教師や歌手や芸術家の労働が「収入と交換される労働」として紹介されるにとどまっている。

人間の諸能力を生産物とする私たちの見解について，以下，いくつか留意点を述べる。

1　生産物としての労働力およびサービス

旧著で述べたことであるが，人間を経済学的に抽象すれば，人間は老若男女を問わず労働力の定在である[9]。人間は生まれてすぐには壮年期のような完全な労働力として在るわけではないが，子どもは形成期の労働力として，高齢者は衰退期の労働力として抽象する。つまり，人間は生まれてから少しずつ完成された労働力に近づいていき，壮年期は安定した労働力として存在する。そして，高齢者は安定した労働力から少しずつ遠ざかっていく。私は，このような意味で労働力が人間に備わる実在の範疇であるとし，人間の本質を労働力の定在として抽象する。他の学問，たとえば生物学では，人間の本質を特別な遺伝子配列をもつ高度な有機的生命体などと抽象するであろうが，経済学で人間を労働力の定在として抽象することは，人間社会を労働による協働体と捉える方法を踏まえてのことであり，この抽象の仕方は合理的であると私は考える。人間は，乳幼児，子ども，成人，高齢者として存在するとともに，社会的には労働者である以外に資本家，利子生活者，専業主婦といったかたちでも存在する。彼らは，形成期の労働力，成熟期の労働力，衰退期の労働力であるとともに，顕在的な労働力あるいは潜在的な労働力として存在する。彼らはいずれも労働力の保持者なのであり，人間はすべて労働力の定在として把握できる。

人間を労働力の定在であると抽象することについて，斎藤重雄氏から，寝たきり要介護の高齢者を労働力で括るのは現実的に無理があるとの指摘を受けた。氏の指摘はもっともな疑問であり，旧著でも触れている[10]。高齢者に労働力が実在するか否かを問題にすることは，子どもに労働力が実在するか否かを問題にすることと同じであると私は考えるので，前者についてだけ触れる。

壮年期の人間に備わる安定した労働力は，人間が生まれてから時間軸をプラス方向に動かした場合，逆に人間が死亡したときから時間軸をマイナス方向に動かした場合のいわば極値として存在する。では，高齢者のどのレベルまで労

第1章　サービス生産物と新しい生産物観　19

働力が実在するだろうか。斎藤氏の指摘は寝たきり要介護のレベルは労働力と呼べないだろうという疑問にほかならないから，結局，労働力としての実在性を問う線引きの問題に帰着する。さて，私は，走ることができなくなった老人は労働力かと問われたら，彼はまだ歩くことができるし話すことができるので労働力として在ると答える。では，歩くことができずに話すことができなくなった老人は労働力かと問われたら，彼は手が動き筆談によってコミュニケーションがとれるようであれば労働力として在ると答える。そして，人間が労働力として在る限界的な状態はどこかと問われたら，それには答えられない。なぜなら，この問いは，人間が主体的に他者とコミュニケーションをはかり行動できる限界点をどこで線引きするのかという問題に関わるし，医療技術の進歩や福祉の環境整備などに依存して線引きそのものが変わってくるからである。つまり，人間が労働力として実在する具体的な限界点は国によってあるいは時代によって異なるのである。

　この問題は，旧著で，家族内あるいは家庭内で行われる個人的消費を2つの活動，「自分のために自分にしかできない，食べる，排泄する，寝る」などの本源的消費活動および「家族のなかで他者のためにできる，炊事・洗濯する，子を育てる，教える」などの代替的消費活動に区分して概念化したことに関わる[11]。仮に，ここで言う本源的消費活動を労働の原型と呼ぶならば，人間は生きている限り労働力の保有者になる。しかし，私は本源的消費活動でなく代替的消費活動こそが労働の原型であると考えている。なぜなら，代替的消費活動は家庭内で行われる活動であるが故に個人的消費の範疇に入るものとして扱ったが，代替的消費活動は実は潜在的な生産活動と言えるからである。家族のために家庭菜園で野菜を作ったり，日曜大工で机や椅子を作ったり，食事を作ったりする行為は，なんらかの事情で家庭内の活動から社会的活動に転化すれば財貨生産労働になる。また，子どもを育てたり，教育したり，親の世話をする行為は，なんらかの事情で家庭内の活動から社会的活動に転化すれば教育労働や介護労働等のサービス労働になる。それだからこそ，人間が代替的消費活動つまり潜在的な生産活動を行うことのできる，したがって労働力として在る限界点が問題になる。

　この2つの消費活動は家庭生活内で行われる個人的消費のなかで融合してい

るが，代替的消費活動は人間が高齢になればなるほど領域を狭めていく。しかし，私は，労働の原型である代替的消費活動は限りなくゼロに近づくことがあるとはいえけっしてゼロにはならず，労働の原型である代替的消費活動は人間であるかぎりなにかしら具体的に存在すると考える。言い換えれば，壮年期の人間に備わる安定した労働力を極値として，時間軸をプラス方向に動かした場合あるいは時間軸をマイナス方向に動かした場合のいずれにおいても，経済学的に見た人間の極限は労働力なのである。私は，このような意味で，人間は高齢になっても代替的消費活動を行いうる存在として労働力が実在すると捉えるのである。経済学が，人間社会を労働による協働体と捉え，人間を労働力の定在と抽象する方法は有効であると考えている。

　さて，労働力の実在性をどこまで追求できるかという点で私と斎藤氏のあいだに違いはあるが，学生の知的・肉体的能力の向上，患者の健康の維持・増進，入所者の生活力・生命力の維持，観客の興奮や気分転換，理美容による整髪・美顔，人の所在変換など，サービス労働によって維持・形成される人間の能力をサービス生産物という概念で把握するという点で私たちは一致している。そして，これらサービス生産物が人間の肉体的・精神的諸能力の総体としての労働力に統合されるという点でも一致している。しかし，このことはサービス生産物が労働力と概念的にも客観的にも区別できないということを主張しているのではない。逆である。たとえば学生の知的・肉体的能力の向上や患者の健康の維持・増進などのサービス生産物は，労働力から物理的に切り離すことはできず人間の心身そのものである労働力と不可分な状態で存在するとはいえ，生産物としては労働力と概念的にも客観的にも区別して捕捉できるということを主張している。

　冒頭に述べたように，産業構造全体のなかでサービス産業の占める比重は年々高まってきているが，それは同時に労働力の再生産構造のなかでサービス産業の占める比重が高まってきていることを意味する。労働力の生産には，眠る，食べる，着る，書物で独習する，薬で治療する，ジョギングでリフレッシュするといった自分の労働力を自ら生産する本源的消費活動と，それ以外に，家族構成員の労働力を生産するために家庭内で食事を作る，洗濯をする，子どもに教える，親を看護・介護するといった代替的消費活動によって行われる形

態がある。そして，子どもに教える，親を看護・介護するといった活動が家庭内の活動として行われるかぎり，サービス労働の社会的投入およびサービス部門への財貨投入の必要性はない。しかし，財貨生産部門の労働生産性の上昇にともなう労働力の質の高度化，地域共同体の崩壊にともなう核家族化の進展，平均寿命の伸長や女性の社会進出等は，家庭内で行われてきた子どもに教える，親を看護・介護するといった代替的消費活動をサービス部門における社会的労働と財貨の投入にしだいに置き換えてきたのである。このような歴史的背景のもとで，サービス部門は不特定多数の人間の個々の能力を社会的に生産する部門として発展・拡大してきており，今日，労働力再生産構造の全体のなかで比重を高め社会的に重要な役割を果たすにいたっている。したがって，人間の肉体的・精神的諸能力の統合体である労働力と区別し，サービス部門で生産される人間の個々の能力をサービス生産物として明確に捕捉する経済的意義はきわめて大きいのである。

2　サービス生産物の生産量

　サービス労働によって維持・形成された人間の能力を生産物とする私たちの見解は，サービス生産物が人間の心身上の変化として存在するということを主張している。たとえば，私は，教育における学生の知的・肉体的能力の向上，医療における患者の健康の維持・増進だけでなく，スポーツ観戦や舞台観劇による観客の興奮また心身のリフレッシュもサービス生産物とする。そして，これらサービス生産物は労働と消費行為の共同生産物であり，対象になる学生，患者，観客個々人の消費行為が加わるので，学力向上度，健康回復度，興奮度，リフレッシュ度には大きなバラつきが出る。よって，まず第1に，これら労働成果にバラつきが大きいことを踏まえれば，これらを生産量として単一の尺度で捕捉することは困難ではないか，という疑問が生じる。次に第2に，スポーツ観戦や舞台観劇による観客の興奮また心身のリフレッシュなどを生産物とすることに対し，これは一見すると新古典派の言う主観的効用を生産物としていることにほかならず，もしそうであれば「ありがたみ」や「満足感」の量的大きさすなわち生産量は客観的に測定できないのでないか，という疑問が生じる。

　第1の疑問について，私は次のとおり考える。たとえば，教育において，同

じ教育労働と教育手段を投入して，総合得点で50点，60点，70点の3通りの学生がいたとしよう。得点にバラつきが出るのは，教育が共同生産過程であり学生の学習活動が加わることによって起こる労働成果また教育成果のバラつきである。さて，教育機関では60点以上に単位取得を認めているとしよう。この場合，サービス生産量を3人とすべきか，それとも不合格者を除いた2人とすべきか，あるいは合格者2人の得点が違うので単純和の2人とすべきでなく別の基準なり尺度を設けて生産量を捕捉すべきか，という問題がある。教育というサービス業は，共同生産過程であるため学生の学習活動の良し悪し等によって形成された学生の能力すなわち生産物にバラつきが出る。教育的見地からは，なんらかの基準を設けてそれを満たさない学生の能力は教育成果に数えないという方法もありうる。すなわち，教育成果を，A大学合格者x名，B資格試験合格者y名といった尺度で把握する，また単位取得基準点に満たない学生を教育成果に数えない，といった方法もある。しかし，教育的見地と経済的見地では，成果について異なる捕捉の仕方があってよい，と私は考える。経済的見地からすれば，教育で形成された能力にバラつきは出るが3人の学生が教育労働と教育手段を同じように投入されたという事実が肝要である。したがって，形成された能力にバラつきは出るがそれが3人の学生に担われているという事実を踏まえて，経済的見地からする教育の生産物量は3人であると捕捉する。あるいは，仮に教育成果（＝生産物）を測定する広く承認された尺度がある場合には，高度な能力を獲得した学生は標準的能力を獲得した学生の数倍に換算したうえで，教育生産物の総量を延べの学生数という人間の数で捕捉する。教育成果（＝生産物）を測定する尺度としてなにが適切であるかは教育サービス部門の重要な実践的課題のひとつであるが，いずれにせよ教育生産物の単位を人間の数に帰着させる捕捉方法が合理的である，と私は考える。そして，こうした生産量の捕捉方法は，同じように共同生産過程である医療，福祉，介護，スポーツ・演劇の興行，人の運輸など他のサービス業においても適用できるのであり，患者数，入所者数，観客数，乗客数といった人間の数の単純合計または換算を経た延べの人数の合計で当該サービス部門の生産量を把握する，というかたちで一般化できるのである。

　次に第2の疑問については，次のとおり考える。まず，観客の興奮また心身

のリフレッシュなどは，人間が抱く主観的な「ありがたみ」や「満足感」にほかならず，たしかに新古典派の言う効用と同じである。周知のように，新古典派の効用価値学説はこの効用の大きさが商品の価格比あるいは商品価格の変動を需要の側から本質的に規制しているというものである。本書はこの立場をとらない。しかし，私は，「ありがたみ」，「満足感」，「幸福感」といった効用の実在性そのものは否定しない。効用が実在することを認めたうえで，その大きさを基数的数値として測定することは困難であり，足したり引いたりはできないから，商品価格を規制する基準にはなりえないとするのである。たとえば，A氏とB氏の体重がそれぞれ70kgと68kgである場合，両氏の体重差は2kgであると答える。これは体重を客観的に測定する尺度があるからである。しかし，同じスポーツ観戦をして両氏が多かれ少なかれ「満足感」を得たとして，それはどのくらいかと問われれば正確には答えられない。また，両氏の「満足感」に差がある場合，その差がどのくらいかについても答えられない。「満足感」はこれを客観的かつ厳密に測定する尺度がないからである。

　したがって，私たちの学説に対し，スポーツ観戦や舞台観劇などで観客の興奮また心身のリフレッシュが多かれ少なかれ生じるのだから，これらを生産物と呼ぶことは認めてもよい。しかし，それを仮に認めたとしても，生産量を客観的に測定できないのだから，経済理論として成立しないのでないかという疑問が生じるのである。これに対し，私は次のように答える。私は，スポーツ観戦，舞台観劇などで生産される観客一人ひとりの「満足感」，「リフレッシュ」のバラつきは，さきに教育を例にとって述べたように，サービス生産が人間相手の共同生産であることによって生じる生産物のバラつきであると考える。教育や医療とスポーツ観戦や舞台観劇の違いは，教育や医療の生産物のバラつきは教育的見地あるいは医学的見地から資格取得者数あるいは治癒患者数といった尺度で客観的に線引きできる場合があるが，スポーツ観戦や舞台観劇の生産物である「満足感」や「リフレッシュ」のバラつきはなんらかの尺度を設けて厳密に捕捉することはできないという点にある。しかし，そのような違いがあるとはいえ，経済的見地からは，スポーツ興行や舞台興行でどのくらいの観客数を相手に社会的労働が投入されたかという事実が肝要なのである。つまり，バラつきがありしかもそれを厳密に測定できないとはいえ，「満足感」や「リフレ

ッシュ」は観客一人ひとりに担われている。それ故，形成される「満足感」や「リフレッシュ」を観客の人数に置き換えて生産量を捕捉するのである。教育や医療と同じように，スポーツ興行や舞台興行における生産量は観客数という人間の数を尺度にして捕捉する，この方法は人間相手の共同生産であるサービス業において合理的である，と私は考える。

　以上，教育，医療，福祉，スポーツ・演劇の興行，人の運輸などにおけるサービス生産物の生産量は，サービス労働の対象になる学生数，患者数，入所者数，観客数，乗客数などといった人間の数で捕捉する。このようなサービス生産物の生産量把握を行うことによって，人間の能力であるサービス生産物の数量を諸能力の統合体である労働力に関連した数量——たとえば労働力人口や雇用労働者数——から客観的に区別することができる。そして，このことは，人間の能力であるサービス生産物を諸能力の統合体である労働力とは概念的に区別していることも示している。

3　サービス生産物の「人間の内部存在説」と「人間の外部存在説」

　私たちの見解は，サービス労働によって維持・形成された人間の能力を生産物とする。よって，サービス生産物は対象になる人間の心身上の変化として存在するというものである。この点は，至極当然のことのように見えるが，サービス論争を振り返ってみると実はそうではない。斎藤氏は，これをサービス生産物の「人間の内部存在説」[12]として展開している。

　飯盛信男氏は，私たちの言う人間相手のサービス部門だけでなく，財貨の運輸や財貨の修理，クリーニングまで含めてサービス部門とする。そして，サービス部門の労働過程では労働対象が存在しないという特性があるとしたうえで，サービス部門の生産物はサービス労働あるいは労働過程そのものであるとし，これを「有用効果」生産物と呼んでいる[13]。飯盛氏のサービス生産物の実体は労働あるいは労働過程そのものであるから，サービス生産物の「人間の外部存在説」である。私は，飯盛氏のサービス論を体系的に批判している[14]。ここでは，その要点を2つ記す。第1に，労働過程とは労働という目的意識的活動をつうじて労働対象に有用な物質的変化を与えることである，と私は理解している。したがって，百歩譲って労働そのものに有用性があるとしても，その有用

性は労働対象を変化させることに現れるのである。したがって，労働の成果である生産物は，労働そのものではなく，労働対象に即して捕捉されねばならない。私は，教育労働や医療労働などのサービス労働もこれに包摂されると考えており，サービス労働の成果は対象である人間の心身上の変化に即して捕捉されねばならない。斎藤氏の言う，サービス生産物の「人間の内部存在説」にほかならない。第2に，サービス労働あるいは労働過程そのものが生産物であるという飯盛氏の主張をそのまま文字通り受け止めれば，サービス労働の生産物はサービス労働であるということになる。これは，私からすれば同義反復にすぎず，生産物についてなにも語っていないに等しい。

刀田和夫氏は，現実の統計分類などで広くサービス業と呼ばれる業種のなかから「無形生産物」を析出する。電力業やソフトウェアなどとともに，私たちの言う人間相手のサービス部門のなかで音楽コンサート，舞台演劇，スポーツ興行などを「無形生産物」部門とする[15]。まず，電力やソフトウェアについて，刀田氏はそれらが「物的形態をもたない」ということで「無形生産物」とする。しかし，電力は電気エネルギー，ソフトウェアはプログラム情報として客観的に実在している，と私は考える。感電した場合などは別だが，「物的形態をもたない」というのは生産物が有形物でないために人間の五感で容易に認識できないということであろう。したがって，財貨生産物が有形であるか無形であるかは，財貨生産物内の仕分けとして使用されるべきである。電力やソフトウェアはサービス業でなく物質的生産である財貨生産の一種なのである。次に，刀田氏は，演奏される歌，演じられる劇，スポーツのゲームなどを「無形生産物」とし，それらは労働の成果として歌手や演者や選手の労働から区別して捉えることができ，しかも聴衆や観客とは独立に存在すると主張する。スポーツ観戦，舞台観劇などは私たちの言う人間相手のサービス部門である。サービス労働の成果である生産物は対象である人間の内部に存在すると私たちが主張するのに対して，刀田氏は，対象となる人間の外部に無形物として存在するとする。刀田説も，サービス生産物の「人間の外部存在説」である。

歌や劇やゲームなどを「無形生産物」とする刀田説について，2点ほど批判しておく。第1に，聴衆や観客とは独立に，歌は歌うという歌手の労働，ゲームは演じるという選手の労働から客観的に区別可能と氏は主張するが，私たち

はそうは思わない。聴衆や観客のなかに仮に猿や犬がいて，歌う，演じるという人間の行為を同じように見たり聞いたりした場合，猿や犬はそれらを歌やゲームとして認識するだろうか。おそらく，仲間を呼ぶための叫び，人間どうしの喧嘩くらいにしか感じないであろう。ましてや，よい歌だったかよいゲームだったかなどの評価もしない。なにが言いたいかというと，歌うという行為，あるいは演じるという行為を歌やゲームとして認識するのは，聴衆や観客という人間の心身でしかない。つまり，歌やゲームは，歌うという行為あるいは演じるという行為から人間の頭のなかで主観的に区別可能であるとしても，客観的に区別可能ではないのである。要するに，歌やゲームは歌手や選手の行為（労働）と独立には存在しないのである。第2に，聴衆や観客が見たり聴いたりするのは，歌手や選手の行為である労働にほかならない。すると，歌手の歌うという行為あるいは選手の一挙手一投足は，直接眼で見たり耳で聴いたりすることができる。したがって無形でもない。

　ところで，刀田氏は，私たちの言う人間相手のサービス部門のなかで，音楽コンサート，舞台演劇，スポーツ興行などで「無形生産物」説を主張する一方で，教育，医療，理・美容などでは労働の成果は対象になる人間の心身上に生産されるとし，この生産物は対象になる人間の心身の変化にほかならず，したがって当然「無形生産物」ではないとしている。一例を示せば，医師の労働は「患者の病気の治癒と健康の回復を目的とし，それに責任を負っている。……医師の治療行為の生産物は健康を回復した患者の身体であるといってよい。そして患者の身体そのものは医師の生産物ではないという見地から厳密に生産物を規定するならば，それは患者の病気が治癒した状態，その健康の回復ととらえられる」[16]としている。また，教育や理・美容などにおいても，生産物を人間の心身上の変化として捕捉する叙述が展開されている。

　つまり，スポーツ観戦，舞台観劇などについてはサービス生産物の「人間の外部存在説」であるが，教育，医療，理・美容などについてはサービス生産物の「人間の内部存在説」である。刀田説は，「無形生産物」の肯定と否定の並存と同時に，外部存在説と内部存在説の並存という二重の問題を抱えている。

Ⅱ　サービス業の共同生産過程および共同生産物

　『週刊文春』(2013年8月8日号)に「尊厳死宣言」に関する特集記事があった。今日，日本は高齢社会を迎え，とりわけ医学の進歩にともない，確実に寿命が延びている。近代医学は患者が生きているかぎり，最期まで治療を施すという考え方にしたがっている。突然の脳梗塞や心臓疾患などに対応する救命医は「救わなくてもいい命はない」と教えられ，いったん救命治療がはじまるとなかなか中止はできないということである。したがって，人工呼吸器や胃ろうで延命処置を施すケースが多いという。人工呼吸器は，自発呼吸ができないかぎり死ぬまでつけたままになり話すことはできない。胃ろうは，口から食べることができないため腹部に穴をあけ管で栄養を送り込む方法である。看護，介護する側からは常時付き添って食べさせる必要がないので負担は軽減される。しかし，このような延命処置を施したまま有料老人ホームに入所した場合に，月に40万円近い経済的負担になるという。

　特集記事は，「尊厳死を遂げたい」や「ただ単に死ぬ時期を引き延ばすためだけの延命治療は必要ない」という意思表示を自分がまだ元気なうちにしておくことを勧めている。公証役場で「尊厳死宣言」を作る場合，「胃ろうはしない」，「人工呼吸器はつけない」など本人の具体的な希望を柔軟に入れることができるそうである。「尊厳死宣言」には「遺言」のような法的根拠はない。しかし，これを医師に提示した場合に，医師が尊厳死を許容した割合は2003年で95.9％，2011年で90.0％になっているという。医療界にも変化が起きているようで，日本在宅医学会大会(2013年3月，愛媛県松山市)で採択された「松山宣言」では，医療従事者も身体だけを生かし続ける医療から脱却し，患者の生き方や価値観，希望に合わせて，その人に最も適した医療や介護を提供しようということが提案されたとしている。

　この『週刊文春』の記事は，医療において患者の心身に形成される健康の維持・増進という生産物が，医師の労働の成果というだけでなく，患者の側の主体的意思をともなった消費行為，この両者の共同生産物であることを示している。医療行為を行う医師は，労働対象になる患者が人間であるが故に，可能な

限り患者の希望に沿ったかたちの治療を行おうとする。一方の患者の側も，仕事への早期復帰あるいは残された余命をどう生きるかという観点から，自ら摂生に努めまた自らにふさわしい処置を選択する。すなわち，患者の心身に形成される健康という能力は，医師と患者の両者の行為による共同生産物なのである。この事実は，記事で紹介された終末期医療という極限的な状況下においても変わらない。そして，このことは相手が人間であるが故に起こることであって，相手が健康を維持しようとする主体的な意思を示しえない，いわば物の治療である財貨の修理やメンテナンス，犬猫など動物の治療のケースではけっして生じないことである。

　私たちがサービス産業とする人間を対象とする産業分野，たとえば教育，医療，介護福祉，理・美容，スポーツ興行，人の運輸等で生産される人間の能力はすべて共同生産物という特性をもつ。たとえば，教育における学生の知的・肉体的能力の向上には，教師の労働や教育設備だけでなく対象となる学生自身の学習の能力と姿勢が影響するし，スポーツ興行における観客の興奮や満足感には，選手のプレイやスタジアム設備だけでなく観客自身の選手やチームに関する予備知識，等が影響する。理・美容における散髪・整髪では，理髪師あるいは美容師の技術や道具だけでなく客の髪形の選択や整髪・美顔への協力が影響する。旅行における乗客の所在変換とそれにともなう気分のリフレッシュには，運転手の技術・マナーや車両設備だけでなく乗客自身の移動手段の選択や旅先についての予備知識が影響するというように……。つまり，サービス産業において人間の心身に形成される能力は，教育労働，医療労働，娯楽労働，運輸労働の成果だけでなく，対象となる人間の側の学習，摂生，観戦，乗車といった主体的意思をともなった消費行為の成果でもあり，この両者の共同生産物なのである。

　私と斎藤重雄氏は，サービス産業の生産物が人間の能力であり，しかもそれが人間の労働と個人的消費の共同生産物という特性をもつことを，初めて明瞭なかたちで示したのである。この見解は，私たちが生産的労働論争やサービス論争に関わるなかで，論争を通じて見出された成果のひとつであり，それは学問的苦闘の賜物であったとも言える。以下，サービス産業の生産物が共同生産物であることの経済的意味について，2点述べておく。

1　サービス業の労働過程

　財貨生産と同じように，サービス業でも具体的有用労働，労働手段，労働対象が労働過程に不可欠な3要素となる。具体的有用労働とは，教師の労働，医師の労働，プロ野球選手の労働などのようにその有用性が社会的に認められた労働にほかならない。労働手段とは，教育における教材や教室，医療における薬剤や器具，プロ野球におけるグラブやスタジアムなど労働の成果を生むための手段であり財貨である。直接に口頭で教育するなどといった労働手段を使用しない労働過程が論理的に考えられるが，現実のサービス業では多様な財貨を労働手段として使用しており，労働手段はサービス業の労働過程に不可欠な要件になっている。サービス業の労働対象は人間である。製造業などの財貨生産では労働対象は原料としての財貨であるが，サービス業の労働対象は主体的意思を持ち自ら消費行為を行う人間である。人間は主体的意思を持ち自ら行動する存在であるから，本書ではあえて原料と呼ばず労働対象とする。

　マルクスは，労働過程について，人間が「自分と自然との物質代謝（Stoffwechsel）を自分自身の行為によって媒介し，規制，制御」[17]する過程とした。周知のように，Stoffwechselは質料変換とも訳される。そして，サービス業の労働過程は"労働対象を質料的に変換させる"という労働過程概念に包摂される，と私たちは考える。違いは，労働対象が財貨という自然ではなく人間的自然であるという点だけである。教育，医療，娯楽，人の運輸などの労働過程は，人間と人間的自然との質料変換を媒介し，対象である人間的自然に有用な変化（物理的，化学的，生理的変化等）を与え，人間の能力を生産物として生産する。たとえば，教育労働は学生に知的向上という有用な精神的・肉体的変化を与え，スポーツ興行は観客に満足感やリフレッシュという有用な精神的変化を与え，運輸労働は乗客に所在変換という有用な物理的変化を与える。こうした人間相手のサービス業の経済過程を，サービス労働が人間と人間的自然との質料変換を媒介している労働過程である，と捉える。そして，この労働過程の成果として生まれる学生の知的向上，患者の健康の維持，観客の興奮，乗客の空間的移動を生産物として捉えるのである。サービス業の労働過程の成果あるいは結果として出てきた人間の能力という生産物は，やがて労働力に統合され，今度は労働過程の要件のひとつである具体的有用労働として別の労働過程に入

っていく。こうして，サービス業の労働過程において人間の能力という生産物が生産されるという立場から見れば，サービス業で生産される人間の能力は労働生産物である。よって，サービス業の労働対象と労働手段は生産手段であり——財貨である労働手段は生産財である——，教育労働，医療労働などの具体的有用労働は生産的労働である。

　サービス業の労働過程は具体的有用労働，労働手段，労働対象を不可欠な3要素とするという私たちの見解は，人間という労働対象が存在しない労働過程，たとえば学生のいない講義，患者のいない診療，観客のいない演奏会，客のいない理・美容などは経済理論的に成立しないということを主張している。それではまったく採算に合わないという現実感覚から言っているのではない。私たちは，そのようなケースでは対象となる人間が存在しないから生産物は生産されず労働過程そのものが成立しない，とするのである。これに対し，さきに紹介したサービス生産物の「人間の外部存在説」によれば，空気や空間を労働対象にしているとでも無理やり主張して，学生のいない空講義，患者のいない空診療，観客のいない空演奏，乗客のいない空運輸を生産物の生産過程であると主張せざるをえなくなる[18]。サービス生産物の「人間の内部存在説」の方により説得力があると考えている。

2　共同生産過程

　人間の能力を生産するサービス業の労働過程を，今度は，労働対象となる人間の側から見てみよう。この人間は，消費の主体であり，サービス労働過程に投入される社会的労働および財貨を目的意識的に消費し自らの能力の生産に役立てる。たとえば学生は，教師の講義という労働を消費するとともに，教室，備え付けのパソコン，教材，テキスト等の教育機器をも消費し自らの能力を高めようとする。患者は，医師や看護師の労働を消費するとともに，注射器，血圧計等の医療機器，投与される薬剤を消費し自らの健康回復に努めようとする。教師や医師の労働そして教育・医療機器が，自らの能力を生産するために消費の対象になる[19]。つまり，サービス業の労働過程を消費主体が個人的消費によって能力を生産するという立場から見れば，教師や医師の具体的有用労働は消費の対象であり，労働手段また生産財であった教育機器や医療機器も消費の対

象であり消費財である。

　こうして，サービス業で人間の能力が生産される過程は，労働主体の立場から見れば生産過程であり，消費主体の立場から見れば消費過程である。つまり，サービス業では，労働主体と労働対象がともに人間であるという固有の性質によって，2つの視点が同時に成立するのである。そして，この2つの視点はサービス業について一般的に成立するのであって，どちらかの視点に限って見なければいけないというものではない。逆に，どちらかの視点に限定してしまうと，サービス業は生産過程であって消費過程ではない，あるいはサービス業は消費過程であって生産過程ではない，のいずれかを主張せざるをえなくなる。それは誤りであるとともに，サービス業の重要な性質を見落とすことにつながる。

　そして，重要なことは，2つの視点で見ることができるサービス業から人間の能力が生産されるという事実である。労働主体の立場から見ればそれは労働の成果である労働生産物であり，消費主体の立場から見ればそれは消費活動の生産物である。つまり，サービス業で生産される人間の能力は，サービス労働と個人的消費による共同の成果であり，両者の共同生産物なのである。サービス業の生産物を共同生産物とする私たちの把握は，サービス業の実際の現場で検証しうるものである。たとえば医療では，冒頭の『週刊文春』の記事にあるように，医師は対象である患者が人間であるが故に可能な限り患者の要望と価値観に沿った治療を行おうとする。患者も治療方法を主体的に選択する。教育では，教師は学生の要望やレベルに合った講義を行おうとし，教材もそれにふさわしいものを使用する。学生も自分の希望に沿う講義を選択し改善点を指摘したりする。プロスポーツでは，チームの選手や監督はファンやサポーターを満足させるようなゲーム展開に努め，それにふさわしい戦略をとる。ファンやサポーターも監督の采配や選手のプレイの出来不出来について意見や不満を言う。サッカーJリーグでは，かつて楽天がヴィッセル神戸の新オーナーになりユニフォームのカラーを変更しようとした際，ファンやサポーターが納得せず，楽天社長がサポーターとの対話集会を実施し事無きを得たそうである。サービス業の生産物を共同生産物とする私たちの把握は，多くのサービス業の現場で検証することができ説得的であることもあって，その後少なくない論者によっ

て評価されるにいたっている[20]。

　サービス業で生産される人間の能力は共同生産物である。したがって，サービス業の生産物は労働生産物かと問われたら，そうであると答える。ただし，それは条件付きの労働生産物である。財貨生産物のように直接的な労働生産物ではなく共同生産物であるという条件が付いた労働生産物である。そして，サービス業で生産された人間の能力は，人間の心身上の変化であるが故に，人間内部で融合して労働力となっている。したがって，労働力は労働生産物かと問われたら，そうであると答える。ただし，これも条件付きの労働生産物である。人間の生活には，サービス業に依存せず個人的消費だけで労働力を生産する領域が存在する。その典型は家庭内での消費活動である。今日，個人的消費のなかで，子を育てる，家族の世話をするといった代替的消費活動は家庭内の活動から社会的労働に転化しその範囲をしだいに狭めている。労働力再生産構造の近年の変化を踏まえれば，労働力の生産には，個人的消費だけで行う領域と範囲を広げつつあるサービス業に依存する領域が並存しているのである。そして，後者のサービス業で生産される能力が条件付きの労働生産物であるから，労働力も，財貨生産物のような直接的な労働生産物ではないが，条件付きの労働生産物なのである。言い換えれば，労働力は，他人のサービス労働によって形成される部分と自分の消費活動によって形成される部分がある。形成された労働力ではそれらは融合し見分けがつかないが，サービス労働によって形成される部分があるという事実を「条件付きの労働生産物」と表現したのである。

　さきに述べたように，マルクスは財貨ではない労働力を生産物と規定したが，それを個人的消費による生産物としただけにとどまっていた。本書は，条件付きであるとはいえ，労働力が労働生産物として規定できることを示した。マルクスは，歴史的な制約があったため，労働力の生産とサービス産業との関係についてはほとんど語らなかったが，本書は，サービス産業が人間の能力を共同生産物として生産する社会的労働部門であること，またそこで生産される人間の能力はサービス生産物として労働力に統合されることを示した。

Ⅲ　生産的消費と個人的消費

1　金子ハルオ氏の見解

　私たちの見解に対し，経済学で確立された概念である生産的消費と個人的消費の区別がなされていない，あるいは2つの概念に無用の混乱を持ち込むといった批判をよく耳にするので，この点に若干触れておきたい。こうした批判はサービス業の経済過程を人間の能力の共同生産過程と捉えることができずに，これをもっぱら個人的消費，とりわけサービス業に投入された財貨の消費過程としてしか見ることができないところに原因をもつ誤った批判である。

　一例を挙げるだけで十分であるが，教育で労働対象となる学生および教室や机や椅子などの財貨について，私たちは学生の能力を向上させるために教師の労働がこれらを生産的に消費する経済過程であると捉える。一方，その経済過程を労働対象となる学生の立場から見れば，教師の労働および教室，机，椅子などの財貨を学生が自分の能力を生産するために主体的に消費する過程でもある。つまり，サービス業の経済過程では人間の能力が生産されるが，これを労働主体の立場から見れば生産過程であり，そこに投入される労働対象の人間および財貨は生産的消費の対象になる。一方，これを消費主体の立場から見れば消費過程であり，そこに投入される労働および財貨は個人的消費の対象になる。私たちは，両方の視点は同時に成立するとし，サービス業の経済過程を人間の能力の共同生産過程と捉えたのである。ここでは，生産的消費と個人的消費の区別が明確になされているし，2つの概念を混乱して用いるようなことはまったくしてない。

　したがって，私たちの見解に対し生産的消費と個人的消費の区別がなされていない，あるいは2つの概念に無用の混乱を持ち込むといった批判は，サービス業の経済過程を消費主体の立場から見ることに限定し，消費過程としてだけ捉えることに起因している。たとえば，私たちと幾度となく議論を重ねたが，なお見解が分かれたままである金子ハルオ氏は，サービス業の経済過程は消費過程に属するとして，次のように言う。「サービス労働手段を消費財（生活手段）と捉え，サービスを『労働の有用的な働き』であり，それ自体が消費財と

同じく人間の個人的消費対象であると捉え，サービスの消費者が両者を同時に合わせて個人的に消費すると考えている。……この過程の成果としては消費の主体である人間が維持されるだけであって，なんら労働の成果，すなわち労働の生産物は生まれないのである」[21]。このように，金子氏は，サービス業の共同生産過程を消費過程の一面だけでしか見ようとしない。それを労働過程として，労働主体の立場から見ることを否定するのである。それ故，サービス業に投入される財貨は生産財ではなく消費財であり，そこで生産される人間の能力は労働の成果＝労働生産物ではなく個人的消費の生産物になる。

サービス業の経済過程を労働過程あるいは生産過程で捉えることを否定する立場からすれば，当然，サービス労働が労働生産物を生むとか，あるいはそこに投入される財貨を生産財と見るようなことは，生産的消費と個人的消費の区別ができずに2つの概念に無用の混乱を持ち込むといった批判につながる。しかし私たちは，サービス業の経済過程を人間の能力の共同生産過程と捉えているのだから，消費過程の一面を否定するどころか当初から認め肯定しているのである。むしろ，サービス業の経済過程を労働過程で捉えることができず，その結果それを共同生産過程として見ることができない金子氏の視点の方が問題であると考える。では，どうして労働過程の視点に立つことができないのか。それはひとえに氏の生産物観に拠っている。すなわち，人間の能力は労働生産物にはなりえない，これに尽きる。

氏は，「労働生産物は，それを生産する人間の行為である労働とは区別され，分離されて存在する物であるとともに，他方では，それを消費する人間の行為である消費活動とも区別され，分離されて存在する物である」[22]とされている。ここで氏が言う"労働と分離され，消費活動とも分離され"は，おそらく物理的な分離を意味しているのであろう。そうすると氏の生産物観は製造業などに代表される典型的な物質的財貨をもって構成されることになる。すると，サービス労働の成果として生まれる人間の心身上の変化を労働生産物と規定すること自体が，もってのほかということになる。しかし，こうした生産物観からすると，マルクスが追加的生産と規定している運輸・保管業の生産物把握に困難が生じるだけでなく，経済学のキー概念である労働力を生産物——金子氏自身も個人的消費の生産物として認めている——として把握できなくなる。私たち

第1章　サービス生産物と新しい生産物観　35

は，少なくとも，こうした生産物観は，"労働対象に物質的変化（物理的・化学的・生理的変化）を与える"というかたちで一般的に定式化されているマルクスの労働概念および質料変換（Stoffwechsel）概念——金子氏自身も認めている——に，まったくそぐわないものと考える。

2　生産と消費の同時性

　最後に，サービス業の経済過程は"生産と消費が同時である"と一般に流布されている言説に対し，私たちの見地から一言触れておく。この言説が，サービス業の経済過程について，人間の能力が共同生産物として生産されるなかで，生産過程と消費過程が同時進行するという意味で主張されているならばなんら問題はない。しかし，一般に言われているこの言説の意味は，残念ながらそうではない。すなわち，サービス業の生産過程は無形の生産物を生産し，そうであるが故に瞬時に消費者によって消費され生産物は跡形もなくなってしまう，という意味での同時性を主張しているのである。こうしたサービス業の特性把握について，私たちの見地から4つの問題点を指摘しておく。第1に，上の言説は，サービス業の生産物が人間の外部に存在し，それが無形生産物として存在するということを根拠にしている。コンサートの生産物は歌であり，プロスポーツのそれはゲームであり，教育労働のそれは教育である等々といった類である。これらは労働過程そのものを生産物として見誤っているか，あるいは現実には有形であるものを無形と見誤っているかのいずれかである。これについては，サービス生産物の「人間の外部存在説」として，さきに批判済みである。第2に，上の言説は，生産物が瞬時に消費され跡形もなくなってしまうとしている。したがって，この言説の系論として，サービス業において生産と消費が時間的・空間的に一致するという見方が導かれる。サービス生産物の「人間の内部存在説」に立つ私たちの学説からすれば，共同生産物として人間の能力は消費者の主体的な消費活動によって生産されるものでもある。したがって，生産物が瞬時に消費され跡形もなくなってしまうということはない。サービス業の共同生産過程の終了後に，知的能力の向上，健康の回復，気分のリフレッシュ等として成果は人間の心身上に存在し，やがて労働力に統合される。したがって，人間の能力の共同生産は多くの場合サービス業の経済過程だけで完結す

るわけではなく，個人的消費の過程に引き継がれる。たとえば，学生が講義の前後に自宅等で学習したり，患者が病院の診療前後に自宅等で摂生活動を行うケースである。このような場合を共同生産過程の延長と捉えれば，生産と消費は時間的にも空間的にも一致しない。第3に，生産物が瞬時に消費され跡形もなくなってしまうという言説の系論として，「サービス業において需要と供給はつねに一致する」という見方が導かれる。私たちの見解は，サービス業では共同生産物として人間の能力が生産され，その生産量を人間の数で捕捉するというものである。よって，病院や福祉施設などを要求する人間の数に対して，当該サービス部門に投入される生産財や労働力は過剰であったりあるいは過少であったりする。よって，需要とそれに見合う投入がつねに一致するということはない。第4に，上の言説には，経済学の基礎カテゴリーである生産と消費についての深い洞察がない。本来，マルクスが言うように，生産は同時に消費であり，消費は同時に生産である。生産と消費の同時性は，労働であれ消費活動であれ，人間の活動が目的意識的活動であることを根拠にしている。たとえば生産的労働は，生産過程でなんらかの有用な成果＝労働生産物を生むために，財貨および労働力を目的意識的また生産的に消費する。つまり，生産過程は財貨および人間的自然（＝労働力）の生産的な消費過程でもある。他方の消費活動も，人間の能力また労働力を目的意識的に生産するための活動であり，そのために財貨および労働力を個人的また目的意識的に消費する。つまり，消費過程は人間の能力また労働力の生産過程でもある。したがって，正しい意味での生産と消費の同時性は，サービス業に限った性質ではなく，製造業その他産業を含めた経済過程一般に広く妥当する原理なのである。

注
1） 代表的なものは，金子ハルオ『サービス論研究』（創風社，1998年）。
2） 代表的なものは，飯盛信男『サービス経済論序説』（九州大学出版会，1985年），「サービス経済論争の到達点と有用効果生産説の正当性」（佐賀大学『経済論集』第44巻第5号，2012年5月）。
3） 櫛田「サービス生産物とその経済的性格について」（日本大学経済学部経済科学研究所『紀要』第32号，2002年3月）。
4） 2012年「労働力調査（基本集計）」（総務省統計局）で一例を示せば，医療・福祉業の就業労働者は前年に比べ28万人増加し706万人に達した。製造業就業者，卸売・小売

業就業者が前年に比べそれぞれ17万人減少，15万人減少したのに対し，最大の増加率である。2012年の就業者全体6270万人のうち，医療・福祉業だけで全体の約1割強を占め，卸売・小売業1042万人，製造業1032万人に迫っている。

5) 櫛田『サービスと労働力の生産』(創風社，2003年)。
6) 斎藤重雄『現代サービス経済論の展開』(創風社，2005年)。
7) 大内兵衛監訳『マルクス・エンゲルス全集』第23巻第1分冊，資本論Ia (大月書店，1965年) 223-224ページ。
8) 金子ハルオ氏は，労働力が労働生産物であることを認めないが，労働力が個人的消費の生産物であることは認めている。「……労働力は労働の成果としてではなく，労働の成果である生活手段（消費財）の個人的消費の成果（生産物）として生産されるのである」(金子，前掲書，86ページ)。
9) 櫛田，前掲書，第1章を参照されたい。
10) 同上，第4章5節を参照されたい。
11) 同上，第1章2節を参照されたい。
12) 斎藤，前掲書，および斎藤重雄編『現代サービス経済論』(創風社，2001年) 第II部第1章「サービスの生産と生産物，消費（再考）」を参照されたい。
13) 飯盛信男「サービス部門の労働過程特性」(佐賀大学『経済論集』第44巻第3号，2011年8月)。
14) 櫛田「サービス商品の共同生産過程」(佐賀大学『経済論集』第44巻第5号，2012年5月)，櫛田「『対事業所サービス』の経済的性格──飯盛信男氏の見解をめぐって──」(日本大学経済科学研究所『紀要』第27号，1999年3月)。前者は本書の第3章，後者は第4章として収録している。
15) 刀田和夫『サービス論争批判』(九州大学出版会，1993年) 116-120ページ。
16) 同上，139-140ページ。
17) 前掲『マルクス・エンゲルス全集』第23巻第1分冊，資本論Ia，234ページ。
18) 斎藤氏は，サービス生産物が「有用効果」や「無形生産物」といったかたちで人間の外部に存在するとみなすことは空講義論や空運輸論につながるとして注意を喚起している。「学生の存在を無視や捨象すれば『空講義論』に陥ることになり，『空運輸論』と同じ誤りを犯すことになる。学生が1人もいない，あるいは居眠りばかりしている教室で講義を行った場合に，教育サービスの生産を行ったが，誰もこれを消費しなかったというのが空講義論である。……サービスの生産において労働対象が無視あるいは捨象されることは，原材料としての労働対象が捨象されても財貨の生産が成立すると見ることと同じである」(斎藤編，前掲書，196-197ページ)。
19) サービス業で労働対象になる消費主体の人間から見れば，教師や医師の具体的有用労働および教育機器や医療機器などの財貨は，彼の消費行為の対象になる。しかし，サービス業で人間の能力が生産物として生産されるという視点から見れば，消費行為の真の対象は自分自身あるいは変換前の彼の能力であるとも言える。その場合，教師や医師の具体的有用労働および教育機器や医療機器などの財貨は，いずれも人間の能力という生産物を生産するための手段であるとも言える。本書では，消費主体から見たサービス労働またそれにともなう財貨を，消費の対象あるいは消費の手段のどちら

で呼ぶかについては拘泥しないで論を進める。サービス経済論に関わってさしあたり重要な論点は，サービス業の経済過程で人間の能力が生産物として生産されることを認めるか否かにある。

20) 土井日出夫氏（横浜国立大学）は，2013年の経済理論学会の分科会報告（「運輸業の販売対象」）のなかで，サービス生産物の「人間の内部存在説」の立場をとる斎藤・櫛田説を次のように評価している。「多くのサービス労働価値生産説論者が主張する無形生産物説（この『無形生産物』には広く『有用効果』や『即時財』『用役』なども含める）には大きな疑問が存在する。というのは，通常，財貨生産において，価値が対象化するところの，主要な労働対象は，サービス生産においては，無形生産物とは別に存在するからである。運輸業の労働対象は積荷であって，場所移動（変更）ではない。……教育や医療などの対人サービスにおける労働対象は，いうまでもなく人間であって，講義や手術ではない。この問題を前面に据えて，理論構築しようとしたのが，斎藤重雄氏，櫛田豊氏に代表される，『労働力価値生産説』である。……斎藤氏や櫛田氏の主張は，最も重要な一点を除けば，きわめて論理的である。その最も重要な一点とは，彼らのいうサービス商品（『サービスの生産の結果としての人間とくに労働力の変化部分』もしくは『人間の心身上に形成される何らかの能力』）は，そもそも販売できるのか，という点である」（土井「報告本文」2-3ページ）。土井氏が述べる「最も重要な一点を除けば」とは，私たちの言うサービス生産物が生産者である資本の所有物にならず，よって販売対象にならないという点を問題視しているのである。この疑問については，第2章で検討する。

21) 金子，前掲書，141-142ページ。

22) 同上，181ページ。

第2章　サービス商品と労働価値説

I　サービス商品の生産過程

　資本制経済は，財貨だけでなく労働力が商品化し，商品による商品の生産が普遍的に行われる社会である。そして，資本制経済のもとで商品生産，商品流通，信用機構が深さと広がりをもって行き渡るにつれて，労働市場において労働力が商品化するだけでなく，労働力に統合される人間の個々の能力の生産も商品生産，商品流通，信用機構に包摂される。サービス業におけるサービス生産物は商品になり，労働と消費活動による共同生産過程はサービス商品の生産過程に転化する。すなわち，資本制経済は，人間の能力の統合体である労働力を流通面で商品化するだけでなく，人間の能力を生産面でも商品化するのである。今日，サービス商品の生産は全体の産業のなかでしだいに比重を高め，ますます社会的広がりをもつようになってきている。労働力が商品化しているため，賃金労働者は労働市場で彼の持つ労働力の商品性が認められないかぎり，人間として彼が望む生活は維持できない。賃金労働者は，労働力の商品性が認められるように彼の能力を再生産しなければならない。今日，科学技術の発達とその産業への適用，平均寿命の伸長等により，労働力の商品性を維持・形成するには，消費財としての財貨だけでなくサービス業による人間の能力の維持・形成がますます不可欠になってきている。今日の賃金労働者は，高等教育機関で相応の教育を修了しないと労働力商品を有利に販売できない。平均寿命の伸長で相対的に長くなった職業人生に対応するために，医療による健康の維持がますます不可欠になる。核家族化の進展と共働きの必要性から，彼あるいは彼女自身の労働力の商品性＝雇用を維持するには，子どもの保育また親の介護が社会的に要請される。ホワイトカラーを中心とした賃金労働者層には，理・美容等による相応の身だしなみが社会的に要請される。競争を背景に企業内の人間関係は多様かつ複雑になり，ストレス発散のため旅行やスポーツ観戦等の娯楽業の必要性が高まる等々。

さて，人間の能力の生産が商品生産として行われるようになったとはいえ，サービス商品の生産は労働と消費活動による人間の能力の共同生産過程であるために，財貨商品の生産過程とは異なる特質がある。この特質を，原理的に押さえる。

1 サービス商品の生産過程における投入と産出

〈サービス商品の生産〉

社会的労働＋ 労働対象（原料としての人間） ＋労働手段

⇒ 人間の能力の維持・形成
＝労働対象である人間の質と形態の変換，所在変更等

サービス商品の生産を図式的に表せば，上のようになる。図の1段目は，サービス商品の生産過程におけるインプットすなわち投入を示している。まず，サービス商品生産における投入面の特質は，労働力と労働手段はサービス資本の所有物となり，サービス資本の投下資本を構成するが，労働対象である人間はサービス資本の投下資本を構成しないという点である。図でこれを示すため枠で囲ってある。財貨商品の生産では，労働力と労働手段だけでなく労働対象である原料も資本の所有物となり，投下資本を構成するのが一般的である。例外は，建築資本が家主の所有する建材で住宅等を建築するような場合である。サービス商品生産では労働対象は財貨でなく人間であるために投下資本は構成しない。近代社会では，人間の人格的な独立が広く認められ，生身の人間は他人の所有物にはならないからである。資本主義社会の経済活動もこれを前提に組み立てられており，資本によるサービス商品生産はこれに適合するかたちで行われる。つまり，サービス資本による生産過程への資本投入は労働力と労働手段だけであり，これに労働対象になる人間が結合し彼自身が主体的な消費活動を行うことによって，人間の能力であるサービス商品の共同生産過程が成立する。こうして，サービス資本の生産過程への投下資本は労働力と労働手段によって構成されるという財貨商品の場合と異なる特質をもつ。しかし，このことはサービス商品の生産過程が労働対象の存在しない商品生産であることを主張するものではない。サービス生産物という人間の能力の生産は労働と消費活

動による共同生産であり，その基本性格は商品生産に転化しても変わらない。労働対象になる人間はサービス資本の所有物にならないものの，彼がサービス資本の生産過程に加わりそこで主体的な消費活動を行うことが，サービス商品生産過程が成立する不可欠の条件になっているのである。

次に，図の下段は，サービス商品の生産過程におけるアウトプットすなわち産出を示している。サービス商品生産における産出面の特質は，共同生産された人間の能力がサービス資本の所有物にならないという点である。図でこれを示すため枠で囲ってある。財貨商品生産では，労働の成果である労働生産物は財貨であり，通常それは資本の所有物になるのが一般的である。これに対し，サービス商品の生産においては，労働の成果は共同生産物としての人間の能力であり，しかもそれは労働対象である人間の心身上の変化として人間の内部に存在する。さきに述べたように，近代社会では人間は他人のしたがって資本の所有物にはならないし，ましてやそこで生産された人間の能力は労働の成果というだけでなく消費活動の成果でもある。つまりサービス商品は共同生産物であるために，資本はそこで生産された人間の能力を所有したくてもできないのである。そもそもサービス資本は，共同生産物としての学生の知的能力の向上，患者の健康の回復，観客の興奮等に対し，生産過程終了後にそれらを占有し使用権や処分権を確保・行使することを目的に生産活動を行っているのではない。サービス業で生産された能力に対する使用権や処分権は労働対象である人間に属する。サービス資本は，サービス商品の生産を行うことによって利潤が獲得できればよいのであって，それこそが資本の主たる目的なのである。サービス資本の産出物であるサービス商品は，財貨商品の場合と異なり資本の所有物にならないという特質をもつ。

2　サービス商品の価値形成過程

サービス業で共同生産される人間の能力＝サービス商品は価値をもつ。その価値は移転価値と新価値の合計である。まず，移転価値から述べる。サービス業の投下資本のひとつ（不変資本）を構成する労働手段としての財貨商品は，もともと価値物である。サービス商品の生産過程において，その価値は少しずつあるいは部分的に生産物である人間の能力に価値移転する。教育における教

室，机，教材の価値，または医療における病室，診療器具，薬剤の価値は少しずつあるいは部分的に学生または患者の能力に価値移転する。こうした商品生産物への労働手段の価値移転は，生産過程において労働が労働手段である財貨を目的意識的に役立てているという事実に依拠した論理である。加えて，サービス商品の共同生産では，労働対象になる人間も主体的な消費活動を行う。この人間の視点から見れば，労働手段である財貨（生産財）を消費財として個人的に消費し自己の能力の生産に目的意識的に役立てる。要するに，サービス資本によって生産過程に投下される労働手段の価値は，サービス労働また消費活動という両者の目的意識的活動に媒介され，生産される人間の能力に価値移転される。

　次に，新価値であるが，サービス商品の生産過程で支出される労働は，生産物である人間の能力に新価値を付加する。これは，教育労働，医療労働，娯楽労働等に含まれる社会標準的な人間労働が人間の能力であるサービス商品の新価値の実体をなすことを意味している。つまり，これは移転価値ではなく新価値の創造であり，サービス部門も新たな価値生産部門に位置づけられる。

　かくして，たとえば，医師が患者の病気を治療する際に，患者1人の治癒までに使用・消耗した診療器具や薬剤等の価値分が3時間，治癒までに要した医師の労働が社会標準的な労働に換算して5時間であったとしよう。この場合，患者1人の健康維持の価値すなわち患者の健康という能力の商品価値は，移転価値3時間と新価値5時間を合わせた8時間ということになる。このことは，患者1人の健康維持という能力を生産するために，間接的に必要な投入労働時間が3時間，直接的に必要な投入労働時間が5時間，したがって社会標準的な労働時間の投入が8時間必要であることを示す。つまり，直接・間接に必要な投入労働時間8時間が患者1人のサービス商品価値となる。労働価値説は人間の経済活動を労働コストで評価する学説である。それゆえ，サービス部門で共同生産物として商品が生産されるのであるから，サービス商品の価値形成は新価値の創造を含む。これが私たちの見解から導かれる帰結である。

　さて，サービス資本にとっては，労働対象になる人間の能力を使用価値的に生産することが主たる目的ではない。資本は，サービス商品の生産過程を遂行することによって剰余価値を生産せねばならない。資本にとってそれは可能で

ある。資本は、サービス商品の共同生産過程に投下した資本価値、すなわち労働力商品価値（可変資本の価値）と労働手段の価値（不変資本の価値）の価値合計よりも大きい価値をもつサービス商品を生産すればよいのである。さきの医師の例で言えば、患者の健康という能力の商品価値は、移転価値3時間と医師の労働による新価値5時間を合わせた8時間であった。仮に、患者1人当たりの医師の労働力商品価値が3時間であれば、患者1人当たりの投下資本価値は6時間となり差し引き2時間の剰余労働あるいは剰余価値が生まれたことになる。そして、この剰余労働がサービス部門の利潤の源泉になる。

　以上のことは、共同生産過程の結果からみて、サービス商品が剰余価値を含んだ商品であることを示している。しかしながら、さきに述べたように、サービス商品は生産過程終了後に財貨商品の場合と異なり資本の所有物にならない。つまり、サービス商品は、剰余価値を含んでいるものの資本の所有物にはならない特別な商品なのである。こうした特質をもつサービス商品を資本主義的商品と呼べるかどうかについては定義の仕方による。サービス商品が剰余価値をその内に含んでいるという側面では資本主義的商品であるが、サービス業で生産された能力の所有権が労働対象である人間に所属し資本の排他的所有物にならないという側面では資本主義的商品ではない、と言うにとどめる。むしろ、ここで重要なことは、労働が価値および剰余価値を生むか否かは、労働手段や生産物が生産者の所有物であるか否かとは独立しているという点である。たとえば、建築資材や土地が建築業者の所有物である場合、あるいは請負建築のようにそれらが建築業者の所有物でない場合、いずれの場合も建築業は建築物の価値および剰余価値を生産する。所有関係という視点で見れば、後者の請負建築の場合がサービス商品の共同生産の場合と同じである。請負建築の場合と同じように、サービス商品の共同生産の場合も価値および剰余価値を生産すると等しく主張しうるのである。それでは、サービス資本は自らの所有物でないサービス商品の価値および剰余価値をいかにして合理的に獲得できるか、これが次の課題になる。これを次項「サービス提供契約」で扱うが、その前に、サービス商品の共同生産過程で投入される消費活動と新価値との関係について、私見を述べておく。

3 消費活動と新価値

サービス商品の共同生産過程では，労働だけでなく労働対象である人間の消費活動も投入される。学習活動，療養活動，観戦活動などである。これらの活動は，自分の能力を自らの心身に目的意識的に生産するという重要な性格をもつ。また，そうであるが故にサービス商品の共同生産過程に投入される財貨商品価値の生産物への価値移転を媒介し，サービス労働による新価値の創造を媒介する。では，これらの消費活動そのものは価値を創造するであろうか。私は，これらの消費活動は商品価値には算入されないと考える。その理由は次のとおりである。これらの消費活動は自分の能力を使用価値として生産するのに有用で必要な活動であるが，労働のような社会的活動の投入ではない。つまり，これらの消費活動は教師の労働あるいは医師の労働といったサービス資本による労働力商品の生産的消費にともなう活動すなわち賃労働ではない。したがって，食べる，寝る，学習する，療養するといった消費活動は不特定多数を相手にする教師や医師の賃労働とは異なり，自分のためあるいは家族のための活動であるが故に，それぞれの消費活動の継続時間を相互に換算し社会標準的な基準を求める客観的な基礎を欠いている。よって，消費活動の継続時間は商品価値には算入されない，と私は考える。

たとえば，家庭菜園などで作った野菜，またこれらを材料にして作った料理についてみると，これらが家族構成員に食されるだけならば，家庭菜園を維持するために商品として購入した肥料や器具，また料理のために商品として購入した調味料や器材などの商品価値だけが，移転価値として少しずつあるいは部分的に主たる家族構成員の労働力商品価値に算入される。しかし，栽培や炊事といった代替的消費活動に要した時間そのものは，家庭菜園などで作った野菜，またこれらを材料にして作った料理が商品として市場で販売されるようにならないかぎり，これらは商品価値を形成しない。まして，家庭菜園の野菜等で作った料理を食べるという本源的消費活動は，それが自分ために自分にしかできない活動であるが故に，本来的に社会的活動でなく，よって他の活動と相互に換算し社会標準的な基準を求める対象にはなりえず，よって商品価値を形成しない。

これと同じように，家庭内で子どもや親に対し代替的消費活動として行われ

る教育活動や介護活動については，これらの活動をつうじ，購入した教材や教育機器および介護用品や介護機器等の商品価値は，主たる家族構成員の労働力商品価値に移転・算入される。しかし，教育や介護に要した時間そのものは，形成・維持される子どもや親の能力が家族外でサービス商品として取引されるようにならないかぎり，商品価値を形成しない。資本制経済が拠って立つ労働力商品の再生産単位としての近代的家族は，その家族内の活動について資本主義的な商品生産および商品流通の直接的支配をまぬがれている。また，家族構成員から教育や介護を受ける側の子どもや親の学習活動と療養活動であるが，これらはさきの食べるという活動と同じく本源的消費活動である。これらの活動は，他の活動と相互に換算し社会標準的な基準を求める対象に本来的になりえない。よって，これらの活動は，家族構成員からでなくサービス資本から教育や介護を受ける際の活動であったとしても，すなわちサービス商品の共同生産過程で必要な消費活動であったとしても，商品価値を形成しない。

Ⅱ　サービス提供契約
　　——サービス商品の価値・剰余価値の実現——

　2013年の経済理論学会第61回大会（専修大学）の分科会で，私は，土井日出夫氏（横浜国立大学）の報告（「運輸業の販売対象」）のコメンテイターを務めた。それが機縁となり，土井氏と斎藤重雄氏を交えてeメールでの私信というかたちであるが，サービス商品を中心とした幅広い論点について有益な意見交換を行うことができた。そのやり取りのなかで，私たちが主張するサービス商品について，"資本が所有できないサービス商品を商品として規定できるか"というのが論点になった。土井氏の指摘は，さきに触れた，サービス商品を資本主義的商品として規定できるか否かという問題よりも本質的なところを問題にしている。すなわち，私たちの見解にしたがえば，サービス商品は資本に限らず社会的労働を投入する生産者一般によって所有できない商品である。こうした特質をもつサービス商品を商品と規定できるか，という根源的な問いである。この論点は，サービス商品を主張する私たちの見解に対し，かねてより金子ハルオ氏また刀田和夫氏から寄せられていた批判点でもあった。この論点をめぐって，土

井氏とは見解が対立し，斎藤氏とは大枠では一致しているものの，細部では微妙に異なるというものであった。eメールによるこの意見交換は，私自身の見解を固めるのに大いに役立った。以下の論述はその成果である。

1　サービス提供契約をつうじたサービス商品価値の実現

　サービス業で共同生産される商品は人間の能力という商品である。そして，その商品は共同生産過程で直接・間接に投入された社会的労働によって評価された労働価値すなわち商品価値をもつ。しかも，その商品価値はそこで投入された投下資本価値とのあいだに差額が発生する場合に剰余労働すなわち剰余価値を含んでいる。しかしながら，すでに述べたようにサービス商品は生産段階では社会的労働と消費活動による共同生産物であるとはいえ，生産後は人間の内部に変換された能力として存在し，資本の所有物にはならない。資本の所有物でない以上，資本はサービス商品を売買することはできない。では，資本は生産した商品価値をどのように実現し手に入れることができるのだろうか。

　教育，医療，福祉，娯楽等の現実のサービス業おいて，サービス資本による社会的労働の投入は無償では行われず，労働対象になる人間（消費者）によって多かれ少なかれ授業料，診察料，入所料，入場料等の対価が支払われている。この対価の支払いをつうじ，サービス資本は投入資本コストを回収し，さらに利潤を獲得しているのは事実である。そして，この対価の支払いの性質を理論的にどう捉えるかが問題となる。これを，量的側面と質的側面に分けて順次考察する。

　まず，対価の支払いの量的側面である。量的側面を労働価値説的な見地で捉えれば，対価の支払額はサービス資本による社会的労働の総投入量に対応している。しかも，サービス業が共同生産過程をもち，そこで共同生産される人間の能力をサービス生産物として捉える私見にもとづけば，対価の支払額はサービス生産物すなわちサービス商品に内在する価値（移転価値＋新価値）に対応している。したがって，対価はサービス商品価値の外在的尺度である。そして，対価が貨幣で支出される場合には，外在的尺度は価格になりサービス商品価格が付与される。たとえば，授業料，診察料，入所料，入場料，乗車料等といったかたちのサービス商品価格は，各種サービス業におけるサービス商品価値の

現象形態なのである。なお，対価が商品に内在する価値の外在的尺度になり，対価が貨幣である場合は商品価格が付与されるという点は，財貨商品の場合も同じである。

　次に，対価の支払いの質的側面である。資本による財貨商品の生産の場合は，資本の生産物である財貨に排他的所有権が設定される。資本が財貨を販売（W―G販売，逆の側からみればG―W購買）することによって排他的所有権は買い手に移転する。資本は財貨に対する排他的所有権を手放す見返りに，買い手から対価の支払いを受け，財貨商品に内在する価値（移転価値＋新価値）を回収する。つまり，財貨商品の場合，対価の支払いは排他的所有権の移転にともない発生するのである。これに対し，サービス商品の場合は，共同生産物であるサービス商品は資本の排他的所有物にはならない。しかし，資本はサービス商品の共同生産のために投入した社会的労働量を回収せねばならない。私は，共同生産物であるサービス商品に対し財産権のひとつである債権が設定されると考える。しかも，労働過程そのものでなく共同生産される人間の能力を生産物と捉える私たちの見解にもとづけば，この債権は，サービス商品の共同生産で投入される社会的労働や生産過程に設定されるのではなく，共同生産過程の成果であるサービス生産物に対して設定される。たとえば，医師が治療後あるいは手術後の患者の健康状態に一定の責任を負うというのは，このことの反映である。サービス資本は，この債権にもとづいてサービス商品の対価の支払いを受け，サービス商品に内在する価値（移転価値＋新価値）を回収する。つまり，サービス商品の場合，対価の支払いはサービス生産物に債権が設定されることにともない発生するのである。

　このように，資本によるサービス商品価値の実現・回収は，サービス生産物に債権が設定されて可能となる。それは，財貨商品のように生産物に資本の排他的所有権が設定され，その移転である売買によって商品価値が実現・回収されるものとは異なる経路をとる。私は，サービス生産物に債権が設定されることで権利義務関係が発生するサービス業の経済的取引を"サービス提供契約"と呼ぶことにする。サービス業では共同生産過程をつうじ人間の心身上に有用な能力が生産され，サービス生産物に債権が設定される。この債権は，サービス資本の側に支払請求権[1]，あるいは消費者の側に給付請求権を付与する。

その結果，仮に対価の支払いが生産過程終了後であれば，サービス資本は労働対象になる人間（彼は個人的消費を行うから消費者でもある）に対し支払請求権を保有し，逆に，労働対象であり消費者でもある人間は支払義務を負う。また，対価の支払いが生産過程開始前であれば，労働対象であり消費者でもある人間はサービス資本に対し社会的労働量の投入を求める給付請求権を保有し，逆に，サービス資本は給付義務を負う。対価の支払いが生産過程の前であれ後であれ，サービス業ではサービス生産物に債権が設定され，いま述べたような支払請求権あるいは給付請求権といった権利義務関係が発生する。これをサービス提供契約のなかみである，と私は考える。ここでは，生産物であるサービス商品について所有権の移転はなされず，したがってそれは売買ではないが，対価の支払いをつうじサービス商品価値が実現する。教育における在学契約，医療での手術をともなう診療契約，福祉における入所契約などは明文化されたサービス提供契約であり，音楽コンサートの観賞，スポーツ興行，人の運輸などは明文化されない慣行としてのサービス提供契約である。サービス提供契約のもとで，授業料，診察料，入所料，入場料，乗車料等といったかたちでサービス資本は支払請求権を持ち，労働対象である消費者は対価の支払義務を負う。対価の支払いが生産過程の開始前であれば，給付の権利義務関係が逆になるだけである。いずれの場合も，人間の能力というサービス生産物に債権が設定され，それに見合う対価の支払いあるいは社会的労働の給付がなされることでサービス提供契約の目的は達せられ，当該契約の権利義務関係は消滅する。

　サービス提供契約にともなって発生する権利義務関係は，私的所有権とともに財産権のひとつである債権にもとづいている。そして私は，サービス業の共同生産物であるサービス生産物に債権が設定されると考えるのである。債権は，法学的には，債権者である特定人（法人を含む）が債務者である特定人に対し一定の行為を請求する権利であり，物権とは区別するために対人権とも呼ばれている。私は，この法学的解釈を一歩進めて，排他的所有権が設定されえないサービス生産物のような経済的成果に債権が設定され，これをもとに支払請求権や給付請求権など人間の行為請求に関する権利義務関係が発生すると考えるのである。また債権は，財貨に対する排他的支配権である物権と異なり排他性がないから，債権が設定されることで同一内容の権利義務関係が複数存在する

ことが可能であるとされている。これをサービス生産物に即してみると，教育やスポーツ興行などのサービス業で数多くの人間を同時に労働対象にする場合に，数多くの人間の内部に学力や気分転換というサービス生産物が生産され，よって数多くのサービス生産物に債権が設定されるため，同一内容の権利義務関係が複数存在することになると考えるのである。たとえば，ある教師が数多くの学生に対し授業料の支払請求権を保有したり，逆に同じ時間に数多くの学生に講義する義務を負担したりするのは，数多くの学生の内部にサービス生産物が生産されそこに債権が設定されるからである。また，ある音楽家が数多くの聴衆に入場料の支払請求権を保有したり，逆に同じ時間に数多くの聴衆に演奏する義務を負担したりするのは，複数の聴衆の内部にサービス生産物が生産されそこに債権が設定されるからである。

　これ以上の法学的な詮索はやめにするが，所有権の移転をともなわないサービス提供契約において債権にもとづく権利義務関係が社会的に観念され，これによりサービス部門の経済活動が適正な水準に保たれていることは間違いない。なぜなら，支払請求権という権利を観念してサービス資本の資本投下を保護できなければ，投入された社会的労働の回収・確保はできず，誰も教育や医療や介護等に従事する者がいなくなるからである。また，給付請求権という権利を観念してサービス業で労働対象になる人間（消費者）を保護できなければ，誰もサービス業で教育や医療や介護等を受ける者がいなくなるからである。定着農業社会においては，土地を中心とした財産権＝排他的な私的所有権を法的に保護することによって，土地を中心とした資源の有効利用が進み，農業生産量の極大化がはかられたとされている。このような社会では，権利の観念が土地に向かうことが社会的要請でもあった[2]。今日のように，科学技術の発達とその産業への適用，平均寿命の伸長等により，サービス業による人間の能力の維持・形成がますます不可欠かつ重要になってきている社会においては，個別のサービス資本投下者，サービス部門従事者，サービス部門消費者をサービス提供契約にともなって発生する権利義務関係によって保護することは社会的要請になっている。サービス提供契約をつうじてサービス商品価値への正当な支払いがなされること，あるいはサービス商品価値に見合う正当な給付がなされること，これらはサービス業の経済的成果を社会的に正当に確保することにほか

ならない。また，このことは資本投下の誘因を恒常的につくりだすことにつながり，社会全体のサービス生産量の適正化がはかられるのである。

　さて，サービス提供契約についての以上の考察を踏まえ，もう一度，サービス商品への対価の支払いに立ち返ってみる。サービス提供契約をつうじ，サービス業で労働対象になる人間（消費者）からサービス資本に対し対価が支払われるということは，この経済過程を経てサービス商品価値が実現されるということにほかならない。また，これによりサービス資本は投入資本コストを回収し利潤を獲得する。仮に，対価が貨幣で支払われるとすれば，サービス生産物に債権が設定されたことにより，商品はサービス商品の形態から貨幣形態に形態転換したということを意味する。すなわち，これは所有権の移転をともなわないから販売ではないがW—Gの過程である。そして，貨幣を獲得したサービス資本は，今度はそれを他商品たとえば設備等の財貨商品や労働力商品の購入に充当することができる。すなわち，商品形態，商品形態の脱却，商品形態への復帰，W—G—Wの過程にほかならない。同時に，サービス商品の最初のW—Gの過程を逆方向から見れば，サービス業で労働対象になる人間（消費者）はサービス資本に対し対価を支払うことによって，彼の心身上に生産されたサービス生産物の使用価値を彼自身に所属させることができる。これも所有権の移転をともなわないから購買ではないがG—Wの過程である。そして，能力というサービス生産物の使用価値を獲得した人間は，今度はそれを労働力に統合させ資本に販売する（W—Gの過程）ことができる。

　サービス商品の形態転換という経済過程は，売買という所有権の移転にもとづく商品の形態転換ではなく，債権にもとづく商品の形態転換の過程である。しかし，サービス商品のW—Gの形態転換はサービス商品の価値を実現させ，サービス商品のG—Wの形態転換はサービス商品の使用価値を実現させている。つまり，この形態転換においてサービス商品は，使用価値として実現されると同時に価値として実現されているのである。また，この形態転換は，他の財貨商品等の形態転換と相互に絡み合い不可分に結びついてさえいる。したがって，サービス商品の形態転換という経済過程は商品の流通過程であり，売買形式の商品流通とともに商品流通一般に包摂される，と私は考える。

2 サービス商品と商品の本質——"他人の商品生産説"という批判の検討

　金子ハルオ氏また刀田和夫氏は，私たちの見解を"他人の商品の価値形成説"あるいは"他人の商品生産説"と特徴づけて次のように批判する。金子氏は，サービス業において「自分の所有している『商品』でなくて，他人の所有している労働力の再生産費用の一部を販売するなどということが，本来成立するであろうか。販売できるものは本来は自分の所有物でなくてはならない」[3]と批判される。刀田氏も，サービス「労働が価値を形成するとしたら，それは労働力をサービス提供者（生産者）自身の商品として生産しなければならない。……櫛田氏は，労働が形成するには生産者自身の商品を生産しなければならないのに，そのことを没却して他人の商品を生産することをもって価値形成を肯定する誤りに陥っている」[4]と批判される。金子氏は，資本が所有し販売できる生産物は生産されないから，サービス業では商品は生産されないと進まれる。刀田氏は，逆に，サービス業では無形生産物という資本が所有し販売できる商品が存在すると進まれる。それぞれ進まれる行先は違っているが，いずれにせよ，私たちが提唱する人間の能力というサービス商品について，それは労働対象になる人間に所属する彼の所有物であってサービス資本が所有する商品になっていない，したがって根本的なところで誤りがあるという指摘である。

　最近，この論点を根源的なところまで遡って指摘したのが土井日出夫氏である。氏は学会報告で，「斎藤氏や櫛田氏の主張は，最も重要な一点を除けば，きわめて論理的である。その最も重要な一点とは，彼らのいうサービス商品（『サービスの生産の結果としての人間とくに労働力の変化部分』もしくは『人間の心身上に形成される何らかの能力』）は，そもそも販売できるのか，という点である。というのも，『人間，とくに労働力の変化』や『心身上に形成される能力』は，顧客の所有対象であって，サービス提供者，サービス業者の所有対象ではないからである。他人の所有物を販売することはできないのではあるまいか」[5]と疑問を呈されている。その後，土井氏と斎藤重雄氏を交えてeメールでの私信を交えた意見交換を行うなかで，氏は，私たちの見解のうち，対人労働部門であるサービス業では労働対象である人間の心身上に人間の能力というサービス生産物が生産されるということ，しかもそれが社会的労働と消費活動による共同生産物であるとすること，これらを理論的に認められた。氏が

私たちの見解について承認できない点は、サービス商品は生産者である資本が所有できない商品であり、このような性質をもつサービス生産物をサービス商品であると私たちが主張しているところにある。氏の指摘は、生産者の排他的な私的所有物にならないサービス生産物は商品になりえないという主張である。これは、さきに記した、サービス商品が資本主義的商品であるか否かという論点よりも根源的な問いである。

　私たちの見解に対する以上の批判的指摘を私なりに要約すると、次の2つの論点にまとめることができる。第1は、商品価値の実現形式は所有権の移転をともなう売買形式でなければならないか。第2は、資本の所有物にならないサービス生産物を商品と規定できるか、である。以下順次、考察する。

　まず、第1の論点である。私たちの主張するサービス商品は、生産段階では社会的労働と消費活動による共同生産物であるとはいえ、生産後は人間の内部に変換された能力として存在し、生産物は資本の所有物にはならない。これを労働対象になる人間の側から見れば、対価を支払ったとはいえ、サービス商品は売買をとおさずに獲得した生産物である。サービス業では、サービス提供契約という債権にもとづいて対価の支払いあるいは給付行為が履行され、サービス商品の価値および使用価値が実現される。それは、財貨商品のような売買形式をとらないとはいえ、商品流通に包摂される。そして、サービス業で支払われる対価はサービス商品価値の現象形態である、という点はすでに述べたとおりである。これを、上の第1の論点に即して言えば、商品価値の実現は、必ずしも所有権の移転をともなう売買形式をとる必要はないということである。財貨商品を中心とした売買形式をとる商品流通が共同体を崩壊させ、今日の商品生産社会を生みだすのに大きな役割を果たしたことは歴史的事実である[6]。

　しかしながら、私は、商品価値の実現に関わる商品流通は、必ずしも財貨商品のような売買形式をとる必要はないと考える。生産物に私的所有権ではなく債権が設定されたことにもとづいてなされるサービス提供契約もそのひとつである。これを踏まえて、金子氏や刀田氏の言う"他人の商品生産説"あるいは"他人の商品価値生産説"という批判に答えると、労働が価値を生むか否かは、生産物が生産者の排他的な所有物となって販売される否かとは独立しているという点である。たとえば、さきに触れたように、建築資材や土地が建築業者の

所有物でない請負建築の場合，あるいは修理対象が修理業者の所有物でない請負修理の場合において，生産物である建築物また修理された財貨は生産者である資本の排他的な所有物にはならない。したがって，生産者である資本はそれらを販売できないから，彼らが請負建築料あるいは請負修理料として得る対価は所有権の移転にともなって支払われる対価ではない。私は，所有関係という視点で見れば，請負建築や請負修理はサービス商品生産の場合と同じであるとみている。そして，自前の建築あるいは工場内の修理と同じように，請負建築業や請負修理業は建築物そして修理された財貨という生産物の価値を生産する。金子氏や刀田氏の論法にしたがえば，請負建築業や請負修理業は生産者である資本が生産物を所有できず，よってそれを販売することができないから，それら生産物の価値つまり商品価値を生産できないと主張しているに等しい。私は，こうした論法に同意できない。サービス資本は自ら所有できない他人の商品価値を生産する。その価値は，サービス生産物に債権が設定されることにもとづいたサービス提供契約の対価の支払いによって回収され，商品価値が実現されるのである。

　次に，第2の論点である。サービス商品は生産者である資本の所有物にならない商品である。だから，サービス商品は商品とは言えず，私たちの見解は成り立たないという批判である。しかし，こうした批判は，商品は誰かの排他的所有物になって売買されなくてはならないという規定を，商品の本質規定に暗黙裡に忍び込ませている。私は，商品は使用価値と価値との統一物であるという規定が商品の本質規定であると理解している。この規定は，不純かつ不要なものをそぎ落としたうえで確立されたすぐれた規定であって，商品の本質規定はそれ以上でもそれ以下でもない。そして，そこには商品価値の実現形式のひとつである"売買されねばならない"という要素は一片のかけらもない。商品の本質規定に"売買されねばならない"という要素を持ち込むことは，なんらかの有用的属性が備わるという意味以上のものがない使用価値概念に，軍需品や毒物は社会的富とは言えないから，それらは使用価値とは言えず商品ではない，と主張するようなものである。サービス商品は誰かの所有物となって販売されなくてはならないという考え方に立ち，私たちの見解がそうなっていないから成り立たないとする批判は，商品の本質規定に恣意的な要素を持ち込み，

商品価値の実現形式は売買＝所有権の移転しかないと思い込んでいる結果なのである。

　サービス業で共同生産される人間の能力，教育による知的能力の向上，医療による健康維持，娯楽による気分転換等は，これらを享受する人間にとっては使用価値である。彼は，これらにより人間らしい生活が保てるし，あるいは賃金労働者の場合はそれらが労働力に統合され安定した賃金の獲得に結実するのであるから，人間の能力は有用性をもつ使用価値である[7]。また，すでに述べたように，サービス業で共同生産される人間の能力は，サービス資本によって投入された社会的労働によって評価された商品価値をもつ。さらに，その商品価値は，投入された社会的労働について社会標準的労働を基準にした価値の内在的尺度をもつと同時に，サービス提供契約にもとづく対価の支払いによって価値の外在的尺度をもつ。こうして，サービス業で共同生産される人間の能力は使用価値と価値の統一物であり商品の本質規定を満たすのである。サービス商品は資本の所有物にならず彼によって売買されない商品，すなわち誰かの排他的所有物となって売買されない商品であるが，商品の本質規定は満たしている。サービス業の共同生産過程において，人間の能力は，使用価値的側面と価値的側面の両面において生産される商品である。

　土井氏が主張するように，商品の本質を，商品は生産者である誰かによって排他的に所有され売買されなくてはならないと捉えると，教育，医療，人の運輸等のサービス業は言うまでもなく，さきに述べた請負建築業，請負修理業さらに賃貸業で取引されている財貨も商品ではなくなる。それでも，対人サービス業，運輸業，請負建築業，請負修理業で商品生産が行われていると主張するなら，それらの資本が排他的に所有・販売できるなんらかの生産物を探さなくてはならなくなる。たとえば，無形生産物であったり，生産過程そのものであったりである。しかし，そうなるとサービス生産物を人間の心身上の変化と捉えた私たちの見解に対して，生産物概念を労働対象に即し労働対象の有用な変化であると一貫して捉えた見解であり，きわめて論理的で同意できる見解であると認められた氏自身の評価と矛盾することになる。

Ⅲ　サービス業における平準化生産の相対的困難性と労働価値説

　サービス商品生産では財貨商品生産と異なり生産量の平準化が相対的に困難である。しかし，そのような性質をもつサービス業の生産過程においても労働価値説は適用される。以上の2点について，私の考えを述べる。なお，以下では，サービス業の商品生産量は労働対象になる人間の数を尺度として捕捉することを踏まえ，平準化生産とは，生産量の平準化であって生産物の質の平準化ではないということを前提する。サービス商品生産は人間の消費活動が加わる共同生産であるため，同じ労働投入に対する生産物の質のバラツキは大きい。この点はサービス商品生産のひとつの特質であるが，以下ではこれをあえて捨象している。

1　サービス業における平準化生産の相対的困難性

　サービス業における平準化生産の相対的な困難性は，サービス業が人間の能力の共同生産であるところに究極的な要因がある。そして，そこから派生する原因として，第1にサービス業では生産物の在庫形成ができない，第2にサービス業の多くは市場が生産過程に内部化されている，第3にサービス業では労働手段である機械が生産過程の主動因にはならない，という3つが考えられる。以下では，第1と第2の原因について詳しく考察し，第3の原因については簡単に触れるにとどめる。

　まず，第1と第2の原因である。作れば作っただけ売れるといった市場環境にある場合を例外とすれば，通常，財貨商品に対する需要は日々変動する。そして，変動する市場需要に合わせて日々の生産量を変動させることは労働力と設備と在庫にムダを発生させる。財貨商品の生産工場では，労働力と設備と在庫といった生産諸要素を生産量のピーク時に合わせて準備せざるをえないからである。そして，変動する市場需要に合わせて日々の生産量を変動させることによって生じるムダは，工場内の各工程相互間で生じるだけでなく外部の部品下請け企業へも波及する。このようなケースでは，生産計画をできるかぎり短い期間で立て，そのうえで工場の最終工程に要する所要時間（サイクルタイ

ム）を決定し，下請けを含めてすべての前工程がそのサイクルタイムに合わせて生産するようにする。これは，最終工程の1日当たりの平均生産量を基準にして全工程がそれにピッチを合わせるということにほかならず，これにより労働力と設備と在庫に発生するムダの多くが省かれる。比較的安定した市場需要という条件のもとでではあるが，これにより平準化生産が可能となる。そして，急な需要増大の場合は機械設備がフル稼働し臨時工が雇用され，逆に急な需要減少の場合は労働者の配置転換や臨時工を解雇すること等で対応することになる。

　しかし，こうした平準化生産は，20世紀初頭のT型フォードを典型とする少品種大量生産には適用できるが，需要が多様化している今日の多品種少量生産には適用できない。なぜなら，多品種少量生産では品種ごとに1日単位で売れる速度が異なり，したがって最終工程の品種ごとにサイクルタイムが異なってしまうからである。トヨタのジャストインタイム生産では，品種の異なる製品は市場で売れる平均速度が当然異なるので，品種の異なる製品を同一ラインに流し，しかもラインストップが起きないようにうまく順序づけて流すことによって，品種別生産量の平準化を追求した。そして，金型や工具等の取り換え作業である段取り替えの迅速化，多品種に対応できる汎用機械の開発，多品種の仕様を自動的にコントロールする自動加工装置の導入等が，品種別生産量の平準化を技術的に支えた。こうした平準化生産を追求した結果，需要が急激に変動した場合でも，事前計画で決定された生産量を大幅に変更することなく，最終工程に品種別生産量の微調整を指示することで対応できるようになったとされている[8]。トヨタは，こうした方法により多品種少量生産において，人と設備と在庫に発生するムダの多くを省いたのである。一般に，市場需要の多様化により商品の多品種化が進めば進むほど品種別生産量の平準化は難しいとされるが，トヨタのジャストインタイム生産はこの矛盾を解決したということで世界的に注目されている。

　以上，少品種大量生産および多品種少量生産における平準化生産について概観した。変動する市場需要に合わせて生産量を日々変動させることは労働力と設備と在庫にムダが発生し，競争上不利になる。そのため，財貨商品生産分野における主要企業において，平準化生産が追求され，それに成功している。と

ころで，少品種大量生産であれ多品種少量生産であれ，平準化生産が可能である理由はどこにあるのだろうか。それは，財貨生産分野では商品が生産資本の排他的所有物となって在庫（正常在庫）を形成できること，そして正常在庫を補充することで一定の長さをもつ生産期間および流通期間が保証されることにある，と私は考える。まず，最終工程や工程間で不必要な過剰在庫を抱えるのはたしかにムダであり，そのため平準化生産が追求されるのであるが，販売機会損失につながる在庫切れは企業利潤を直接圧迫する。トヨタのジャストインタイム生産は"在庫ゼロ"をスローガンに掲げているが，それは主力品種にとどまらない全品種を含めた文字通りの"在庫ゼロ"の生産体制構築を意味するものではない。生産ラインをストップさせないために工程間で正常在庫は必要不可欠であり，販売機会損失を防ぐためにも正常在庫の形成は必要不可欠なのである。トヨタのジャストインタイム生産は，この正常在庫を極小化してムダを省く有力な方法なのである。次に，この正常在庫で需要変動に対応することにより商品に一定の長さをもつ生産期間および流通期間が分離独立して与えられることになり，そうした条件のもとで資本の創意工夫により効率的な平準化生産が可能になる，と私は考える。

　これに対し，サービス商品生産では生産物は共同生産される人間の能力である。したがって，生産物は人間の外部に存在せず貯蔵できない。また，それは共同生産であるために，生産物は資本の排他的所有物にならず在庫を形成できない。しかも，サービス業では，労働対象になる人間がサービス提供契約の当事者として共同生産過程に入ってくる。それは，商品の流通過程である市場が生産過程に内部化されてしまっていることを意味する。すなわち，サービス資本の循環範式 $G—W(A・Pm)…P…W'—G'$ のうち，$W'—G'$ が生産過程（P）に内部化されているのである。私は，これをサービス業における"市場の生産過程への内部化"と呼ぶ。このため，財貨商品と比べ，サービス業の多くでは生産過程と流通過程が一体化しており，サービス商品の生産量は日々変動する需要の影響をダイレクトに受けてしまう。したがって，平準化生産の追求は相対的に困難になる。このことは，プロスポーツ興行，演劇や音楽コンサート，人の運輸等の不特定多数の人間を同時に労働対象にする集団的サービス業において顕著に現れる。たとえば，プロ野球興行で同じ対戦カードの試合を3試合連

日行ったとして，労働投入量は同一であるにもかかわらず，生産量としての観客数は初日20,000人，翌日25,000人，翌々日15,000人であったりする。また，公営バスで同じ路線を3日連続で運行したとして，労働投入量は同一であるにもかかわらず，生産量としての乗客数は初日25人，翌日40人，翌々日10人であったりする。

　財貨商品生産である製造業においては，これほど大きな生産量のバラツキは出ないし，仮にバラツキが出るにしても平準化生産を追求することをつうじてバラツキを小幅に抑えることができる。プロ野球興行あるいは人の運輸業といったサービス商品生産では，生産物は人間の能力であり在庫形成はできない。したがって，日々変動するプロ野球興行への需要あるいはバス運輸への需要に対し，過去の生産実績をベースにつくられる基本生産計画量からのズレを在庫でカバーし，財貨商品生産のように日々の生産量を平準化するということはできない。しかも，サービス業の共同生産過程においては，労働対象である観客や乗客がサービス提供契約の当事者として生産過程に加わってくる。その際，サービス提供契約にもとづいてなされる対価の支払いは，その多くが共同生産過程に時間的・空間的に密着している。この場合，契約の多寡に応じ，所与の生産期間のなかで生産量を調節し平準化をはかるということはそもそも困難なのである。

　スポーツ興行や運輸業等におけるサービス業では，サービス商品の流通過程である市場（W′—G′）が生産過程に内部化しているとする把握，"市場の生産過程への内部化"はきわめて重要である。というのは，サービス業の経済過程では"市場の生産過程への内部化"のため平準化生産が困難であるために，論者によっては，サービス業の経済過程を流通過程であるとし，そこに生産過程が存在することを無視する見解が少なくないからである。換言すれば，財貨部門では生産資本と流通資本の分化・分立が可能であるのに対し，サービス部門では"市場の生産過程への内部化"によりそれが不可能であるため，サービス資本は生産資本と流通資本の性格を合わせもつ。そこから，事の一面だけを捉えて，サービス資本の性格を生産資本ではなく流通資本あるいは商業資本と見る見解が生まれる。しかし，私は，サービス資本は流通資本あるいは商業資本の性格を合わせもつものの，人間の能力の共同生産過程という特殊な生産過程

をもつ生産資本であると捉えるのである。

　サービス商品生産における平準化生産の相対的な困難性は，第1に，サービス業の生産物が人間の能力であり在庫形成ができないということ，第2に，サービス業の生産過程が共同生産過程であるため労働対象である観客や乗客がサービス提供契約の当事者として生産過程に加わり，多くの場合商品市場が生産過程に内部化されてしまうこと，これらに起因している。そして，サービス業で平準化生産が相対的に困難であるとすると，当然，サービス資本が投入する労働力と設備にムダが出る。製造業と同じようにサービス業でも資本間競争が存在するので，生産能力に見合った観客数あるいは乗客数を生産できるよう集客数を高めかつ安定化させる企業努力が講じられる。たとえば，プロスポーツ興行や音楽コンサート等ではチケットの前売りが行われる。これは，日々変動する需要の影響をダイレクトに受けることをできるかぎり回避し，生産量を安定化させるために，サービス商品の流通過程を生産過程から時間的・空間的に分離する方法と言える。しかし，資本制経済においてはサービス業が本来的に有する平準化生産の相対的な困難性が完全に解消することはない。

　サービス業のこうした経済的特性を社会的観点から規制・改良し平準化生産をはかった事例のひとつが教育とりわけ公教育であると私は考えている。小中学校などの公教育において生産量である学生数が対価の支払能力に応じて日々変動するなどということは，経済的観点から人と設備にムダが出るということ以上に，教育的観点に立った教育成果の継続性あるいは国家的観点に立った青少年の知力・体力水準の維持・向上，これらの妨げになる。しかし，教育は製造業のような財貨生産ではなく人間の能力の共同生産であるので，教育を工場のようにして生産量を平準化するわけにはいかない。そこで，上で指摘した"市場の生産過程への内部化"を規制する方法がとられる。教育において，仮にサービス提供契約にもとづき対価（授業料）の支払いが自己責任で毎日あるいは週ごとになされるようであれば，教育に対する需要は日々あるいは週ごとに変動してしまうので，我が国の義務教育期間である9年間の長期にわたり教育の生産量を平準化することはできない。また，義務教育の未修了者が相当数出るような事態になれば，国民の教育水準の低下そのものにつながる国家的損失である。サービス提供契約にもとづく対価（授業料）の支払いを日々の生産

過程である教育過程から分離して年数回とし，しかも国の財政支出によって対価（授業料）を支援あるいは無償化する。"市場の生産過程への内部化"を規制するこのような措置を講じることで，公教育では年単位で所定の学生定員を確保することができる。また，これにもとづき教師や設備等を含めて月間あるいは年間の教育計画なり教育体制を組むことが可能となり，生産量（教育成果を享受する学生数）を日単位，週単位，年単位で可能なかぎり平準化できるのである。

最後に，「機械が生産過程の主動因にならない」という第3の原因について触れておく。財貨商品生産では在庫形成が可能であるとしても，現実の生産過程で平準化生産を可能にするには，在庫管理を含めて企業内に存在する複数の工場と多数の工程を基本生産計画という統一的な基準で指揮・監督する権限を経営者（＝資本）が握ることが必要である。しかも同時に，この計画を実行して平準化生産を可能にするには労働手段である機械が生産過程の主動因になっていなければならない。歴史的に見ると，平準化生産に成功したのは，20世紀初頭のT型フォードを典型とするベルトコンベアによる流れ作業方式である。製造業における財貨商品の生産過程の様式は，一般に，単純協業，分業にもとづく協業（マニュファクチュア），機械制大工業，オートメーションという発展段階をとり進展する。このことは，歴史的事実と照らし合わせて，広く承認されている。これに対し，財貨生産ではないサービス業の生産過程の様式は，単純協業，分業にもとづく協業という進展は認められるものの，すくなくとも生産様式がオートメーションという段階に進展することはない，と私は考えている。なぜなら，サービス業は人間を労働対象にした人間の能力の共同生産過程であるため，教師や医師といった労働者と労働対象である学生や患者といった人間とのあいだに相互のコミュニケーションが必要不可欠になるからである。サービス業では，教師，医師，介護士，演者，スポーツ選手といった労働者の側の技能と熟練がサービス業で生産される人間の能力という生産物の質と量に大きな影響を及ぼす。経営者（＝資本）がサービス業の生産過程の指揮・監督権を握っていくなかで機械の利用が進展するにしても，サービス労働全体のコアの部分で，労働手段である機械が労働者の技能と熟練に取って代わり生産過程の主動因になっていくということはないと私は考える[9]。したがって，サー

ビス業の生産過程は機械の利用が主役にならないという性質をもつ以上，そこでの平準化生産には限界がある。たとえば教育において，"最新の教育機器を利用するにしても，できるだけ一人ひとりの学生の個性に応じた指導をしないかぎり教育成果は上がらない"という声をよく耳にするが，これは単に教師のリップサービスというにとどまらず，サービス業の共同生産過程のもつ性質を表現しているのである。

2　サービス業への労働価値説の適用

　サービス商品生産における平準化生産の相対的困難性を踏まえたうえで，サービス業に労働価値説が適用できること述べる。さきに例示したように，3試合連日のプロ野球興行で，仮に1試合当たりの労働の投入量が設備等の移転分を含めて同一の100,000時間であったとしよう。そして，生産量としての観客数がそれぞれ初日20,000人，翌日25,000人，翌々日15,000人であれば，観客1人当たりの日々の個別的価値はそれぞれ5時間，4時間，6.6時間になる。この場合，労働生産性は労働価値の逆数であるから，単位時間当たり生産量である観客数はそれぞれ0.20人/時間，0.25人/時間，0.15人/時間になる。同じように，3日連続運行の公営バスで，同じ路線について労働の投入量が設備等の移転分を含めて同一の10時間であったとしよう。生産量としての乗客数はそれぞれ初日25人，翌日40人，翌々日10人であれば，乗客1人当たりの日々の個別的価値はそれぞれ0.40時間，0.25時間，1.00時間になる。労働生産性である単位時間当たり乗客数はそれぞれ2.5人/時間，4.0人/時間，1.0人/時間になる。

　サービス業の現実に照らし合わせて，設例の数値はそれほど非現実的ではないと思われる。すると，労働価値説的な見地からみた場合，2つのサービス業の日々の労働生産性は大きく変動し，変動幅は大きい場合4倍に達している。よって，サービス商品の個別的価値も日々大きく変動する。財貨商品生産では，労働生産性がこのように日々大きく変動し，しかも変動幅が4倍にも達するというようなことはまずない。労働力と設備を生産量のピーク時に合わせて準備しようとするという点ではサービス商品生産も財貨商品生産と同じなので，これだけ日々の労働生産性にバラツキが生じれば，サービス商品生産では労働力と設備にムダが出る。プロ野球球団職員の賃金水準や選手の年俸水準，対戦カ

ードの入場券の単位価格, そしてバス運行企業の職員と運転手の賃金水準, バス乗車券の単位価格などに応じて, それぞれのサービス資本が獲得する利潤は異なる。しかし, 労働生産性のバラツキによって労働力と設備に生じるムダは利潤の圧迫要因になることは間違いない。サービス業でも資本間競争が存在するので, 最適生産能力に見合った観客数あるいは乗客数を生産できるよう集客数を高め, かつ労働生産性を安定化させる企業努力が講じられるということはさきに述べたとおりである。

さて, サービス商品生産で平準化生産が相対的に困難であり, これを労働価値説的な見地から見た場合, 上の数値のように, サービス業では労働生産性が日々変動し, 商品の個別的価値が日々大きく変動しているということになる。これは一見すると, サービス業の経済過程は, 販売実績が日々変動し相応の"命がけの飛躍"が必要になる商業資本の経済過程すなわち商品の流通過程であるかのように見える。これに労働生産物は財貨だけであり人間の能力は労働生産物ではないという主張が加われば, サービス業には労働価値説は適用できない, すなわちサービス業の経済過程は商品価値の生産過程でなく流通過程である, という見解が生じることになる[10]。設例で言えば, スポーツ興行では球場設備やスポーツ用具, バス運行ではバスという運輸手段などの財貨商品は資本の排他的所有物であるから, サービス業の経済過程はこれらの財貨商品の流通過程であり, 観客や乗客は資本の排他的所有物であるこれらの財貨商品に対価を支払って個人的に消費するだけであり, そこに生産過程は存在しない, という具合である。しかし, 私は, こうした見解に同意できない。

前章で, サービス業の生産過程を財貨の消費過程と見る見解に対し, そうではなく人間の能力の共同生産という生産過程であることを示した。今回の平準化生産の相対的困難性を踏まえると, サービス業の生産過程を財貨の流通過程と見る見解が生まれる。しかし, そうではなく, それは"市場の生産過程への内部化"のためにそう見えるだけなのである。さきに述べたように, サービス提供契約にもとづいてなされる対価の支払いは, その多くが共同生産過程に時間的・空間的に密着している。サービス商品生産では, 労働対象である観客や乗客がサービス提供契約の当事者として共同生産過程に加わるからである。よって, サービス業では, 多くの場合, 生産過程に密着したかたちで流通過程が

存在し，サービス生産量に大きなバラつきが出ることになる。しかし，サービス商品生産で生産量に大きなバラつきが出るのは"市場の生産過程への内部化"のためである。したがって，サービス業の経済過程は，単なる財貨の流通過程ではなく財貨を労働手段にした人間の能力の生産過程であり，サービス資本は生産資本の性格をもつと捉えるべきなのである。反対に，サービス業の経済過程に"市場の生産過程への内部化"などというものはなく，それは財貨の流通過程にほかならないとするとどうなるであろうか。それは，事実上，プロスポーツ興行，人の運輸にとどまらず，教育，医療，福祉などの対人サービス業全体を財貨の流通過程を担う産業とし，サービス業の経済的役割は流通資本あるいは商業資本のそれと同じであるという結論になる。私は，こうした結論を導きかねない考え方に到底同意できない。

　残された問題は，サービス業では生産量が相対的に平準化されないという事実を踏まえ，なおそれが商品価値の生産過程であることを明らかにすることである。まず，サービス商品生産を踏まえたうえで，ある経済過程が商品価値の生産過程であることについて，すなわち労働価値説の適用について私自身の基本的な考え方を述べておく。私は，商品生産の必要条件は生産物の生産過程である，と考えている。そして，前章で述べたように，この必要条件の生産物には財貨だけでなく人間の能力も含まれるという考えである。次に，十分条件は私的財産権と社会的分業の存在である，と考えている。ここで，十分条件に通常の私的所有権ではなく私的財産権としたのは，サービス商品の流通過程が排他的所有権ではなく財産権のひとつである債権にもとづく商品の形態転換であり，生産者であるサービス資本はこの債権を保有するからである。よって，サービス業の経済過程はこの十分条件をも満たしている。こうした見地からすると，労働価値説の適用について，平準化生産を特別に重視するという考え方に私は同意できない。なぜなら，ある経済過程に労働価値説が適用されるか否かについて，生産物の平準化生産を線引きの基準にすることは，平準化生産であることを商品価値の生産過程の必要条件にしているからである。同意できない理由について，2点述べる。

　第1に，財貨商品の生産過程の様式は，一般に，単純協業，分業にもとづく協業（マニュファクチュア），機械制大工業，オートメーションという歴史的

発展段階を経て進展してきた。そして，生産過程における労働力と設備と在庫のムダを省き競争上有利であるという理由で，財貨生産分野の主要企業において平準化生産が追求され，それに成功するのは機械制大工業段階の後期である20世紀初頭にいたってからである。平準化生産を可能にするには，機械が生産過程の主動因になると同時に，作業現場の生産過程に対する実質的な指揮・監督権を経営者側が握らねばならない。それには，生産計画の決定を熟練労働者から奪う"計画と執行の分離"を提唱した20世紀初頭のテイラー主義的経営管理を待たねばならないし，同じく20世紀初頭のT型フォードで少品種大量生産に成功した流れ作業方式のフォードシステムを待たねばならなかった。このことは，それ以前の段階における財貨商品の生産過程では，平準化生産が効率的と理論上は考えられても，実際の現場でそれを実現するのがきわめて難しかったことを示している。すると，すくなくともマニュファクチュア段階以前の多くの財貨商品の生産過程において平準化生産は実現されていないから，そこでは商品価値は形成されないと結論せざるをえない。さらに，農業や漁業などの産業は，天候や海流など自然環境に大きく影響を受けるため，産業特性として生産量を平準化できない。すると，そもそも生産量を平準化できない農業や漁業も商品価値の生産過程でないと結論せざるをえなくなる。したがって，商品価値の生産過程であることの必要条件に平準化生産という厳しい制約をおく考え方に，私は同意できない。

　第2に，商品価値の実体である社会標準的労働すなわち"社会的必要労働時間"をどのように捉えるかである——ここでは，"社会的必要労働時間"の確定にあたり，異種商品を生産する異種労働相互の換算問題は捨象している——。平準化生産では，特定の企業内あるいは工場内における生産量と投入労働量とのあいだにリジッドな関係が直接的に現れる。労働価値説の適用をサービス業について否定する見解は，そのようなリジッドな関係がサービス業について直接的に現れないことを理由に"社会的必要労働時間"の不確定を主張しているように思われる。しかし，財貨生産部門の特定の企業内あるいは工場内においてリジッドに決まる生産物単位当たりの労働量を，ただちに社会標準的労働量であるとは言えない。なぜなら，同品種の商品を生産し競争関係にある資本主義的企業は他にも存在するからである。私は，そのような競争関係にある企業

の生産条件を含めて社会標準的労働量が決まると考える。したがって，特定の企業内あるいは工場内において，そもそも平準化生産においてリジッドに確定する生産物単位当たりの投入労働量が財貨商品価値の実体である社会標準的労働量になるわけではない。そして，特定企業内の生産物単位当たりの投入労働量がそのまま社会標準的労働量になるわけではないという点では，サービス商品の価値を決定する基準になる社会標準的労働についても同じことが言える。設例のプロスポーツ興行とバス運行の数値を例にとれば，それぞれで平準化生産はなされていないものの，3日間で加重平均した労働価値すなわちサービス商品の個別的価値と平均的な労働生産性は，プロスポーツ興行で観客1人当たり5時間，平均的な労働生産性は0.20人/時間，同じようにバス運行で乗客1人当たり0.40時間，平均的な労働生産性は2.5人/時間となる。そして，プロスポーツ興行資本とバス運行資本はこうした生産条件をベースに同業他社と競争し，同種商品の共通の市場価値を形成していくことになる。その場合，特定企業内のサービス商品の個別的価値と市場価値が一致する保証はない。しかし，サービス部門においても個々の生産条件をベースに共通の市場価値が形成されるということは，平準化生産が相対的に困難なサービス業においても，生産物単位当たりの社会標準的労働量すなわち"社会的必要労働時間"が確定していくということを意味する。言い換えれば，ある経済過程が商品の生産過程と流通過程をもち，他資本との競争関係のなかで共通の商品市場を形成するということであれば，そこに平準化生産という条件がなくても，生産物単位当たりの社会標準的労働量は確定し，その経済過程が商品価値の生産過程であるということが言えるのである。そして，サービス業の多くの経済過程はこうした条件を満たしているのである。

3　サービス業における需要と供給の不一致

　前章で若干触れたが，サービス業では生産過程ないし即時財という生産物が生産され，生産物は瞬時に消費され跡形もなくなってしまうから，サービス業では"生産と消費が同時"であり，「需要と供給はつねに一致する」という言説が流布されている。これまでのサービス商品についての展開を踏まえ，この言説に批判的視点で触れておく。

私たちの見解ではサービス商品の実体は共同生産物である人間の能力であり，生産量は学生数，患者数，観客数などの人間の数で捕捉される。したがって，生産物が瞬時に消費され跡形もなくなってしまうということはないし，また"生産と消費が同時"であるから「需要と供給はつねに一致する」ということもない。今日，保育園等の児童施設が不足し，待機児童数が一向に解消されないことが叫ばれて久しい。そして，少子化にともない小中学校や高校を廃校にしたり，高齢化にともない介護・福祉施設を増設したりする。これらのことは，サービス業でも需要と供給が一致せず，相応の生産調節がなされていることを示している。

　サービス部門も，特定のサービス商品への需要量に対して，サービス部門に投入される労働手段である生産財や労働力が過剰（投入超過の状態）であったり，あるいは逆に過少の状態（需要超過の状態）であったりする。財貨部門は，生産資本段階で平準化生産が可能でかつ在庫が緩衝材となり，生産量は一見すると日々変動する需要量から独立であるかのように見える。しかし，財貨商品が流通資本あるいは商業資本段階にいたれば販売量は日々変動するし，さらに比較的安定した市場環境という前提条件が崩れるときには，販売量にとどまらず生産量までもが大きく変動する。サービス部門では，平準化生産という生産調節がそもそも困難であるため，サービス商品の生産量は日々変動する需要の影響をダイレクトに受けてしまう。その結果，生産量という次元で見た場合，財貨部門に比べサービス部門の方が日々変動する需要の影響を受けて，「需要と供給はつねに一致する」どころか需要と供給は日々一致しないと言える。こうして財貨部門とサービス部門は，日々変動する需要に対し平準化生産が可能であるか否かという点で違いはあるが，両部門がいずれも商品市場をめぐって資本制的な無政府的・競争的商品生産を行うかぎり，需要と供給とはつねには一致しないのである。

　ただし，需給不一致の状態について，財貨商品生産とサービス商品生産では現れ方に違いがあることに留意すべきである。財貨商品生産の場合は，投入資本の過剰あるいは過少は生産物である財貨商品の過剰（過剰在庫の累積）あるいは過少（正常在庫の枯渇）となって現れる。財貨商品生産では投入される生産財と労働力だけでなく産出した商品も資本の所有物である。需給不一致は，

産出した財貨商品が市場で売れ残り過剰在庫の累積を抱える，あるいは正常在庫が枯渇するくらいの追加注文を受けるというかたちで現れる。前者の供給超過の場合は単位価格に対して低下への圧力がかかり，後者の需要超過の場合は単位価格に対して上昇への圧力がかかる。財貨商品生産の場合は，資本が産出し彼が所有する商品について，上のような市場情報をもとに投下資本量を増減させ生産量を調節する。

　これに対し，サービス商品生産の場合は，投入される労働手段と労働力は資本の所有物であるが，産出される人間の能力は資本の所有物ではなくまた在庫として貯蔵もできない。よって，財貨商品のように産出される商品の過剰在庫の累積，正常在庫の枯渇といった市場情報は存在しない。そこから，サービス業で産出される商品に在庫は存在せず，よって，サービス業では過剰生産等はなくつねに需給は一致するという言説が流布される。しかし，私はそうは思わない。サービス商品生産でもやはり需給不一致は存在する。ただ，需給不一致の現れ方が財貨商品生産と異なるだけである。サービス商品生産における需給不一致は，共同生産過程に加わる人間の数，換言すればサービス提供契約の件数が当該サービス業のもつ最適生産能力に対して少ないか多いかというかたちで現れる。前者の少ない場合は投下資本が過剰であるという意味で投入超過の状態にあり，後者の多い場合は投下資本が過少であるという意味で需要超過の状態にある。前者の投入超過の場合はサービス提供契約にもとづいて支払われる単位価格に対して低下への圧力がかかり，後者の需要超過の場合は単位価格に対して上昇への圧力がかかる。サービス商品生産の場合，財貨商品生産と異なる上のような市場情報をもとに投下資本量を増減させ生産量を調節する。つまり，サービス部門においても需要と供給の不一致が存在し，財貨部門とは異なる経路で投下資本量を増減させ生産量を調節するのである。

Ⅳ　集団的サービスの価値形成

　ここでは，教育における講義，プロスポーツの興行，音楽コンサートや演劇，人の運輸等，不特定多数の人間を同時に労働対象にしたサービス商品の共同生産を例にとり，その価値形成について私の基本的な考え方を示す。斎藤氏は，

すでに，このようなサービス商品の共同生産の事例を集団的サービスと命名し，その価値形成の問題を詳しく論述しておられる[11]。斎藤氏が命名した集団的サービスという用語は，不特定多数の人間を同時に労働対象にしたサービス業における価値形成の問題を明確にする適切な用語であるので，本書でも使用する。なお，以下では，異種商品を生産する異種労働相互の換算問題は捨象している。

1　サービス商品価値についての2つの設例
①　サービス生産量のバラツキとサービス商品価値——［設例1］

以下では，集団的サービス業における共同生産物が人間の数で捕捉できると仮定し，特定のサービス企業における日々の労働投入量は同一の10時間であるが，労働成果である生産量は日々変動し，3日間でそれぞれ初日25人，翌日50人，翌々日75人である場合を検討する。また，日々投入される労働量10時間に対し，サービス労働者の1日当たりの賃金は労働で評価して8時間とする。この設例は，講義での教師の労働，ゲームでのスポーツ選手の労働，音楽コンサートでの演奏家の労働，人の運輸労働等の特定のサービス企業における日々の労働投入量を同一の10時間，またサービス労働者の賃金を同一の8時間とし，当該サービス企業の生産量である学生数，観客数，乗客数が開講日，開催日，運行日によって異なり，それらを25人，50人，75人としたものである。なお，単純化のため，教室，競技施設，舞台装置，車両等の生産財の価値移転は捨象する。また，労働対象となる人間の消費活動は生産される能力の質の向上すなわち労働生産性に大きく影響するが，設例では生産量を単純に人間の数で捕捉していること，消費活動は価値に算入されないという理由で，消費活動の生産性に与える影響についても捨象する。

　［設例1］は，サービス商品生産に特有な平準化生産の相対的な困難性を示している。なぜなら，講義，スポーツ興行，人の運輸などのサービス業では，需要が日々変動し，企業が最適収容人数として想定している学生，観客，乗客が来ない，想定通り，あるいは想定を超える事態がしばしば起こるからである。こうしたことが起こるのは，すでに述べたように，サービス商品生産では平準化生産が相対的に困難であるからである。また，設例の生産過程では，いずれも債権であるサービス提供契約というサービス商品の流通過程が内部化されて

いる。すでに述べたように，債権はいわば行為請求権であるから，同一債権者に対し複数の同じ内容の債務が存在すること，あるいは同一債務者に対し同じ内容の債権が複数存在することが可能である。教育や音楽興行を行うサービス資本が数多くの学生や聴衆に対し対価の支払請求権を保有したり，あるいは対価の支払いが先であれば，ある教師やある音楽家が数多くの学生や聴衆に対し同じ時間に講義したり演奏したりする債務を負担する場合である。設例の集団的サービスのケースがそれにあたる。

さて，[設例1]のサービス商品価値はどう規定されるであろうか。日々の生産過程で労働生産性にバラツキはあるものの，学生，観客，乗客のそれぞれに形成されるサービス商品の個別的価値は，日々の個別的価値である1人当たり初日0.4時間，翌日0.2時間，翌々日0.13時間を加重平均することによって1人当たり0.2時間となる。開講日，開催日，運行日の違いで，企業が最適収容人数として想定している生産量に満たない，あるいはそれを超える学生，観客，乗客が来る場合でも，一物一価として当該サービス企業が生産するサービス商品の個別的価値は1人当たり0.2時間である。これは，学生数，観客数，乗客数が開講日，開催日，運行日によって異なるものの，特定サービス企業が提示する授業料，観戦料，乗車料が一定期間は定額に設定されることに対応している。そして，設例のように，日々の労働生産性にもとづく個別的価値が初日0.4時間，翌日0.2時間，翌々日0.13時間であるにもかかわらず，加重平均によってサービス商品の個別的価値を1人当たり0.2時間であると捉えることは，労働価値説の否定ではない。なぜなら，財貨商品生産の場合と同じように，サービス商品の個別的価値は，企業内の日々の生産過程における投入労働量と生産量との関係によって決まると同時に，一定の期間をとったサービス企業の平均的な投入労働量と生産量との関係によっても決まるからである。言い換えれば，商品の個別的価値は，任意の時点における生産過程の投入係数（労働投入量を含む）と生産量との関係によって決まると同時に，任意の期間をとった生産過程の平均的な投入係数（労働投入量を含む）と生産量との関係によっても決まるからである。よって，学生数，観客数，乗客数が開講日，開催日，運行日によって異なり，それらが25人，50人，75人の場合に，当該サービス企業の3日間の平均的な労働投入量と生産量との関係から，サービス商品の個別的

価値を1人当たり0.2時間であるとすることは，労働価値説の否定ではない。

② 同種サービス商品をめぐる競争とサービス商品価値――［設例2］

　今度は，ある特定のサービス業たとえばスポーツ興行が，競争関係にある3つの企業によって行われるケースを検討する。3つの企業の1日当たり労働投入量は同一の10時間，サービス労働者の1日当たりの賃金は労働で評価して同一の8時間であるものの，平均的な労働生産性すなわち生産技術に格差があり，平均的な観客数がそれぞれ25人，50人，75人である場合を検討する。［設例1］では，25人，50人，75人というサービス生産量の数値は，特定一企業の労働生産性のバラつきを示していた。しかし，［設例2］では，サービス生産量は［設例1］と同じ数値ではあるものの，それらの数値は今度は同種サービス商品をめぐり競争関係にある3つの企業それぞれの平均的な労働生産性すなわち生産技術の格差を示している。なお，以下の叙述は，他の集団的サービス業である教育や人の運輸等においても妥当するものであり，競争関係にある企業が生産する同種のサービス商品価値をどう規定するかという問題である。

　同じ労働投入量10時間に対し，観客が25人であるケースのサービス商品の個別的価値は0.4時間であり，観客50人のケースのそれは0.2時間であり，観客75人のケースのそれは0.13時間となる。また，労働生産性は商品価値の逆数であるから，労働成果が観客50人であるケースの労働生産性を基準にすれば，観客25人のケースはそれの1/2倍，観客75人のケースはそれの3/2倍となる。さて，設例の3つのケースが同一サービス業種のなかで異なる企業によって展開されているとしよう。これら3つの企業は同一のサービス商品市場で競争することになり，競争の結果，同種のサービス商品について市場で通用する共通の社会的価値を形成するようになる。競争市場における商品の社会的価値が市場支配力のある企業資本の個別的価値で決まると仮定して，それが50人のケースの0.2時間であったとしよう。この場合，3つのケースのいずれの場合も観客がサービス提供契約にもとづき支払う対価は，労働価値で評価して0.2時間となる。

　観客が25人であるケースのサービス商品の個別的価値は0.4時間であったが，競争の結果それは0.2時間の評価しか受けない。このケースでは，対価として受け取れるサービス商品価値総額は5時間でしかなく，サービス労働者の賃金

8時間を回収できずに競争市場から脱落していくことになる。50人のケースでは，サービス商品の個別的価値0.2時間がそのまま社会的価値として通用し10時間分の対価を回収できる。このケースでは，サービス労働者の賃金8時間を回収するだけでなく剰余価値2時間を獲得できる。最後の75人のケースでは，個別的価値0.13時間は0.2時間という社会的価値として市場で通用する。よって，最後のケースでは観客数は75人であるから15時間分の対価を回収することができ，1日当たり差額の5時間を特別剰余価値として手に入れることができる。最後の観客75人のケースで特別剰余価値が発生するのは，単純化のため他企業と同様に直接労働投入量を10時間およびサービス労働者の賃金を8時間と仮定しているが，スタジアムの斬新さ，教育施設の充実，人気教師・選手・演奏家の雇用，ブランド力など設例で捨象されている生産財や熟練労働力への資本投下によって競争上の優位がもたらされていることが予想される。したがって，労働生産性の高い75人のケースでは機械・設備等への資本投下量は相対的に大きくなるが，特別剰余価値の発生によってそれらが十分に回収されるという事情が含意されている。以上，簡単な設例であるが，財貨商品と同じように，サービス業においても同種のサービス商品においては競争市場が形成される。そして，競争の結果，社会的に通用する単一のサービス商品価値が形成され，競争から脱落する資本，特別剰余価値を獲得できる優位な資本が存在することを示した。

　さて，［設例1］と［設例2］の関係をどう見るかについて，私の考え方を述べる。［設例1］の数値は，サービス業における平準化生産の相対的な困難性を示している。この設例に即して言えば，当該サービス企業の平均的な労働生産性はサービス生産量50人であるが，製造業の生産過程に比べると生産量のバラツキが大きく，生産量が平均を上回ったり下回ったりする事態がしばしば起こる。しかし，この当該サービス企業は資本主義的競争の渦中にある。よって，可能なかぎり平均からマイナス方向のバラつきを抑え，平均的な労働生産性そのものを上昇させようとする。平均的な労働生産性を上昇させることができれば，［設例2］で示した同種のサービス商品をめぐる企業間競争に勝利することができるからである。製造業のような財貨生産と同じように，サービス業においても労働生産性をめぐる競争が存在する，と私は考える。労働生産性の上昇

は，商品の個別的価値を低下させることによって特別剰余価値を獲得させ，当該企業を競争上の優位に立たせる。そして，競争上優位に立つことが，新規生産財や熟練労働力等への追加投資を可能にさせ，労働生産性上昇のさらなる追求を可能にさせる。こうした競争原理は，財貨生産だけでなくサービス業にも広く妥当する，と私は考える。

また，[設例2] では観客50人のケースを，スポーツ興行というサービス業種の社会標準的なケースであるとした。この場合，労働投入量10時間当たり観客数50人すなわち労働生産性5人/時間がスポーツ興行というサービス業種を代表する生産技術になる。この生産技術をベースに，設備等の生産財の投下を2倍に，直接労働投入量を2倍の20時間にすれば，サービス商品の生産量は2倍の100人になる，という推論が成り立つ。こうした推論が合理的であるのは，あるサービス業種内における諸資本の競争を背景に，そのサービス業種の生産過程の標準的すなわち平均的な労働生産性が一定値に収束する傾向があり，それがスポーツ興行というサービス業種における労働投入量10時間当たり観客数50人，すなわち労働生産性5人/時間という生産技術であると解釈できるからである。サービス業の労働生産性は日々変動し，財貨商品生産と比べ生産量に大きなバラツキが出るのは確かである。しかし，あるサービス業種の標準的すなわち平均的な労働生産性——たとえば労働投入量10時間当たり生産量50人——をベースに，授業をもう1回行い教師の労働を2倍投下すれば生産量は2倍の学生100人になる，ゲームをもう1回行いスポーツ選手の労働を2倍投下すれば生産量は2倍の観客100人になるという推論，すなわち産業連関論の基礎になる規模に関して収穫一定の理論モデルをサービス業に適用することは合理的である，と私は考える。

2　集団的サービスの価値形成をめぐる金子氏の見解と刀田氏の見解
①　金子ハルオ氏の見解

金子氏は，上の設例（本論では金子氏が示した数値を一部変えているが，本質は変わらない）を提示して，私たちの学説に内在する問題点を指摘される。ただし，金子氏は設例の数値を，あるサービス企業内のサービス商品生産過程における生産量の日々のバラツキを示す数値，あるいは同種のサービス企業間

の生産技術の格差を示す数値，そのいずれであるかを分けて論じてはいない。そこで，以下ではこれを補って論じることにする。

さて，金子氏は，サービス労働価値非形成説すなわちサービス業の経済過程は商品価値の生産過程ではないという見解である。それ故，生産量が25人，50人，75人のいずれのケースでも人間1人はサービス労働10時間分の労働効果を使用価値的に享受するだけで人間の内部に価値を形成することはないとされる。そのうえで，仮に私たちの見解にしたがえば，同じサービス労働量10時間に対し，労働の成果を享受する人間が25人であるケースのサービス商品価値は0.4時間であり，50人のケースのそれは0.2時間，75人のケースのそれは0.13時間とするしかないが，そこに私たちの見解に内在する真の問題点が含まれているとされる。「この論理においては，サービス労働の生産性の増大は，労働対象である学生の数の増大の結果であるということになる。しかし，労働価値説においては，本来は，労働対象の数の増大が，労働生産性の増大の結果であると把握しなくてはならないのである。周知のように，労働生産性の増大は，本来は，なによりも労働手段の改良によって，また労働の熟練，協業とその規模，その他の諸要因に規定されている。そのような諸要因に規定されている労働の生産性の増大の結果として，同じ労働時間に，労働と結合される労働対象の数が増大するのである。ところが，『サービス労働・労働力価値形成説』を一貫させるためには，労働対象の数の増大の結果として労働の生産性が増大するという論理を主張するしかない」[12]。そして，労働対象の数の増大によって労働生産性が増大するという論理は，いわば「逆転の論理」[13]の主張にほかならず，サービス「生産物が特殊な生産物であるという説明では，説明しきれない意味をも」ち，その意味はサービス業の労働過程が「もともと生産物価値の形成過程ではないということを意味している」[14]と結論されるのである。

［設例1］および［設例2］のいずれのケースにおいても，サービス生産物の生産過程で労働生産性概念が適用されるという観点から，金子氏の批判について2点コメントする。その前に，労働生産性という概念について述べておく。労働価値説の見地からの労働生産性は，労働投入量と生産量との関係を表現したもの，と私は考える。労働投入量に対する生産量の比率が上昇することを労働生産性の増大と呼ぶわけである。この比率を上昇させる要因には，金子氏が指

摘する「労働手段の改良によって，また労働の熟練，協業とその規模」のほかに，当然，労働対象になる原料の改良や自然の作用――農業や漁業だけでなく野外興行や観光などサービス業の労働生産性は天候に大いに左右される――が含まれる。よって，自然の作用をさしあたり無視すれば，労働生産性の増大は，労働力，労働手段，労働対象という生産過程の3要素の改善・改良によって生産量が増大すると捉えるべきである。とは言っても，財貨商品生産の歴史を見ると，金子氏の言うように，主として労働手段の開発・改良が労働生産性増大の主要因であったことは事実である。

　それを前提に，コメントの第1は，サービス商品生産においても，金子氏が言うような「労働手段の改良によって，また労働の熟練，協業とその規模」が労働生産性増大の要因になるという事実がある，という点である。サービス業の商品生産過程を見た場合，私たちは，野球バットやテニスラケットの素材の改良がゲームやプレイの質を変化させ観客の興奮度を高め観客動員数を増大させる，全天候に対応したドーム型スタジアムまたゲーム観戦以外の多目的施設を併設したスタジアムが観客の満足度を高め観客動員数を増加させる，コンサートホールなどの音響・照明施設の進歩が観客の興奮度を高め観客動員数を増加させる，テーマパークの斬新なアトラクションの創設が入場者数を増加させる，MRIやCTスキャンなどの医療機器またチーム医療という労働組織が早期かつ正確な診断を促し医療効率を向上させるといった事実を知っている。

　これらの事実は，[設例2]で観客75人のケースとして取り上げた相対的に優位な労働生産性をもつにいたったサービス商品生産過程の具体的な事例にほかならない。仮に，設例の観客75人のケースのサービス商品生産過程が社会標準的で支配的なものになれば，設例の観客50人のケースは早晩競争から脱落していくことになる。すなわち，サービス商品の生産過程は，中長期的に見れば，スタジアム，コンサートホール，教育施設，医療機器などの改善・改良，人気教師・選手・演奏家の雇用など労働手段である生産財および熟練労働力への資本投下によって，サービス商品生産過程の労働生産性を増大させ，労働対象になる観客，学生，患者，入所者の数を増大させると見ることができる。競争上の優位を獲得しようとする資本主義的競争は，製造業と同じようにサービス業においても，中長期的に社会標準的な労働生産性の増大を引き起こすので

ある。これはサービス業における労働生産性の増大が，労働手段の改良，また労働の熟練等の要因に規定された結果として得られ，サービス業の生産過程も「労働の生産性の増大の結果として，同じ労働時間に，労働と結合される労働対象の数が増大する」という一般性を有していることを示している。この点で私たちの見解は金子氏が言うような「逆転の論理」を意味するものではない。

　コメントの第2は，平準化生産が相対的に困難なサービス商品生産においても，労働生産性概念は適用される，という点である。特定のサービス企業内の商品生産過程は，[設例1]で示したように，財貨商品生産に比べ生産量である観客数が25人，50人，75人と日々変動し，日々の労働生産性が大きく変動するという特徴がある。その結果，日々のサービス商品の個別的価値も0.4時間，0.2時間，0.13時間となることを示した。そして，このことは平準化生産が相対的に困難なサービス商品生産においても，商品の日々の個別的価値が決まることの裏返しに日々の労働生産性が決まることを示している。よって，平準化生産が相対的に困難なサービス商品生産においても，労働生産性概念は適用される。

　残された問題は，[設例1]のケースのように同一の労働投入量および同じ労働手段の使用にもかかわらず労働対象の数の増減によって引き起こされる労働生産性の日々の増減，[設例2]および上のコメント1で示したような労働力および労働手段の改良によって引き起こされる中長期的な労働生産性の増大，この両者を同じ性質のものと見るべきか否かにある。私は，両者は区別すべきであると考えている。その理由は，経済学で労働生産性の増大ないし低下という場合，通常，同種の商品を生産する特定企業の一定期間内の平均的な労働生産性を問題にするからである。[設例1]のサービス商品生産のケースでは日々の労働生産性は増減するが，一定期間をとった平均的な労働生産性はほとんど変化がない場合が多い。つまり，[設例1]では，特定の日時を捉えて労働生産性が増大したと見るよりも，労働対象になる人間の側の事情で翌日には労働生産性が低下することもあるのだから，むしろ労働生産性の日々の変動が大きいと見た方が適切である。そして，[設例1]のようにサービス商品生産で生産量が日々大きく変動し平準化生産が相対的に困難であるのは，すでに述べたように，サービス業では，労働対象である人間が生産過程に加わる共同生産であるとこ

ろに究極的な要因があるのである。

　金子氏は，サービス商品生産において生産量が日々大きく変動することに殊更に注目し，これを労働生産性の増大について労働生産性概念に抵触する「逆転の論理」と解釈された。しかし，天候の影響や労働対象の側の事情で生産量が日々大きく変動することは，そもそも労働生産性概念に抵触するものではない。財貨商品生産と同じようにサービス商品生産においても，特定の日時における労働生産性および日々の個別的な商品価値は算出できるし，また，一定期間内の平均的な労働生産性がほとんど変化しない場合も少なくないからである。それ故，サービス商品生産では，金子氏が言うような労働生産性概念に抵触する「逆転の論理」は存在しないのである。むしろ，金子氏は，生産量が日々大きく変動することに捉われて，［設例2］で示したような平均的な労働生産性を増大させるサービス商品生産過程の一般的性質を見落としていると言わざるをえない。サービス業の経済過程に「逆転の論理」を主張する金子氏の基本認識は，端的に言えば，生産量ないし労働生産性が日々大きく変動する労働過程は商品価値の生産過程になりえない，というものである。しかし，財貨商品生産である農業や漁業なども，労働対象が無機物でなく植物や魚といった生命体であるため天候や海流など自然環境の影響を大きく受け，生産量を平準化できず労働生産性は日々大きく変動する。金子氏の論法を踏襲すれば，同一の労働投入量および同じ労働手段の使用にもかかわらず，労働対象である植物や魚の側の事情で生産量を平準化できない農業や漁業は，商品価値の生産過程ではないと結論せざるをえなくなる。前章で示したように，金子氏の生産物観は，労働生産物は物質的財貨で構成され人間の能力は労働生産物ではない，であった。私たちがサービス業で生産物として捉える人間の能力は，金子氏からすれば労働生産物でなく，よって，サービス業の経済過程は商品価値の生産過程である条件を満たしていないのである。私から見れば，「逆転の論理」の論法そのものが，氏の生産物観を補強するためのものと言わざるをえない。

② **刀田和夫氏の見解**

　刀田氏は，前章で述べたように，私たちの言う人間相手のサービス部門のなかで，音楽コンサート，舞台演劇，スポーツ興行などで「無形生産物」説を主張し，これらサービス業では観客である人間は労働の対象にならず，労働成果

第 2 章　サービス商品と労働価値説　77

は人間の心身上にでなく人間の外部に生産されるとする。その論拠のひとつとして，［設例1］のような数値を示されながら，次のように言う。「もし観客が労働対象であるとしたら労働量は観客数に比例して増加しなければならない。理容の場合は客が増えるに応じて労働量も増加する。客が2人になれば，1人の場合の2倍労働しなければならない。1人に1時間かかるとすれば2人では2倍の2時間必要である。これと同じように，例えばプロスポーツ興行でも観客が2倍になればゲームで行われる労働量は2倍にならなければならない。すなわち同じゲームを2回行わなければならない。ところが実際はそうではない。観客が多い少ないにかかわらず労働量は全く同一であり，ゲームは1回しか行われない。この事実は観客が労働対象でないことを証明している。そして観客が労働対象でないならば，労働が観客の心身の変化（『リフレッシュされた気分』）をつくり出すことはないから，それがサービス生産物であることもあり得ない」[15)]とする。

　刀田氏の批判についてコメントする。氏は，音楽コンサート，舞台演劇，スポーツ興行などで「無形生産物」説を主張し，それをベースにこれらサービス業における商品価値の形成を説いている。したがって，氏は，サービス業に労働生産性概念は当然適用できると解釈するはずである。よって，金子氏のように，サービス業に労働生産性概念が適用できるということ自体を疑問視することはない。

　刀田氏は，［設例1］のような数値をベースにして，私たちの見解——サービス商品の生産過程は共同生産過程であり，そこでは人間が労働対象になる——を直接的に批判する。すなわち，スポーツ興行を例にとり，「観客が労働対象であるとしたら労働量は観客数に比例して増加しなければならない。……ところが実際はそうではない」とし，それ故，スポーツ興行では観客である人間は労働対象ではなく，私たちの見解は誤っているとする。たしかに氏が言うように，サービス商品生産過程を日々観察すれば，労働量は観客数に比例せず，同一労働投入量に対し生産量が日々大きく変動することは事実である。このことは繰り返し述べたように，サービス商品生産過程がもつ"平準化生産の相対的な困難性"の現れである。しかし，こうしたサービス商品生産過程の特質を根拠に，サービス業で「観客が労働対象でないことを証明している」とはとても

言えない。

　農業や漁業では，2倍の生産量を得るための必要な労働量は，天候や海水温等の条件によって2倍以上あるいは2倍以下になってしまうといったことはしばしば起こる。つまり，農業や漁業でも日々の生産量は労働投入量に比例してはいないのである。刀田氏の論法でいけば，スポーツ興行で観客が労働対象ではなくなるのと同じ理由で，農業あるいは漁業で植物や魚が労働対象ではなくなってしまうことになる。教育，医療，理美容だけでなく刀田氏が「無形生産物」を生産しているとする音楽コンサート，舞台演劇，スポーツ興行を加えて，これら対人労働部門はいずれも等しく人間を労働対象にしている，と私は考える。そして，それらには"平準化生産の相対的な困難性"がある。その理由は，サービス商品生産過程は，労働対象である人間が生産過程に加わる人間の能力の共同生産であるからである。サービス商品生産過程のこうした特質を把握することはきわめて肝要である。そして，この特質そのものが，刀田氏の意に反して人間が労働対象ではないことを証明するものでなく，むしろ逆に，人間を労働対象として人間の能力を共同生産するというサービス業の基本性格に起因することを示している。

　　注
　1）　斎藤重雄氏は「サービス商品の所在と所有」をめぐる刀田和夫氏との論争で，理容業の生産物である整髪された頭髪が理髪師の排他的所有物にならないことを前提に，対価の支払いがなにを根拠になされるかを問題にされた。斎藤氏は，対価の支払いそのものを「支払商品」と呼び，理髪師はこの「支払商品」を所有すると把握した。「支払商品の所有……理髪師は確実に商品を生産したのであり，支払いを拒否されたとは言え，支払商品をもっている。支払商品は，他の表現を以ってすれば，支払いを受ける権利である」（斎藤重雄『現代サービス経済論の展開』創風社，2005年，266-267ページ）。
　　　ここで斎藤氏が言うところの理髪師が所有する支払請求権は，生産物である整髪された頭髪に債権が設定されたことにより発生する権利義務関係のひとつである，と私は考える。ただし理髪師は，顧客から対価の支払いがない場合，現実にはともかく理屈のうえでは，この支払請求権を第三者に転売することができる。整髪を受けた顧客は対価の支払義務を理髪師でなく，今度は転売先の第三者に負うわけである。ここから，斎藤氏は明言はされていないが，サービス業の経済的取引を所有権の移転をともなう取引すなわち権利の売買であると捉えていると思われる。
　　　しかし私は，理髪師と整髪を受けた顧客とのあいだでなされる経済的取引を権利の売買とは捉えない。なぜなら，仮に権利の売買と捉えると，理髪師の所有する支払請

求権は，整髪を受けた顧客の対価の支払いによって消滅するのでなく，その権利は理髪師から顧客に移転することになるからである。しかし，整髪を受けて対価を支払った顧客が，今度は彼自身が所有する支払請求権を別の第三者に転売したり，再び理髪師に買い戻してもらったりしている事実は存在しない。同じことが，プロスポーツ興行，音楽コンサート，運輸等のチケットについても言える。観客や乗客が前払いで対価を支払えば，彼らはサービス資本に対し給付請求権を所有することになる。彼らも，この給付請求権を第三者に転売することができる。サービス資本は，給付義務を今度は転売先の第三者に負うことになる。しかし，私は，理髪師による整髪の場合と同じように，サービス資本と給付請求権を持つ顧客や乗客のあいだでなされる経済的取引を権利の売買とは捉えない。仮に権利の売買と捉えると，観客や乗客の所有する給付請求権は，サービス資本による給付＝社会的労働の投入によって消滅するのではなく，観客や乗客の手からサービス資本の側に移転することになる。しかし，給付請求権を手にしたサービス資本が，観客や乗客になり代わって給付を受けるという事実は存在しない。

　本文で述べているように，サービス業の経済的取引は，サービス資本と労働対象になる人間とのあいだの権利の売買ではなく，サービス生産物に債権が設定されることにともないサービス資本とサービス生産物を享受する人間とのあいだに生じる権利義務関係の発生と消滅なのである。この点が，人間の能力を共同生産物またサービス生産物として捉える同じ見解に立ちながらも，私と斎藤氏とのあいだの微妙な見解の違いのひとつである。

2) 加藤雅信『「所有権」の誕生』（三省堂，2001年）は，法学者としてのアプローチであるが，土地の所有権という概念には権利者を保護するという性格とともに，社会全体の生産力の極大化をはかる機能をもつという経済合理性があると指摘する。このような視点で，狩猟採集社会，遊牧社会，農耕社会，そして知的所有権を生んだ近代社会を検証している。

3) 金子ハルオ『サービス論研究』（創風社，1998年）116ページ。

4) 刀田和夫「サービス労働と労働力価値」（政治経済研究所『政経研究』第77号，2001年11月）5-6ページ。本文にあるように，刀田氏の批判は，私たちの主張するサービス商品がサービス資本の所有する商品になっておらず，商品の売買形式にあてはまらないとする批判であった。私は，この批判に対し，当時，これは経済学上の問題だから売買概念（＝所有権の移転）を法律上のそれより緩く解釈すべき，といった趣旨の回答をした（旧著『サービスと労働力の生産』創風社，2003年，117-118ページ，および拙論「サービス生産物とその経済的性格について」日本大学経済学部経済科学研究所『紀要』第32号，2002年3月，138-139ページ）。

　いまにして思えば，これは，サービス商品が共同生産物であることの特性を踏まえていない，不十分な回答であった。本文で述べたように，サービス商品への対価の支払いは，財貨商品のような売買契約でなく，サービス生産物に対する債権設定にもとづいてなされる。これは，財貨商品におけるような売買契約を前提・経由せずに，資本によってサービス商品が生産され価値が形成されることを示している。

5) 土井日出夫「運輸業の販売対象」（2013年度経済理論学会（専修大学）「分科会報告本

文」）3ページ。
6） 本文で述べたように，サービス商品の経済的取引である「サービス提供契約」は債権の設定にもとづく権利義務関係の発生と消滅であり，したがってそれは売買ではない。しかし，人間の能力の統合体である労働力商品の経済的取引である「雇用契約」について，私は，それを所有権の移転をともなう売買であると考えている。

商品生産の発展は，人間の諸能力の統合体である労働力を商品化するにいたり，自給自足的な村落共同体を崩壊させる大きな要因になった。さて，労働力商品の経済的取引である雇用契約について，これを売買とするか否かで見解が分かれている。雇用契約は財貨商品の売買形式に当てはまらない側面があるが，結論として，雇用契約の本質は売買概念で捉えることができる，と私は考えている。所有権を構成するひとつである処分権の譲渡を労働力商品に即してどのように解釈するかで，雇用契約を所有権の移転という枠組みで括れるか否かについて見解が分かれる。私は，労働力処分権のなかみを解雇権や昇進・昇格・昇給の決定権として捉え，それらが譲渡されると考えている。前掲の旧著『サービスと労働力の生産』第3章，第8章および拙論「サービス商品の共同生産過程」（佐賀大学『経済論集』第44巻第5号，2012年3月，67-74ページ，本書の第3章として収録）を参照されたい。

斎藤氏は売買説でなく賃貸説をとっている。斎藤，前掲書，第4章を参照されたい。私は雇用契約を賃貸説で捉える考え方には賛同できないのであるが，その理由を2つ述べる。ひとつは，周知のように，賃貸は時間決めの使用権・収益権の譲渡にほかならない。しかし，賃金労働者の実労働時間は雇用契約を結んだ段階で最初から確定しているわけではない。資本により労働時間の延長やいわゆる無償の"サービス労働"などが行われる。賃貸説ではこれらの現象を十分に説明できないと考える。もうひとつは，賃金労働者は雇用契約の段階では資本と対等な契約当事者であるが，いったん資本の生産過程に入れば被抑圧的また従属的な地位に立たされる。この事実を説明するには，雇用契約に，使用権・収益権の譲渡だけでなく労働力の処分権の譲渡も加える必要があると考えるからである。

7） サービス商品の共同生産過程で労働対象になる人間は不特定多数の人々でよく，賃金労働者階級以外の不労所得階級の人々が労働対象になることを排除しない。不労所得階級の人々を含めて，彼らはサービス提供契約にもとづいたサービス商品価値に対し彼らの所得を支出する。違いは次の点にある。賃金労働者が支払ったサービス商品価値が彼らの労働力商品価値の一部を構成するのに対し，不労所得者が支払うそれは労働力商品価値を構成しないという点である。彼らは潜在的に労働力商品価値をもつと考えることはできるが，彼らが現実に労働力を販売しないかぎり，彼らが支払ったサービス商品価値は労働力商品価値を構成しない。

8） 門田安弘『新トヨタシステム』（講談社，1991年）137-155ページ，大野耐一『トヨタ生産システム』（ダイヤモンド社，1978年）33-133ページ。

9） 阿部浩之氏は，「対人サービス労働における労働組織」（政治経済研究所『政経研究』第105号，2015年12月）で，対人サービス労働では労働対象が人間であるために機械化になじまず，労働者の熟練に依存するマニュファクチュア型の労働組織が形成される，という視点から理論的検討と医療労働の実態について論じている。

10) 川上則道氏と佐藤拓也氏は，サービス業の経済過程を商品あるいは商品価値の流通過程であると断定してはいないものの，教育では「生徒・学生の学力・知識の増加が同じ労働時間によって達成されない」ことをひとつの根拠にして，サービス業への労働価値説の適用を否定している。拙論「社会的再生産とサービス部門」（日本大学『経済集志』第77巻第4号，2008年1月，本書の第6章として収録）の120-127ページにおいて，この論を批判的に検討している。
11) 斎藤，前掲書，第3章，第9章3節を参照されたい。
12) 金子，前掲書，119-120ページ。
13) 同上，120ページ。
14) 同上。
15) 刀田，前掲論文，14ページ。刀田氏の批判について，私は10年ほど前に，前掲拙論「サービス生産物とその経済的性格について」（141-142ページ）で回答を試みた。しかし，当時は，サービス業の生産過程が共同生産過程であることを漸く捉えたばかりであり，いまにして思えば不十分な回答であった。本書では，サービス商品生産過程が共同生産過程であること，平準化生産が相対的に困難であるといった特質を踏まえたうえで，あらためて回答を試みた。

第3章　有用効果生産物説の批判

I　時代の変化と飯盛氏のサービス論

1　飯盛信男氏の功績

　飯盛信男氏は，戦後のサービス経済論を理論，現状分析，政策の各分野でリードしてきた斯界の第一人者である。思い返せば，氏の若い時代の著書『生産的労働の理論』[1]を私が早稲田の大学院生時代に読んだが，その時の衝撃は今でも忘れることはできない。GDPあるいは就業構造においてサービス部門は拡大を続けていたが，これを資本主義の浪費性・腐朽性として捉える当時の通説に対し，サービス部門は不生産部門ではなく非有形的な有用効果を生産する生産部門であり，サービス部門の拡大は資本主義の生産力発展の深化として積極的に捉えるべきである，と主張された。端的に言えば，社会的再生産のなかでサービス部門をもっぱら消極的に捉えようとする通説を敵に回した，ひとつの理論的挑戦であった。私は大学院生のときからサービス経済論を研究対象にしたこともあり，常識に囚われずに真理を追究する氏の研究姿勢に大いに感銘を受けた。

　戦後，就業構造が大きく変化し，財貨生産に直接関わらない第3次産業就業者の比重が就業者全体の過半数を大きく超える事態が進行した。しかも財貨生産領域のオートメーションによる生産力発展は目覚しく，財貨生産への直接労働の投入はさらに減少していくことが予想された。こうした事態を受けても，通説は，財貨生産領域の労働者だけが生産的労働者であり，それ以外の労働者を社会的には必要な労働者であるとしつつも，彼らは理論的に不生産的労働者であり彼らの労働は価値を形成しない，彼らの所得は本源的所得ではなく派生的所得である，そして不生産的労働者である第3次産業就業者の増大は資本主義の浪費性・腐朽性の現れである，としていた。

　第3次産業就業者のなかには，教育労働者，医療労働者，福祉・介護労働者，スポーツ関連労働者，音楽・演劇関連労働者などがいる。彼らの労働は，一般

勤労者およびその家族の肉体的・精神的能力の維持・向上に大いに貢献し，その貢献が社会的に認められ社会的に必要であるからこそ彼らの総数がしだいに増大しているのである。これに対し当時の通説は，彼らを社会的に必要であるとしつつも，彼らの労働は生産物を生産せず社会的富の増大に貢献しないのであるから，彼らの増大は商業・金融・不動産等の流通部門の肥大化と同じように資本主義の浪費性，腐朽性の現れであるとする。一般勤労者およびその家族に多大な貢献をし，よって，年々増大を続けるサービス労働者に対し，当時の通説は彼らの社会的役割を積極的に説明するものにはなっていない。こうした通説の把握では，早晩，労働価値論（端的に言えば，人間の経済活動を労働コストで評価する学説と私は捉えている）そのものの生命力が失われてしまう。飯盛氏は，おそらくこうした危機感と懸念を抱いたにちがいない。氏は通説にいち早く理論的挑戦を挑まれ，その後この姿勢に触発された後進の研究者を輩出したのである。この功績は特筆に値するものである。

　マルクスの基本定理[2]の証明など労働価値論を体系的に展開された置塩信雄氏は，上に述べたような危機感と懸念からサービス労働に対するアプローチを大きく転換させた研究者のひとりである。置塩氏は，初期の著書では，「ケインズ派の人々は，召使，医師，官吏，軍警などの所得をも算入することを主張する。その理由として，彼等は一定のサービスを提供し，それは人々の欲望を充たすという点において，生産活動と区別する必要がないということを挙げる。我々はそれは誤りだと考える。……それらのものと物質的財貨の生産は理論上区別されるべき客観的根拠がある。いずれの社会でもその存続のためにはまず人間が生産活動によって自然に働きかけそれを変形して，物質的財貨を生産し，この基礎のうえに立って，その他一切の人間の営みが行われる。だからこの基礎的な生産活動をその他の一切の人間の営みから区別して取り扱うことが必要である。従って，国民所得はまずこの基礎となる生産活動の場で規定されなくてはならない」[3]と財貨生産とそれ以外の分野を，価値形成および所得形成の面で明確に区別する当時の通説に立っていた。それが，後年になると，「人間は，人間という内的自然に働きかけ，これを制御する活動を行っている。衛生，医療，育児，教育，体育，休養などがこれである。……人間の労働を対外的自然の活動であるか，対人間＝対内的自然の活動であるかによって，前者を生産

活動であるとし，後者をそれから排除することは十分な根拠をもたないことになる。これらは，いずれも生産活動であるとするのが合理的である。……人間そのもの＝内的自然の制御を行なう労働も，それが商品となる場合には価値を形成する」[4]と述べている。置塩氏は，サービス労働の生産する商品生産物の実体がなにかについては明確に述べていない。しかし，初期の著作ではサービス労働を生産活動でないとしたが，後年の著作ではサービス労働（＝対内的自然の制御活動）を財貨生産労働（＝対外的自然の制御活動）とともに生産活動であるとした。これは大きな認識の転換である。飯盛氏の諸著作によって啓発され，財貨生産労働以外に労働価値論の適用範囲拡張を試みる後続の研究者が輩出したこと，これが置塩氏の認識の転換に与ったにちがいないと私は確信している。

　私も，飯盛氏の諸著作に触発されてサービス経済論を研究対象にした。しかし，サービス経済論の理論形成において，その後氏とは若干異なる道を歩むことになる。すなわち，財貨生産労働以外に労働価値論の適用範囲を広げようとしている点で認識を共有するものの，サービス労働が生産する商品生産物の実体をどう把握するかという点で見解を異にすることになった。通説を代表する金子ハルオ氏は，今日のサービス労働価値形成説は，飯盛氏を先駆とする「有用効果生産物説」および斎藤重雄氏と私が主張する「労働力価値形成説」の2つの学派に絞られてきた，と言う[5]。私もその通りであると考えている。

　このたび，「労働力価値形成説」に対する批判論文「サービス部門の労働過程特性」[6]を執筆したので，反論を退職記念号に寄稿してほしい旨，氏から依頼された。必ずしも見解の一致していない後進の研究者である私に，貴重な投稿の機会を与えてくださったことに感謝申し上げるとともに，氏の研究者としての度量の大きさにあらためて感銘を受けた次第である。

　以下では，まず飯盛氏のサービス論である「有用効果生産物説」の要点と問題点を述べる。そして次に，項をあらためて，私見を批判された論文「サービス部門の労働過程特性」で述べられている諸論点について，「労働力価値形成説」の見地から回答したい。

2 飯盛氏のサービス論とその問題点

　生産的労働論争において飯盛氏が立てた基本命題は、サービス部門は有用効果という商品生産物を生産する、というものである。この基本命題の系として、サービス部門では労働対象が存在しない、サービス部門には対人サービスだけでなく対物サービスが含まれる、と主張される。これらを順次考察し、問題点を指摘したい。

① 有用効果生産物

　飯盛氏は、生産され販売され消費される使用価値は物質的生産では財貨というかたちをとるのに対して、サービス提供では有用効果のかたちをとるとしたうえで、サービス提供の典型として運輸労働に着目し、運輸労働は有用効果という生産物を生産し、それを素材的担い手として価値を形成すると説く。すなわち、産業資本の一般的定式 $G-W {\scriptsize \begin{array}{c} Pm \\ A \end{array}} \cdots P \cdots W'-G'$ に対して、「運輸業の定式は、$G-W {\scriptsize \begin{array}{c} Pm \\ A \end{array}} \cdots P-G'$ として与えられる。……運輸労働の価値形成の根拠は、それが『有用効果』を生産することに求められており、それは商品の運輸と人間の運輸をともに含むものである」[7]とされる。そして、氏は、運輸業における有用効果という生産物を手がかりに、対人サービス労働および財貨の修理等の物的サービスについても有用効果が生産され価値形成が行われると展開していく。さらに、こうした有用効果概念は『資本論』冒頭商品論に潜在的に含まれるばかりでなく、『資本論』全体をとおして有用効果の規定が表されているとしたうえで、有用効果概念を次のようにまとめている。「『資本論』の全体的検討をとおして、有用効果概念は、労働過程を物質化・対象化ということを捨象して労働主体に即してとらえ、有用労働を機能しつつある状態、流動状態においてとらえたものであり、それは一方で、結合労働過程における個々の労働者の働きをとらえる概念として、他方で、物質的基体を前提しないサービス提供がうみだす使用価値（非有形的な）を指す概念として、用いられている」[8]とされる。

　有用効果を生産物としつつも運輸業の定式で生産過程 P の後に W' が示されていないこと、あるいは有用効果を「有用労働を機能しつつある状態において

とらえたもの」という表現からわかるように，氏の言う有用効果生産物の実体は，労働あるいは労働過程そのものにほかならない。事実，氏は，「サービス部門の物財生産部門との違いは，……生産過程（サービス提供）そのものが生産物（有用効果）となることである」[9]と明言しておられる。

しかしながら，私は，労働の生産物が労働（あるいは労働過程）であるという見方は，理論的に成立しないと考えている。労働は人間特有の目的意識的活動であり，労働対象に対して所期の質的変化，量的変化，形態変化，所在変更等を達成することを目的にしている。いわば労働あるいは労働過程は原因（投入）で，対象の変化が結果（産出）である。労働の生産物が労働（あるいは労働過程）であるという見方は，端的にいえば，投入そのものが産出であるという主張であり生産過程の基本的把握を混乱させるもの，と私は考える。

次に，氏は，「サービス労働とそれがうみだすサービス（無形生産物＝有用効果）は現象的に一致しており，その区分は理論的・概念的になされなければならないのであり，そのことによってサービス労働価値生産説が成り立つ」[10]とされ，実体は労働にほかならない有用効果を生産物と想定し，これを素材的担い手として商品価値形成を説く。しかしながら，商品価値というのは単なる労働時間でなく，1着の上着 x 時間，1l のガソリン y 時間など必ず物量単位当たりの労働時間という次元をもつ。これにより，異なる商品の単位当たり価値の大小を比較し，あるいは同じ商品の単位当たり価値が増減することで労働生産性の上昇・下落を議論できるのである[11]。

仮に，飯盛氏が説くように有用効果生産物の実体が労働であるとしたならば，有用効果生産物の単位当たり価値はどう表現されるのであろうか。たとえば，教育部門を例にとり教材・施設等の生産手段の移転価値をさしあたり捨象すれば，教育労働1時間はそのまま有用効果生産物であるということになる。すると，教育労働1時間の価値は教育労働1時間ということにほかならず，それはまさに同義反復にすぎず，教育労働の成果である生産物の価値を与えたことにはならない，と私は考える。また，教育労働1時間，医療労働1時間，運輸労働1時間などについて，それぞれが生産物1単位ということになるであろうが，各種労働1時間の価値の大小の比較はどのようになされるのであろうか。疑問が尽きない。

かくして，飯盛氏の基本命題，有用効果生産物をもって説くサービス部門の商品価値形成説は成り立たない，と私は考える。

② 労働対象の不在

飯盛氏の基本命題から，サービス部門の労働過程では主要材料（原料）たる労働対象が存在しないという主張が生まれる。基本命題は，サービス部門の生産物を事実上労働あるいは労働過程とし，労働対象の変化を労働過程の成果とは捉えないわけであるから，サービス部門の労働過程では生産物の実体になる主要材料が存在しないという主張が必然的に導かれる。したがって，この主張は飯盛氏のサービス論における基本命題の系論である。

氏は，系論の主張を『サービス産業論の課題』(同文舘，1993年)[12]で体系的に展開した後，引き続く論稿の各所でこれに触れている。最新の論稿から一例を示す。「物質的生産部門の労働過程は，〔主要材料（原料）＋補助材料＋労働手段＋労働〕から構成される。これに対し，サービス部門の労働過程では労働手段と補助材料は存在するが，生産物の主要実体をなす原料は存在しない。すなわち，サービス部門の労働過程は，〔補助材料＋労働手段＋労働〕より構成される。サービス部門においては，新たな生産物へ素材的に移転される労働対象（物質的基体，自然素材）は存在しないのであり，労働過程の結果としてうみだされるのは無形生産物としてのサービスそのものである」[13]。

私と斎藤重雄氏は，教育，医療，福祉，娯楽等の対人サービスにおいて，学生，患者，観客といった人間が労働対象であると捉えている。また，飯盛氏がサービス部門のひとつとみなしている機械の修理，クリーニング等の対物サービスについても，修理される機械やクリーニングされる衣服が労働対象であると捉えている（ただし，私と斎藤氏は，対物サービスは物質的生産部門であってサービス部門と捉えてない）。これについては，すでに飯盛氏と斎藤氏とのあいだで論争が行われている。斎藤氏が，教育サービスや医療サービスにおいては学生や患者が労働対象であり，学生や患者は生産物（能力の維持・向上）の実体になるいわば主要材料（原料）＝労働対象であるとするのに対し，飯盛氏は次のように述べる。

学生や患者である人間は「労働が働きかける対象になっている」ことは認めるものの，しかし「労働が働きかける対象がすべて労働対象ではない」とされ

る。すなわち，「新たな生産物へ素材・価値両面で移転されるというのが『労働対象』の定義であり，労働が働きかける対象がすべて労働対象ではない。物質的生産は自然を対象とするのであり，自然素材＝物質的基体＝生産物の主要材料（実体）＝原料を有しない活動は物質的生産活動ではない」[14]。学生や患者である人間が「労働が働きかける対象になっている」としつつも彼らを労働対象ではないとしていることは，事実上財貨だけしか労働対象と認めないということであり，私には理解不能としか言いようがない。サービス労働非価値形成説を代表する金子ハルオ氏でさえも，彼らがサービス労働の労働対象であることを認めている。ただ，彼ら（彼らの労働力）には抽象的人間労働としての価値は対象化しないと主張しているだけである。飯盛氏はサービス労働の「労働が働きかける対象」をすべて労働対象でないとするのだから，金子氏よりも後退していると言わざるをえない。

　この点は，飯盛氏の言う対物サービス部門について見れば，矛盾はいっそう明らかになる。たとえば，機械修理サービスにおいて，「それ（機械修理労働）が働きかける物財は労働対象たる原料ではない。……修理される機械は労働対象でない」[15]とされる。しかし，機械修理は外注されるケースとそうでない場合がある。外注される場合もそうでない場合も機械修理の労働過程は基本的に同じである，と私は考えるが，氏は機械修理を外注せず製造部門で内生化した場合は修理工程は完成品生産の一段階であるから修理される機械は労働対象であるが，修理を外注したケースでは修理される機械は労働対象でなくなる，と主張しているに等しい。

　かくして，サービス部門では労働対象が存在しないという系論は，実体が労働（あるいは労働過程）にほかならない有用効果をサービス部門の生産物と捉える飯盛氏の誤った基本命題から導かれるものである。有用効果生産物を説く飯盛氏のサービス論においては，サービス労働に労働対象が存在することを認めるのは論理的に許されないという事情を察することはできるが，私や斎藤氏からすれば，これは理解不能な系論と言わざるをえない。

③　対物サービス

　飯盛氏の基本命題のもうひとつの系論として，対物サービスがある。氏は，対人サービスに対して，貨物の運輸，機械など各種財貨の修理・メンテナンス，

衣服などのクリーニング，ビルの清掃などの有用効果を生産する部門を対物サービス部門とされる。そして，これら対物サービス部門の労働過程では，対人サービスと同じように労働対象が存在しないという性質があるとされる。なお，商業・金融部門については，所有権移転が事業の本質であって，これら部門の労働過程は有用効果生産でないとし，サービス部門からは除外し価値形成を否定されている。

　商業・金融部門の労働については，それらが社会的に必要で有用な労働であることは飯盛氏も認めるであろう。したがって，氏の論理に照らしてみると，労働（あるいは労働過程）を実体とする有用効果生産から何故に商業・金融部門を除外できるのか，といった疑問が生じる。しかし，これについては疑問を指摘するにとどめる。むしろ，問題にされるべきは，貨物の運輸，機械や家具など各種財貨の修理・メンテナンス，衣服などのクリーニング，ビルの清掃などを対物サービスと呼び，これらをサービス部門と捉えていることである。

　私と斎藤氏は，貨物を運輸対象，機械や家具を修理・メンテナンスの対象，衣服をクリーニングの対象，建物を清掃の対象として捉え，所在変換された貨物，修理・メンテナンスされた機械や家具等をこれら労働の生産物と捉えている。これらの労働は，たしかに対象的生産物を新たにつくりだすものではないが，貨物を所在変換して使用可能な状態にし，また使用価値を維持することによって財貨の再利用を可能にするといった意味で"物質的生産の延長"，"財貨の追加的生産"にほかならない，と考える。したがって，飯盛氏の言う対物サービスはけっしてサービス部門ではなく，物質的生産の一環であると理解している。

　"物質的生産の延長"，"財貨の追加的生産"を対物サービスと呼んでサービス部門に含めることは，実際に多種多様な業種を含んだ第3次産業を再分類してGDP，事業所数，就業者数などを再集計する際に，サービス部門の構成比を過大に見積もり，経済のサービス化を誤って過大評価することにつながる。あるいは，同じことの裏返しであるが，製造業における外注化の進展を経済のサービス化と誤って捉え，物質的生産における社会的分業の拡大・深化を逆に過小評価することにつながるのである。実際，飯盛氏は，80年代から90年代にかけて事業所数，従業員数，事業収入額といった指標の推移をベースに第3次産業の実証分析を行い，「対事業所サービス」を成長業種として析出し，こ

れを経済のサービス化をもたらした中心領域とみなしている[16]。しかしながら，成長業種である「対事業所サービス」のなかみを見ると，ME革命によって生じたソフトウェア業，およびさきに挙げた対物サービスの各業種の拡大・発展がその中核をなしている。私から見れば，前者は物質的生産に近いものであり，後者は"物質的生産の延長"である。飯盛氏は，これらをサービス部門とみなし，経済のサービス化を主張される。私や斎藤氏から見れば，これは現状分析における誤った分析視角とその帰結であり，その誤りはいずれも飯盛氏の基本命題から導かれたものと言わざるをえないのである[17]。

II 拙論批判への回答

　私と斎藤氏は，教育，医療，福祉，スポーツ観戦や音楽コンサート観賞などの娯楽，人の運輸などの対人労働に着目し，対人サービス労働は人間を労働対象にし，人間の能力に変換を与え，変換された能力を素材的担い手として価値を形成すると説いている。実体が労働（労働過程）にほかならない有用効果を商品生産物として捉えるのではなく，労働の成果である変換された人間の能力を生産物であり，商品と位置づけるのである。サービス労働価値形成説のなかで「労働力価値形成説」と呼ばれる主張であり，今日，サービス論争において一定の地位を占めるにいたっている。

　さて，私と斎藤氏の提唱する「労働力価値形成説」に対して，労働力商品が擬制的商品であることを論拠に，サービス労働の価値形成を門前払いする論者が少なくない。端的に言えば，サービス労働の労働対象が人間であることを仮に認めたとしても，そもそも労働力は商品ではなく価値をもたないのだから，労働力価値の形成という私と斎藤氏の主張する論理は根本的に成り立たないとするのである。

　飯盛氏は，最近の論稿において，労働力商品擬制説をとっていることを明言された。「私はサービス経済についての論文・著作を発表し始めた時期から，労働力商品擬制説と労働力価値外在説をとっていたことを指摘しておく。……労働力商品擬制説と労働力価値外在説はマルクスじしんによって『資本論』のなかで明言されているものであり，私にとっても自明の理であり，サービス経

済の研究に着手して以来40年近く依拠してきた学説である」[18]とされている。しかし，私には，残念ながら，マルクスが労働力商品を擬制的商品であると明言している箇所を見つけることができない。私は，不明瞭な部分は多々あるものの，マルクスは労働力商品を擬制的商品でなく一般商品に近いものとして捉えようとしていたと考えている。ただし，マルクスが労働力商品を擬制的商品と捉えていたか否かを文献的に追究することは，本書では留保する。

労働力商品を擬制的商品とする論者の論拠は，私が見る限り3つある。
(1) 労働力の売買は擬制である
(2) 労働力価値は生活手段の価値として外在する
(3) 労働力は資本によって生産される商品でない

飯盛氏は，労働力商品擬制説をとっていることを明言されて以降，この3つの論拠に依拠しながら，直接的あるいは間接的に「労働力価値形成説」を批判している。とりわけ，2011年度第59回経済理論学会（立教大学）・分科会において，氏は最新の論稿と同じタイトル——「サービス部門の労働過程特性」——で報告され，(3)の論拠をめぐって拙論を詳細に批判された。そこで，以下では「労働力価値形成説」を否定する3つの論拠について，私の現在の考え方と到達点を述べ，あわせて労働力は商品であるということ，サービス労働が人間の能力の商品価値を形成するということを論じたい。

1 労働力の売買は擬制ではない

"労働力の売買が擬制である"という主張は，サービス資本の労働過程において，労働対象になる人間の労働力価値が資本によって形成されるか否かを直接問題にしているのではない。この主張は，賃金労働者一般が資本に雇用される際に販売するものは労働力ではない，つまり雇用契約の本質として労働力の売買を抽象すること自体が誤りであり，労働力はそもそも商品ではないとするものである。労働力が商品ではないとしたら，サービス労働の成果である変換された人間の能力を生産物そして商品であると捉えるサービス労働「労働力価値形成説」は，根底から成り立たないことになる。

労働力の売買は擬制であり，よって労働力はそもそも商品でないという議論を，近年，体系的に展開されたのは鈴木和雄氏である[19]。鈴木氏は，そこで，売買当

第 3 章　有用効果生産物説の批判　93

事者による商品体の識別不能性，商品体の所有権移転の覚知不能性により，労働力は本来的に取引対象にはなりえない，とされている。端的にいえば，労働力は非有体物であって財貨（モノ，物）ではない。売買は，そもそも財貨（モノ，物）に設定された財産所有権の移転行為に対して成立する概念である。人間を財貨（モノ，物）に準じて扱う奴隷売買では財産所有権の移転という意味で売買が成立するが，労働力は非有体物なので所有権の移転という売買は成立しない。つまり，労働力については売買が成立しないが故に，労働力は商品ではない。よって，私と斎藤氏が提唱するサービス労働・労働力価値形成説は，売買という観点で労働力が商品でない以上，当初から理論的に成り立たないとするのである。

　しかし，鈴木氏の主張は，私からすれば労働力の売買が現行の法学的な売買の定義に適合しないことを根拠に，労働力を商品でないと主張しているとしかみえない。法学的な定義は，経済の現実の進展に合わせて修正される，と私は考える。事実，売買概念の基礎になり財貨（モノ，物）に限定して設定された所有権の定義をめぐり，近年では，知的所有権というかたちで非有体物に財産権を付与する動きがある。そもそも労働力の売買は，労働者が労働市場において自立した契約主体として登場するにもかかわらず，契約完了後の資本の生産過程における労働力の使用においては，労働者が何故にきわめて被支配的で従属的な立場に置かれるのか，これを明らかにするきわめて経済学的な概念である。その意味で，労働力商品および労働力の売買という概念の確立は画期的なことであり，経済学という学問体系において一時代を画したものである。

　なお，今日，労働力の売買は労働力処分権の譲渡をともなわない使用権・収益権だけの譲渡であって，売買というよりは賃貸借であるという解釈が示されている[20]。しかし，売買説および賃貸説は，いずれにせよ労働力について対価をともなう取引・譲渡が行われることを認めたうえでの議論であって，労働力を擬制的商品とするものではない。すなわち，労働力の取引内容を売買とするにせよ賃貸とするにせよ，いずれも労働力を取引対象となる実在の商品であると捉えているのであり，よってサービス労働「労働力価値形成説」の前提は満たされるのである。

　さて，鈴木氏は近年の論稿[21]において，デパート，ファーストフード店，飛行機添乗員，債権取立人等の接客労働，看護・介護職の対人サービス労働の労

働過程は，製造業における管理者と労働者の二極関係でなく，管理者，労働者，顧客の三極関係になるという特徴があり，そこでは顧客という人間が労働対象になるが故に労働者の統制において労働者の感情管理が重要になるという議論を展開されている。私や斎藤氏は，鈴木氏が"感情労働"として取り上げた労働のうちデパート，ファーストフード店，債権取立人等の労働はたしかに接客労働という一面をもつとはいえ，物品販売（貨幣を含む）を主とする商業・金融といった流通部門の労働の一環をなすものであり，飛行機添乗員や看護・介護職の接客を主とする対人サービス労働とは経済的性格が異なる，と考えている。しかしながら，労働力商品擬制説を唱える鈴木氏が，これらの"感情労働"において顧客である人間を労働対象であるとしたことは，一歩前進であると評価している。

これに対し飯盛氏は，鈴木氏が"感情労働"の労働対象を顧客である人間としたことは，鈴木氏の唱える労働力商品擬制説と矛盾するとして批判する。「対人サービスの労働過程において顧客が労働対象あるいは原料になるという主張は，労働力を実在の生産物さらに商品とみなすものである。鈴木氏はこの主張を受け入れて氏の接客労働論を展開しているのであるが，このことは，鈴木氏じしんが以前の著作で強調した『労働力商品は擬制的商品である』という主張と矛盾するのではないか」[22]。そして，対人サービスの労働過程において顧客が労働対象あるいは原料になるという鈴木氏の主張は，サービス労働が労働力を生産すると説く「労働力価値形成説」と同じものになると警鐘を鳴らすのである。

飯盛氏の警鐘にもかかわらず，"感情労働"の労働対象を顧客であるとしたこと自体は，鈴木氏がかねてから提唱している労働力商品擬制説と矛盾するものではない，と私は考える。鈴木氏は，"感情労働"の労働対象をあくまで顧客である人間としているのであって，労働対象が労働力であると明言しているわけではないからである。現役の労働者だけでなく専業主婦，子ども，資本家等を含めて顧客である人間が労働力の保有者であるという視点に立ち，そして労働力は生産・再生産されるものと捉えたときに，はじめて労働力商品擬制説と対立する。飯盛氏の警鐘は勇み足の感がある[23]。ただし，鈴木氏は一方で，労働力について「われわれは，そのような能力を抽象することは可能であり，そのような能力は実在すると考えている。また，労働過程をこの能力の発現過

程として把握することもできる」[24]とも述べている。"感情労働"の労働対象を顧客である人間としたこと，そして労働力を人間に内在する実在の範疇であるとしていること，鈴木氏がこの両方の認識を結びつけることができれば労働力商品擬制説の放棄へと一歩進まれるのではないか，と私は考える。

2 労働力価値は労働力に内在

　労働力商品価値が労働力そのものに担われず，財貨である生活手段価値として実在するというのが労働力価値外在説である。労働力そのものは価値をもたないということであるから，土地商品等と同じように労働力は擬制的商品ということになる。また，労働力はそれ自身に価値をもたないということであるから，サービス労働によって労働対象になる人間の内部に労働力価値が形成されるという論理も成立しない。よって，サービス労働の成果である変換された人間の能力を生産物と捉え，そこに価値を形成するというサービス労働「労働力価値形成説」は根底から成り立たないことになる。

　さて，労働力価値が労働力それ自身に内在するか否かという論点をめぐって，かつて，私および斎藤氏と金子ハルオ氏とのあいだで論争になった[25]。この論点は，上で述べたように，人間を労働対象にするサービス労働の価値形成を肯定するか否かに直結する問題である。価値が労働力に内在するならば対人サービス労働の価値形成性は無理なく主張できる。逆に，価値が内在しないならば，人間の能力の価値を形成するということでサービス労働の価値形成性を説くというアプローチ自体が無意味となる。こういう次第で，金子氏の見解に対し，私は，氏の著書で"腕がちぎれんばかりの全力投球"と揶揄されるくらいの気持ちで立ち向かった。

　端的に言えば，私は，人間の食べる，寝る，衣服を着る，遊ぶといった消費活動を労働力の生産活動，したがって生活手段を用いた消費生活過程を労働力の生産過程として経済理論的に抽象できると説いた。この抽象は，労働力商品概念をもたず，消費者行動を余剰効用の極大化においた新古典派経済学とはまったく異なるものである。こうした抽象を踏まえたうえで，消費活動は目的意識的活動という点で社会的労働と同じ性格をもち，その目的は労働力の生産にあるとする。また，消費活動がこうした目的意識的活動であるが故に，生活手

段価値は労働力に価値移転する。つまり，価値は労働力に内在すると結論した。これに対して，金子氏は，消費生活過程で生産されるのはあくまで人間としての個人であって，消費生活過程を労働力の生産過程と捉えることはできないと説く。そして，消費活動の目的意識性は認めるものの，その目的はあくまでパンを食べる，気に入った洋服を着る等といった欲求充足であって，労働力の生産を目的とするものではないとされる。よって，消費活動は労働力の生産を目的とする活動とは捉えることができないのだから，生活手段価値は消費過程で消失し労働力に価値移転しない。つまり，価値は労働力に事実上内在しないと結論する[26]。

　この対立は，消費活動および消費生活過程を経済理論的にどう抽象するかといった立場の違いであり，このかぎりではどちらが妥当であるかの判別はできない。どちらの立場がより現実を説明する枠組みを与えているのか，ということで決着することになろう。ただ，すくなくとも金子氏の把握では，労働力商品はそれ自身に使用価値はもつが価値はもたないということになる。商品は使用価値と価値の統一物であるから，労働力商品はこれに反することになる。労働力商品を擬制的商品とするなら話は通るが，金子氏はそうはしていない。私と斎藤氏は，それは論理一貫性に欠けると指摘した。なおこの点は，飯盛氏の主張する労働力商品擬制説にも関わっている。

　飯盛氏は，最近の論稿で，『資本論』第1巻第2篇第4章第3節における労働力の価値規定を解釈して，次のように述べている。「労働力は擬制的な意味での商品となるのであり，労働力の価値はその再生産に必要な生活手段（サービス含む）の価値によって間接的に定まる。労働力の価値は労働力それじたいには担われず生活手段の価値として実在する。サービス労働は労働力商品に対象化されることはなく，サービス購入による労働力形成は消費過程に位置し，消費活動は生産活動でないから価値移転機能はもたない」[27]（傍点は櫛田）と。このように，消費活動は生活手段価値の労働力への価値移転機能をもたず労働力に価値は担われないと明言しておられる。しかも，さきの注18）を付した引用文に見られるように，「労働力価値外在説はマルクスじしんによって『資本論』のなかで明言されているものであり」，労働力価値は生活手段商品価値によっていわば間接的に規定されるというのがマルクスの考えであり，マルクスは労働

力商品を擬制的商品と捉えていた，と解釈されるのである。

　労働力価値をめぐる飯盛氏の叙述と解釈について，2点指摘する。まずは，「消費活動は生産活動でないから価値移転機能はもたない」とされているが，消費活動が社会的労働による財貨生産活動ではないということからだけでは，消費活動の価値移転機能は否定できない。消費活動が社会的労働による財貨生産活動ではないということは，私も金子氏も当初から認めているからである。これを認めたうえで，消費活動は目的意識的活動であるがその目的はなにか，労働力の生産・再生産とリンクできるか，で見解が分かれたのである。飯盛氏は，こうした議論を踏まえたうえで，消費活動の価値移転機能を否定するなんらかの論拠を示すべきである。

　次に，労働力価値外在説はマルクス自身のものであり，マルクスは労働力商品を擬制的商品であると捉えていた，という解釈についてである。仮に，飯盛氏の言うようにマルクスが労働力価値外在説をとっているなら，労働力商品は使用価値と価値の統一物と捉えることはできないが，氏の主張する労働力商品擬制説とは適合する。しかし，消費活動が価値移転機能をもたないと主張する際に飯盛氏が依拠した金子氏自身は，労働力商品擬制説はとっていない。金子氏は，すでに述べたように，消費活動による価値移転機能は否定しつつも，価値は労働力に担われるのであって「労働力価値は生活手段価値に帰着する」[28]と解釈すべきとしており，価値は労働力に担われるのだから労働力商品は擬制的商品でないという主張である。消費活動による生活手段価値の労働力への価値移転を否定しつつも価値は労働力に担われるという金子氏の主張は，私や斎藤氏からすれば理解しがたいものであり，これも争点のひとつになった。しかし，消費活動による価値移転機能を否定する立場から，一方では労働力商品・擬制説が，他方では労働力商品・商品説が主張されているということは，事実である。飯盛氏は，消費活動の価値移転機能を否定する際に金子氏の言説に依拠されたのであるから，金子氏の結論である労働力商品・商品説に対してなんらかの言及があって然るべきである。

3　人間の能力は資本によって生産される（サービス商品）

　飯盛氏は，サービス労働「労働力価値形成説」が提示するサービス商品の生

産過程について検討され，最新の論稿（「サービス部門の労働過程特性」）でこれを展開されるとともに，それと関わって拙論を批判されている。これまで検討してきた（1）と（2）の論点は，私と斎藤氏が提唱するサービス労働「労働力価値形成説」のいわば外堀をめぐる争いであった。しかし，（3）の論点はサービス労働「労働力価値形成説」のいわば本丸にあたるものであり，氏はそこを直接批判されたのである。なお，2011年度第59回経済理論学会（立教大学）の分科会で，飯盛氏は論稿と同じタイトルで報告され，その際に私がコメンテイターを務めた。以下は，そのときの氏と私とのやり取りの再版であるが，要点を押さえつつ若干詳しく述べることにする。

① サービス商品生産過程は社会的労働と消費活動の共同生産過程

労働力商品の生産は，たとえば教材を購入して独学で学んだり，薬を購入して自分で治す等の消費活動だけで行われる場合，あるいは家庭内で食事や洗濯をするなど妻や親などの無償の家庭内労働を媒介にして行われる場合がある。これらのケースは，生活手段価値の労働力への価値移転はなされるが，サービス商品の生産過程ではない。サービス商品の生産とは，教育機関や医療機関や福祉・介護施設など家庭外の独立した企業組織により，有償のサービス提供契約（在学契約，診療契約，入所契約など）のもとで，労働対象になる人間の能力の維持・形成が行われる場合をいう。20世紀の半ば以降，賃金労働者の教育・文化水準が高まり，また平均寿命が伸びたこと等によって，労働力商品の生産がサービス商品の生産をつうじて行われる比重は増大してきている。

私と斎藤氏は，サービス商品の生産過程を，資本によって投入される社会的労働と労働対象になる人間の消費活動による，人間の能力の共同生産過程であると捉えている。この把握は，金子氏などとの長年にわたる論争をとおして得られた私たちの到達点である。教育や医療等のいわゆる対人サービスの労働過程が共同生産過程とならざるをえないのは，対人サービスの労働対象になる人間のもつ能力が人間の身体と不可分な存在形態をもっているからである。私たちは，このこと——人間の能力は社会的労働と労働対象になる人間の消費活動による共同の生産物——を数年前から主張してきたが[29]，あらためて要点を以下に記す。

まず，財貨の生産とサービス生産（人間の能力の生産）との違いを図式的に

表わせば，次のようになる。

〈財貨の生産〉
　社会的労働＋労働対象（原料としての財貨）＋労働手段
　　⇒生産物（労働対象の質的変化，量的変化，形態変化，所在変更等）
〈サービス生産〉
　社会的労働＋「労働対象（原料としての人間）」＋労働手段
　　⇒「生産物（能力の維持・形成＝労働対象である人間の質と形態の変化，
　　　所在変更等）」

　私と斎藤氏は，周知のように，財貨の生産も人間の能力の生産（以下，サービス生産）も同じ生産概念で捉えている。したがって，財貨生産では労働対象は財貨であり，サービス生産では労働対象は人間である。また，財貨生産での生産物は，生産物の主要実体になる原料としての財貨を有用な目的に変換させたものである。サービス生産での生産物は，生産物の主要実体になる原料としての人間の能力を有用な目的に変換させたものである。

　このように，財貨生産もサービス生産も生産過程として捉えることができるのであるが，後者には前者とは異なる大きな特性がある。それは，サービス生産では，人間の能力の変換という生産物の原料が人間であるため，労働対象になる人間の主体的な消費活動が多かれ少なかれ生産過程に加わってくるという点である。このことは言葉を変えれば，サービス生産過程における社会的労働は，対象になる人間のもつ能力を直接・間接の労働対象にするだけでは不十分であり，一般に必ず対象になる人間の消費活動によって媒介されなければならないということである。教育における学生の知的能力の向上には教育労働だけでなく学生の主体的な学習活動が必要であり，医療における患者の健康保持には医師の医療労働だけでなく患者の主体的な療養活動が必要なのである。私と斎藤氏はこうした把握を踏まえて，サービス生産過程は，社会的労働と労働対象になる人間の消費活動による人間の能力の共同生産過程であるとしたのである。これは，財貨生産過程にはないサービス生産過程の基本的特性である。

　次に，財貨生産もサービス生産も，資本主義社会においては資本による商品生産として行われる。そして，前章で詳論したように，サービス商品生産においては，サービス生産のもつ基本的特性に起因して，商品生産としての新たな

特性が加わる。第1に，サービス商品生産過程では労働対象になる原料としての人間は資本の所有物にはならない。これを示すために，さきの図式ではカッコ付きの「労働対象（原料としての人間）」で表した。第2に，サービス商品生産過程の成果（生産物）である変換された人間の能力すなわちサービス商品は資本の所有物にはならない。これを示すために，さきの図式ではカッコ付きの「生産物（能力の維持・形成＝労働対象である人間の質と形態の変化，所在変更等）」で表した。第3に，サービス商品は共同生産による人間の能力の変換であるため，財貨商品生産と比べると資本による商品の短期的な供給調節は十分にはできない。3番目の特性については，すでに前章の「サービス部門における平準化生産の相対的困難性」で詳論した。飯盛氏の拙論批判は，サービス商品生産の1番目と2番目の特性に関わるので，この2つの特性について要点を述べることにする。

　まず，特性1について述べる。財貨生産では，労働対象になる原料としての財貨は資本によって購入され資本の所有物になり，投下資本の一部を構成する。しかし，サービスの共同生産では，労働対象になる原料としての人間は資本によって購入されず，サービス資本の投下資本は構成しない。近代社会においては，人間の人格的な独立が広く認められ，人間は他人の所有物にはならないからである。近代社会の経済活動もこれを前提に組み立てられており，資本によるサービス商品の生産もこれに適合するかたちで行われる。特性1はこのことを示している。ただし，このことはサービス生産過程において人間が労働対象になることを否定するものではない。なぜなら，サービス商品生産は共同生産であるから，社会的労働とともに自らの能力を変換するために消費活動を行う人間が，労働対象として必ず生産過程に加わるからである。

　次に，特性2について述べる。サービス商品生産の成果である変換された人間の能力は，生産段階では社会的労働と消費活動による共同生産物であるとはいえ，生産後は人間の内部に変換された能力として存在し，資本の所有物にはならない。学生の知的向上や患者の健康回復は教育資本や医療資本の所有物にならないということである。そもそもサービス商品の共同生産は，在学契約，診療契約，入所契約といった「サービス提供契約」のもとに行われる。労働対象になる人間は，生産終了後あるいはそれを見越して，社会的労働の投入に応

じて発生するサービス資本の支払請求権[30]に対し，その支払義務を履行するのである。これが「サービス提供契約」のなかみであると私は捉える。「サービス提供契約」の社会的成立には，財貨の領域における商品生産，商品市場，信用機構あるいは労働市場の発達・普及が土台として必要であるが，今日，教育や医療や福祉にとどまらずスポーツ観戦や音楽のコンサートなど「サービス提供契約」は先進資本主義国を中心に広く一般に行き渡っている。

　「サービス提供契約」のもとでのサービス商品の共同生産は，サービス生産によって変換された能力が資本の所有物にはならないので，サービス資本にとっては変換した能力に対する所有権を確保することが目的にはならない。したがって，生産物の主要実体になる原料が資本の所有物として投下資本の一部を構成し，その結果として生産終了後の商品生産物が資本の所有物となって売買される財貨の商品生産とは性格が異なるのである。サービス資本としては，支払請求権の行使によって「サービス提供契約」にもとづく支払義務が履行され，サービス商品への対価の支払いがなされればよいのである。すなわち，人間の能力を変換するために労働力に対象化した価値すなわちサービス商品の価値（＝労働手段の移転価値とサービス労働者の生きた労働量の合計），それとサービス生産過程の投入コスト（＝購入した労働手段の移転価値と雇用したサービス賃金労働者の労働力商品価値の合計），両者のあいだに差額（剰余労働，価格で評価した場合は利潤）が発生すれば目的は達せられるのである。財貨生産では生産物が資本の所有物となり，その売買をつうじて得られる財貨生産物の価値とその生産に要した投入コストとの差額から剰余労働（利潤）が発生する。しかし，サービス生産過程は同じく資本による商品の生産過程に包摂されるとはいえ，生産した商品価値の回収経路，したがって剰余労働（利潤）の取得経路が財貨生産の場合とは異なるということを意味する。端的に言えば，財貨生産では商品生産物の売買契約を経由して資本に剰余労働（利潤）がもたらされるのであるが，サービス生産では財貨生産のような売買契約ではなく「サービス提供契約」を経由して資本に剰余労働（利潤）がもたらされるのである。上の特性2はこのことを示している。

　以上，サービス商品の共同生産過程における3つの特性を踏まえたうえで，人間の能力は資本によって生産される商品（サービス商品）である，と私は考

なお,「サービス提供契約」は人間の能力に関わる取引であるが, 雇用契約と違って労働力の使用権, 収益権, 処分権を含んだ賃金労働者の労働力所有権の譲渡——処分権の譲渡については注19) で示したように, 議論が分かれるところである——は行われない。「サービス提供契約」は, 財貨の売買契約はもちろん労働力所有権の譲渡を担保する雇用契約でもない。教育における在学契約は教育資本が学生を教師として雇用する契約ではないし, 医療における診療契約は医療資本が患者を医師や看護師として雇用するという契約ではないからである。「サービス提供契約」はサービス商品の生産過程で共同生産された人間の能力に対し, 資本の支払請求権の行使および生産過程の成果を保有する人間の支払義務の履行に関する契約である。したがって, サービス労働を指揮する資本と労働対象になる人間とのあいだで, 生産され変換された人間の能力に対し所有権の譲渡はなされないという点に留意が必要である。

②　飯盛信男氏への回答

　飯盛氏は, 最新の論稿 (「サービス部門の労働過程特性」) において, 私が展開するサービス商品の生産過程を検討・批判された。批判の要点は, 2点である。

　1点目は, 私が展開するサービス商品の生産過程では, 労働対象になる人間がサービス資本の生産手段には含まれていない。このことは, サービス生産過程で人間が労働対象になるという櫛田説を自ら否定するものである, というものである。「(櫛田が提示したサービス資本の循環定式では——櫛田) サービス提供の対象となる人間は生産手段 (Pm) に含まれておらず……サービス提供の労働過程において人間がその労働対象になる, とする櫛田氏の説が資本循環分析の次元では実質的に氏じしんによって否定されている」[31)]とされる。しかし, サービス商品の生産過程が資本によって投入される社会的労働と労働対象になる人間の消費活動による共同生産過程である, という私と斎藤氏による把握は数年前から主張されており, 氏も先刻承知のはずである。残念ながら, 飯盛氏による拙論批判は, この点を十分に踏まえた批判にはなっていないと感じている。

　前項で述べたように, サービスの共同生産過程では, 労働対象になる人間は資本によって原料として購入されず, 故にサービス資本の投下資本を構成しない。これが, サービス資本の循環定式において, 労働対象になる人間が資本の

生産手段に含まれないということの意味である。しかし，人間が資本の生産手段すなわち資本の所有する原料にならないからといって，サービス生産において人間が労働対象になることを否定するものではない。サービス商品の生産過程を財貨商品の生産過程と同じような見方で捉えようとするところに，こうした誤解が生まれるのである。サービス商品の生産過程は，人間に内在する能力を社会的労働と消費活動の両者により共同で変換する過程である。そして，近代社会における経済活動である資本制的商品生産においては，人間は資本が購入・所有する原料（労働対象）にはならない。しかし，サービス生産がそもそも共同生産過程であることを踏まえれば，人間が資本の所有物ではない原料（労働対象）としてサービス商品の共同生産過程に加わるのである。要するに，サービス商品の共同生産過程では，人間は資本の購入・所有する原料（労働対象）にはならないが，しかし原料（労働対象）なのである。これはなんら矛盾するものではない。

2点目は，私が展開するサービス商品の生産過程では，労働対象になる人間がサービス商品の購入者として扱われているが，このことは，サービス生産過程で人間が労働対象になるという櫛田説を自ら否定するものである，というものである。すなわち「(櫛田が提示したサービス資本の循環定式では──櫛田) サービス提供の対象となる人間は……サービス商品の購入者として扱われている。このことは，サービス提供の労働過程において人間がその労働対象になる，とする櫛田氏の説が資本循環分析の次元では実質的に氏じしんによって否定されている」[32]とされる。

前項で述べたように，「サービス提供契約」のもとで行われるサービス商品の共同生産過程では，労働対象になる人間は共同生産過程の成果である変換された能力を保有する。これに対し，サービス資本は能力を変換するため投入し労働力に対象化した社会的労働量（＝サービス商品の価値）に応じて支払請求権を行使し，また変換された能力を保有する人間は支払義務を履行する。こうした経路で，サービス商品への対価の支払いがなされる。旧著（『サービスと労働力の生産』）で，この支払義務の履行を「サービス商品の購入」，履行者を「サービス商品の購入者」と表現した。したがって，サービス商品の共同生産過程において支払請求権をもつサービス資本に対して，「サービス商品の購入」を共

同生産過程の成果を保有する人間の支払義務の履行,「サービス商品の購入者」を支払義務の履行者のことであると捉えれば,サービス商品の共同生産過程で人間が労働対象になりかつ彼が支払義務の履行者になることはなんら矛盾しないのである。よって,飯盛氏の上の批判はあたらない,と私は考える。

ただ,旧著では,対人サービスが人間の能力の共同生産過程であることをようやく捉えたばかりで,いまにして思えば,十分に論理を追求できずに不正確な表現にとどまる箇所が少なくなかった。サービス商品の共同生産過程において,労働対象になる人間の支払義務の履行を「サービス商品の購入」と表現したことは,そのひとつである。この表現では,「サービス提供契約」が財貨の商品売買契約であるかのような誤解を招きかねず,いまになって反省しているところである。サービス商品の共同生産過程では,変換された人間の能力はサービス資本の所有物にならず労働対象である人間の所有物であるので,生産終了後に財貨商品のように売買つまり購入されることはない。すでに繰り返し述べているように,サービス商品の共同生産過程におけるサービス商品への対価の支払いは,サービス資本の支払請求権の行使,成果を享受する人間の支払義務の履行,つまり「サービス提供契約」をつうじてなされるのである。

「サービス提供契約」は財貨商品の売買契約と異なるものである。私から見れば,サービス業で有用効果という生産物が生産され消費者によって購入されるという飯盛氏の有用効果生産物説は,サービス業においても財貨商品の場合と同じように売買契約を前提したうえで商品価値が形成されるという立論である。また金子氏は,サービス業において「自分の所有している『商品』ではなくて,他人の所有している労働力の再生産費用の一部を販売するなどということが,本来成立することであろうか。販売できるものは本来は自分の所有物でなくてはならない」[33)]と拙論を批判する。つまり,私と斎藤氏が提唱するサービス商品は"労働対象になる人間の所有物であり資本が所有する商品になっておらず,まったく土俵が異なる"とする批判である。これも,商品価値形成では財貨商品の場合と同じように売買が前提になるという立場である。私は,財貨商品におけるような売買契約を経由しなくても,資本によって商品が生産され価値が形成されると考えている。「サービス提供契約」のもとでのサービス商品の共同生産過程はその一例であることを示した。

注
1） 飯盛信男『生産的労働の理論——サービス部門の経済学——』(青木書店, 1977年)。
2） 利潤の源泉が剰余労働の存在にあることを, 正の利潤と労働の搾取との数学的な等価性で示した定理。置塩信雄氏による発見で, 森嶋通夫氏(『マルクスの経済学』東洋経済新報社, 1974年)が世界に広めた。
3） 置塩信雄・新野幸次郎『ケインズ経済学』(三一書房, 1957年) 206ページ。
4） 置塩信雄『経済学はいま何を考えているか』(大月書店, 1993年) 112-114ページ。
5） 2011年度第59回経済理論学会(立教大学)・分科会における金子ハルオ氏の報告「サービス論争の到達点と今後の課題」。
6） 飯盛信男「サービス部門の労働過程特性」(佐賀大学『経済論集』第44巻第3号, 2011年8月)。なお, 上記の経済理論学会・分科会で, 飯盛氏は同じテーマで報告しており, 私がコメンテイターを務めた。
7） 飯盛信男『サービス経済論序説』(九州大学出版会, 1985年) 192ページ。飯盛氏が依拠したマルクス運輸論における有用効果生産説は問題が多い。この有用効果生産説は, 運輸労働の成果を運輸対象(貨物および人間)に即して捉えていないからである。これに対し, 同じくマルクス運輸論で示された使用価値完成説は, 運輸労働の成果を運輸対象の所在変換として正しく捉えている。ただし, そこでは運輸対象が財貨である貨物に限定されている。運輸対象に貨物だけでなく人間をも含むかたちで, 運輸労働の成果を運輸対象の所在変換と捉えることによって, 運輸論が確立されると私は考える。なお, すでに同様の見解が斎藤重雄氏によって詳しく展開されている。一例として, 斎藤重雄「剰余価値生産とサービス労働」(日本大学『経済集志』第80巻第3号, 2010年10月)において飯盛氏の運輸論を批判した「【補論】飯盛見解の問題点」(72-73ページ)を参照されたい。
8） 飯盛, 前掲『サービス経済論序説』205ページ。
9） 飯盛信男「サービス労働価値生産説の論拠——刀田和夫氏への回答——」(佐賀大学『経済論集』第25巻第2号, 1992年) 152ページ。
10） 同上。
11） "生産物を生産する労働"は価値形成労働の必要条件であり, これによって商品(サービス商品を含む)は物量単位当たりの労働時間という価値決定の基礎が与えられる。この点は, すでに拙稿「社会的再生産とサービス部門」(日本大学『経済集志』第77巻第4号, 2008年1月, 120-122ページ, 本書第6章として収録)で展開している。
12） 飯盛信男『サービス産業論の課題』(同文舘, 1993年)の第8章第3節「労働過程の三類型」で展開されている。
13） 飯盛, 前掲「サービス部門の労働過程特性」174-175ページ。
14） 飯盛信男「サービス労働と労働力商品の擬制性——斎藤重雄氏への回答——」(佐賀大学『経済論集』第43巻第2号, 2010年7月) 97ページ。
15） 飯盛, 前掲「サービス労働価値生産説の論拠——刀田和夫氏への回答——」155ページ。
16） 飯盛信男『平成不況とサービス産業』(青木書店, 1995年) 79ページ, および『規制緩和とサービス産業』(新日本出版社, 1998年) 94-95ページ。
17） 私は, すでに拙稿(「『対事業所サービス』の経済的性格——飯盛信男氏の見解につい

て──」,斎藤重雄編『現代サービス経済論』創風社,2001年,第Ⅱ部第4章。本書第4章に収録)で,対事業所サービス(物品賃貸業を除く)をサービス部門とみなし,これらの成長をもって経済のサービス化を主張する飯盛氏の見解について,詳しく批判している。
18) 飯盛,前掲「サービス労働と労働力商品の擬制性──斎藤重雄氏への回答──」83-84ページ。
19) 鈴木和雄『労働力商品の解読』(日本経済評論社,1999年)。鈴木氏は,労働力商品売買を"時間決めの使用権の譲渡であり,労働者は労働力に対する所有権を放棄しない"とする通説的解釈に対し,この解釈ではそもそも商品売買が成立していないと批判する。私は,すでに旧著(『サービスと労働力の生産』創風社,2003年)の第8章2節「鈴木和雄氏の労働力商品把握」,および本書第2章の注6において,労働力商品実在説と労働力商品売買説の観点から,この鈴木見解にコメントしている。
20) 斎藤重雄『現代サービス経済論の展開』(創風社,2005年)の第Ⅰ部第4章「労働力の再生産と賃金の本質」を参照されたい。
21) 鈴木和雄「接客労働の統制方法」(経済理論学会編『季刊 経済理論』第45巻第4号,2009年)。「接客労働の3極関係」(同第47巻第3号,2010年)。同様の見解は阿部浩之「ケア労働の理論的検討」(政治経済研究所『政経研究』第96号,2011年)。
22) 飯盛信男「接客サービス労働の労働過程──鈴木和雄氏の諸論稿の検討──」(佐賀大学『経済論集』第43巻第5号,2011年1月)135ページ。
23) 同様の指摘が,すでに斎藤重雄「『接客労働とサービス労働』──飯盛信男氏の見解と鈴木和雄見解へのコメントを巡って──」(日本大学『経済集志』第81巻第2号,2011年7月)でなされている。
24) 鈴木,前掲『労働力商品の解読』128ページ。
25) この論争については,櫛田,前掲『サービスと労働力の生産』第1章,第2章,第3章,金子ハルオ『サービス論研究』(創風社,1998年)第3章,第6章,斎藤,前掲『現代サービス経済論の展開』第Ⅱ部第7章,を参照されたい。
26) 金子,前掲書,85-87,192-200ページ。
27) 飯盛信男「複雑労働還元問題とサービス労働──森田成也氏の近著によせて──」(佐賀大学『経済論集』第42巻第6号,2010年3月)181-182ページ。
28) 金子,前掲書,86ページ。
29) 櫛田,前掲『サービスと労働力の生産』102-106,283ページ,斎藤,前掲『現代サービス経済論の展開』69ページ。
30) サービス資本が支払請求権を有するという指摘については,斎藤,前掲『現代サービス経済論の展開』71ページ。
31) 飯盛,前掲「サービス部門の労働過程特性」171ページ。
32) 同上。
33) 金子,前掲書,116ページ。

第4章　有用効果生産物説の"サービス産業像"批判

はじめに

　飯盛信男氏は，有用効果生産物説の視点に立ち多くの実証分析を行うとともに，サービス経済化について語っている。氏の語るサービス経済化については論旨が合理的でなくかつ説得的でない，と私は考えている。この点につき，統計データは若干古いが，氏がサービス経済化を語る際に重視する「対事業所サービス」について批判的に論じる。また，「対事業所サービス」をめぐる飯盛氏の見解を批判的に論じることをとおして，サービス経済化ならびに"サービス産業像"について，私の基本的視点を示す。なお，「補」では，飯盛氏の最近の著作『日本経済の再生とサービス産業』(青木書店，2014年)を論評する。

I　「対事業所サービス」の成長とサービス経済化

　産業分類で「対事業所サービス」に配されている業種は，経済分析のうえでサービス産業を代表する業種として把握されている。ここで言う「対事業所サービス」とは，日本標準産業分類［第9回(1993年10月)改訂］における「大分類L―サービス業」のなかから，公教育機関や公的医療機関等の非営利的業種を除外した残余の民営サービス業種(以下「民営サービス業」)のうち，"事業所からの収入が事業収入額の3分の2以上を占める業種"を指す。これを，わが国サービス業統計を代表する『サービス業基本調査報告』(総務庁統計局)で取り上げている産業小・細分類の業種で示せば，図表1に掲げる35業種(1994年第2回調査)となる。
　そして，これら「対事業所サービス」が近年において示す経済データは，経済全体のサービス化なりソフト化を示す指標として活用されている。たとえば，事業所数の推移で見ると，近年，製造業や商業がその数を傾向的に減少させているなかで，サービス業(「大分類L―サービス業」)はその数を増加(1991年

図表1 「民営サービス業」の対個人・対事業所サービスによる区分

対個人サービス業（41業種）	対事業所サービス業（35業種）	対個人・事業所サービス業（16業種）
パチンコホール 旅館 その他の娯楽業 ゴルフ場 美容業 冠婚葬祭業 普通洗濯業 競輪・競馬等の競走場 学習塾 理容業 公園，遊園地 公共放送業 その他の遊戯場 音楽・映像記録物賃貸業 駐車場業 スポーツ・健康個人教授所 特殊浴場業 ゴルフ練習場 その他の個人教授所 ボウリング場 他に分類されない生活関連サービス業 公衆浴場業 マージャンクラブ 獣医業 映画館 スポーツ施設提供業 フィットネスクラブ 音楽個人教授所 火葬・墓地管理業 バッテイング・テニス練習場 そろばん個人教授所 書道個人教授所 簡易宿所 物品預り業 下宿業 テニス場 生花・茶道個人教授所 遊漁船業 マリーナ業 その他の洗濯・理容・浴場業 和裁・洋裁個人教授所	広告代理業 土木建築サービス業 ソフトウェア業 産業用機械器具賃貸業 各種物品賃貸業 他に分類されない事業サービス業 機械修理業 その他の専門サービス業 建物サービス業 事務用機械器具賃貸業 民間放送業 情報処理サービス業 公認会計士事務所，税理士事務所 映画警備業 ビデオ制作・配給業 自動車賃貸業 その他の広告業 リネンサプライ業 産業廃棄物処理業 情報提供サービス業 ニュース供給業 デザイン業 興行団 速記・筆耕・複写業 その他の情報サービス業 他に分類されない宿泊業 競輪・競馬等の競技団 民営職業紹介業 商品検査業 計量証明業 他に分類されない修理業 興信所 映画・ビデオサービス業 家具・修理業 その他の廃棄物処理業	自動車整備業 写真業 一般廃棄物処理業 その他の物品賃貸業 法律事務所，特許事務所 会社・団体の宿泊所 公証人役場，司法書士事務所 有線放送業 劇場，興行場 衣服裁縫修理業 表具業 体育館 洗張・染物業 スポーツ・娯楽用品賃貸業 著述業・芸術家業 かじ業（鍛冶業）

注：対個人・対事業所サービスによる区分

○ **対個人サービス業**：個人（一般消費者）からの収入が事業収入額の3分の2以上を占める業種（1994年サービス業基本調査の結果では41業種）

○ **対事業所サービス業**：事業所からの収入が事業収入額の3分の2以上を占める業種（同35業種）

○ **対個人・事業所サービス業**：個人（一般消費者）からの収入及び事業所からの収入がいずれも事業収入額の3分の2未満の業種（同16業種）

出所：『サービス業基本調査報告』（総務庁統計局）。

約171万5千→1996年約179万5千，約4.7％増）させている（図表2参照）。そして，そのなかでも「対事業所サービス」は「民営サービス業」全体に占める構成比という点でその比重を増してきている（1989年24万1千，22.0％→1994年28万8千，24.1％，図表4参照）。

次に従業者数は，近年，製造業や商業で横ばいないし微増にとどまっているのに対して，サービス業（「大分類L―サービス業」）はその数を約200万人も大幅に増加（1991年約1461万人→1996年1651万人，約13.0％増）させている

図表2 主要産業の事業所数,従業者数の推移

事業所数

	実　数				構成比(%)			
	1981年	1986年	1991年	1996年	1981年	1986年	1991年	1996年
農林・漁業	21,345	21,463	21,193	20,967	—	—	—	—
建設業	550,798	576,417	602,587	647,360	8.52	8.62	8.95	9.67
製造業	872,571	874,587	857,016	771,906	13.49	13.08	12.73	11.53
運輸・通信業	160,623	168,724	182,400	189,645	2.48	2.52	2.71	2.83
卸売・小売・飲食店	3,028,150	3,048,247	2,923,171	2,831,334	46.82	45.58	43.42	42.29
金融・保険業	84,136	95,075	104,630	108,198	1.30	1.42	1.55	1.62
サービス業	1,468,676	1,604,408	1,715,174	1,794,763	22.71	23.99	25.47	26.80
全産業	6,488,329	6,708,759	6,753,858	6,717,025				

従業者数

	実　数				構成比(%)			
	1981年	1986年	1991年	1996年	1981年	1986年	1991年	1996年
農林・漁業	297,549	281,478	259,085	259,516	—	—	—	—
建設業	4,969,163	4,796,670	5,281,935	5,774,520	9.70	8.87	8.84	9.24
製造業	12,895,945	13,351,246	14,095,757	12,930,235	25.16	24.68	23.59	20.68
運輸・通信業	3,400,845	3,383,144	3,679,742	3,895,704	6.64	6.25	6.16	6.23
卸売・小売・飲食店	14,897,292	15,708,957	16,913,221	18,247,700	29.07	29.04	28.30	29.19
金融・保険業	1,711,421	1,807,617	2,083,606	1,975,745	3.34	3.34	3.49	3.16
サービス業	10,557,941	12,162,500	14,613,446	16,508,443	20.60	22.49	24.45	26.40
全産業	51,545,087	54,370,454	60,018,831	62,781,253				

出所:『事業所統計』(総務庁統計局)。

図表3 サービス業の事業収入額,小売業の販売額,製造業の出荷額の推移

(単位:億円,%)

区　分	1994年	1989年	増加率
サービス業(事業収入額)	1,187,220	807,996	46.9
小売業(販売額)	1,433,251	※1,148,399 (1988年)	24.8 (6年間の伸び) 20.3 (5年間の換算値)
製造業(出荷額)	2,990,274	2,988,931	0.0

注:小売業の販売額は,通商産業省『商業統計調査』(調査年:1994年,1988年)による。
　　製造業の出荷額は,通商産業省『工業統計調査』による。
　　サービス業の事業収入額は,総務庁統計局『サービス業基本調査報告』による。
　　なお,上記のサービス業は,日本標準産業分類における「大分類L―サービス業」のなかから公教育機関や公的医療機関等の非営利的業種を除外した残余の民営サービス業種である。

図表4 事業所数の多い業種（各上位10業種）　　（単位：千，％）

業　種	事業所数 1994年	事業所数 1989年	構成比 （1994年）	増加率
対個人サービス業	**749**	**708**	**100.0**	**5.9**
美容業	168	158	22.4	5.8
理容業	126	125	16.8	1.0
普通洗濯業	93	91	12.4	2.9
旅館	67	69	8.9	−3.3
学習塾	47	39	6.3	22.9
駐車場業	40	36	5.3	12.2
その他の個人教授所	20	17	2.6	12.4
音楽個人教授所	17	16	2.3	6.8
パチンコホール	16	14	2.2	20.3
書道個人教授所	15	13	2.0	15.3
対事業所サービス業	**288**	**241**	**100.0**	**19.6**
土木建築サービス業	59	44	20.5	34.0
その他の専門サービス業	36	28	12.4	25.3
公認会計士事務所，税理士事務所	33	28	11.3	15.9
他に分類されない事業サービス業	23	23	7.9	−1.0
機械修理業	21	16	7.4	36.8
建物サービス業	16	12	5.4	33.2
ソフトウェア業	11	8	3.9	45.6
他に分類されない宿泊所	11	12	3.8	−6.1
産業用機械器具賃貸業	9	7	3.2	34.1
広告代理業	9	10	3.2	−8.8
対個人・事業所サービス業	**156**	**143**	**100.0**	**8.9**
自動車整備業	69	61	44.3	13.1
写真業	21	19	13.6	9.9
公証人役場，司法書士事務所	13	12	8.4	8.6
法律事務所，特許事務所	11	10	7.2	17.1
衣服裁縫修理業	10	9	6.3	5.0
会社・団体の宿泊所	7	6	4.3	6.8
その他の物品賃貸業	7	6	4.3	6.5
一般廃棄物処理業	6	6	4.1	2.5
表具業	4	5	2.8	−4.0
洗張・染物業	4	4	2.8	−15.1

出所：『サービス業基本調査報告』（総務庁統計局）。

（図表2参照）。このうち、「対事業所サービス」は295万7千人から約50万人増加して344万9千人となり、「民営サービス業」全体のなかでの比重を43.3％から43.9％へと着実に増加させている（図表5参照）。また事業収入額は、1994

図表5 従業者数の多い業種（各上位10業種） （単位：千人，％）

業　種	従業者数 1994年	従業者数 1989年	構成比 (1994年)	増加率
対個人サービス業	**3,615**	**3,156**	**100.0**	**14.5**
旅館	785	732	21.7	7.3
美容業	408	389	11.3	4.7
パチンコホール	318	223	8.8	42.8
普通洗濯業	312	306	8.6	1.9
理容業	271	265	7.5	2.5
学習塾	253	219	7.0	15.8
ゴルフ場	218	173	6.0	25.9
その他の娯楽業	114	41	3.1	178.1
冠婚葬祭業	108	105	3.0	2.9
駐車場業	83	69	2.3	19.9
対事業所サービス業	**3,449**	**2,957**	**100.0**	**16.6**
建物サービス業	504	506	14.6	－0.5
土木建築サービス業	417	320	12.1	30.2
他に分類されない事業サービス業	411	294	11.9	40.0
ソフトウェア業	360	298	10.4	20.5
その他の専門サービス業	253	207	7.3	22.4
警備業	230	171	6.7	34.3
機械修理業	198	148	5.8	34.2
公認会計士事務所，税理士事務所	160	143	4.6	12.0
情報処理サービス業	136	164	4.0	－16.9
広告代理業	120	135	3.5	－11.3
対個人・事業所サービス業	**796**	**715**	**100.0**	**11.4**
自動車整備業	341	297	42.9	14.8
写真業	101	97	12.7	4.9
一般廃棄物処理業	92	86	11.6	7.5
その他の物品賃貸業	54	47	6.8	16.4
会社・団体の宿泊所	45	42	5.6	5.4
法律事務所，特許事務所	43	36	5.4	20.0
公証人役場，司法書士事務所	40	38	5.0	5.4
衣服裁縫修理業	25	20	3.2	24.6
有線放送業	18	12	2.3	51.5
表具業	10	10	1.3	－1.6

出所：『サービス業基本調査報告』（総務庁統計局）。

年に「民営サービス業」全体で118兆7220億円に達し，1989年と比べて46.9％の大幅な増加となり，製造業（出荷額）の横ばい，小売業（販売額）の20.3％増を大きく凌いでいる（図表3参照）。このうち「対事業所サービス」は，40兆

図表6 事業収入額の多い業種（各上位10業種）　　　　　　　　　　　　　　　（単位：億円，%）

業　種	1994年 事業収入額	構成比	1989年 事業収入額	構成比	増加率
対個人サービス業	552,941	100.0	335,663	100.0	64.7
パチンコホール	304,778	55.1	152,712	45.5	99.6
旅館	76,329	13.8	58,195	17.3	31.2
その他の娯楽業	25,596	4.6	15,129	4.5	69.2
ゴルフ場	17,652	3.2	13,306	4.0	32.7
美容業	16,963	3.1	13,198	3.9	28.5
冠婚葬祭業	15,544	2.8	11,779	3.5	32.0
普通洗濯業	13,156	2.4	11,291	3.4	16.5
競輪・競馬等の競走場	11,433	2.1	8,227	2.5	39.0
学習塾	9,029	1.6	6,685	2.0	35.1
理容業	8,565	1.5	6,874	2.0	24.6
（娯楽業のうち対個人サービス業に該当する15業種）	380,689	68.8	205,202	61.1	85.5
対事業所サービス業	552,914	100.0	408,174	100.0	35.5
広告代理業	67,784	12.3	70,753	17.3	−4.2
土木建築サービス業	55,271	10.0	36,144	8.9	52.9
ソフトウェア業	52,063	9.4	32,180	7.9	61.8
産業用機械器具賃貸業	49,271	3.9	38,536	9.4	27.9
各種物品賃貸業	35,467	6.4	10,240	2.5	246.4
他に分類されない事業サービス業	33,884	6.1	28,884	7.1	17.3
機械修理業	32,962	6.0	20,776	5.1	58.7
その他の専門サービス業	31,665	5.7	17,625	4.3	79.7
建物サービス業	24,666	4.5	21,088	5.2	17.0
事務用機械器具賃貸業	23,783	4.3	22,720	5.6	4.7
（物品賃貸業のうち対事業所サービス業に該当する4業種）	117,032	21.2	77,143	18.9	51.7
対個人・事業所サービス業	81,365	100.0	64,159	100.0	26.8
自動車整備業	36,853	45.3	28,002	43.6	31.6
写真業	10,765	13.2	10,306	16.1	4.5
一般廃棄物処理業	8,375	10.3	6,436	10.0	30.1
その他の物品賃貸業	6,668	8.2	4,996	7.8	33.5
法律事務所，特許事務所	5,111	6.3	3,729	5.8	37.1
会社・団体の宿泊所	4,441	5.5	3,369	5.3	31.8
公証人役場，司法書士事務所	2,984	3.7	2,590	4.0	15.2
有線放送業	2,163	2.7	1,024	1.6	111.2
劇場，興行場	1,885	2.3	1,861	2.9	1.2
衣服裁縫修理業	583	0.7	388	0.6	50.2

出所：『サービス業基本調査報告』（総務庁統計局）。

8174億円（1989年）から55兆2914億円（1994年）と35.5％の増加で，この期間の「対個人サービス」の大幅な伸び率64.7％には劣るものの，「民営サービス業」全体に占める構成比では，「対個人サービス」と同率の46.6％で高い比率を占めている（図表6参照）。このように，「対事業所サービス」は，近年の主要なサービス関連統計における事業所ベース，従業者ベース，事業収入額ベースのいずれの数値でみても高い比重を占めており，我が国サービス経済化を支える重要な領域であると主張されることになる。

　さて，飯盛氏は，有用効果生産物説にもとづいてサービス部門の価値形成を説かれると同時に，サービス産業の実証分析について最も活発に研究成果を公表しておられる。氏は，サービス関連統計における「対事業所サービス」の上記の基本動向を大枠で認められつつ，これを近年における第3次産業の成長業種に位置づける。まず氏は，「対事業所サービス」を他の「対個人サービス」および「公共サービス」の動向と比較しながら，近年の第3次産業の拡大は主に「対事業所サービス」の急増によってもたらされたとし，次のように述べる。「対事業所サービスはサービス業務の外注化，合理化志向を背景に代行産業，人材派遣業としての性格を強めつつ70年代以降急増をたどっている。消費者向け第3次産業である消費関連部門プラス対個人サービスは70年代初めまでは5割をいくぶん上回る構成比であったが，80年代以降は5割をいくぶん下回る比率となっている。80年代以降は対事業所サービスのウェイト上昇と消費関連部門のウェイト低下が対照的である。公共サービスは80年代以降は16％台の比重で推移している。近年の第3次産業の拡大は主として対事業所サービスの急増によってもたらされたものである。」[1]（引用文は従業者数の推移にもとづいて述べられている——櫛田）。

　また，バブル経済崩壊直後に「対事業所サービス」は一時的に落ち込んだが，「対事業所サービス」の拡大は一貫して続くとの基本的見通しを示しておられる。「これまで景気動向にかかわりなく順調な成長を続けてきた第3次産業も今回（平成）不況では初めて停滞に陥っており，とりわけバブル経済期に急成長をとげたソフトウェア，リース，広告業のおちこみが著しい。……現在の対事業所サービスのおちこみはバブル崩壊に伴う一時的なものであり，対事業所サービスをはじめとするサービス産業拡大の流れは続く」[2]。そして著書（『規

制緩和とサービス産業」）では，「対事業所サービス」はすでに回復基調に入ったとされる。「対事業所サービスは代行産業としての役割を担うものであり，低成長，不況下においても企業の経費節約・低コスト志向によってそれへの需要は増加する。すでにみたように90年代以降も人材派遣業，ビルメンテナンス，警備業，コンサルタントなどは成長業種として拡大している。『第3次産業活動指数』（通産省）でみると，物品賃貸業と情報サービス業は92年から，広告業は91年から減退をたどったが，その他の事業サービス業は91年以降の不況過程においても着実な成長をたどっている。なお，情報サービス，物品賃貸業，広告業は鉱工業生産と同じく80年代後半のバブル期に急成長しその後低下をつづけたのであるが，94・95年より回復過程に入っている」[3]。

　こうして，飯盛氏は「対事業所サービス」を，近年の第3次産業の成長と拡大の中核を担い，したがってまた，今日のいわゆるサービス経済化をもたらした中心領域と把握されるのである。しかしながら，私は，サービス産業を"無形生産物"なり"労働対象の不在"といった特質で捉える飯盛氏の方法に対し，かねてより強い疑問を抱いており，これを理論的前提にして組み立てられた"サービス産業像"も容易に受け容れることができないと感じていた。むしろ私は，サービス労働部門もしくはサービス産業を，"人間を対象にし，人間の能力の維持・形成に貢献する産業部門"という構図で捉えようとしている。こうした見地からすれば，「対事業所サービス」をめぐって氏のとられた理論的方法なり実証分析の結論に全面的に賛同するわけにはいかないのである。そこで，行論に先立って「対事業所サービス」について私の基本的視点を簡潔に述べておきたい。

　飯盛氏は，今日のサービス経済化を支える中心領域として「対事業所サービス」の拡大と発展があるとされるが，しかしその実態は，ひとつはME革命にともなって生じたソフトウェア業，社会的分業の深化にともなって生じた各種メンテナンス業といった，いわば"物質的生産部門"ないし"その延長部門"の拡大と発展を示すものである。そしてもうひとつは広告業およびリース・レンタル業といった"流通部門の肥大化"を示すものにほかならない。そして，本書独自の観点にもとづいて"サービス部門"として捉えることのできる部分は，「対事業所サービス」のなかでわずかな領域を占めるにすぎない。したがって

第4章　有用効果生産物説の"サービス産業像"批判　115

　私は, 現行の「対事業所サービス」という枠組みを前提とするかぎり, その土俵の上で計測・捕捉された各種サービス関連統計とそこでの「対事業所サービス」のウェイトの増大を根拠に, "経済全体のサービス化"なり"経済のサービス化"は十分に主張することはできないと考えている。以下, この論点をめぐって私見を述べる。なお, 1997年経済理論学会第45回大会（日本大学）の分科会報告（報告テーマ「サービス労働の価値形成的性格」）に際し, 飯盛氏から"物的生産の延長として捉えられない「対事業所サービス」の経済的性格をどう理解しているのか"との質問を受けた。以下は, これに対する回答でもある。

II　「対事業所サービス」の理論的把握における問題点

1　「有用効果生産物説」の特質, "無形生産物"および"労働対象の不在"

　飯盛氏は「対事業所サービス」を含んだサービス部門全体の基本性格を,「有用効果生産物」という無形の使用価値を生産する部門として捉えている[4]。「対象的生産物をうみださず生産過程そのもの（有用効果）が消費されるのがサービス部門の特質である。……サービス部門においては生産過程（サービス提供）そのものが生産物（有用効果）であり, それは生産過程から切り離せない」[5]とされる。そして, この"対象的生産物ではない無形の生産物"を素材的担い手に価値が形成されると進められる。その際に, 氏が理論的な拠り所にしているのがマルクスの運輸論にほかならない。「マルクスは運輸労働について, それが『社会的生産過程の不可欠の一環』をなすから価値形成的であると言っているのではなく, 場所移動という無形の使用価値（有用効果）を産出するがゆえに価値形成的である, と言っているのである。運輸労働が価値を形成するのは, それが物的生産活動を担うからではなく, 場所移動というサービスを生産するからにほかならない。そして運輸労働についてのマルクスの指摘は, 無形の使用価値（有用効果）を提供するサービス部門一般に妥当すると考えられる」[6]。

　"場所移動は物的生産でない"とする氏の運輸論解釈については, 前章で述べたように, 私は賛同できない。しかし, 周知のように, 運輸業は現行産業分類では「大分類H—運輸・通信業」として「大分類L—サービス業」とは別個に

取り扱われている。また本章は、「大分類L—サービス業」内に配される「対事業所サービス」の経済的性格を検討の対象にしている。それ故、運輸に関する私の基本理解は注に記し[7]、以下では、「対事業所サービス」を無形の有用効果生産物を提供する部門と捉える実態分析上の問題点に限定して議論を進めることにする。

　さて氏は、サービス部門が"対象的生産物ではない無形の生産物"を提供すると把握されるが、その論拠に、サービス部門における"自然素材（物質的基体）＝労働対象の不在"を挙げておられる。すなわち、「サービス生産の労働過程の特質は、労働手段と補助材料は存在するが生産物の主要実体をなす『原料』は存在しないことである。これに対し、物質的生産活動は自然を対象とするのであり、自然素材＝物質的基体＝生産物の主要材料（実体）＝原料を有しない活動は物質的生産活動ではない」[8]とされる。そして、"無形生産物"、"労働対象の不在"といったサービス（労働）の一般的特質は、氏がサービス部門として考える個々の労働過程において、いずれの場合も成立しているとする。そして、本章で取り上げる「対事業所サービス」の労働（過程）においても、多くの場合それは当然成立するとし、それぞれ次のような説明を加えておられる。

　まず、ソフトウェア業の労働（過程）について、「ソフトウェア労働は電算機のためのプログラムを作成するサービス労働であり、非物質的生産部門＝サービス部門のなかの精神的生産部門にぞくする。ソフトウェア労働はサービス労働であるがディスクやテープという媒体に対象化されている。だがそれは自然に対して働きかける労働ではないので物質的生産活動ではない。」[9]（傍点は櫛田）とされる。次に、各種メンテナンス労働（過程）や対人サービス労働についても、両者を一括して次のように説明している。「対物サービスの場合……それが働きかける物財は労働対象たる原料ではない。例えば機械修理労働の生産物は修理サービスそのものであり修理された機械ではなく、修理される機械は労働対象ではない。また対人サービスのばあい人間はサービスを受ける消費者であって、労働対象たる原料ではない。例えば医療労働の生産物は医療サービスそのものであり治療を受けた人間ではなく、その人間は労働対象ではない。……サービス労働が働きかける対象（人もしくは物）は労働対象ではない。サービス部門の労働過程の特質は、労働手段と補助材料は存在するが生産物の物

第4章　有用効果生産物説の"サービス産業像"批判　117

質的基体をなす主要材料＝原料は存在しないことである。」[10]（傍点は櫛田）。

　しかし，氏がサービス（労働過程）の一般的特質として想定される"無形生産物"，"労働対象の不在"は，「対事業所サービス」に配される業種の個々の労働過程に即して見ると，到底成立しているとは言い難い。以下，「対事業所サービス」のなかから主要な業種を取り上げて，実際にこの点を明らかにするとともに，あわせて，現行統計において「対事業所サービス」に配される多くの業種を他部門へ移行するなどして，あらたに再分類・再整理の必要があることを示したい。

2　「対事業所サービス」における物質的生産部門
①　情報財の生産部門

　まず，「対事業所サービス」のなかで，近年際立った発展を示しているソフトウェア業を取り上げる。『サービス業基本調査報告』(1994年調査)によれば，「対事業所サービス」のなかで，事業所数が多い業種は，土木建築サービス業(5万9千)，次いで，経営コンサルタント業・土地家屋調査士業等の「その他の専門サービス業」(3万6千)，公認会計士・税理士事務所(3万3千)となっており，これら3業種で「対事業所サービス」全体の約45％を占めている。それに比べソフトウェア業は1万1千の事業所でしかない。しかし，事業所数の増加率（対1989年比）でみると，最も高いのはソフトウェア業である。ソフトウェア業45.6％増，機械修理業36.8％増，産業用機械器具賃貸業34.1％増，土木建築サービス業34.0％増，建物サービス業33.2％増の順で，これら5業種が3割を超える増加率となっている（図表4参照）。

　さて，ソフトウェアとは，周知のようにコンピュータ本体に指示を与え，これを制御するプログラムのことである。そしてプログラムとは，人間（作業者）が機械を制御するにあたり，従来は彼自身に備わる知識や経験にもとづいて機械の制御を行っていたのを，この"必要な知識と経験"の部分を記号化して，ディスクやテープ等の媒体（ディジタル媒体）に記録（記憶）したものである。このソフトウェアならびにこれを組み込んだコンピュータの出現により，制御機能が人間（労働力）から外化・客観化され，オートメーションはいっそう進展するとされている[11]。ソフトウェア業は，このプログラムを開発し，顧

客（企業）にこれを販売することを主たる事業内容にしている。

　飯盛氏は，このソフトウェアを開発する労働の性格について，「ソフトウェア労働は電算機のためのプログラムを作成するサービス労働であり，非物質的生産部門＝サービス部門のなかの精神的生産部門にぞくする。ソフトウェア労働はサービス労働であるがディスクやテープという媒体に対象化されている。だがそれは自然に対して働きかける労働ではないので物質的生産活動ではない」[12]（傍点は櫛田）とされている。この把握が，はたしてソフトウェア開発労働ないし労働過程の実態に即したものと言えるかを検討してみよう。

　まず，「ソフトウェア労働は電算機のためのプログラムを作成する」との，いわばソフトウェア開発労働の質料的性格を捉えた箇所については，なんら異論はない。さきに述べたように，ソフトウェアとは，コンピュータ本体に指示を与え，これを制御するプログラムのことであり，したがって，ソフトウェア開発労働とは，一口で言えばこのプログラムを開発する労働にほかならない。しかし，この引用に続いて，この労働を「サービス労働である」とする点については少なくとも論証が必要である。と言うのは，すでに触れたように，氏はサービス労働（＝労働過程）の一般的特質を規定され，「サービス部門の労働過程の特質は，労働手段と補助材料は存在するが生産物の物質的基体をなす主要材料＝原料は存在しない」[13]，「サービス部門においては生産過程（サービス提供）そのものが生産物（有用効果）であり，それは生産過程から切り離せない」[14]とされているからである。したがって，"ソフトウェア労働はサービス労働である"ことが成立するためには，"ソフトウェア労働（＝労働過程）には労働対象（物質的基体＝原料）が存在しない"，したがって労働の成果は物的生産物＝物質的財貨ではなく，"生産物は労働ないし労働過程そのもの＝無形の生産物"であることが言えなくてはならない。

　青水司氏によれば，ソフトウェア開発労働は相互に有機的な関連をもつ次の3種類の部分労働から構成されるとしている[15]。システム設計労働（システム・エンジニアおよびプログラマの一部が担当），プログラム設計労働（プログラマの一部およびコーダーが担当），そしてキーパンチ労働である。システム設計労働は，コンピュータに行わせる情報処理の範囲を決め，システム全体の設計資料ならびに開発・作成すべきプログラムを決める。プログラム設計労

働は，この設計資料にもとづきコンピュータに実行させる処理手順をコンピュータがわかるように記号化（コード化）する。キーパンチ労働は，設計されたプログラムをコンピュータが実際に読み取ることのできる媒体に変換する[16]。私は，ソフトウェア開発に関わるこれらの一連の労働（労働過程）から判断して，飯盛氏とは逆に，ソフトウェア労働（＝労働過程）には労働対象が存在し，したがって労働の成果たるソフトウェア（＝プログラム）も，それ自体は感性的な意味で形も重さもないが，多くは"有形"の媒体と結合して，一種の製品である情報財[17]として存在すると考える。

　ソフトウェア開発労働の労働対象は，特定の目的に沿って機械（コンピュータ含む）を動かすための"必要な知識と経験"（＝情報）であり，またこれを変換・加工したものを記録するディスクやテープといった媒体である。飯盛氏は，この"必要な知識と経験"が"物質的基体"ではなく，それ故ソフトウェア労働がサービス労働であることの証左とされるかもしれない[18]。しかし，ソフトウェア開発労働の労働対象たる"必要な知識と経験"（＝情報）は，人間の頭脳のなかに蓄積されている場合もあれば，未だディジタル変換されていない無数の文書・データの集まりの場合もあるが，必ず媒体とともに，いわば"物質的基体"と結合して存在する。開発要員は，これら無数の情報群のなかから必要な情報を，聞き取りをし，データの収集・整理等をして抽出する。そして，この抽出された情報は，一定の加工・変換過程を経て最終段階で再び媒体（ディジタル媒体）に再結合ないし再構築されるのである。そして，ソフトウェア開発の労働過程をこのように理解すれば，生産物は，飯盛氏の言うような"労働ないし労働過程そのもの＝無形の生産物"というものではなく，加工・変換された情報がディジタル媒体に結合した（対象化した）情報財であり，多くの場合それは感性的に捉えることができるので無形でもない。こうして，ソフトウェア開発労働には労働対象が存在し，労働の成果も物（Ding）＝媒体に結合した情報財，広い意味での物質的生産物（物質的財貨）として存在するのである。それ故ソフトウェア労働をサービス労働であるとし，「それは自然に対して働きかける労働ではないので物質的生産活動ではない」とする飯盛氏の見解は，まさに事実誤認であるというほかはない。

　ソフトウェアは情報財として，広い意味での物質的財貨であり，今日では労

働手段としてだけでなく，生活手段として使用されるパソコンのゲームソフトやワープロソフト等としても存在する。この点を踏まえれば，ソフトウェアは技術的労働の所産（生産物）であり，価値を形成する物質的生産の領域に属する，とする青水氏の見解はきわめて至当なものである。すなわち，ソフトウェアを含む「発明（具体的には特許やノウハウ）や設計図が技術的労働の所産であり，物質的生産の領域に属する。そして，この設計図や作業手順に基づいて物質的生産における直接的労働が行われるのである。ソフトウェアは，前述のように明らかに物質的生産過程で機能する労働手段」[19]である。以上のソフトウェア開発労働（労働過程）の考察から，私は，現行産業分類における「ソフトウェア業」は，情報財の生産部門として物質的生産部門の一環をなすと解する。そして「ソフトウェア業」およびこれと有機的関連をもつ「情報処理・提供サービス業」[20]の両者を合わせて，「対事業所サービス」における物質的生産部門の典型的な業種と考えるのである。

なお，本章は，コンピュータによる読み取りと操作が可能なディジタル媒体と結合した情報財，ソフトウェア（プログラム）の開発・製造について検討した。しかし，広い意味での情報財には，新聞，書籍，放送，映画等といった一般の情報媒体である非ディジタル媒体と結合した情報財が存在する。現行産業分類では，新聞と書籍は，製造業（大分類F—製造業）の「中分類19—出版・印刷・同関連産業」に配されるのに対して，放送と映画は，サービス業（大分類L—サービス業）の「中分類80—映画・ビデオ製作業」，「中分類81—放送業」に配されている。私はこの取り扱いは合理的ではないと考えているが，指摘をするにとどめたい。

② **物質的生産の延長部門**

「対事業所サービス」のなかに，財貨の修理ないし維持といったいわゆる物(Ding)のメンテナンスを主たる事業内容とする業種が存在する。サービス業（大分類L—サービス業）の「中分類78—機械・家具等修理業」に含まれる「小分類781—機械修理業」，「小分類782—家具修理業」，「小分類789—他に分類されない修理業」，および「中分類86—その他の事業サービス業」に含まれる「小分類864—建物サービス業」，「小分類866—警備業」などである。『サービス業基本調査報告』(1994年調査)によれば，「対事業所サービス」のなかで，事

第4章　有用効果生産物説の"サービス産業像"批判　121

業所数の増加率（対1989年比）が最も高いのはさきに紹介したソフトウェア業（45.6％増）であるが，機械修理業が36.8％の増加でこれに次いでいる。また，従業者数でみると，建物サービス業が50万4千人（「対事業所サービス」従業者全体の14.6％）で最も高いほか，従業者数の増加率（対1989年比）で見ると警備業34.2％増，機械修理業34.2％増でいずれも上位に位置している。こうして，いわゆる物（Ding）のメンテナンスを主たる事業内容にする業種が，「対事業所サービス」のなかで相当の比重を占めていることが見て取れる（図表5参照）。

　飯盛氏は，これらのいわゆる物（Ding）のメンテナンスを主たる事業内容にする業種について，これらを"対物サービス"部門という概念で捉えられたうえで，この部門における労働（労働過程）には，"無形生産物"，"労働対象の不在"といったサービス（労働）の一般的特質が，いずれも成立するとされている。すなわち，「対物サービスの場合……それが働きかける物財は労働対象たる原料ではない。例えば機械修理労働の生産物は修理サービスそのものであり修理された機械ではなく，・修・理・さ・れ・る・機・械・は・労・働・対・象・で・は・な・い」[21]（傍点は櫛田）とされるのである。しかし私は，この把握は到底成立しえないと考えている。"対物サービス"の領域から家具修理業の労働（労働過程）を例にとり，これを考察してみよう。

　家具修理業における労働（労働過程）には，家具修理業者がホテル等の客（企業）から注文を受けて，故障ないし破損したベッド，調度品等の家具を修理・修復するといった工程が想定される。そして，そこで行われる修理労働は，故障ないし破損した箇所を発見・確認し，必要な部品や材料を調達し，部品を交換するなり再仕上げを施して家具を修理・修復するという作業（工程）である，と大枠で理解して間違いないであろう。すると，故障・破損箇所の発見・確認以降については，家具本来の製造工程における加工，組立，仕上げ等の各工程が，修理業者の手によって部分的に再現されるとしてよいであろう。私は，家具修理労働のこのような作業内容から判断して，まず，修理労働の労働対象は故障ないし破損した家具であると考える。修理にあたる作業者がまずもってすることは，故障ないし破損箇所の発見・確認であるが，そのために作業者は故障ないし破損した家具を，目で診るなり手で触るなどして，その正確な箇所と程度を知らねばならない。そうでなければ実際に修理は始まりようがないの

である。そしてこの作業者の行為は，修理される家具に働きかける行為以外のなにものでもないのであり，彼は修理される家具を行為の，つまり労働の対象にしているのである。しかるに飯盛氏は，"修理される機械（家具）は労働対象ではない"とされる。この把握は，私の理解の及ばないところである。

　次に，家具修理労働の成果，生産物について考えてみよう。上の想定で言うと，故障ないし破損した箇所の発見・確認以降については，修理されるべき家具を対象にして，必要な部品や材料を調達し，部品を交換するなり再仕上げを施すといった作業（工程）が行われる。それはまた，家具本来の製造工程における加工，組立，仕上げ等の各工程の部分的再現でもある。そして，この一連の作業（工程）の最後に成果として出てくるのは"修理された家具"にほかならない。私は，この"修理された家具"が，家具修理労働の生産物であると解している。つまり，家具修理労働の成果は"修理された家具"に体現されているのであり，労働は"修理された家具"に対象化し物質化している。しかし飯盛氏は，この同じ修理労働の作業内容から，労働の成果を"修理サービスそのもの"，いわば"労働ないし労働過程そのもの"と把握する。それは，事実上，労働の生産物は労働ないし労働過程そのものである，といった同義反復を主張しているに等しい。氏がそう主張せざるをえないのは，サービス部門には"労働対象の不在"といった一般的特質があり，労働が対象化すべき先がない，とする誤った前提があるからである。

　しかし，修理労働には，さきに触れたように，加工や組立や仕上げ等といったまさに製造業の典型的な作業工程を再現する工程が含まれている。本来の家具製造業の生産物が，家具ではなく，"家具製造労働（過程）そのもの"とは飯盛氏といえどもよもや主張はされまい。つまり，家具製造業と家具修理業，異なる業種に分類されているとはいえ，両者には質料的に同一の労働（加工・組立・仕上げ作業）が含まれている。同じ質料的内容をもつ労働に対して，製造業（家具製造業）においては労働対象が存在し，これに対象化・物質化し，修理業（家具修理業）においては労働対象が存在せず，対象化・物質化しないと捉えることは論理的に矛盾するものと言わざるをえない。修理労働は，それが企業内（工場内）分業の一環として行われようが，独立した企業によって社会的分業の一環として行われようが，その質料的な基本性格を変えるものでは

ない。
　以上，私は，修理労働は"故障ないし破損した家具"という労働対象をもち，したがって修理労働はその成果を対象に対象化・物質化するのであって，その生産物は"修理された家具（財貨）"であると考える。そして，この把握は，家具修理業だけでなく，財貨の修理ないし維持といったいわゆる物（Ding）のメンテナンスを主たる事業内容にする他の多くの業種に同様に当てはまると考えている。したがって，現行産業分類でサービス業（大分類L―サービス業）に配されている「機械修理業」，「家具修理業」，「他に分類されない修理業」，「建物サービス業」，「警備業」などについては，それらは，財貨＝物（Ding）の使用価値の形成ではなく使用価値の維持を主たる目的とするが，物質的生産の延長部門として物質的生産の一環を占める，と捉えることが至当であると考える[22]。

3　「対事業所サービス」における流通部門

　『サービス業基本調査報告』(1994年調査)によれば，「対事業所サービス」のなかで事業収入額が多い業種は，広告代理業が6兆7784億円と最も高く，次いで，土木建築サービス業（5兆5271億円），ソフトウェア業（5兆2063億円），産業用機械器具賃貸業（4兆9271億円）の順となっている。1989年調査と比較した増加率では，広告代理業は4.2％減少したが，各種物品賃貸業は246.4％と最大の増加率である。また，産業分類「中分類79―物品賃貸業」のうち「対事業所サービス」に該当する4業種，各種物品賃貸業，産業用機械器具賃貸業，事務用機械器具賃貸業，自動車賃貸業の事業収入額の合計は，11兆7032億円で，「対事業所サービス」全体の21.2％を占めている。この合計額は，1989年の7兆7143億円（「対事業所サービス」の18.9％）と比べると，51.7％の増加となっており，「対事業所サービス」に占める割合を拡大している。こうして，産業分類（大分類L―サービス業）における「対事業所サービス」のなかで，「中分類79―物品賃貸業」ならびに「中分類83―広告業」[23]は，とりわけ事業収入額という側面でまことに大きな位置を占めているのである（図表6参照）。

　私は，「対事業所サービス」のなかの「広告業」や「物品賃貸業」について，その経済的な本質は商業・金融から派生した流通資本であると考えている。「広告業」が卸売・小売といった本来の商業部門と異なるのは，"価値実現を促

進する技術的機能の専門化・自立化"[24]という点であり,「物品賃貸業」が銀行・保険等の金融部門と異なるのは,価値の一時的譲渡が貨幣形態（貨幣貸付）ではなく現物形態（現物貸付）[25]であるという点である。それらは本来の商業・金融から派生した活動が自立化した部門なのであり,したがってその経済的本質は流通資本であり,本来の商業・金融とともに流通部門に含めるべきと考える。この点については,私と飯盛氏の認識は大枠で一致している。

　飯盛氏は,いわゆる第3次産業のなかには商業・金融部門からなる「流通部門」が含まれており,広告業や賃貸業もそれに含めるべきであると早い段階から主張している。「商品の販売（$G'—W'$）という操作が産業資本家の付随的操作としてではなく,特殊な種類の資本家である商品取引業者の専門的操作として自立化したものが商業部門（$G'—W'—G'$定式）であるが,それは広義には,価値実現機能を担う卸売・小売業のみならず,広告業・賃貸業をも含む。広告業の本質は（$W'—G'$）の転化を促進する売買促進活動であり,それに要する費用は流通費用の一環をなす。また賃貸業は,所有の移転なしに物品・施設を賃貸料（使用料）と引き換えに使用のために提供するものであり,分割されたかたちでの価値実現・販売活動を行うものであるから,商業活動から派生した部門として広義の商業部門に含めるべきであろう。……両者（商業部門と金融部門）は,社会的再生産の流通過程＝売買機能と貸付機能すなわち観念的な流通を担うのみで,なんら使用価値・価値をうまないという点では同一であり,商業部門と金融部門とは一括して『流通部門』と捉えることが可能だろう」[26]。また,サービス概念を物質的財貨の機能にまで広げ,賃貸業（リース・レンタル業）をサービス部門に含める見解があるが,飯盛氏はこの見解に対し,「その機能はサービスの提供ではなく物品の賃貸であり,賃貸業は売買・貸付機能を担う『流通部門』に含められるべきである。わが国の産業分類では物品賃貸業はたしかに大分類サービス業に含められているが,その機能はサービス提供ではなく売買・貸付である」[27]と批判されているが,それはまさに正鵠を得ていると言わねばならない。

　私は,社会的労働部門あるいは産業部門を分類・整理するに際して,2つの大きな基準があると考えている。ひとつの基準は,その社会的労働部門の成果が,生産物の使用価値の維持・形成に結実するか否かである。飯盛氏も認める

ように，商業・金融業は"なんら使用価値をうまない"という意味で，それは生産物の使用価値の維持・形成に結実しない労働部門であり，「流通部門」として他の「生産部門」と区別される。この観点から「広告業」や「物品賃貸業」は，本来の商業・金融業とともに，使用価値（生産物）の維持・形成を本質的機能としない「流通部門」に含められるのである[28]。そして，もうひとつの大きな基準は「生産部門」の内部を大きく区分する基準にほかならない。「生産部門」は，社会的労働の成果が生産物の使用価値の維持・形成に結実するという意味で，生産物をつくりだす部門であるが，ここでいう生産物概念には物質的財貨だけでなく教育や医療や娯楽等によって共同生産される人間の能力が含まれる，というのが私の見解である。したがって，「生産部門」は，労働の成果が結実する生産物の相違によって，物質的財貨を生産する「物質的生産部門」と人間の能力を生産する「サービス部門」とに大きく区分されることになる。この観点からすれば，「サービス部門」は，飯盛氏の言うような有用効果といった無形生産物を生産する社会的労働部門としてではなく，"人間を対象"にし人間の能力を生産する「生産部門」として捉えられることになる。

　サービス部門の捉え方について，飯盛氏と私とでは大きく見解を異にしている。飯盛氏は，サービス部門を"対象的生産物を生産しない非物質的生産部門"，あるいはその別表現である"有用効果という無形生産物の生産部門"として把握する。しかし，「流通部門」の特殊事情を十分に踏まえたうえで言えば，労働はすべて対象的活動なのであり，飯盛氏の言うような"対象的生産物に結実しない"，"非物質的生産"なるものはそもそも存在しないのである。「生産部門」に配される社会的労働部門を原理的に捉えれば，いずれも労働の成果を労働対象に対象化・物質化し，使用価値（生産物）の維持・形成を本質的機能とする社会的労働部門なのである。この点を前提にしたうえで，「生産部門」の内部を区分させるものは，労働対象が物（＝財貨）かそれとも人かという基準にほかならない。私は，このような観点から，サービス部門を，"人間を労働対象"にして人間の能力を共同生産する社会的労働部門と規定するのである。そして，この把握から必然的に導きだされる人間の能力の生産・再生産に関わる問題を，サービス労働論あるいはサービス産業論の中心課題をなすものと考えるのである。サービス部門の捉え方に関わる私と飯盛氏の見解の相違は，次

項で具体的に明らかになる。

4 「対事業所サービス」におけるサービス部門

　「対事業所サービス」のなかに，わずかな領域ではあるが人間を直接に労働の対象とし，人間の能力を共同生産することを主たる事業内容にする業種が存在する。それは，「対事業所サービス」のいわゆる"対人サービス"に該当する部分であり，サービス業（大分類L―サービス業）の「小分類849―その他の専門サービス業」に含まれる「細分類8493―経営コンサルタント業」，「中分類76―娯楽業」に含まれる「小分類763―興行団」，「小分類765―競輪・競馬等の競技団」などである。『サービス業基本調査報告』（1994年調査）によれば，「対事業所サービス」のなかで，事業所数が最も多いのは「中分類84―専門サービス業」内の「小分類845―土木建築サービス業」（5万9千，「対事業所サービス」全体の20.5％）であるが，次いで，経営コンサルタント業，社会保険労務士事務所などを含む「その他の専門サービス業」が3万6千（同12.4％）でこれに続いている（図表4参照）。しかし，全体として見れば，事業所数，従業者数，事業収入額のいずれのベースにおいても，「対事業所サービス」における"対人サービス"業種の占める割合は相対的に低いとみて間違いはない。

　飯盛氏は，これら"対人サービス"部門における労働（労働過程）においても，"無形生産物"，"労働対象の不在"といったサービス（労働）の一般的特質が成立するとしている。すなわち，「対人サービスのばあい人間はサービスを受ける消費者であって，労働対象たる原料ではない。例えば医療労働の生産物は医療サービスそのものであり治療を受けた人間ではなく，その人間は労働対象ではない」[29]（傍点は櫛田）とされる。しかし私は，この氏の把握は，さきの"対物サービス"の場合と同様に，やはり成立しないと考えている。「対事業所サービス」の"対人サービス"の領域から「経営コンサルタント業」の労働（労働過程）を例にとり，これを考察してみよう。

　「経営コンサルタント業」の事業内容は，主に企業の経営診断，各種イベントの企画，従業員教育（人材開発）などである。ここでは"対人サービス"における労働（労働過程）の質料的性格を吟味することが目的であるから，「経営コンサルタント業」の従業員教育サービスを取り上げてみよう。人材開発センタ

ーなり人材養成センターが，客（企業）から注文・委託を受けて，社員研修，技術者養成研修，管理職研修，役員研修等々のかたちで社員教育を実施する，ということは今日の企業社会ではよく見られる現象である。そこで行われるのは，特定の階層の社員を特定の施設に集め，研修の目的に沿った所定のカリキュラムにもとづいて，彼らを教育するということである。その際，招聘された講師等の行う教育労働は，彼ら社員を対象にして行われ，したがってその労働は，教育を受ける側＝社員の精神的・肉体的変化に結実し，社員である人間の心身と結合する，と私は考える。そして私は，これを労働対象である"人間への労働（この場合は教育労働）の対象化・物質化"と把握している[30]。もっとも，この教育労働による社員（＝人間）への精神的・肉体的変化の結実の度合には個々に差異があり，彼らの学習活動（消費活動）の展開の仕方いかんにより顧客（＝企業）の期待した社員の能力の向上には個々に差異が生じることになる。しかしながら，このことは人材開発センターの教育労働が，顧客（＝企業）の社員を労働対象にし，彼らの能力（＝労働力）の使用価値の維持・向上を目的に行われる，という労働の質料的な性格規定を変えるものではない，と私は解している。そうであるが故に，人材開発センターは，対象となる社員の職階や職種の違いに応じて，それに相応しいと思われるカリキュラムを組むのであり，場合によっては小グループ編成でのフリー・トーキング等により彼らに社員（労働力商品）としての自覚を促す処置をとるのである。

　しかるに飯盛氏は，"対人サービス"の医療労働を例に上げて，「例えば医療労働の生産物は医療サービスそのものであり治療を受けた人間ではなく，その人間は労働対象ではない。……サービス労働が働きかける対象（人もしくは物）は労働対象ではない」とされる。「対事業所サービス」でこれに該当するのは，企業が健康管理センターなり医療機関に委託して，社員の健康管理のために行う健康診断サービスである。そこで行われる医療労働は，個々の社員に対して問診し，聴診器をあて，体温を計り，また彼らから心電図をとり，血液や尿を採取する等の行為にほかならない。医療労働は，まさに社員（人間）に働きかけているのであり，経済学がこれを"社員（人間）が労働対象である"とするのはきわめて合理的な抽象であると思われる。それ故，医療労働が"働きかける対象は労働対象ではない"とする飯盛氏の基本認識には賛同できない[31]。

医療労働は社員（人間）に働きかけており，それ故，社員（人間）が労働対象になる，というのが私の理解である。医療労働は彼ら社員（人間）を対象にして行われ，その労働は社員である人間の心身と結合する。そして医療労働は，労働対象である"人間に対象化・物質化"し，彼らの能力を生産（維持・形成）するのである[32]。この解釈は，さきの「経営コンサルタント業」の教育労働とともに成立する，と私は判断している。

次に，飯盛氏は，「医療労働の生産物は医療サービスそのもの」とされるように，（医療）労働ないし（医療）労働過程そのものを生産物と解され，"有用効果という無形生産物"といったサービス部門の一般的特質がここでも成立するとされている。しかし，（医療）労働の対象が人間であり，労働は"人間に対象化・物質化"することを前提にするかぎり，飯盛氏の見解はここでも成立しない。ここでの論点は，"医療労働の生産物"，一般化すれば"サービス労働の生産物また商品生産物"はなにかという問題にほかならない。この論点については，第1章と第2章で私見を展開しているので，ここでは簡潔に触れておきたい。

サービス労働は，対象となる人間の消費行為と共同で人間の能力を生産する。そして，資本制社会においては，共同生産された能力はサービス提供契約をつうじて商品として取引されるようになる。したがって，本書は，サービス労働の生産物はなにかという問いに対しては，人間の能力であると答える。また，その商品生産物はなにかという問いに対しては，人間の能力が商品生産物（サービス商品）として取引されると答える。ただし，サービス商品の取引（サービス提供契約）は，財貨商品の場合のような所有権の移転をともなう売買契約ではなく，債権・債務関係の発生と消滅（サービス労働の投入に対する支払請求権あるいは行為請求権の発生と消滅）である，というのが本書の理解である。この理解を，従業員教育サービスまた健康診断サービスといった「対事業所サービス」における"対人サービス"に引きつけて言えば，従業員の能力を生産（維持・形成）するために社会的労働を投入したコンサルタント企業および医療機関に対し，それを依頼した企業が間接賃金（労働力商品の再生産費用の企業負担）として対価を支払うという取引にほかならない。企業と従業員の雇用関係は従業員のもつ能力（労働力）の売買であるため企業がその使用収益権を

握っており，つねに競争環境におかれている企業は，従業員の能力（労働力）の使用価値を維持・形成・発展させることをつうじ，企業全体の生産力あるいは競争力を高める必要から強制力を働かせるのである。そうした強制力が，従業員教育サービスまた健康診断サービスといった「対事業所サービス」への需要を高め，サービス提供契約を増大させる一因となるのである。

　飯盛氏の"医療労働の生産物は……治療を受けた人間ではなく"は，それ自体としては正しい。資本制経済では，労働対象である人間がそのまま商品化し，商品生産物として登場するわけではないからである。しかし氏は，その先を，サービス労働過程において人間の能力が共同生産されているという事実，とりわけそこで消費行為の主体となる人間が，サービス労働および財貨（消費財）を消費することによって彼自身の能力を生産しているという事実を見ようとしない。それは，前章で触れたように飯盛氏が労働力商品を擬制的商品としているためであると推量される。労働力商品が擬制的商品であるなら人間の能力は当然のこと商品としては生産されないということになり，人間の能力を本書が主張するような共同生産される商品生産物として捉えることはできない。そこで氏は，"医療労働の生産物は医療サービスそのものであり"とし，サービス労働ないしサービス労働過程（提供過程）そのものを無形の有用効果生産物と解釈し，これをサービス労働による商品生産物とすることによって運輸や対物サービスを含めた独自の"サービス産業像"を描きだしたのである。しかし，すでに述べたように，サービス労働ないし労働過程（提供過程）そのものを商品生産物とすることは，"労働の生産物は労働である"という同義反復に等しく，商品生産物を捉えたことにはならない。したがって，こうした見方に依拠した"サービス産業像"も説得的なものとは言い難いのである。

　「対事業所サービス」のいわゆる"対人サービス"に該当する業種は，人間という労働対象をもち，労働は労働対象である"人間に対象化・物質化"する。そして，商品生産物は共同生産された人間の能力である，と私は考えている。それ故，飯盛氏の主張する"無形生産物"，"労働対象の不在"といったサービス（労働）の一般的特質は，ここでも成立しないと考えざるをえない。なお，人材開発センター，健康診断センターだけでなく，企業が従業員のために外部の機関（＝企業等）に委託して行われる各種"対人サービス"，ゴルフ・囲碁等

の講師を招いての娯楽・研修等についても，私見は同様に当てはまると考えている。しかし，全体として見れば，「対事業所サービス」における"対人サービス"の占める割合は相対的に低いと言わざるをえない。むしろ，本章では考察の対象外になっている「対個人サービス」，そして第8章で取り上げる公共サービスにおいて，対人労働部門をサービス部門とする私の理論的把握がより妥当するということを指摘しておきたい。

おわりに

　ダニエル・ベルが『脱工業化社会の到来』(1973年)を著してから久しい。今日，サービス産業が"工業経済"なり"物質的生産"に取って代わりバラ色の未来を開くものと大きな期待をかけて，それを本気で論じる向きは少なくなりつつある。この点，活発な研究成果を表されるなかで，サービス産業における不安定就業の増大，零細業者の経営難等を析出された飯盛氏の貢献は，多とされねばならない。しかしながら同時に，飯盛氏が「サービス産業」と捉えている業種に立ち入ってみると，物質的生産部門の拡大と発展を示すものとして捉えるのが至当と思われる業種が少なくない。本章が，検討の対象にした「対事業所サービス」において，とくにそれが当てはまると言える。近年の成長業種に位置づけられる「対事業所サービス」は，その実態に立ち入れば，情報財の生産部門（物質的生産）と財貨のメンテナンス部門（物質的生産の延長）の拡大・発展であり，そして氏自身も認めるリース・レンタルといった流通部門の肥大化にほかならない。したがって，単に「対事業所サービス」の成長をもって，"サービス経済化"は十分に主張することはできないというのが本章の結論である。

補　書評：飯盛信男著『日本経済の再生とサービス産業』(青木書店，2014年)

　先進資本主義諸国では財貨生産に直接関わらない第3次産業就業者の比重が50％を大きく超え，そこに大量の社会的労働が投入される事態が進行している。マルクス派経済学すなわち労働価値論にもとづく経済学はこのような事態

第4章　有用効果生産物説の"サービス産業像"批判　131

を眼前にし，第3次産業で価値が形成されるか，また価値が形成されるとしたらどのような根拠でそれを主張できるか，に答えることが避けて通れない大きな課題になっている。著者によれば，1970年代以降，サービス産業で価値が生産されるという説が優勢になったとしている。著者は，当時から「有用効果生産説」という論拠で価値生産説を提唱してきた。本書は，その後の論争を整理したうえで，あらためて「有効効果生産説」の要点を示している。また，第3次産業の現状分析では，独自の分類にもとづいて，サービス業における成長業種の変遷を明らかにしている。さらに，変遷する成長業種にともなうサービス産業政策の転換も明らかにしている。そのうえで，公共サービスの拡充政策による輸出主導型経済から内需主導型経済への転換を提唱し，これにより日本経済の長期低迷からの再生が可能になると説いている。

　このように，本書はサービス産業についての理論，現状分析，政策が体系化されて提示されており，著者の集大成の書であると言える。

本書の構成と概要

　本書は7章構成である。各章の概要を紹介する。
　第1章（「公共サービス拡充による日本経済の再生」）では，第3次産業就業者構成比にもとづき，第3次産業拡大の4段階発展論を提示する。第1段階は，生産補助部門としての運輸通信業の拡大とする。日本のそれは，工業化による高度成長が開始された1955年に始まり1975年以後は低下していくとする。第2段階は，工業化が達成され大衆消費・大量消費社会が実現された段階で，中心は物財を販売する商業の拡大とする。日本のそれは，商業の構成比が21％を占めるにいたった1975年であり，それ以降大衆消費を支えるスーパーが小売業の主役となったとする。第3段階は，本格的なサービス経済化の段階であり，工業部門の比重低下＝脱工業化が始まり金融部門とサービス業が拡大する段階とする。日本のそれは，1990年代前半にサービス業が製造業を上回り第1位の産業になる時期であり，また1980年代に経済のバブル化で金融が肥大化した時期である。第4段階は，教育，医療，福祉，文化など生活の質の向上を担う公共サービス部門が拡大する段階とする。日本のそれは，2000年に入ってからであり2010年に公共サービスの比率は15％に高まった。こうした第3次産業

拡大の4段階発展論は欧米の先進諸国にも妥当するとしたうえで，公共サービスの比率が20％を超えるアメリカ，北欧諸国と比較して日本のそれが未だ15％と低いことを指摘する。

そのうえで，1990年代以降の日本経済の長期低迷の原因を，工業生産能力過剰化のなかで公共サービスの立ち遅れで需要不足状態が続いていることに求め，余剰資金の税収化による公共サービス拡充＝内需型経済への転換が日本経済再生の道であることを説く。そして，日本を内需型の安定成長経済に転換させる当面の政策として，公共サービス部門の就業者比率を先進諸国並みの20％へ拡充する必要があること，現在約1000万人の公共サービス雇用を300万人増やして1,300万人にすべきであることを説く。

第2章（「サービス産業についての政策の展開」）では，サービス産業についての政策展開を4つの時期区分で概括している。第1期は1970年代後半～1980年代前半である。高度成長が終わり，定住圏構想などで地方の時代，地域づくりの観点からサービス産業の調査・研究が本格化した。第2期は1980年代後半のバブル経済のなか東京一極集中が進んだ時期である。四全総はその是正を説き，戦略的サービス産業（情報サービスほか）の地方展開の可能性が盛んに調査・研究されたが，現実は中央集中の強化であった。第3期は1990年代～21世紀初頭の時期である。産業空洞化，長期不況下での起業・雇用吸収の場としてサービス産業が注目された。しかし，小泉内閣の『骨太の方針』(2001年)は新自由主義的経済運営，「小さな政府」を志向し，医療・福祉，環境関連分野の拡大を抑え込んだ内容であった。第4期は2006年以降の時期である。2010年には対個人サービスが消費停滞で伸びが鈍化するなか，公共サービスと公務は合計で1,171万人と大きく伸長した。こうしたなか，第1次安倍内閣の『新経済成長戦略』(2006年)でサービス産業の生産性向上・競争力強化が説かれ，サービス・イノベーション構想がその後の内閣へ継承された。しかし，現実には，日本のサービス産業の労働生産性（GDP÷就業者数）は，2010年にいたっても製造業の半分，全産業の6割であり，サービス・イノベーションは進展していない。

第3章（「1990年代以降のサービス産業」）では，サービス産業を「生活関連サービス」，「余暇関連サービス」，「企業関連サービス」「公共サービス」の4つに区分

したうえで，1990年代以降のサービス産業の成長業種を析出する。「生活関連サービス」は，リネンサプライ業，美容業，葬祭業，獣医業などであり，長期にわたる家計消費の停滞によって減少している業種が多く，全体として微増にとどまる。「余暇関連サービス」は，バブル時代のレジャー産業を代表した宿泊業，ゴルフ場の雇用がかなり減少した。フィットネスクラブ，スポーツ教室，学習塾など学習支援関連業種で一定の増加が見られた。「企業関連サービス」で成長しているのは，情報サービス調査，建物サービス，労働者派遣，その他専門サービス等である。「公共サービス」は，1991年627万人から2012年1,058万人へと大幅に増加したが，最大の伸びは高齢化による医療，老人福祉・介護である。こうしたサービス産業の構造変化は，今後日本が成長段階を終えた定常型経済社会へと転換し，それを前提とした福祉社会構築が課題となっていることを示していると概括する。

　第4章（「サービス経済化の評価はどう変わってきたか」）では，サービス経済化の評価をめぐる潮流を4つに区分してみている。第1の潮流は，ダニエル・ベル（『脱工業社会の到来』1973年）等に代表される脱工業社会論である。先進諸国の順調な経済成長・福祉国家実現志向を背景に，サービス経済化段階を工業化に続くバラ色の未来社会像として描いた。第2はコーエン・ザイスマン（『脱工業社会の幻想』1987年）等に代表される1980年代の潮流である。1970年代の世界的スタグフレーションを背景に，脱工業社会論を幻想とし，製造業の復権，ハイテク・新工業化を説いた。第3は，コスト削減の有力な手段として企業関連サービスの役割を重視する潮流である。1990年代のアメリカ経済の再生は，主要産業における人員削減・アウトソーシングによって可能となったが，その受け皿・担い手になったのは急増した企業関連サービス業であった。第4は，先進諸国はサービス産業での競争力強化を重視すべしとの21世紀の潮流である。

　第5章（「サービス経済化がもたらしたもの」）では，サービス経済化がもたらした諸結果を雇用問題，寡占体制，景気変動，地域構造の4つの側面から検討し，「公共サービス」の役割を強調する。第1に，サービス産業は工業と比べ技術進歩が緩やかであるので雇用吸収力が大であると期待された。しかし，「企業関連サービス」，「生活関連サービス」，「余暇関連サービス」の雇用吸収力には限界が見られ，雇用安定化のためには政府の責任による「公共サービス」の拡充

が必要であると説く。第2に，サービス経済化にともない大企業支配の神話は終わると予測された。しかし，サービス産業の発展は異業種大資本の子会社設立による参入として進んでいる。大企業支配体制を抑制できるのは「公共サービス」の拡充であると説く。第3に，サービス部門は在庫が存在しないため産出高の振幅からまぬがれ，また情報化により供給の需要への適合化が進むことで，景気循環に安定化作用を果たすとされた。しかし，対事業所サービスが急成長をたどっていた時期は景気の下支えをしたが，1990年代以降それらは成熟産業となり現在ではその役割を担っていない。現在，景気下支えに貢献しているのは「公共サービス」であると説く。第4に，工業化時代における生産優位の地域空間利用は，サービス経済化時代には消費・生活立地型に転換するとされた。しかし，大都市集中，中央集中がサービス経済化によって是正されることはなく，「企業関連サービス」が成長するなかでむしろ地域間不均衡が強まった。地域間格差の是正のためには，人口に比例して分散立地する「公共サービス」の拡充が必要であると説く。

第6章(「生産的労働とサービスをめぐる論争」)では，サービス部門の理論的位置づけをめぐる論争史を3つに時期区分して検討している。まず，1950・60年代の生産的労働論争では，マルクスの生産的労働の規定に，本源的規定(物質的生産活動のみが生産的)と資本の価値増殖の観点からする歴史的規定があったが，この2つの規定の関係をどう捉えるかが論点となった。この段階での論争の到達点を示したのは金子ハルオ(『生産的労働と国民所得』1966年)である。2つの規定のいずれでも生産的となる労働が価値，したがって国民所得を生産する労働であり，物質的財貨を生む労働だけが生産的労働であり，流通・サービスの担い手は物質的生産分野によって扶養されるという通説になった。この時代は工業化による高度成長の時代であり，第3次産業の肥大化を不生産的労働の拡大，資本主義の腐朽化・寄生化とみなす見解に説得力があった。次に，1970・80年代には，教育・医療や「生活・余暇関連サービス」の拡大が顕著となりサービス部門の重要性が認識されるなかで，有用効果(無形使用価値)概念を軸としたサービス労働価値生産説が飯盛信男(『生産的労働の理論』1977年)等によって提出され，通説と論争になった。有用効果生産説こそがマルクスの完成された学説であり，サービスを含む労働価値論の展開を可能にすると説く。最後に，

1990年代にいたると，サービス労働は労働力を形成することで価値を形成するとみる第三の波が登場する。斎藤重雄（『現代サービス経済論』2001年），櫛田豊（『サービスと労働力の生産』2003年）であり，労働力再生産にとってサービス部門が不可欠になっている事実を背景に，サービス労働は労働対象である人間を変化させて労働力という生産物をつくりだし価値を形成する。サービス部門は本源的な生産活動であり，対人サービス労働は人間に対象化・物質化されるという主張である。しかし，サービス部門では労働対象は不在であるから人間は労働対象にならず，サービス部門の生産物は労働力ではなく無形生産物（有用効果）であると説く。この段階の論争はサービス部門の労働過程特性をめぐる議論となり，サービス部門における有用効果生産説は労働対象不在説で補強されたとする。

第7章（「サービス部門価値生産説の論拠——有用効果生産説と労働対象不在説——」）では，有用効果生産説と労働対象不在説を『資本論』形成過程の検証によって確認したうえで，サービス部門の理論的位置づけをめぐる論争を次のように総括する。サービス部門を不生産的として所得再分配過程に位置づけるマルクス経済学の通説では，国民所得統計や産業連関表を用いたサービス部門の実態分析は妨げられる。有用効果生産説に依拠したサービス労働価値生産説の立場に立つことによって，サービス産業の実態分析は可能になる。

若干のコメント

（1）国民生活の向上につながるサービス産業の振興は内需型成長への転換によって可能となるものとし，著者がそのために医療，福祉等の公共サービスの拡充政策を説いていることについては賛同できる。さて，そうなると著者がかねてより主張しているサービス業の定義あるいはサービス経済化の意味についてあらためて考えさせられる。著者は，第3次産業のなかで商業，金融部門をサービス部門とは捉えない。よって，大衆消費を支える商業部門が拡大した1970年代および経済のバブル化で金融部門が肥大化した1980年代を，著者はサービス経済化とは位置づけない。反面，財貨生産の補助部門として運輸通信業が拡大した1950年代から1960年代，情報サービスおよび修理業，警備業等の代行産業の性格が強い企業関連サービスが拡大した1990年代，そして医療，

福祉等の公共サービスが拡大している2000年代,著者のサービス業の定義にもとづけば,これらは等しくサービス経済化であるはずである。人間相手の対人労働部門である医療や福祉は,財貨の運輸業,情報業,修理業とは経済的性格が異なる,と評者は考えている。著者の方法では,これら業種の拡大を等しくサービス経済化として捉えることに帰着しかねない。こうした方法に疑問が残る。

(2) 著者のこうした現状分析の視角を支えているのが,サービス業についての特性把握である。すなわち,運輸業,情報業,修理業,教育・医療・福祉業は等しく有用効果という無形の使用価値を産出し,しかもそこでは等しく労働対象が存在しないとするものである。しかし,財貨は運輸および修理の対象であるものの運輸労働や修理労働の労働対象でない,人間である学生や患者は教育や医療の対象であるものの教育労働や医療労働の労働対象ではないとする著者の主張を,評者はいずれも説得的でないと考える。評者は,「対物サービス」では財貨が,「対人サービス」では人間が労働対象であると考え,とくに前者はサービス部門でなく物質的生産部門の一環をなすと考えている。一般に,貨物を運輸対象と認めながらそれを運輸労働の対象と認めない,学生を教育対象と認めながら彼を教育労働の対象と認めないという著者の主張は,事実認識として問題があると考えるのではなかろうか。著者の提唱する「有用効果生産説」は,「対物サービス」と「対人サービス」のいずれにおいても財貨や人間が労働対象でないことを前提に成立する。より説得的な説明と理論的な解明が待たれる。

注
1) 飯盛信男『平成不況とサービス産業』(青木書店,1995年) 79ページ。
2) 同上,41ページ。
3) 飯盛信男『規制緩和とサービス産業』(新日本出版社,1998年) 94-95ページ。
4) ちなみに,飯盛氏がサービス部門を含むいわゆる第3次産業全体をどのような基準で分類しているかというと,著書『生産的労働と第三次産業』(青木書店,1978年),『サービス経済論序説』(九州大学出版会,1985年),『サービス産業の展開』(同文舘出版,1990年) の記述をもとにして,概略次のようにまとめることができる。まず,第3次産業のうち,電気ガス水道業(「大分類G―電気・ガス・熱供給・水道業」) は物質的財貨を生産するという意味で物質的生産部門に属し,公務部門(「大分類M―公務」)

は上部構造の担い手として下部構造＝経済活動から区別される。後者の把握については議論があるが，本章では立ち入らない（本書第8章で検討している）。そして，電気ガス水道業と公務部門を除外した第3次産業の残りの業種を，物質的財貨を生みださないという意味で非物質的な経済活動を担う部門として位置づける。そのうえで，さらにこの非物質的経済部門を次の5つの部門に整理される。すなわち，商業（「大分類I―卸売・小売業，飲食店」），金融保険業（「大分類J―金融・保険業」），不動産業（「大分類K―不動産業」），運輸通信業（「大分類H―運輸・通信業」），サービス業（「大分類L―サービス業」）である。このうち，商業，金融保険業，不動産業の3部門は，"売買・貸付機能を担う流通部門"として価値非形成部門とし，運輸通信業，サービス業（リース業，広告業を除く）の2部門を，"無形の有用効果を生産するサービス部門"として価値形成部門とするのである。

5） 飯盛信男『サービス産業論の課題』（同文舘出版，1993年）175-176ページ。
6） 飯盛信男「生産的労働と第三次産業」（佐賀大学『経済論集』第14巻第2号，1981年）76ページ。
7） 私は，運輸業の基本性格を"運輸対象の場所移動あるいは所在変換"と捉える。そして，"運輸対象の場所移動あるいは所在変換"という成果は，運輸対象に対象化，物質化されると考える。運輸対象には，財貨もあれば人もあるが，いずれの場合もこの基本性格に変わりはない。つまり，財貨の場合には，それが工場内で移送されても，あるいは売買のため遠隔地市場へ輸送されても，財貨に運輸労働の成果が対象化されるのであり，また人の場合には，彼が通勤のための移動であろうと，あるいは観光のための移動であろうと，彼に運輸労働の成果が対象化されるのである。運輸業は，この成果について経済的取引を行うのであるが，しかしこの成果は，けっして"対象化されない"状態にあるような宙に浮いたものではなく，所在変換された運輸対象――財貨あるいは人――に対象化され，結実している。それゆえ，飯盛氏が場所移動を"非物的生産"であるとし，運輸業の経済的本質を"対象的生産物ではない無形の生産物"の生産活動にあるとする把握には賛同できない。さらに氏は，"対象的生産物ではない無形の生産物"という把握を拠り所に，運輸業とサービス業を"非物質的生産部門"に括られるという産業分類上の基準を提示されるのであるが，この点も賛同できない。というのは，労働対象の使用価値の維持・形成――運輸を想定すれば使用価値の"完成"を含んでもよい――に結実する労働は，その労働の成果を労働対象に対象化し，物質化している。この意味では，使用価値の維持・形成を本質的機能としない商業・金融等の「流通部門」における労働の特殊性を十分に考慮して言えば（本書第7章にて後述），労働はすべて対象的活動であり，飯盛氏の言うような"対象的生産物に結実しない"という意味での"非物的生産"なるものはそもそも存在しないのである。

斎藤重雄氏は，すでにこのような見地に立たれたうえで，飯盛氏のサービス論また運輸論を批判している。「飯盛氏の思考過程の順序は別として，氏はいわゆる『対物サービス』を含む『サービス』を括るべく，マルクスの交通，運輸論での問題のある叙述，とくに『対象的……でない』『生産物』に依拠され，氏の『無形生産物』を創造し，2つの『有用効果』を発見し，その統一を図り，その結果として『自然素材（物質的基体）の不在』，『流動状態』の労働に達し，マルクスの運輸論における『労働対象』を事

実上看過することによって，労働対象の不在を導出し，『サービス』の実態に即さない諸属性，したがって『サービス』一般に妥当しない諸属性が語られたのである。貨物の運輸は『生産物』の『完成』であり，物質的生産の一環なのであって，これをサービス提供あるいは生産とみることはできないのである」（斎藤重雄「サービス労働価値生産説の一論拠——飯盛信男氏の見解をめぐって——」日本大学『経済集志』第62巻第4号，1993年1月，32ページ）．

8) 飯盛，前掲『サービス産業論の課題』210ページ．
9) 同上，201ページ．
10) 飯盛信男「サービス労働価値生産説の論拠——刀田和夫氏への回答——」（佐賀大学『経済論集』第25第2号，1992年7月）155ページ．
11) オートメーションの位置づけについては，機械の最高の発展形態＝機械段階とする説と，機械段階を超える新たな段階とする説に見解が分かれている．その詳細については，青水司『情報化と技術者』（青木書店，1992年）第4章に詳しい．
12) 前掲注9) に同じ．
13) 前掲注10) に同じ．
14) 前掲注5) に同じ．
15) 青水司氏は，ソフトウェア開発労働について次のように述べる．「ソフトウェアは，前述のように明らかに物質的生産過程で機能する労働手段であり，次の労働によって形成される．システム設計労働（一般にシステム・エンジニアおよびプログラマの一部が担当）は，システムの設計図やフロー・チャートなどの設計資料を生産する設計労働すなわち技術的労働であり，科学的労働ではない．さらに設計資料に基づきプログラムを設計する労働（一般にプログラマの一部およびコーダーが担当）もまた技術的労働である．またキーパンチ労働などは，設計されたプログラムをコンピュータの入力装置（カードリーダーやキーボード）が可読な形態に変換する直接的労働である」（青水，前掲書，119ページ）．
16) 富田義典氏（「ソフトウェア開発と労働——日立SKの事例——」徳永重良・杉本典之編『FAからCIMへ——日立の事例研究——』同文舘出版，1992年）は，ソフトウェア専業メーカーにおけるソフトウェア開発労働の事例研究において，ソフトウェアを新しいタイプの製品，特殊な"工業製品"とし，「ソフトウェアという『知的工業製品』を工場生産として製造することがどのように行われているか」（329ページ）という視角から，作業工程の分析を行っている．
17) 情報財という用語は，すでに丹下忠之氏によって使用されている．「情報は必ず何らかの表現媒体によって表現された形でのみ存在する．この場合，表現媒体あるいはメディアとは，情報を表現するために使う機材のことであり，また，その機材を前提にして情報を表現する方法やルールのことでもある．情報財といえども常に特定の表現媒体として存在している」（丹下忠之『情報業の経済学』創風社，1998年，8ページ．傍点は櫛田）．

情報および情報財について，私の基本認識は次のとおりである．情報は必ず物（Ding）である媒体と結合して存在する．そして，この媒体は人間であってもよいし，またそれ以外の物でもよい．"知識や経験"という情報は，人間の頭脳のなかにある場

合もあれば，人間以外の物である紙，テープ，ディスク等と結合し客体化されて表現される場合もある。経済学は，人間以外の物になんらかの有用性なり使用価値を見出したときに，これを財貨と呼ぶ。情報財という財貨は，媒体それ自体ではなく，それに結合し客体化している情報の方により多くの有用性なり使用価値が存在する財貨なのである。たとえば新聞は，一定期間は情報財としての使用価値を有しているが，それを過ぎてしまえば，多くの場合それは情報財としての使用価値を失い，古新聞，古紙としてだけの使用価値をもつ単なる物（財貨）に転化してしまう。ソフトウェアは，新聞や書籍等の情報財とは異なり，コンピュータによって直接読み取りと操作が可能なようにディジタル媒体に結合した最も厳密な意味での情報財である。

　"情報は必ず物（Ding）である媒体と結合して存在する"という把握は，表現の仕方は違うが，斎藤重雄氏も確認している。「自立的情報の使用価値は物体との結合を決定的な『条件』とするとはいえ，物体自体は自立的情報の使用価値を構成しないのである。そして，このことは，物質的財貨と自立的情報の双方の価値が物体との結合を絶対的な条件とするとはいえ，物体自体はそのひとかけらも価値を構成しないのと同じである。ここに，自立的情報の特殊性がある。かくして，自立的情報が物体を離れて存在するのは，物体が自立的情報の使用価値と価値を構成しないことによるのであるが，物体との結合を『条件』としているのであり，自立的情報が単に物体を離れて存在するとか，単に非物質的成果や単なる精神的生産物である，などとみることはできない」（斎藤重雄「現代情報のサービス的性格——飯盛信男氏の見解を中心に——」日本大学『経済集志』第65巻第2号，1995年，51ページ）。

18)　一連の考察から明らかなように，プログラムなりソフトウェアは，ディジタル変換された情報，かつディスクやテープといった媒体に記録（＝対象化）された情報，いわば加工されて媒体に結合した情報にほかならない。したがって，ソフトウェアを開発する労働過程において，"必要な知識と経験"という情報は，最初の段階ではディジタル変換される前の情報としてなんらかの媒体＝物（Ding）と結合して存在したものが，最終段階で加工・変換された情報としてディジタル媒体に結合して現れる。こうして，"必要な知識と経験"という情報は，この作業工程では，媒体とともに加工すべき労働対象のひとつとして，いわば原料として現れるのである。"労働対象の不在"を根拠にして，ソフトウェア労働をサービス労働と同一視する飯盛氏の立論は，すくなくともこの点で成立しない。

19)　青水，前掲書，118-119ページ。

20)　「情報処理業」の主たる業務は，パンチ，計算，要員派遣である。「情報提供業」の主たる業務は，生鮮食料品流通情報，株式情報等の各種情報およびプロジェクトの作成・販売である。いずれの業種も，コンピュータを労働手段として機能させ，労働対象となる「データの集まり」から加工・変換した情報を作成し，その成果をディジタル媒体または一般の情報媒体にのせて財貨（情報財）として作成・販売するという質料的性格を有する労働（労働過程）である，と私は考えている。

21)　前掲注10)に同じ。

22)　斎藤氏も，"対物サービス"の特質を"労働対象の不在"，"非物質的生産"として捉える飯盛氏の方法を，俗流的用法への追随にほかならず，各種修理・メンテナンス業，

クリーニング業，清掃業に代表される"対物サービス"なるものはサービスではなく物質的生産にほかならないとされている（斎藤，前掲「サービス労働価値生産説の一論拠——飯盛信男氏の見解をめぐって——」16-18ページを参照）。

23) 行論における広告業については，「大分類L—サービス業」内の広告代理業務を中心とした「中分類83—広告業」を念頭において議論を展開している。この点をあえて言うのは，実は，「中分類84—専門サービス業」のなかに「細分類8495—広告制作業」があり，後者の基本性格は商業というよりもむしろ情報財の作成（生産）にあると考えるからである。

24) 森下二次也氏は，興信所，市場調査業，広告代理業を商業内部における質料的区別，技術的機能の差異にもとづく社会的分業として把握された（森下『現代商業経済論〔改訂版〕』有斐閣，1977年，148ページを参照）。なお，森下氏が商業内部の部門別専門化として，商業資本範疇で捉えた興信所，市場調査業は，現行産業分類においては商業部門（「大分類I—卸売・小売，飲食店」）ではなく，さきに取り上げたソフトウェア業等とともに「大分類L—サービス業」のなかの「中分類82—情報サービス・調査業」に括られている。興信所，市場調査業については，商品の価値実現機能に加えて，今日ではさきに触れた情報財の作成・提供機能が注目される。これら複合的機能を有する業種については，実態を踏まえたうえで性格規定を見直す必要があると思われる。

25) リース・レンタル業を"利子生み資本"の派生形態である現物貸付（現物信用）資本範疇で捉えられたのは，山田喜志夫氏である。「利子生み資本の運動の本質は，価値の一時的な譲渡にあるが，この価値額が貨幣形態であろうと商品形態であろうとさしつかえない。貨幣形態の場合は貨幣貸付であって，これはもっとも通常の形である。商品形態の場合が現物貸付であって，商品たる現物が資本として貸付けられる。……通常の現物貸付の場合（リース・レンタル等），固定施設そのものが貸付けられ，この固定施設の利用者すなわち借り手は利子と固定施設の磨損分の等価を貸手に支払い，期限が到来すると未消費部分の固定施設を返済する」（山田喜志夫『社会資本』にかんする理論的諸問題」國學院大學『國學院経済学』第23巻3号，1975年，105-106ページ）。

26) 飯盛，前掲『生産的労働と第三次産業』138-139ページ。

27) 飯盛，前掲『サービス産業論の課題』181ページ。

28) もっとも，この基準は，「流通部門」で実際に行われている具体的な労働を個別に取り上げてみると，そのまま直接には当てはまらない場合が多い。さきに示した広告作成や市場調査など情報財の生産のほかに，商品売買を促進する販売労働は所有権の移転に商品の場所的移動（追加的生産）をともなう場合が多いし，貸付業務などには帳簿（情報財）を作成する簿記労働を必然的にともなう。「流通部門」におけるこれらの労働を個別に取り上げてみれば，それらの労働は"所在変換された財貨"なり"作成された帳簿"というかたちで使用価値形成＝生産物に結実する。しかし，これらの労働は，あくまで「流通部門」における付随的労働あるいは部分的労働として，商業・金融業における全体労働の一環を形成している。つまり，商業・金融業は流通機能と生産機能という複合的機能を有するのであるが，生産機能をもつ個別的労働をもって商業・金融業の経済的本質が表現されるわけではない。商業・金融業の本質を，"所在変換された財貨"を生みだす運輸業と規定する人はいないし，また"作成されたデータや帳

第4章　有用効果生産物説の"サービス産業像"批判　141

簿"を生産物として生みだす情報産業と規定する人はいない。こうして，商業・金融業は，全体的な見地から捉えれば，資本の流通過程で機能し価値の形態転換を担う社会的労働部門なのであり，したがって"生産物の使用価値の維持・形成に結実しない流通部門"としてその本質が規定されるのである。なお，この点については，金子ハルユ氏が同趣旨の主張を展開している（金子「労働力の生産・労働力の価値とサービス」東京都立大学『経済と経済学』第65号，1990年2月，35ページを参照）。また，商業・金融部門と国民所得の生産との関係については，本書第7章を参照されたい。

29)　前掲注10）に同じ。

30)　教育，医療，福祉，娯楽等のように，人間を労働対象にして，人間の能力の生産を目的に行われる労働を，私はサービス労働と規定し，いわゆる"対物サービス"や商業・金融等の流通労働と概念的に区別している。サービス労働は，対象となる"人間に対象化・物質化する"とともに，対象となる人間の消費行為を媒介にして対象となる人間の能力を維持・形成する。これを，サービス労働と対象となる人間の消費行為，両者による人間の能力の共同生産と呼ぶ。これについては，すでに第1章で詳論した。

31)　飯盛氏は，「対人サービスのばあい人間はサービスを受ける消費者であって，労働対象たる原料ではない」という叙述から推測できるように，氏の言う"サービス労働の提供過程"における受け手の人間は，消費者であるが故に労働対象ではないとしているようにも思える。端的に言えば，受け手の人間を，消費者か，あるいは労働対象か，という二者択一的に扱っているのである。しかし私は，第1章で述べたように，"サービス労働の提供過程"はサービス労働と消費行為による人間の能力の共同生産過程であり，そこではサービス労働の労働主体が人間であり，受け手も消費行為の主体たる人間であるが故に，複眼的な視点が成立するとしている。すなわち，サービス労働は，これを労働主体の側から見れば，対象である人間に対し労働を対象化・物質化する過程であり，サービス労働は生きた労働として，使用される財貨は労働手段（生産財）として，人間に対象化する。この視点からは，原料と呼ぶかどうかはともかく，受け手の人間は労働対象として把握される。しかし，この同じサービス労働を消費主体の側から見れば，サービス労働は"労働それ自体"のもつ使用価値が，使用される財貨は消費財としての使用価値が，受け手の人間によって個人的に消費される。この視点からは，受け手の人間は消費者として把握される。つまり，"サービス労働の提供過程"，私の言う人間の能力の共同生産過程においては，受け手の人間は"労働対象であると同時に消費者"であることが成立するのである。したがって，飯盛氏が"人間は消費者であるが故に労働対象ではない"とすることは，"サービス労働の提供過程"を一面的に捉えた不十分な見方と言わざるをえない。

32)　"対人サービス"において"人間は労働対象ではない"とする飯盛氏の見解に対し，斎藤氏がすでに的確に批判している。「……飯盛氏が『その人間は労働対象ではない』としたい余り，『医療労働』の成果と『医療を受けた人間』との真の関係を断ち切ることになっている。医療労働はまさに患者を労働対象とする人間の一種の再生産，人間の一種のいわば修理のためのものであり，人間の心身と結合している。その成果としての医療サービスは，病気や怪我から解放された人間なのであり，氏の言葉に拘れば，『人間ではなく』というよりは，むしろ"人間である"といった方が適切である。現代

の医療は完璧ではなく，期待する成果が得られなくとも，事の本質は変わらない」(斎藤，前掲「サービス労働価値生産説の一論拠――飯盛信男氏の見解をめぐって――」19ページ)。

第5章　サービス部門と再生産表式

I　迂回生産と再生産表式

　本章は，これまで展開したサービス生産物およびサービス商品に関わる理論的把握を踏まえたうえで，サービス部門の再生産表式への導入，すなわち3部門構成の再生産表式を提示する。これに先立ち，表式論に関わる本書の基本的な考え方を示しておく。ひとつは，サービス部門を生産部門として再生産表式に導入する必然性をこれまでの章で展開したサービス商品の独自な性格を踏まえて示すことである。もうひとつは，再生産表式のなかにサービス部門を第IIIの生産部門として立てる意義を示すことである。

　まず，第1章および第2章で展開したサービス商品の独自な性格を簡潔に述べたうえで，表式導入の必然性について述べておく。教育，医療，福祉，娯楽などの「対人サービス」部門においては，物質的財貨と異なる人間の能力という商品生産物が生産される。サービス商品は，その実体は労働力を構成する人間の能力であり，またそれは労働主体（資本なりの経営主体）と消費者による共同生産物である。またそれは，「サービス提供契約」という共同生産者どうしの交換をつうじて市場が形成される独自な商品である。共同生産者どうしの交換とは，生産物に対する所有権の移転をともなう財貨商品のような売買形式の交換と異なり，共同生産者間で社会的労働投入をめぐり支払請求権と支払義務あるいは給付請求権と給付義務といった権利義務関係が相殺される交換である。サービス商品は，このように売買される商品ではないものの，使用価値と価値の統一物であるという点で商品の本質規定を満たし，財貨商品とともに商品流通に包摂される商品である。そのうえで，サービス商品を資本主義的商品として扱うのであるが，その理由は次のとおりである。サービス商品は，多くの財貨商品のように資本の排他的な所有物になり，資本によって売買され市場で流通する商品ではない。しかし，サービス部門で生産されるサービス商品は共同生産物として資本によって生産され，資本による「サービス提供契約」を

つうじて市場で流通する商品である。そして，このような性格をもつサービス商品には価値だけでなく剰余価値が含まれている。このような点で，サービス商品はサービス部門で生産される資本主義的商品なのである。こうして，サービス商品は商品生産物の実体が人間の能力であるという独自な性格をもつが，商品価値は財貨商品と同じように，生産財の移転価値と直接的な社会的労働の投入による新価値によりC＋V＋Mで規定される。よって，サービス商品を生産するサービス部門は，物質的財貨部門と同じく商品生産物の社会的生産部門また価値形成部門として，再生産表式に導入されることになる。

　次に，再生産表式のなかにサービス部門を第IIIの生産部門として立てることの意義について，あらかじめ述べておく。これについては，再生産表式に特有な部門分割の意義を説くことから始めねばならない。再生産表式は，農業，漁業，製造業，建設業，運輸業，サービス業等といった，商品の使用価値にもとづく慣用的な産業分類をベースに部門分割されて組み立てられた経済モデルではない。たとえば，農業生産物である米は，その多くが人間の能力の再生産のための食糧として個人消費されるが，農産物である米の一定割合は種籾として選別され次期の農業生産において生産財として使用される。自動車製造業においても乗用車などの製品の多くは個人消費されるが，トラックなど一定割合は企業の生産活動において生産財として使用される。慣用的な産業分類をベースに部門分割され組み立てられた経済モデルでは，米，畜産物，自動車，精密機械等といった商品種類をベースに産業部門が立てられており，そこでは商品の使用目的に応じた部門分割は前面には出てこない。その代表的なものが産業連関表であるが，そこでの部門分割は慣用的・標準的な産業分類をベースに立てられている。そのため，各産業が生産した商品生産物が，どれだけ生産財として使用され，どれだけ消費財として個人消費されたかについて各産業別の構成比率がわからなければ，また利潤からどれだけが蓄積に回されたかについて産業別の比率がわからなければ，産業連関表から再生産表式への組み替えは不可能である[1]。それでも，産業連関表は，たとえば任意の産業生産物に対する需要や価格に変化が生じたときに他産業への波及効果を推定するといった有益な情報を与えてくれる。これに対して，マルクスの再生産表式は，同じように商品の使用価値にもとづくとはいえ慣用的な商品種類をベースに部門分割され

第5章 サービス部門と再生産表式　145

たモデルではなく，財貨が生産的に消費されるか個人的に消費されるかといった商品の使用目的から，商品を生産財と消費財とに分割して得られる経済モデルである。

　さて，商品を使用目的に依拠して分割し，生産財部門と消費財部門といった2つの大部門を立てる再生産表式の意義はどこにあるのだろうか。これについては，再生産表式をつうじて，経済全体を生産財部門と消費財部門に大別することで両部門の不均衡発展を描きだし，資本制経済が内在的に抱える"生産と消費の矛盾"を明らかにする，といった研究と論争が積み重ねられてきたことは周知のところである[2]。本書は，こうした研究史を否定するつもりはないが，むしろ2部門分割の意義は人間社会の経済活動が純生産物の迂回生産活動であることを歴史貫通的に明確にできる点にある，と考えている。周知のように，迂回生産とは，任意の消費財を生産しその生産目的を獲得するためには，労働と土地といった本源的生産要素のすべてを直接それに投入せず，その一部を道具や機械など生産財の開発・生産に投入し，この生産財を用いて消費財を生産した方が中長期的には大きな利益と経済効果が得られる，というものである。18世紀にベンジャミン・フランクリンが"人間は道具をつくる動物である"という名言を残したが，生産財部門と消費財部門といった2つの大部門を立てる純生産物の迂回生産モデルすなわち再生産表式は，ベンジャミン・フランクリンの名言にある人間の本質を経済モデルとして表したもの，と言える。また，18世紀後半にイギリスで始まった機械制大工業の発展は，社会的分業の広がりを背景にして生産財部門が本格的に自立化したことを意味し，それ以降，資本制経済は商品生産力また労働生産性を大きく増大させた。その意味で，機械制大工業という生産様式は，生産財部門と消費財部門とから成る2部門分割の迂回生産モデルが資本制経済の抽象モデルとしてきわめて適合的であることを示している。

　このように，2部門の迂回生産モデルである再生産表式には，生産財部門の自立化が経済全体の生産性を向上させ純生産物の増大をもたらす，という視点がベースにある。そして，再生産表式をこのような視点で捉えることができるならば，サービス部門を再生産表式の第IIIの生産部門また産業部門として立てる意義は明白である。というのは，後に第7章で詳論するが，商品生産物に

関わる部門内部・部門間の流通・交換がなされた結果から捉えれば，サービス商品の実体である人間の能力という生産物は，消費財とともにすべて当該期間に生産された純生産物を構成するからである。純生産物とは当該期間に補塡されねばならない生産財を控除した残りの"社会全体にとって自由に処分しうる生産物部分"にほかならず，消費財とサービス生産物で構成される純生産物——拡大再生産の場合は蓄積に回される生産財の一部も純生産物を構成する——が多ければ多いほど社会は経済的に豊かであることを意味する。たとえば，品種改良，新鋭機械の開発など生産財部門の革新を迂回して食糧，家電製品，自動車など消費財の種類と量が増大すること，また新鋭の教育機器や医療機器の開発など生産財部門の革新を迂回して教育，医療，娯楽部門によって維持・形成される人間の能力の質と量が高まること，これらはそれだけ社会が経済的に豊かになったことを意味する。こうして，生産財部門を第I部門，消費財部門を第II部門，そして人間の能力を生産するサービス部門を第III部門とする3部門構成の再生産表式は，サービス部門によって生産される人間の能力を純生産物に明確に位置づける迂回生産モデルなのである。

　しかしながら，広範な社会的分業と私的財産権にもとづく競争主義的な資本制経済においては，純生産物の持続的再生産また拡大再生産はそのまま直接には現れず，資本主義的な商品生産と商品価値形成そして商品流通と貨幣流通をつうじて現れる。そこでは，商品に含まれる剰余価値また利潤の生産・獲得が経済活動の主たる推進力となり，生産される生産物の種類や使用目的は副次的な意味しかもたなくなる。しかも，そこでは純生産物総体の拡大よりも，むしろ純生産物のうち利潤の源泉となる剰余生産物の増大が主たる目的となる。純生産物のうち残りの必要生産物は，多くの場合，剰余生産物の増大を制約する要因となり，純生産物の分配をめぐって階級的な対立関係が生みだされる。このように，資本制経済は純生産物の再生産をけっして調和的に推進するものではないが，18世紀後半のイギリス産業革命を契機とする機械制大工業の成立と発展，20世紀初頭のアメリカ自動車製造業における流れ作業方式による少品種大量生産の実現，これらの歴史的事実は資本制経済が階級的な対立を含みながらも純生産物の拡大再生産を進展させ，人間社会に対し迂回生産による文明化作用をもたらしたことを示している。そして今日，科学技術の発達，高齢

化，女性の社会進出等を背景とする先進資本主義諸国におけるサービス経済化の進展は，本書の視点からは人間の能力を純生産物として生産する産業部門の定着と伸長にほかならず，こうした点からサービス部門を第IIIの生産部門として迂回生産モデルである再生産表式に導入する意義は大きいのである。

II　サービス部門を再生産表式に導入する際の論点

近年，川上則道氏が，サービス部門を不生産部門として表式に位置づける論稿を発表されている[3]。対人サービス部門を商品価値の不生産部門とする見解は，かねてより金子ハルオ氏に代表される通説の論者によって原理的に展開されていたが，川上氏はこの考え方を再生産表式に即して捉えたものと言える。本書の捉え方は，川上氏とはまったく対立する。そこで，再生産表式に即した3つの論点を取り上げ，川上氏の見解を批判することをとおして，サービス部門を再生産表式に導入する際の本書の基本的視点を明確にしておく。

1　サービス部門は生産部門

川上氏は，サービス部門を商品生産物の不生産部門とする。したがって，商品価値の不生産部門そして価値の再分配部門としてサービス部門を再生産表式に位置づける。その理由は，サービス部門は消費活動であり，かつ財貨部門の発展に従属しているからであるとして，次のように述べる。「物質的生産ではないサービス部門を，再生産論上，物質的生産部門と同列に扱うことができるのかという問題についてまず第1に考えなくてはなりません。結論的には，同列に扱うことはできず，再分配部門として従属的に扱わざるを得ないと考えます。なぜなら，……非物質的なサービス生産は生産物の生産か消費かという視点でみれば，生産物の消費活動です。このことはサービス部門が物質的生産部門の発展に従属しているということだからです」[4]（傍点は櫛田）。川上氏は，ここで，サービス部門は商品生産物また商品価値の不生産部門だから再生産表式では他の財貨部門と同列に扱うことはできない，サービス部門をあえて再生産表式で取り上げるなら価値の再分配部門として扱う，という基本視点を述べている。

しかし，対人サービス部門を商品生産物また商品価値の不生産部門とする上の見方は，本書の視点からは同意できない。氏はサービス部門を不生産部門とする根拠について，サービス部門を"非物質的なサービス生産"と表現しつつ，それをあえて"生産か消費か"を問い，サービス部門は"生産物の消費活動"であるから不生産部門とする，と述べる。しかし，この説明は説得的ではない。なぜなら，サービス部門だけでなく，財貨生産部門も所期の生産物を生産するために生産財という"生産物の消費活動"を行うからである。したがって，氏の言う"生産物の消費活動"ということだけからは，サービス部門を不生産部門とする根拠の説明にはなっていない。好意的に解釈すれば，氏の言う"生産物の消費活動"は，消費財の個人的消費のことであり，財貨生産における生産財の生産的消費とは性格が異なるということを述べようとしたのかもしれない。しかし，そうなるとさらに問題が生じる。教育・医療部門において，学生や患者は教育機器や医療機器等の財貨を個人的に消費するとは言えても，同じ部門で機能する教師や医師はそれらの財貨を学生や患者と同じように個人的に消費すると言えるだろうか，という問題である。氏の説明からはこうした問題が生じるのであるが，氏はサービス部門を"生産物の消費活動"とするだけで，それ以上の明確な根拠は示されていない[5]。

氏は，サービス部門を再生産表式のうえで不生産部門とするのだから，"財貨生産物の消費をともなうサービス労働は生産物を生産しない"と，正面から提起すべきであったのである。その際，同時に，本書が主張するような対人サービス部門で維持・形成される人間の能力は生産物ではないこと，また飯盛信男氏が主張するような有用効果は生産物ではないことを正面から説くべきであったのである。そして，その言説が正しければ，生産物は財貨生産物だけで構成されることになり，その結果，再生産表式で立てられる商品生産部門は生産財部門と消費財部門の2部門だけとなり，サービス部門は商品生産物の不生産部門また価値の再分配部門として導入されることになる。しかし，残念ながら，氏と対立する見解を正面から取り上げ，サービス部門が商品生産部門であることを否定する説得的な説明は見当たらない。

また氏は，サービス部門が不生産部門であることの傍証として，"サービス部門が物質的生産部門の発展に従属している"ことを挙げている。この傍証も

説得的とは言えない。仮に，サービス部門が生産物の生産部門でないなら，サービス部門は財貨生産部門によって事実上扶養される部門となり，氏の言うように財貨生産部門に従属していると言える。しかし，サービス部門は人間の能力を生産する生産部門であるとする本書の見地に立って捉えると，財貨部門とサービス部門のあいだの従属・被従属の関係はそう簡単には言えない。なぜなら，財貨生産の発展がなければ人間の能力を維持・形成する社会的労働部門としてのサービス部門の定着と発展はないということは一面の事実であるが，逆に，教育，医療，福祉等のサービス部門の定着と発展による人間の諸能力の維持・高度化がなければ財貨部門の生産性の安定と向上はもたらされないということも他面の事実だからである。本書は，上のような両面の事実を踏まえ，財貨部門とサービス部門は相互規定の関係あるいは相互依存の関係にあると捉えている。川上氏は，両面の事実を前にして，"サービス部門が物質的生産部門の発展に従属している"とだけ捉え，サービス部門を不生産部門とするための傍証にしているのであって，その論旨はとても説得的であるとは言えない。

なお，いま述べた財貨部門とサービス部門の相互依存の関係は，物質的生産の第一義性という唯物史観の命題に抵触したり矛盾したりはしない。後の第8章で述べるように，物質的生産の第一義性とは，衣食住などに関わる財貨生産活動が十分に発展しなければ教育や医療や娯楽に生産要素を投下するところではないという人間の経済活動の発展の順序を捉えたものである，と本書は考えている。したがって，唯物史観で言う物質的生産の第一義性という命題は，財貨生産部門だけが生産物を生産しサービス部門は生産物を生産しない，あるいはサービス部門は上部構造に属するから経済活動ではないという主張を根拠づけるものではない。よって，この命題は，サービス部門が生産部門であることを頭から否定し門前払いするものではないし，また財貨部門とサービス部門の相互依存の関係を否定するものでもない。

2　サービス部門で使用される財貨は生産財

本書の再生産表式では，サービス部門は人間の能力を生産する第Ⅲの生産部門であり，そこで使用される財貨は生産的に消費される生産財となる。したがって，本書の再生産表式では，第Ⅲ部門の生産物であるサービス商品価値

の比例的成分（C部分）は第Ⅰ部門生産物である生産財価値の比例的成分（V＋M部分）と交換される。

　第1章で述べたように，本書は，実体が人間の能力であるサービス生産物を，サービス労働と個人的消費すなわちサービス資本と消費者による共同生産物であるとした。この見地にもとづけば，消費者（学生や患者）から見れば，たとえば教育施設，教師の労働，そして医療機器，医師の労働は自分の能力を維持・形成しようとする消費者の個人的消費の対象である。この場合，教育施設や医療機器は消費財である。しかし他方，サービス資本またサービス労働主体から見れば，教育施設と教育対象となる学生そして医療機器と医療対象となる患者は，サービス生産物（変換された人間の能力）を生産するための生産的消費の対象である。この場合，教育施設や医療機器等の財貨は教育労働また医療労働の労働手段となる生産財である。サービス部門は，人間の能力の共同生産であるが故に，つねにこのような二重の過程が同時進行する。ただし，教育や医療等の対人サービス産業を社会的労働部門とし，サービス労働による商品価値形成を前提にしてサービス部門を商品生産部門とする本書の再生産表式では，サービス部門で使用される財貨は生産財として扱われる。よって，第Ⅲ部門の生産物であるサービス商品価値の比例的成分（C部分）は第Ⅰ部門生産物である生産財価値の比例的成分（V＋M部分）と交換される。なお，この交換を貨幣流通がどのように媒介するかについては，後述する。

　この論点について，川上氏は次のように述べる。「サービスを生産するときに物質的な手段（設備・機器・材料など）を使います……ここで注意すべき点は，サービス部門は物質的な生産物を生産せず本来は消費部門ですので，この物質的な手段は生産手段ではなく消費手段になることです。……サービス部門はⅠ部門の生産物（＝生産手段）を全く購入しないので，これが物質的生産部門からの全購入額になります。……このことは同時に，第Ⅱ部門への需要をサービス部門が拡大し，第Ⅱ部門の発展を促すということです。第Ⅰ部門と第Ⅱ部門からなる物質的生産部門だけを取り上げますと，第Ⅰ部門の優先的発展という帰結（生産性の発展がV部分に対するC部分の比率を大きくすることから導かれる）になりますが，サービス部門の導入はこの法則とは反対に作用する」[6]（傍点は櫛田）。

サービス部門で使用される"物質的な手段は生産手段ではなく消費手段"であり，第Ⅱ部門と交換され第Ⅱ部門への需要を拡大する，と川上氏は述べる。この氏の把握は，サービス部門を再生産表式に商品生産部門として導入するか，それとも不生産部門また価値再分配部門として導入するかという第1の論点に密接に関わり，氏が後者の見解をとることから必然的に導きだされるものである。つまり，第2の論点は，サービス部門を商品生産部門として捉えるか否かにかかっているのである。本書は，サービス部門を商品生産部門であるとする視点から，サービス部門で使用される財貨は生産財であり，川上氏の見解と異なり，消費財部門である第Ⅱ部門ではなく生産財部門である第Ⅰ部門と交換され，第Ⅰ部門への需要を拡大する。したがって，本書の視点からサービス経済化を考えた場合，サービス部門の発展は生産財の比重増大の一要因となり，技術的構成の高度化が価値構成の高度化に結びつくかぎりにおいて第Ⅰ部門優先的発展——Ｖ部分に対するＣ部分の比率を大きくするという意味——に帰結する。よって，サービス部門への財貨の投入経路から見るかぎり，サービス部門を再生産表式に導入することは"第Ⅰ部門優先的発展という法則に反対に作用する"，という氏の主張は成り立たないと考える。

3　サービス商品は各部門の賃金（V）および利潤（M）と交換

　本書は，サービス商品の実体を教育，医療，福祉，娯楽等の社会的労働部門で生産される人間の能力であると規定している。したがって，サービス部門で生産されるサービス商品のすべては各部門生産物（第Ⅰ部門生産財，第Ⅱ部門消費財，第Ⅲ部門サービス商品）の商品価値の比例的成分（V＋M）と交換される。すなわち，当該期間に生産されたすべてのサービス商品総額は賃金労働者の賃金（V）あるいは資本家の利潤（M）から対価が支払われる。賃金労働者の場合，サービス商品への対価の支払義務を履行することによって生産された能力を彼自身に社会的に帰属させ，これを労働力に統合し労働力市場で労働力商品として販売する。資本家の場合，同じようにして生産された能力を彼自身に社会的に帰属させ労働力に統合するが，彼は労働力を商品として販売しないだけである。サービス商品と各部門のＶとＭの交換を貨幣流通がどのように媒介するかについては，後述する。

本書の第2章で述べたように，サービス商品への対価の支払いは「サービス提供契約」をつうじてなされる支払請求権の行使と支払義務の履行であり，財貨商品における所有権の移転をともなう売買とは商品の流通形式が異なる。しかし，論者のなかには，サービス商品の実体を非物質的生産物あるいは無形生産物と捉えたうえで，サービス部門はこうした性格をもつサービス商品の生産部門であり，そしてサービス商品の経済的取引を売買とする見解が少なくない。この見解にもとづけば，消費者がサービス商品を購入すれば"消費手段"[7]としての購入であり，この場合のサービス部門は"消費手段"生産部門である第Ⅱ部門とみなされる。他方，サービス商品を企業が購入すれば不変資本Ｃを構成する"生産手段"としての購入であり，この場合のサービス部門は"生産手段"生産部門である第Ⅰ部門とみなされるということになる。たとえば，有用効果生産説に立つ飯盛信男氏の定義にもとづいて，企業が対価を支払う運輸サービスや「対事業所サービス」をサービス部門として再生産表式に導入すれば，論理的には上のような結論になるはずである[8]。しかし，サービス部門は生産物を生産しない消費部門であるという見地に立つ川上氏は，市場調査や従業員の教育・医療を企業が外部から購入する場合を例に挙げ，こうした場合サービス商品は生産部門の不変資本Ｃとして購入され，サービス部門を"生産手段"生産部門とみなさざるをえなくなり，それは誤りであるとされる。「サービス部門が生産部門と見なされた場合には，サービス部門の生産物が物質的生産部門およびサービス部門のＶとＭとしてだけでなく不変資本Ｃとしても購入されることになることです。生産部門が外部のサービス生産者から，例えば，市場調査や従業員の教育・医療などを購入した場合，これらの原材料的なサービスは生産のための費用として計上されるのが普通です。すなわち，これらは価値あるサービス生産物として，不変資本Ｃを構成することになり，生産部門の剰余価値から購入されるものとは見なされなくなります」[9]。

　川上氏は，さきに述べたように，本書が主張するような対人サービス部門で維持・形成される人間の能力は生産物ではないこと，また飯盛信男氏が主張するような有用効果は生産物ではないことについては正面から論じておらず，生産物は財貨だけで構成されると事実上主張される。こうした生産物観に立ってサービス部門を不生産部門かつ消費部門として再生産表式に導入すれば，サー

ビス商品が生産部門の不変資本Cを構成し，サービス部門を"生産手段"生産部門として扱うのは誤りである，という結論になる。しかし，川上氏は本書や飯盛氏の生産物説を真正面から取り上げて批判していないのであるから，上の結論は説得力に乏しいと言わざるをえない。つまり，まずはサービス部門を生産部門とするか否かであり，次に生産部門とするならサービス商品の実体をどう捉えるかである。その成否により，川上氏が提起する"サービス商品が不変資本Cを構成し，サービス部門を生産手段生産部門と見る"ことの成否もまた決まるのである。本書の見地では，サービス部門は，財貨生産部門である第I部門（生産財生産部門），第II部門（消費財生産部門）と区別される社会的労働による人間の能力の生産部門（第III部門）である。そして，サービス部門生産物であるサービス商品は，商品の実体が人間の能力であるが故に，各部門生産物（第I部門生産財，第II部門消費財，第III部門サービス商品）の商品価値の比例的成分（V＋M部分）と交換される。よって，サービス商品は各生産部門の商品生産物と交換されるが，商品の実体が人間の能力であるが故に各生産部門の生産財（不変資本C）を構成しない，という結論になる。これらを踏まえ，サービス部門は，生産財の生産部門および消費財の生産部門という財貨の生産部門とは異なる役割をもつ第IIIの生産部門として，再生産表式に導入されるのである。

なお，本章のもとになった論文を学会誌に投稿[10]した際に，いくつかのコメントを得た。このうち，川上氏が例に挙げた"市場調査や従業員の教育・医療を企業が外部から購入した場合"に関連するコメントがあったので，本書の視点でこれをどう捉えるかについて一言しておく。論点は3つで，①「市場調査等の情報サービス」，「企業内教育」，「従業員健康診断サービス」など企業が外部から購入あるいは対価を支払うサービス商品は"生産手段として消費される非物的商品"であるか否か，②「業務出張」，「労働者の事業所間の移動」をどう捉えるか，③企業が対価を支払う「経営コンサルタント」をどう捉えるか，である。

まず①について述べる。「市場調査などの情報サービス」については本書の見地ではサービス商品ではない。また，それが"生産手段"としての購入であるか否かは内容によって区別される。第4章で「対事業所サービス」を分析し

た際に述べたように,「市場調査などの情報サービス」は外在的商品として取引される情報財[11]の購入であり,それは財貨生産部門からの購入であって,本書の言うサービス商品ではない。情報財は,一般の財貨購入と同じく,使用目的に応じ生産財あるいは消費財として規定され,原材料的な生産財としての購入(不変資本Cを構成)と消費財としての購入(VまたはMからの支出)に区別される。「企業内教育」,「従業員健康診断サービス」などに対し企業が対価を支払う場合は,経済学的には間接賃金によるサービス商品への対価の支払いであり,可変資本Vで表される賃金からの支出の一形態にほかならない。ここで留意すべきは,「企業内教育」,「従業員健康診断サービス」などへ企業が対価を支払うことを理由に,必ずしもそれが"生産手段"としての購入あるいは利潤Mからの支出であるとは言えないという点である。たとえば,なんらかの事情で,食料や衣類等を企業が外部から購入し従業員に現物支給した場合,それらは経済学的には間接賃金による消費財の現物支給(Vからの支出)にほかならず,企業が対価を支払って購入したからといって"生産手段"としての購入ではない。「企業内教育」,「従業員健康診断サービス」などへ企業が対価を支払う場合もこれと同じであって,それは従業員の能力を維持・形成するためのサービス商品への対価の支払いであり,またそれは間接賃金によるサービス商品への対価の支払い(Vからの支出)なのである。

　次に②について述べる。「業務出張」,「労働者の事業所間の移動」については,運賃,ガソリン代などを企業が支払う「通勤」の場合と同じように,可変資本Vで表される賃金からの支出の一形態にほかならない。これらは,労働力を現地で使用可能な状態にさせる財貨や労働力の所在変換(人の運輸)に対する企業による対価の支払いであり,経済学的には可変資本Vで表される間接賃金からの支出にほかならない。運賃の場合は,企業による間接賃金としてのサービス商品への対価の支払いであり,ガソリン代については企業による間接賃金としての消費財の購入である。

　最後に③について述べる。本書は,「経営コンサルタント」(顧問弁護士や税理士などについても当てはまる)に企業が対価を支払う場合,内容によって2つに区別されると考える。まず,それが調査報告書,経営分析,会計書類などに対する対価の支払いである場合は,さきに述べた企業の生産活動に必要な情

報財の購入であり，財貨生産部門からの生産財としての購入である。したがって，この場合は本書で言うサービス商品への対価の支払いではなく，生産財に対する不変資本Cとしての支出である。次に，「経営コンサルタント」への対価の支払いが，役員教育や弁護費用などによる機能資本家あるいは高級賃金労働者の経営能力（＝労働力）の維持・形成に関わる場合は，それはサービス商品への対価の支払いであり，よってVまたはMで表される賃金および利潤からの支出である。「経営コンサルタント」への対価の支払いをサービス商品への対価の支払いとする本書の捉え方を否定する見解は，機能資本家あるいは高級賃金労働が労働力の保有者であること，また一面で労働力商品の販売者であることを否定するものである。しかし，本書のように見ることができないという指摘それ自体がひとつの見解であって，論争点になるべき性質のものである。本書は，機能資本家そして所有資本家を含め，資本家も人間であるかぎり労働力の保有者であり，労働力が普遍的概念であるという見地に立って論じている[12]。資本家も経営能力（＝労働力）を向上させるためにサービス商品に対価を支払うのである。ただし，再生産表式のうえでは，資本家は労働力を販売しない存在として扱い，サービス商品への対価の支払いは利潤Mからの支出としている。

Ⅲ　サービス部門の導入表式

社会的労働による総生産を以下の3つの大きな部門に分ける。これら3つの生産部門で充用される資本は，社会的総資本の大部門をなす。また，単純化のため，封鎖経済を仮定し，また経済活動に参加する階級は資本家階級および労働者階級の2階級とする。

Ⅰ　生産財部門
財貨の形態をもち，生産手段として各生産部門の生産的消費に入る商品，生産財の生産部門

Ⅱ　消費財部門
財貨の形態をもち，資本家および労働者の個人的消費に入る商品，消費財の生産部門

III　サービス部門

人間の能力という形態をもち，社会的労働と個人的消費によって共同生産される商品，サービス商品の生産部門

1　単純再生産表式

単純再生産を前提にした3部門の再生産表式モデルを以下に示す。なお，3部門再生産表式の汎用的な数値設定に関わる形式的説明は注に委ねる[13]。

〈表式I：部門間の交換関係＝均衡条件を表示した単純再生産表式〉

$$
\begin{aligned}
&\text{I})\ \ 4{,}500C + \underline{600Vp} + \underline{600Mp} + \underline{150Vs + 150Ms} = 6{,}000 \\
&\text{II})\ \ \underline{1{,}200C} + \ \ 480Vp + \ \ 480Mp + \underline{120Vs + 120Ms} = 2{,}400 \\
&\text{III})\ \ \ \ \underline{300C} + \underline{120Vp + \ \ 120Mp} + \ \ 30Vs + \ \ 30Ms = \ \ \ 600 \\
&\overline{\quad\quad\quad\ \ 6{,}000C + 1{,}200Vp + 1{,}200Mp + 300Vs + 300Ms = 9{,}000\quad\ \ \text{総生産高 9{,}000}}
\end{aligned}
$$

⎡ C＝生産財の購入に向かう部分，Vp＝賃金所得のうち消費財購入に向かう部分，
⎢ Vs＝賃金所得のうちサービス商品の支払いに向かう部分，Mp＝資本家の所得の
⎢ うち消費財購入に向かう部分，Ms＝資本家の所得のうちサービス商品の支払い
⎣ に向かう部分

[表式の制約条件等]

・部門間の交換・補塡関係：$\text{I}(Vp+Mp)=\text{II}\,C$
　　　　　　　　　　　　　$\text{I}(Vs+Ms)=\text{III}\,C$
　　　　　　　　　　　　　$\text{II}(Vs+Ms)=\text{III}(Vp+Mp)$

・剰余価値率各部門100％

・財貨：サービスへの所得支出比率は各部門4：1

・資本構成（C/V）は，数値設定の結果によりI 600％，II 200％，III 200％，生産財部門＞消費財部門，生産財部門＞サービス部門，消費財部門＝サービス部門

本書は，本章冒頭で述べたように，再生産表式を純生産物の迂回生産モデルとして捉える。この視点に立ってみると，表式Iにおける純生産物は，社会的労働による3つの生産部門すなわち生産財部門，消費財部門，サービス部門で生産される商品全体のうち，生産財補塡分を控除した各部門生産物のV＋Mの比例的成分にあたる商品生産物である。それは，まず素材的視点で言えば，生産財部門で生産される生産財の純生産物部分［I(Vp+Mp)+I(Vs+Ms)］，消費財部門で生産される消費財の純生産物部分［II(Vp+Mp)+II(Vs+Ms)］，サ

ービス部門で生産される人間の能力＝サービス商品の純生産物部分［III（Vp＋Mp）＋III（Vs＋Ms）］である。そして，純生産物を価値表示で捉えた場合は，各生産部門で形成される新価値（＝付加価値）になる。すなわち，生産財部門においては生産高 6,000 のうちの（750V＋750M）＝1,500 であり，消費財部門においては生産高 2,400 のうちの（600V＋600M）＝1,200 であり，サービス部門においては生産高 600 のうちの（150V＋150M）＝300 である。よって，社会全体の純生産物は，価値表示という共通の尺度で捉えることによって，商品全体の総生産高 9,000 のうち 3,000 という価値表示の純生産物，つまり新しく生産された価値＝価値生産物になる。

　次に，各部門は自部門生産物を生産するだけでは次期の再生産は不可能である。各部門で損耗した生産財は，その損耗分が毎期補塡され生産的消費に入ることで同じ規模の純生産物を再生産することが可能になる。また，各部門の労働者と資本家は，消費財およびサービス商品が個人的消費に入ることで人間としての再生産が可能となり，次期の再生産過程で労働者また資本家として同じように機能することが可能になる。このように，各部門で生産される生産財，消費財，サービス商品は，自部門内部あるいは部門間の交換を経由して，生産財は各部門の生産的消費に入り，消費財およびサービス商品は各部門の労働者および資本家の個人的消費に入る[14]。生産財部門では，生産財は自部門内部の資本家どうしの交換によって補塡されるものの，生産財部門の労働者と資本家に分配される所得は他部門である消費財部門およびサービス部門の生産物と交換されねばならない。消費財部門では，消費財は自部門内部で交換されるものの，損耗した生産財は生産財部門と交換・補塡されねばならないし，労働者と資本家に分配される所得の一部はサービス部門の生産物と交換されねばならない。サービス部門では，サービス生産物は自部門内部で交換されるものの，損耗した生産財は生産財部門と交換・補塡されねばならないし，労働者と資本家に分配される所得の一部は消費財部門の生産物と交換されねばならない。このような自部門内部および部門間の交換が過不足なく行われ，各部門の商品生産物が生産的消費あるいは個人的消費に入ることをつうじて生産財および労働力が補塡され，社会全体の純生産物の持続的再生産すなわち社会的総資本の再生産が円滑に進行する。

商品生産物の自部門内部あるいは部門間の交換・補塡を踏まえると，生産局面における各部門の純生産物，生産財部門［I(Vp＋Mp)＋I(Vs＋Ms)］，消費財部門［II(Vp＋Mp)＋II(Vs＋Ms)］，サービス部門［III(Vp＋Mp)＋III(Vs＋Ms)］は，次のように交換・転態する。まず，生産財部門の純生産物 I(Vp＋Mp) と I(Vs＋Ms) は，それぞれ消費財部門 IIC とサービス部門 IIIC と交換・補塡される。次に，消費財部門の純生産物 II(Vs＋Ms) はサービス部門の純生産物 III(Vp＋Mp) と交換される。最後に，消費財部門とサービス部門の残りの純生産物 II(Vp＋Mp) と III(Vs＋Ms) は自部門内部で交換される。このような自部門内部あるいは部門間の交換・補塡を経由することによって，各部門の純生産物は各部門の消費局面（生産的消費あるいは個人的消費）に入り込む。とりわけ，部門間の交換・補塡の結果から見れば，生産財部門の純生産物 I(Vp＋Mp) および I(Vs＋Ms) は素材的に生産財であるが，すべて素材的には別の形態である消費財およびサービス商品すなわち IIC と IIIC に転態する。また，消費財部門の純生産物 II(Vs＋Ms) とサービス部門の純生産物 III(Vp＋Mp) は，素材的には別の形態であるサービス商品 III(Vp＋Mp) と消費財 II(Vs＋Ms) にそれぞれ転態する。この転態を踏まえれば，各部門の生産局面の純生産物である生産財の純生産物［I(Vp＋Mp)＋I(Vs＋Ms)］，消費財の純生産物［II(Vp＋Mp)＋II(Vs＋Ms)］，サービス商品の純生産物［III(Vp＋Mp)＋III(Vs＋Ms)］は，当該期間中に生産され労働者と資本家の個人的消費に入る消費財とサービス商品の生産高全体（［IIC＋II(Vp＋Mp)＋II(Vs＋Ms)］＋［IIIC＋III(Vp＋Mp)＋III(Vs＋Ms)］）に転態する。すなわち，生産局面における各部門の純生産物総計は，当該期間中に生産され労働者と資本家の個人的消費に入り込む消費財とサービス商品の全生産高に転態する。そして，消費財とサービス商品の全生産高は，労働者と資本家の個人的消費に入ることによって，いずれも社会的総資本の再生産の運動の外に出る。これを価値表示で示せば，消費財部門の全生産高である消費財価値 2,400 およびサービス部門の全生産高であるサービス商品価値 600 である。両者の合計価値は 3,000 となり，生産局面で捉えた各部門の純生産物総額に一致する。

　資本制経済においては，この自部門内部および部門間の交換は貨幣を媒介とした商品流通をつうじて実現される。貨幣を媒介とする流通的取引について一

例を示す[15]。まず，I(600Vp + 600Mp) = II 1,200C は次のとおりである。生産財部門の労働者は労働力商品を販売することによって生産財部門の資本家から賃金 750V を受け取り，その一部 600Vp の貨幣で消費財部門から消費財を購入する。さらに，生産財部門の資本家も貨幣 600 で消費財部門から消費財を購入する。他方，消費財部門の資本家は消費財の販売によって得た貨幣 1,200 で生産財部門から生産財を購入し損耗分を補塡する。生産財部門の資本家は，この生産財の販売によって最初に投下した賃金の一部 600Vp を回収し，最初に投下した貨幣 600 も利潤 600Mp として回収する。かくして，生産財部門の労働者の賃金 600Vp および資本家の利潤 600Mp が I(600Vp + 600Mp) = II 1,200C の転態を媒介し，貨幣 1,200 は再び生産財部門の資本家の手に還流する。I(150Vs + 150Ms) = III 300C は次のとおりである。生産財部門の労働者は受け取った賃金 750V の残りの一部 150Vs の貨幣をサービス商品に支出する。さらに，生産財部門の資本家も 150 の貨幣をサービス商品に支出する。他方，サービス部門の資本家はサービス商品の対価の受け取りによって得た貨幣 300 で生産財部門から生産財を購入し損耗分を補塡する。生産財部門の資本家は，この生産財の販売によって最初に投下した賃金の一部 150Vs を回収し，最初に投下した貨幣 150 も利潤 150Ms として回収する。かくして，生産財部門の労働者の賃金 150Vs および資本家の利潤 150Ms が I(150Vs + 150Ms) = III 300C の転態を媒介し，貨幣 300 は再び生産財部門の資本家の手に還流する。

次に，II(120Vs + 120Ms) = III(120Vp + 120Mp) は次のとおりである。消費財部門の労働者は労働力商品を販売することによって消費財部門の資本家から賃金 600V を受け取り，その賃金の一部 120Vs の貨幣をサービス商品に支出する。サービス部門の資本家はサービス商品の対価の受け取りによって得た貨幣 120 をサービス部門の労働力商品の購入 150V の一部に充当し，サービス部門の労働者はその賃金の一部 120Vp の貨幣で消費財部門から消費財を購入する。これにより，消費財部門の資本家は最初に投下した賃金の一部 120Vs を回収する。さらに，消費財部門の資本家は貨幣 120 をサービス商品に支出する。サービス部門の資本家はサービス商品の対価の受け取りで得た利潤としての貨幣 120Mp で消費財部門から消費財を購入する。消費財部門の資本家は消費財の販売によって，最初に支出した貨幣 120 を利潤 120Ms として回収する。かく

して，消費財部門の労働者の賃金 600V の一部 120Vs と資本家の利潤の一部 120Ms およびサービス部門の労働者の賃金 150V の一部 120Vp と資本家の利潤の一部 120Mp が II(120Vs＋120Ms)＝III(120Vp＋120Mp) の転態を媒介し，合計で貨幣 480 が再び消費財部門およびサービス部門の資本家の手に還流する。

　最後に，II(480Vp＋480Mp) および III(30Vs＋30Ms) は同一部門内の転態である。まず，II(480Vp＋480Mp) である。消費財部門の労働者は消費財部門の資本家から賃金 600V を受け取り，その賃金の一部 120Vs の貨幣は他部門のサービス商品に支出するが，残りの 480Vp の貨幣を自部門内部の消費財購入に支出する。貨幣 480 は再び自部門内部の資本家の手に還流する。同じように，消費財部門の資本家は貨幣 480 を自部門内部の消費財の購入に支出する。消費財部門の資本家は消費財の販売によって，最初に支出した貨幣 480 を利潤 480Mp として回収する。次に，III(30Vs＋30Ms) である。サービス部門の労働者はサービス部門の資本家から賃金 150V を受け取り，その賃金の一部 120Vp の貨幣は他部門の消費財に支出するが，残りの 30Vs の貨幣を自部門内部のサービス商品に支出する。貨幣 30 は再び自部門内部の資本家の手に還流する。同じように，サービス部門の資本家は貨幣 30 を自部門内部のサービス商品に支出する。サービス部門の資本家は最初に支出した貨幣 30 を利潤 30Ms として回収する。かくして，消費財部門の労働者の賃金 600V の一部 480Vp と資本家の利潤の一部 480Mp が同一部門内の転態 II(480Vp＋480Mp) を媒介し，サービス部門の労働者の賃金 150V の一部 30Vs と資本家の利潤の一部 30Ms が同一部門内の転態 III(30Vs＋30Ms) を媒介する。貨幣 960 と貨幣 60 は再び同一部門内の資本家の手に還流する。

　以上から，I(750V)＋II(600V)＋III(150V)＝1,500V および I(750M)＋II(600M)＋III(150M)＝1,500M という合計 3,000 の賃金と利潤による貨幣流通が，出発点である生産局面の純生産物 [I(Vp＋Mp)＋I(Vs＋Ms)＝1,500 の生産財，II(Vp＋Mp)＋II(Vs＋Ms)＝1,200 の消費財，III(Vp＋Mp)＋III(Vs＋Ms)＝300 のサービス商品] から終結点である消費局面の純生産物 [II C＋II(Vp＋Mp)＋II(Vs＋Ms)＝3,000 の消費財，III C＋III(Vp＋Mp)＋III(Vs＋Ms)＝750 のサービス商品] への転態を媒介する。つまり，純生産物の貨幣額は各部門の賃金と利潤の総計 3,000 に等しい。

要約すると，純生産物はまず生産財 1,500，消費財 1,200，サービス商品 300 という商品形態をとり，次に賃金 1,500 と利潤 1,500 という貨幣形態をとり，最後に消費財 2,400 とサービス商品 600 という商品形態をとる。そして，このような経路で自部門内部および部門間の交換が過不足なく行われ，各部門の商品生産物が生産的消費あるいは個人的消費に入ることによって，社会全体の純生産物の持続的再生産すなわち社会的総資本の再生産が円滑に進行するのである。

2 拡大再生産表式

表式Iの単純再生産表式にもとづいた拡大再生産の3部門再生産表式モデルの数値例を以下に示す[16]。

〈表式II：部門間の交換関係＝均衡条件を表示した拡大再生産表式〉

I） $4{,}000C + 400Mc + 800Vp + 80Mvp + 400Mp + 200Vs + 20Mvs + 100Ms = 6{,}000$
　　　　　　$(1{,}000M = 400Mc + 80Mvp + 20Mvs + 400Mp + 100Ms)$

II） $1{,}200C + 80Mc + 480Vp + 32Mvp + 384Mp + 120Vs + 8Mvs + 96Ms = 2{,}400$
　　　　　　$(600M = 80Mc + 32Mvp + 8Mvs + 384Mp + 96Ms)$

III） $300C + 20Mc + 120Vp + 8Mvp + 96Mp + 30Vs + 2Mvs + 24Ms = 600$
　　　　　　$(150M = 20Mc + 8Mvp + 2Mvs + 96Mp + 24Ms)$

$5{,}500C + 500Mc + 1{,}400Vp + 120Mvp + 880Mp + 350Vs + 30Mvs + 220Ms = 9{,}000$

総生産高 9,000

> C＝生産財の購入に向かう部分，Mc＝生産財の追加的購入に向かう部分，Vp＝賃金所得のうち消費財購入に向かう部分，Mvp＝賃金所得のうち消費財の追加的購入に向かう部分，Vs＝賃金所得のうちサービス商品の支払いに向かう部分，Mvs＝賃金所得のうちサービス商品の追加的支払いに向かう部分，Mp＝資本家の所得のうち消費財購入に向かう部分，Ms＝資本家の所得のうちサービス商品の支払いに向かう部分

［表式の制約条件等］
・第II部門が蓄積率［II(Mc＋Mvp＋Mvs)/II(M)］＝0.2 で拡大再生産を主導
・第II部門蓄積は技術一定，資本構成 II C/II(Vp＋Vs)＝II Mc/II(Mvp＋Mvs)＝2
・部門間の交換・補塡関係： II(C＋Mc)＝I(Vp＋Mvp＋Mp)
　　　　　　　　　　　　　III(C＋Mc)＝I(Vs＋Mvs＋Ms)
　　　　　　　　　　　　　II(Vs＋Mvs＋Ms)＝III(Vp＋Mvp＋Mp)

・剰余価値率各部門100％
・財貨：サービスへの所得支出比率は各部門4：1
・資本構成（C/V）は，数値設定の結果によりⅠ400％，Ⅱ200％，Ⅲ200％，生産財部門＞消費財部門，生産財部門＞サービス部門，消費財部門＝サービス部門

　拡大再生産表式Ⅱは，さきに示した単純再生産表式Ⅰにおける各部門生産高を所与とし，かつ消費財部門が20％の蓄積率で経済全体の拡大再生産を主導する。またその際に，各部門間の交換・補塡関係，剰余価値率各部門100％，財貨：サービスへの所得支出比率は各部門4：1という制約条件を充たしつつ拡大再生産する場合の数値例である。なお，単純再生産表式Ⅰと拡大再生産表式Ⅱを比較してわかるように，拡大再生産のためには追加生産財500Mc［Ⅰ（400Mc）＋Ⅱ（80Mc）＋Ⅱ（20Mc）］が必要になる。そのために，拡大再生産における生産財部門は上の制約条件を充たしながら各部門からの生産財追加購入に対応せねばならない。その結果，単純再生産の表式Ⅰで生産財部門の資本構成（C/V）は600％であったが，拡大再生産の表式Ⅱでは生産財部門の資本構成（C/V）が400％に変化する。また，拡大再生産では剰余価値Mの一部が蓄積され，生産財（不変資本）と労働力（可変資本）に追加的に資本投下される。これにより，単純再生産で消費財とサービス商品に支出されていた資本家の利潤所得の一部が，拡大再生産のための生産財への追加支出および追加労働者の賃金所得からの消費財とサービス商品への支出［Ⅰ500M（400Mc＋80Mvp＋20Mvs），Ⅱ120M（80Mc＋32Mvp＋8Mvs），Ⅲ30M（20Mc＋8Mvp＋2Mvs）］に振り替わる，という点に留意が必要である。

　拡大再生産の場合，まず生産局面の純生産物は2,000の生産財［Ⅰ（400Mc＋800Vp＋80Mvp＋400Mp＋200Vs＋20Mvs＋100Ms）］と1,200の消費財［Ⅱ（80Mc＋480Vp＋32Mvp＋384Mp＋120Vs＋8Mvs＋96Ms）］と300のサービス商品［Ⅲ（20Mc＋120Vp＋8Mvp＋96Mp＋30Vs＋2Mvs＋24Ms）］から構成される。そして，流通的取引を捨象すれば，生産財部門の純生産物2,000の一部である1,280の生産財［Ⅰ（800Vp＋80Mvp＋400Mp）］は，消費財部門の1,280の消費財［Ⅱ（1,200C＋80Mc）］に転態する。生産財部門の純生産物の他の一部である320の生産財［Ⅰ（200Vs＋20Mvs＋100Ms）］は，サービス部門の320のサービス商品［Ⅲ（300C＋20Mc）］に転態する。つまり，生産財部門の純生産物2,000のうち

1,280 の生産財と消費財部門の 1,280 の消費財，320 の生産財とサービス部門の 320 のサービス商品との交換が行われる。生産財部門の純生産物 2,000 のうち残りの I(400Mc) に対応する 400 の生産財は部門内部で交換される。

次に，消費財部門の純生産物の一部である [II(120Vs＋8Mvs＋96Ms)] に対応する 224 の消費財は，サービス部門の純生産物の一部である [III(120Vp＋8Mvp＋96Mp)] に対応する 224 のサービス商品に転態する。つまり，消費財部門およびサービス部門の純生産物のうち 224 の消費財とサービス部門の 224 のサービス商品との交換が行われる。また，消費財部門の純生産物のうち [II(480Vp＋32Mvp＋384Mp)] に対応する 896 の消費財，サービス部門の純生産物のうち [III(30Vs＋2Mvs＋24Ms)] に対応する 56 のサービス商品は，それぞれ部門内部で交換される。

以上の結果から，純生産物は，流通の出発点である生産局面において 2,000 の生産財，1,200 の消費財，300 のサービス商品であったが，流通の終着点である消費局面では 2,400 の消費財，600 のサービス商品，500 の拡大再生産に充当される蓄積用生産財に転態する。つまり，拡大再生産における純生産物は，社会的総生産物 9,000 のうち当該期間に機能した生産財の補填にあてられる部分 5,500C を控除した残りの生産物 3,500（全消費財 2,400，全サービス商品 600，蓄積用生産財 500）になる。なお，簡単化のために捨象した流通的取引についてであるが，拡大再生産についても，貨幣流通が各部門生産物の部門内部・部門間の交換を媒介する。表式 II の場合の純生産物 3,500 についてだけ言うと，2,000 の生産財と 1,200 の消費財と 300 のサービス商品は，1,750 の賃金と 1,750 の利潤による貨幣流通を媒介にして，2,400 の消費財，600 のサービス商品，500 の蓄積用生産財に転態することになる。こうして，3 部門構成の拡大再生産の第 2 年度期首の投下資本の配列は，

$$\begin{bmatrix} \text{I})\ 4{,}400C + 1{,}100V \\ \text{II})\ 1{,}280C + 640V \\ \text{III})\ 320C + 160V \end{bmatrix}$$

となる。そして，剰余価値率を 100％とすれば，第 2 年度期末の各部門生産物は，

$$\begin{cases} \text{I})\ \ 4{,}400C + 1{,}100V + 1{,}100M = 6{,}600 \\ \text{II})\ \ 1{,}280C +\ \ \ 640V +\ \ \ 640M = 2{,}560 \\ \text{III})\ \ \ \ \ 320C +\ \ \ 160V +\ \ \ 160M =\ \ \ 640 \end{cases}$$

となり，総生産高は表式Iに比べ9,000から9,800へ，純生産物（付加価値）は同じく3,500から3,800となり，純生産物の拡大再生産は遂行されたのである[17]。

IV 結び

（1） 純生産物の持続的再生産また拡大再生産が所定の生産力水準で正常に進行するためには，教育，医療，福祉，娯楽等の対人サービス部門が就業労働者および彼の家族構成員（専業主婦，子ども，高齢者等）の人間の能力を一定水準に保ち，また発展させることが必要不可欠である。サービス部門を再生産表式に商品生産部門として導入する意義は，これを経済活動の迂回生産モデルとして示すことにある。賃金労働者（家族構成員を含む）および資本家の保有する能力は，使用価値的に見れば，一定部分が衰退し一定部分が新たに形成されるなかで，日々損耗と回復を繰り返している。表式で示される他の生産財や消費財の経済量と同じように，単純再生産表式の第III部門600,拡大再生産の期末表式の第III部門640という経済量は，当該期間において純生産物の持続的再生産また拡大再生産が正常に進行するために必要なサービス生産物総体またサービス商品価値量を表している。また，この経済量で示されるサービス生産物の生産高それ自体が，各部門生産物が部門内部また部門間の交換・補塡を経て消費局面に入った段階では，消費財生産高および蓄積用生産財とともに当該期間の純生産物を構成する。純生産物とは当該期間に補塡されねばならない生産財を控除した残りの"社会全体にとって自由に処分しうる生産物部分"にほかならない。社会的労働部門で共同生産される人間の能力を純生産物と捉える本書の見地からすれば，純生産物が多ければ多いほど社会は経済的に豊かであることを意味する。すでに述べたように，品種改良，新鋭機械の開発など生産財部門の革新を迂回して食糧，家電製品，自動車など消費財の種類と量が増大すること，また新鋭の教育機器や医療機

器の開発など生産財部門の革新を迂回して教育，医療，娯楽部門によって維持・形成される人間の能力の質と量が高まること，これらはそれだけ社会が経済的に豊かになったことを意味するのである。

（2）　サービス部門の拡大には，賃金労働者と資本家の所得支出におけるサービス商品への比重増大が不可欠である。名目の賃金水準が大きく変動しないとすれば，そのためには消費財の価値低下をもたらす財貨生産部門全体の労働生産性の上昇が前提となる。競争主義的な資本制経済は，労働生産性の上昇による既存諸商品の価値低下をつうじ新たな社会的労働部門，産業部門発展の基礎をつくりだす。人間の能力の維持と高度化につながるサービス部門の定着と発展，すなわち20世紀後半から教育，医療，福祉，娯楽等のサービス部門の比重増大というかたちで現れている先進資本主義諸国におけるサービス経済化は，一定の制約はあるものの資本制経済の文明化作用として理論的に正当に位置づけねばならない。本書の再生産表式は，実体が人間の能力にほかならないサービス商品を組み込んだかたちで社会全体の純生産物の持続的再生産また拡大再生産が提示されており，資本制経済の生産力的側面での積極面を明確に表現する迂回生産モデルなのである。

（3）　川上氏は，サービス部門が商品価値を生産すると捉えることは，社会全体にとってサービス部門が拡大すればするほどよいということだから，再生産論から見ると途方もない資本主義美化論に陥るとして，本書のような見地を次のように批判する。「サービス部門の拡大は物質的生産部門をも潤し，全体の経済規模の拡大に役立つということですから，サービス部門が拡大すればするほど良いということになります。……サービス生産が価値を生産していると理論的に把握することは再生産論から見ると資本主義的生産についての途方もない美化論に陥ることに帰着するのです」[18]。しかし，国民に安価で良質な消費財が提供されることに加えて，サービス部門の拡大をとおし国民の教育，医療，福祉，娯楽の水準が向上するということ自体はけっして悪いことではない。氏も，それは否定しないであろう。サービス部門を商品生産部門として導入した再生産表式では，生産財部門，消費財部門，サービス部門の3部門が一定の相互依存関係を保つことを通じて，サービス商品を含んだ純生産物の持続的再生産また拡大再生産を可能にすることが示されて

いる。数値設定で示したように，たとえば部門間の交換関係は再生産の均衡を保証する制約条件のひとつであって，各部門の C, Vp, Mp, Vs, Ms で表される経済量は勝手な値をとれないのである。たとえば，V で表される賃金は，消費財だけでなく一定量のサービス商品に支払いができる水準——表式では，財貨とサービスへの所得支出比率が各部門 4：1 ——に達していなければならない。それは同時に，賃金水準あるいはサービス商品への所得支出比率を無視して"サービス部門が拡大すればするほどよい"と単純に言えないことを意味している。しかも，競争主義的な資本制経済においては，サービス部門の拡大は資本主義的な商品生産と商品価値形成そして商品流通と貨幣流通をつうじて現れる。さきに述べたように，そこでは剰余価値また利潤の生産・獲得が経済活動の主たる推進力となり，純生産物の持続的再生産および拡大再生産はけっして調和的に推進されるものではない。したがって，サービス部門を商品生産部門として再生産表式に導入することは"再生産論から見ると資本主義的生産についての途方もない美化論に陥る"とする氏の危惧はあたらないのである。

注

1） たとえば，自動車を例にとってみよう。自動車が乗用車として個人消費されれば消費財であるが，その同じ自動車が工場内や事業所間の運搬・運送手段として使用されれば生産財になる。しかし，産業連関モデルでは自動車製造業はひとつの産業部門として立てられている。そこで，生産された自動車が生産財であるか消費財であるかについての判別は，生産された自動車に関わる産業間の取引を最終需要にいたるまでマトリックスで追跡する必要がある。要するに，産業連関表と再生産表式を接合するには，すくなくとも個別産業生産物ごとに生産財と消費財の構成比が判明していなければならないのである。産業連関表と再生産表式のあいだの接合に関わる諸課題については，川上則道『計量分析・現代日本の再生産構造——理論と実証——』（大月書店，1991年）の第5章と第6章で詳しく検討されている。なお，川上氏は同書において，再生産表式に慣用的な産業区分を導入した「再生産マトリックス表」を考案し，それを駆使して現代日本の再生産構造を分析している。氏の考案した「再生産マトリックス表」は，産業連関表，国民経済計算等の統計値をもとにしたデータ整理や推計を含んでいるので，多大な労力が払われている。そして，集計・推計され完成した「再生産マトリックス表」による再生産構造の分析は，視覚的にわかりやすく示唆に富んでいる。ただし，氏はそこで，サービス部門については不生産部門かつ価値再分配部門であることを前提に分析されており，本書とは見解が相違する。

2） 資本制経済に内在する"生産と消費の矛盾"から資本主義の崩壊を説く理論とそれに反対する理論との論争は再生産論争として長い歴史がある。多くの場合，それぞれの理論を立証する手段のひとつとして再生産表式が使用された。海外の論争については，市原建志「マルクス以降の再生産論の展開」(富塚良三・井村喜代子編『資本論体系 第4巻 資本の流通・再生産』有斐閣，1990年，444-482ページ)，国内の論争については，吉原泰助「わが国における〈再生産論〉論争」(同上書，483-516ページ)にまとめられている。
3） 川上則道「サービス生産をどう理解するか(上)(下)」(新日本出版社『経済』2003年1月号，2月号)。
4） 川上則道「サービス生産をどう理解するか(下)」(新日本出版社『経済』2003年2月号) 165ページ。
5） 川上氏は，前掲書，第4章のなかで，対人サービス部門が"生産物の消費活動"を行う消費部門であることを説くために，教師や医師がサービス部門で行う活動は個人的消費概念で括られる，と主張されている。「個人的消費の概念について補足しておこう。個人的消費の直接的な意味とは『生産物を生きている個人の生活手段として消費』することであり，その結果として人間(消費者自身)が生産される。だから，再生産過程に非物的産業部門を位置づける場合には，個人的消費が生みだす人間は必ずしも生産者だけではなく，商人・教師・医師などがふくまれてくる」(140ページ)。この見方にもとづけば，たとえば医師と看護師という人間は，医療部門において医療機器や薬剤等を生活手段として個人的に消費し，患者とともに人間として生産されるということになる。つまり，医師や看護師が医療部門で行う活動は，経済学的には個人的消費であると主張しているのである。しかし，医師や看護師が医療部門で行う活動を社会的労働でなく個人的消費であるとする氏の見解は，私からすればまったくの事実誤認であると言うほかない。
6） 川上，前掲「サービス生産をどう理解するか(下)」168-169ページ。
7） 第1章で，サービス業は人間の能力の共同生産過程であり，これを生産過程として見ると，サービス労働は生産的労働であり，労働対象である人間および労働手段である財貨(生産財)はともに生産手段であるとした。労働対象になる人間が生産手段を構成するとしたのは，学生と教師あるいは患者と医師などの関係から明白なように，労働対象になる人間はサービス労働の主体になる人間からは独立した存在であるからである。しかし，本書は，実体が人間の能力であるサービス商品について"生産手段"また"消費手段"という用語をあえて使わない。その理由は，"手段"という用語は一般に人間から独立した存在に対して用いられ，人間の内部に存在する能力であるサービス商品に"手段"という用語はなじまない，と考えるからである。本書はこれを踏まえ，サービス商品を"生産手段"また"消費手段"という概念と明確に区別するために，第I部門生産物を生産財，第II部門生産物を消費財，これら財貨と異なる人間の能力を第III部門生産物であるサービス商品とし，部門生産物をこの3種類に大別して再生産表式に導入している。
8） 再生産表式へのサービス部門導入モデルについては，飯盛信男氏(『生産的労働の理論』青木書店，1977年，第8章)が，早い時期にソ連のメドヴェジェフ表式を改良した

モデルを提示されている。そこで提示された飯盛氏の表式では，サービス商品が自部門を含めた各部門の可変資本（V）および剰余価値（M）と交換されており，事実上，"消費手段"として購入されている。しかし，飯盛氏のサービス論は，運輸や「対事業所サービス」を無形生産物＝有用効果の生産部門とし，それらがサービス部門全体のなかで大きな位置を占めると捉えている。それ故，飯盛氏の説では，すくなくとも企業が対価を支払う運輸サービスや「対事業所サービス」は"生産手段"として購入され各生産部門の不変資本Cを構成する，と説かざるをえないはずである。この時期に提示された飯盛氏の表式は，飯盛氏のサービス論とは適合していない。

9) 川上，前掲書，170ページ。
10) 櫛田豊「サービス生産と再生産表式」(経済理論学会編『季刊 経済理論』第42巻第2号，2005年7月)。
11) 情報はなんらかの財貨と結合し，外在的な商品として取引される物質的財貨の一種＝情報財として存在する。よって，絵画，書籍，新聞，コンピューターCDなどは，情報財でありサービス商品ではない。この点については，第4章で詳論している。
12) 斎藤重雄氏（「機能資本家の機能について――国民所得論の一環として――」日本大学『経済集志』第74巻3号，2004年10月）が，機能資本家の労働の"二重の性格"を指摘している。機能資本家の労働は，賃金労働者を支配・搾取するという性格だけでなく，労働過程全体の企画・指揮をつうじ使用価値生産に貢献するという性格を有している。それ故，機能資本家の役割は賃金労働者の支配・搾取という特殊歴史的性格に解消されるべきではないとしている。
13) 表式Ⅰの数値設定は，山田喜志夫氏の「再生産と国民所得範疇」（富塚良三・服部文男・本間要一郎編『資本論体系 第7巻 地代・収入』有斐閣，1984年，383ページ）で示された2部門経済モデルの単純再生産表式の数値設定を，3部門経済モデル用に修正したものである。

　　表式Ⅰの数値設定について形式的に述べる。表式Ⅰは右辺の3部門の生産高を定数とすれば，左辺一式当たり5つ，計15個の未知数を含むが，3つの部門の労働者と資本家の個人消費における財貨：サービスへの所得支出比率がいずれも4：1で一定という前提から，消費財部門を表す第2式とサービス部門を表す第3式の関係は，第2式全体を1/4にしたものが第3式となり1次従属の関係になる。よって，第1式と第2式で未知数を考えればよい。右辺を定数とすれば未知数は全部で10個である。制約式は，表式Ⅰで示されたうちの2つ，部門間の交換関係を充たすⅠ(Vp＋Mp)＝ⅡCから1つ，2つの部門の剰余価値率一定（100％）から2つ，2つの部門の労働者と資本家の個人消費における財貨：サービスへの所得支出比率一定（4：1）から4つ，合わせて9式が与えられる。そこで，左辺の未知数10個のうち，かりにⅡCの数値にⅡ(1200)Cを与える――他のパラメーターのひとつに任意の値を与えてもよい。すると，ⅠC，ⅠVp，ⅠVs，ⅠMp，ⅠMs，ⅡVp，ⅡVs，ⅡMp，ⅡMsの経済量を未知数とする9次元の線形連立方程式が得られる。そして，左辺の未知数にかかる9次元の正方行列は正則行列であり逆行列が存在する。よって，9次元の線形連立方程式 $\mathbf{Ax}=\mathbf{b}$ には一意的な解 $\mathbf{x}=\mathbf{A}^{-1}\mathbf{b}$ が存在し，経済的に有意な正値の解として表式Ⅰの第1式と第2式の数値が得られる。そして，第2式全体を1/4にすれば第3式が得られる。また，その結果，各部門の資本

14) 消費財とサービス商品は自部門内部あるいは部門間の交換を経由して"個人的消費に入る"と述べた。また，後の本文では，消費財とサービス商品は貨幣による流通的取引を経由して"個人的消費に入る"と述べている。消費財についてそう表現することは問題ないと思われるが，サービス商品についてそう表現することには若干説明が必要である。なぜなら，サービス商品は売買される商品でなく，消費財のように外在的な商品として消費者に購入されて彼の個人的消費に入る商品ではないからである。繰り返し述べているように，サービス商品の実体は社会的労働と個人的消費によって共同生産される人間の能力であり，対価の支払いは，所有権の移転をともなう売買契約でなく，支払請求権あるいは給付請求権の行使・履行という「サービス提供契約」にもとづいてなされる。このように，サービス商品については売買契約ではなく「サービス提供契約」にもとづいて対価が支払われる。しかし，それが社会的労働と個人的消費による共同生産物であるかぎり，サービス商品は"個人的消費に入る"と表現してよい，と私は考える。

　個人的消費を所有権が移転される財貨の購入活動であると狭く限定して捉えると，サービス商品はそもそも売買されないから，サービス商品が"個人的消費に入る"ことは理解できなくなる。しかし，"個人的消費に入る"ことは，すくなくとも財貨の購入にともなう対価の支払いだけを指すものではない。サービス商品は社会的労働と個人的消費による共同生産物であるが故に，「サービス提供契約」にもとづいて対価が支払われる場合も"個人的消費に入る"と表現してよいのである。

　サービス資本の側から見れば，これは次のようになる。サービス商品の生産過程において，それが共同生産過程である以上，サービス資本は対象となる人間の能力の維持・形成に関与する。しかし，維持・形成された能力はサービス資本の所有物にはならない。よって，サービス資本は，投入した社会的労働に対応する対価の支払いを受けるが，共同生産過程終了後における統合された能力＝労働力の形成には直接関与できない。労働力の維持・形成は家庭内における人間の個人的消費に委ねられる。すなわち，サービス商品は労働者および資本家の個人的消費に入ることによって，社会的総資本の再生産の運動の外に出る。

15) 生産財部門内部の不変資本（ⅠC）は，生産された生産財がそのまま個別資本内部で機能する場合を除けば，生産財部門内部の資本家どうしの貨幣流通を媒介にして交換・補填されるが，本文では省略している。また，本書の再生産表式では，耐久的な生産財については，生産財価値のすべてが当該期間にサービス商品を含むすべての生産物に移転すると仮定している。よって，固定資本の補填は捨象している。

16) 表式Ⅱの数値設定について形式的に述べる。表式Ⅱは，単純再生産の表式Ⅰをベースに，消費財部門が蓄積率［Ⅱ(Mc＋Mvp＋Mvs)／Ⅱ(M)］＝0.2，かつ技術一定すなわち資本構成一定［ⅡC／Ⅱ(Vp＋Vs)＝ⅡMc／Ⅱ(Mvp＋Mvs)＝2］で拡大再生産を主導すると前提した。したがって，まず第2式のⅡMc，ⅡMvp，ⅡMvs，ⅡMp，ⅡMsの5個の未知数が，剰余価値M＝600から1つ，蓄積率から1つ，資本構成から1つ，財貨：サービスへの所得支出比率一定（4：1）から2つ，合わせて5つの制約式によって一意的に決まり，表式Ⅱの第2式が得られる。この第2式全体を1／4にすれば第3式が得られる。

次に，第1式の未知数は，ⅠC, ⅠVp, ⅠVs, ⅠMc, ⅠMvp, ⅠMvs, ⅠMp, ⅠMsの8個であり，このままでは制約式の本数が足りず決まらない。そこで，まず単純再生産表式Ⅰでは I C=4,500 であったが，拡大再生産表式Ⅱでは各部門で蓄積用の追加生産財が必要になるので，表式Ⅱの I C は I C=4,500－(ⅠMc+Ⅱ(80)Mc+Ⅲ(20)Mc) と置くことができる。さらに，部門間の交換関係からⅡ(80)Mc=ⅠMvp, Ⅲ(20)Mc=ⅠMvs と置く。これで未知数はⅠVp, ⅠVs, ⅠMc, ⅠMp, ⅠMsの5個になる。制約式は，第1式で1つ，剰余価値率一定（100％）から1つ，財貨：サービスへの所得支出比率一定（4：1）から2つ，資本構成 I C/(ⅠVp+ⅠVs)=ⅠMc/{Ⅰ(80)Mvp+Ⅰ(20)Mvs} から1つ，合わせて5つ与えられる。よって，最後の非線形の制約式を含んだ5次元の連立方程式を解くことによって解が得られる。その際，2次方程式を解くことになり解ベクトルは2本得られるが，制約式を充たす正値の解ベクトルが表式Ⅱの第1式である。この結果，表式Ⅱの第Ⅰ部門の資本構成は400％，蓄積率は0.5になる。

17）本書の表式Ⅰおよび表式Ⅱは，注13と注16で述べたように，山田喜志夫氏が提示した2部門経済モデルの単純再生産表式の数値をベースにして，サービス部門を組み込んだ3部門構成の再生産表式として数値を修正したものである。とくに表式Ⅱでは，消費財部門に20％の蓄積優先権が与えられ拡大再生産を主導するという想定で数値が設定されている。本文で述べたように，純生産物の拡大再生産は遂行されるが，結果として，資本構成は生産財部門（400％）と他部門（200％）で異なり，蓄積率（Mc+Mvp+Mvs）/M）も消費財部門とサービス部門は同じ20％であるが生産財部門は50％と異なっている。

八尾信光氏（『資本主義経済の基本問題』晃洋書房，1999年，第5章）は，各生産部門が同一の資本構成（400％）と同一の蓄積率（50％）という条件下で，各生産部門が比例的な拡大再生産（10％の拡大率）を行う表式展開を示されている。八尾氏が考案した余剰生産財の存在 [Ⅰ(V+M)>ⅡC] を示す拡大再生産の出発表式の数値例は次のとおりである。

 Ⅰ）4,400C+1,100V+1,100M=6,600
 Ⅱ）1,600C+　400V+　400M=2,400

そして，この出発表式は蓄積のための編成替えで次のようになる。

 Ⅰ）4,400C+440Mc+<u>1100V+110Mv+550M</u>=6,600
  （1,100M=440Mc+110Mv+550M）
 Ⅱ）<u>1,600C+160Mc</u>+　400V+　40Mv+200M=2,400
  （400M=160Mc+　40Mv+200M）

これにより，2部門は同一の資本構成（400％）と同一の蓄積率（50％）という条件下で，比例的な拡大再生産（10％の拡大率）を行うことになる。また，2部門の需給均等 [Ⅰ(1,100V+110Mv+550M)=Ⅱ(1,600C+160Mc)] が成立し，部門間の均衡も充たされている。

この八尾氏の表式をベースにして，本書の3部門構成モデルを考えることができる。その場合，余剰生産財の存在 [Ⅰ(V+M)>ⅡC+ⅢC] を示す拡大再生産の出発表式は，財貨：サービス商品への所得支出比率を4：1と仮定して数値設定すると，

 Ⅰ）4,400C+1,100V+1,100M=6,600

第5章 サービス部門と再生産表式　171

II) 1,200C + 300V + 300M = 1,800
III) 400C + 100V + 100M = 600
(総生産高 9,000, 純生産物 3,000)

となる。これを出発表式にして，各部門が同一の資本構成(400%)と蓄積率(50%)で，各部門が同率の10%で比例的に拡大する均等発展の数値例を示すことができる。その場合，期末の組み替えは，

I) 4,400C + 440Mc + 880Vp + 88Mvp + 440Mp
　　　　+ 220Vs + 22Mvs + 110Ms = 6,600
(1,100M = 440Mc + 88Mvp + 22Mvs + 440Mp + 110Ms)

II) 1,280C + 128Mc + 256Vp + 25.6Mvp + 128Mp
　　　　+ 64Vs + 6.4Mvs + 32Ms = 1,920
(320M = 128Mc + 25.6Mvp + 6.4Mvs + 128Mp + 32Ms)

III) 320C + 32Mc + 64Vp + 6.4Mvp + 32Mp
　　　　+ 16Vs + 1.6Mvs + 8Ms = 480
(80M = 32Mc + 6.4Mvp + 1.6Mvs + 32Mp + 8Ms)
(総生産高 9,000, 純生産物 3,000)

となる。よって，第2年度期首の投下資本の配列は，

I) 4,840C + 1,210V
II) 1,408C + 352V
III) 352C + 88V

となり，剰余価値率を100%とすれば，第2年度期末の各部門生産物は次の結果になる。各部門は，同一の資本構成(400%)と蓄積率(50%)で，10%の成長を遂げたことになる。

I) 4,840C + 1,210V + 1,210M = 7,260
II) 1,408C + 352V + 352M = 2,112
III) 352C + 88V + 88M = 528
(総生産高 9,900, 純生産物 3,300)

18) 川上，前掲書，175-176ページ。

第6章　サービス部門と投入・産出モデル

はじめに

　本章は，斎藤重雄氏の定年退職を記念して執筆した論文[1]）がもとになっている。斎藤氏と私は"サービス生産物を人間の変換された能力"と捉える基本認識で一致している。斎藤氏の見解と私見との関わりに一言すると，サービス労働の労働力価値形成説に立つ私の見解が斎藤氏の目に止まり，1996年に同氏が主宰する研究会（日本大学経済学部経済科学研究所の共同研究）に一員として加わった。5年にわたる共同研究のなかで貴重な経験と成果[2]）を得ることができ，その後現在にいたっても，定期的に学術的交流を重ねている。特筆すべきことは，この交流のなかで細部について見解の違いを留保しながらも，サービス労働が人間を労働対象とする対人労働であり，"サービス生産物を人間の変換された能力"と捉え，財貨を中心におく伝統的な生産物観から脱却するという基本認識で一致できたことである。そのうえで，サービス生産物がサービス労働と人間の消費活動による共同生産物であるという独自性を明らかにしたこと，「集団的サービス」におけるサービス商品の価値形成を労働価値説の視点から問題提起したこと，これらは斎藤氏との学術的交流から得られた大きな成果と考えている。そして，斎藤氏はかねてより，社会的再生産にサービス部門を明確に取り込むによって"資本蓄積論は精緻化される必要がある"と主張しており，私も氏の主張に共鳴していたところである。氏の主張が意味するところは，資本主義の経済的・社会的発展はサービス生産物として形成される人間的諸能力の発展を加味して捉えられるべきである，という点にある。本章では，前章に引き続き，この精緻化や加味の基礎・基本に関わる経済モデルの構築を試みる。なお，私的なことになるが，斎藤氏は退職が近くなられてからも論文を量産しており，研究意欲はいまだ現役である。サービス経済論を中心にした学問全般の発展に，今後とも大いに貢献されることを念じているところである。
　さて，前章ではサービス部門を生産部門として取り込んだ再生産表式を提示

したが, 本章で提示するのは, これを投入・産出モデルの形式に構築することを試みた経済モデルである。本章の投入・産出モデルの特徴は, 前章の再生産表式と同じように生産財部門, 消費財部門, サービス部門という抽象度の高い3部門分割を前提にしているが, 各部門生産物1単位当たりの投入物また投入労働量が明示されるモデルとなっている点にある。再生産表式から投入・産出モデルへの接合の際に解決されねばならない課題は2つある。ひとつは, そもそも産業連関表に代表される投入・産出モデルは, 生産財の投入・産出を行列形式で表示し, 生産財を産出する産業の部門間連関を究明することを目的にして形成されたモデルである。それ故, 生産財生産部門ではない消費財部門とサービス部門を組み込んだ再生産表式をいかにして投入・産出モデルに接合するかという課題がある。もうひとつは, 再生産表式では生産過程における生産財 (不変資本) と労働力 (可変資本) の投入が前提されているが, 産業連関表に代表される投入・産出モデルでは産出物に労働力は登場してこない。行列形式で表示される投入・産出モデルでは, マトリックスの交点に位置する生産物は行に配置されるいずれかの産業部門からの供給 (中間投入) であると同時に, それは列に配置されるいずれかの産業部門の生産過程で需要 (中間需要) される産出物であることを前提につくられている。それ故, 再生産表式で当然に前提されている労働力の存在を, 投入・産出モデルでいかに扱うかという課題がある。この2つの課題が解決され, 再生産表式から投入・産出モデルへの接合が適切になされれば, 今日の産業連関表がそうであるように, 特定の産業生産物に対する需要や価格に変化が生じたときに他産業への波及効果を推定したり, あるいは労働生産性が変化することで起こる特定部門の投入係数の変化が他産業へどのような波及効果を及ぼすか, といった有益な情報を与えてくれるのである。

　本章の経済モデルは, きわめて理想化された単純な抽象的モデルであり, 同時に労働価値説にもとづく経済モデルとして, いくつか重要な仮定をおいている。本文の関係する箇所でも触れているが, ここであらかじめまとめて整理しておく。

(1) 「技術選択」の問題は捨象されおり, 各産業セクターで利用可能な技術は1つしかない。また, 技術は固定されており「技術革新の問題」も捨象されている。

(2) 各産業セクターは副産物を生産せず，1種類の生産物を生産する。「結合生産の問題」は捨象されている。
(3) 本源的生産要素は労働だけであり，かつ労働強度・熟練度の格差，「異質労働の換算問題」は捨象され，労働はすべて同質労働であると仮定されている。
(4) 生産財の回転期間は商品の生産期間と同一であると仮定されている。つまり，固定資本の存在は捨象されている。
(5) 各セクターの生産過程は，一時点投入・一時点産出型である。投入は生産期間の期首にまとめて行われ，生産物は期末に得られる。

I　サービス部門と物量経済モデル

1　生産量ベクトル

本書は，サービス部門は生産部門であり，サービス生産物の実体を人間の能力であるとする。また，第1章で述べたように，サービス生産物は人間の数を単位とした"慣習的な名称を付けた人数"によって生産量が測定可能である，ということを前提する。サービス商品は，このように生産量が測定可能な人間の能力という実体をもつ生産物が商品化したものである。よって，社会的労働による総生産は，以下の3つの大きな部門に分かれる。これら3つの生産部門で充用される資本は，社会的総資本の大部門をなす。

I　生産財部門
　財貨の形態をもち，生産手段として各生産部門の生産的消費に入る商品，生産財の生産部門
II　消費財部門
　財貨の形態をもち，資本家および労働者の個人的消費に入る商品，消費財の生産部門
III　サービス部門
　人間の能力という形態をもち，社会的労働と個人的消費によって共同生産される商品，サービス商品の生産部門

これら3大部門によって生産される生産量ベクトルを，列ベクトルで

生産財 $\mathbf{X}_{\text{I}} = (X_1 \cdots X_n)'$

消費財 $\mathbf{X}_{\text{II}} = (X_{n+1} \cdots X_{n+r})'$

サービス生産物 $\mathbf{X}_{\text{III}} = (X_{n+r+1} \cdots X_{n+r+h})'$

で表す。社会全体の $n+r+h=m$ 個からなる多セクターの生産部門は，3つの大部門の生産量ベクトル $\mathbf{X}_{\text{I}}$, $\mathbf{X}_{\text{II}}$, $\mathbf{X}_{\text{III}}$ に整理統合される。社会的生産を3つの大部門に分割・整理し，生産量ベクトルを $\mathbf{X}_{\text{I}}$, $\mathbf{X}_{\text{II}}$, $\mathbf{X}_{\text{III}}$ に整理統合するということについて，とくにサービス生産物の生産量ベクトル $\mathbf{X}_{\text{III}}$ を中心に留意点を3点述べる。

第1に，第1章で述べたように，サービス生産物の生産量 $\mathbf{X}_{\text{III}}$ は生産財 $\mathbf{X}_{\text{I}}$ および消費財 $\mathbf{X}_{\text{II}}$ と同じように生産量が測定可能であるということを前提する。生産財は鉄1トン，リンネル1ヤール，消費財は冷蔵庫1台，ノート1冊など慣習的単位を用いて生産量が測定可能であること，これは広く認められている。これと同じように，サービス生産物についても，たとえば教育部門では各種教育課程の卒業者1名，医療部門では各種病気の治療・治癒患者1名，娯楽部門では各種ゲームの入場観客者1名といったかたちで生産量が測定可能とする。これは，一般の財貨生産物の生産量を慣習的単位で測定・捕捉する仕方と基本的に同じものであるが，ただし人間の数を単位にした"慣習的な名称を付けた人数"を測定尺度とするところにサービス生産物の特性が表れている。

サービス生産物の生産量を"慣習的な名称を付けた人数"で測定・捕捉するという方法は，サービス生産物の実体を人間の能力とする本書固有なものである。人間の運輸，理髪，ゲーム観戦などは1人当たり1回の乗車，1人当たり1回の散髪，1人当たり1回の観戦を1単位のサービス生産物とし，区間 α の乗車 y_1 人，タイプ β の散髪 y_2 人，ゲーム γ の観戦 y_3 人をサービス生産量とすることで問題はない。しかし，教育や医療などで1人当たり1回の受講や1人当たり1回の受診を1単位のサービス生産物とするのでは問題が生じる場合がある。なぜなら，後者のケースでは多くの場合，1回の受講や受診で所期の能力の形成や病気の治療・治癒が達成されることは稀であるからである。むしろ，

標準的な成果が得るまでに数週間，数ヵ月，数年を要するのが普通である。したがって，これらのケースでは，それぞれの教育課程で標準的に必要とされる教育期間の修了者，それぞれの病気の治療・治癒までに標準的に必要とされる受診期間の満了者を1単位のサービス生産物として捕捉する方が適当である場合が多い。すなわち，教育レベル α の卒業生1人，病名 β の治療・治癒患者1人を測定単位にしてサービス生産量を捉えるのである。このように，教育や医療などのサービス部門において生産量の測定尺度としてなにが適切であるかは個々のサービス部門の重要な実践的課題のひとつであるが，いずれにせよサービス生産物の生産量を人間の数に帰着させる捕捉方法が合理的である，と私は考える。そして，こうした生産量の捕捉方法は，教育と医療部門だけでなく，同じように共同生産過程である福祉，介護，スポーツ・演劇の興行，人の運輸など他のサービス部門においても適用できるのであり，患者数，入所者数，観客数，乗客数といった人間の数の単純合計または換算を経た延べの人数の合計で当該サービス部門の生産量を把握するというかたちで一般化できるのである。

　サービス生産物の生産量を"慣習的な名称を付けた人数"で測定・捕捉する方法は良しとしても，教育や医療は学生や患者に対し必ずしも均等・均質な成果をあげるとはかぎらないので，投入・産出モデルが前提にする投入物と産出物のあいだの"規模に関する収穫一定"を想定することはできないのではないか，という疑問が生じる。この論点については，第2章のサービス部門における「平準化生産の相対的困難性」で詳論したので，要点のみを述べる。そもそも教育や医療などのサービス部門では，労働の成果は労働対象になる人間の消費活動を媒介にして達成される——私はこれをサービス労働と消費活動による共同生産と規定した。したがって，財貨を対象にする工業生産と比べた場合，人間の運輸や理美容などではさほどでないものの，教育や医療などでは投入物と生産物のあいだに比例的関係を見出すことはたしかに簡単ではない。しかし私は，両者の違いはあくまで相対的なものであって絶対的なものではないと考えている。これを絶対的違いと捉えると，工業あるいは財貨生産においてのみ経済法則が適用されるという謬論を導きだしてしまう。こうした謬論は，工業でも相応の不良品が発生するし，農業や漁業でも天候や海流の影響で一定の投入に対して所期の比例的成果を得られない，という明白な事実があることを忘

れているのである。つまり，経済活動については投入・産出の比例的関係の明確さの程度で，工業，採取業，サービス業という順位がつくだけなのである。つまり，投入・産出の比例的関係すなわち"規模に関する収穫一定"は生産過程の物理的性質から導きだされるのではなく経済理論的に要請されているのである。すなわち，投入・産出の比例的関係を想定することを合理的なものとする根拠は，サービス部門を含めて生産過程ないし労働過程の標準化を追求・強制する諸資本の競争にある。経済活動における投入・産出の意思決定が資本によってなされているかぎり，競争による標準化作用はつねに傾向的に働き，各セクターの労働生産性を一定水準に収束させる強制力をもつ。そして，価値は労働生産性の逆数であるから，この競争による強制力は同時に個々の商品価値も一定水準に収束させるのである。よって，こうした傾向性や強制力が法則的に存在するかぎり，経済の理想的状態（たとえば，技術革新を捨象した静学的再生産）を前提に，投入係数を使った"規模に関する収穫一定"の経済モデルを構築してよい，と私は考えている。

かくて，本書はサービス部門を投入・産出モデルに組み込むにあたり，サービス生産物の生産量ベクトル X_{III} について他の財貨部門の生産量ベクトル X_I, X_{II} と同じ想定をおく。すなわち，経済の各生産セクターは結合生産物を生産せず1種類かつ均質の生産物を生産するという単純化想定である。たとえば自動車産業では，実際には各メーカーが様々な車種を製造し，歩留まりも各工程・各車種で必ずしも同一ではないが，自動車産業の任意のセクターはA型乗用車という1種類のしかも均質の製品を生産する。これと同じように，任意のサービス部門たとえば高等教育部門では，実際には同じ学科専攻でもカリキュラムに多少の違いがあり，しかも受講する学生の質や学習活動によって教育的見地からの成果（試験結果や資格の取得等）は個々に差異が出るが，高等教育部門は所定の教育期間に1種類のしかも均質の教育成果を卒業生1人当たりに生みだすとしてモデルを構築するのである。なお，サービス生産物の生産量の測定問題，サービス部門における投入・産出の比例的関係をめぐっては論争があるが，それについては後に補論で触れる。

第2に，生産部門の3大部門へのグループ分けにもとづく生産量ベクトル X_I, X_{II}, X_{III} への整理統合は，生産物が各セクターでどのような用途に使用され

るかを判別基準にする。この点に関連して，まず問題になるのはサービス部門で使用される財貨である。前章で詳論したように，教育設備や教育機器，また医療設備や医療器具などサービス部門で人間の能力を生産するために使用される財貨は労働手段であり，サービス部門で生産物が生産されるという視点から生産財と規定する。よって，サービス部門で使用される財貨は消費財 $\mathbf{X}_{II}$ でなく生産財 $\mathbf{X}_I$ に組み入れられる。そして，サービス部門を社会的総資本の一環として見る場合には，サービス商品を生産する教師や医師などの行う社会的労働の投入時間が問題になるとともに，そこで使用される財貨は生産的消費の手段＝生産財 $\mathbf{X}_I$ であり，生産物であるサービス商品に価値移転するものとして扱われる。

　サービス部門で使用される財貨を消費財でなく生産財とすることは，生産財生産部門の経済活動を大なるものと見ることにつながる。たとえば，部品や機械等の生産財 $\mathbf{B}$ によって組立生産されるある種の乗用車 $\mathbf{C}$ を，消費財あるいは生産財とする場合について考えてみよう。この乗用車を個人的消費のための消費財とすれば生産財部門への需要は $\mathbf{B}$ であるが，これをサービス部門を含めた任意の生産部門で生産的に消費される生産財とすれば生産財部門への需要は $\mathbf{C}$ になる。$\mathbf{B}$ と $\mathbf{C}$ は異なるベクトルなので大きさは直接比較できないが，この付け替え自体で乗用車生産の実態は変わらないので次のように言うことができる。この付け替えで乗用車 $\mathbf{C}$ を製造するため生産的に消費される部品や機械等である $\mathbf{B}$ が生産財部門で生産されることに変わりはない。この付け替えによって変わるのは，$\mathbf{B}$ を使用して $\mathbf{C}$ をつくる仕事量が消費財部門でなく生産財部門の経済活動になることである。集計因子として価格ベクトル $\mathbf{p}$ を使うと，この付け替えによって生産財部門において $\mathbf{pC}-\mathbf{pB}$ の経済活動が増大するとともに，生産財部門に対する他部門からの需要もそれだけ増えたことになる[3]。

　第3に，$\mathbf{X}_I$ は生産財という財貨であり，サービス部門で労働対象になる人間はそこには入らない。人間は財貨ではないから生産財に入らないのは自明であるが，問題はそれにとどまらない。サービス部門の生産活動は共同生産という特殊な生産形態であるとはいえ，人間が生産手段を構成する労働対象になることは事実であり，それなくして生産過程は成り立たず，人間が原材料に限り

なく近い存在として X_I に組み込まれても理論上おかしくないからである。しかし，第2章で述べたように，サービス部門で労働対象になる人間は近代社会においては資本の所有物にならず，サービス資本は生産開始にあたって人間を原材料として購入できないのであるから，労働対象になる人間は投下資本を構成しない。サービス部門の生産活動は製造業になぞらえれば，いわば労働力所有者である人間が労働力の製造工程の一部を自ら工程に加わりつつ外部に委託生産するようなもので，委託生産の成果であるサービス生産物（変換された人間の能力）が商品価値にもとづいて取引されるのである。したがって，教師や医師等の労働力とそこで使用される生産財はサービス資本によって前貸しされた投入物なのであるが，労働対象となる人間は前貸しされた投入物としては扱われない。こうした理由で，サービス部門で労働対象になる人間は生産財 X_I から除かれるのである。

そして，サービス部門で労働対象となる人間が生産財 X_I から除かれそれと区別されるということは，サービス生産物が変換された能力として人間の内部に存在するかぎり，サービス生産物 X_{III} は生産過程おける生産財という用途では使用されないということになる。サービス生産物 X_{III} は諸能力の総体である労働力に統合されることによって，任意の生産過程の生産要素になり，また投下資本の一部（可変資本）を構成することになる。つまり，サービス生産物 X_{III} は，人間の内部に存在し人間の身体と不可分であるが故に，財貨である生産財 X_I および消費財 X_{II} とは区別される生産物であり，またそれは，労働力に統合されることによってはじめて資本の生産要素となり生産過程で機能するのである。このようにして見ると，サービス生産物 X_{III} を産出するサービス部門は，社会的労働部門全体のなかで労働力の部分的生産部門という性格をもつと言える。

2 労働力商品と擬制的投入物

生産物の3種類への区分を受けて，まず，生産財の投入係数行列 $\mathbf{A}$ を以下のように定式化する。$\mathbf{A}_I$ は生産財部門における生産財の投入係数行列で正方行列，$\mathbf{A}_{II}$ と $\mathbf{A}_{III}$ はそれぞれ消費財部門とサービス部門における生産財の投入係数行列で矩形行列である。

$$\mathbf{A}_{\mathrm{I}} = \begin{bmatrix} a_{11} & \cdots & a_{1n} \\ & & \\ a_{n1} & \cdots & a_{nn} \end{bmatrix} \quad \mathbf{A}_{\mathrm{II}} = \begin{bmatrix} a_{1n+1} & \cdots & a_{1n+r} \\ & & \\ a_{nn+1} & \cdots & a_{nn+r} \end{bmatrix} \quad \mathbf{A}_{\mathrm{III}} = \begin{bmatrix} a_{1n+r+1} & \cdots & a_{1n+r+h} \\ & & \\ a_{nn+r+1} & \cdots & a_{nn+r+h} \end{bmatrix}$$

　生産財の投入係数行列 $\mathbf{A}$ は，3つの大部門の生産量ベクトル $\mathbf{X}_{\mathrm{I}}$, $\mathbf{X}_{\mathrm{II}}$, $\mathbf{X}_{\mathrm{III}}$ が与えられれば容易に導出できる。生産財部門，消費財部門，サービス部門を含めた第 j セクターへの生産財の投入係数は $A_{ij}=X_{ij}/X_j$（$i=1\cdots n$, $j=1\cdots n+r+h$）で与えられる。X_j は第 j セクターの生産量，X_{ij} は第 j セクターへの第 i 生産財の投入量である。添字 j はすべての生産セクターを網羅するかたちで $j=1\cdots n+r+h$ と動き，添字 i はすべての生産財を網羅するかたちで $i=1\cdots n$ と動く。よって，$A_{ij}=X_{ij}/X_j$（$i=1\cdots n$, $j=1\cdots n+r+h$）は各生産セクターの生産物1単位当たりの生産財投入量が物量単位で表される。たとえば，「名称 X_1 の生産財の投入量/名称 X_1 の生産財の生産量」，「名称 X_1 の生産財の投入量/名称 X_2 の消費財の生産量」，「名称 X_1 の生産財の投入量/名称 X_3 のサービス生産物の生産量」などである。つまり，生産財の投入係数行列 $\mathbf{A}$ の数値は，各種生産物を1単位生産するのに必要とされる各種生産財が物量単位で表されたものであり，「X_2 の消費財1単位生産に必要な X_1 の設備0.12台」，「X_3 のサービス生産物1単位生産に必要な X_1 の設備0.03台」などとなる。

　なお，産業連関論は新古典派の系統による成果であるが，新古典派によれば，利潤の源泉は「資本（機械・設備）」にあり，生産過程におけるその物理的貢献度（資本の限界生産力）に応じて利潤が発生すると考えている。消費財は生産過程に直接投入されず最終需要として個人消費されるだけであるから，したがって利潤をもたらす生産財についての投入・産出の部門間連関を究明すれば基本的に事が足りるということになる。それが，産業連関論をして付加価値と最終需要の立ち入った分析を怠らしめた理由であると考えられる。そして，付加価値と最終需要の立ち入った分析は国民所得論の課題になった。ケインズに代表される国民所得論は，自由競争市場の自動安定化作用を否定し，消費と投資からなる最終需要こそが各生産部門の生産水準および利潤を含む付加価値の水準（所得水準）を決めるとする。しかし，ケインズは，利潤の源泉は「資本（機械・設備）」の限界生産力にあるという新古典派理論を承認しつつ，二重計算

であるという理由で生産財の分析を基本的に欠落させている。このように，産業連関論と国民所得論はいわば別個の体系として形成され発展してきたと言えるが，資本制経済における経済活動の推進力は利潤にあり，その源泉を「資本（機械・設備）」に求めたということでは共通しているのである。

これに対し，労働価値説は，利潤の源泉は社会的労働によって形成される剰余価値にあるとする。したがって，労働価値説にもとづく投入・産出モデルを構築するには，生産財の投入・産出だけでなく，利潤の源泉となる労働力（可変資本）の投入・産出をモデルに組み込むことが理論的に要請されるのである。前章の再生産表式をベースに投入・産出モデルを構築しようとすれば，生産過程には生産財（不変資本）だけでなく労働力（可変資本）も資本投下されるから，本来は労働力についての投入係数が示されねばならない。しかし，労働力はたしかに生産過程へ投入される投入物であるが，それは再生産表式そして産業連関表においても産業部門の産出物としては登場しない。なぜなら，労働力はそもそも産業部門の産出物ではなく，社会的労働部門によって構成される経済モデルのいわば体系外で生産されるからである。労働力の生産は，基本的には，資本による生産ではなく家族・家庭を中心とする個人的消費による生産に委ねられている。第2章で述べたように，個人的消費は労働力に消費財価値を移転しサービス労働による価値形成を媒介するが，個人的消費という人間の活動そのものは価値および剰余価値を形成する社会的労働ではない。したがって，個人的消費をつうじて労働力を生産する家族・家庭は，企業資本でなく，それは社会的総資本を構成する産業部門として登場しないのである。これに関連してサービス部門について言えば，サービス部門は人間の能力を商品として生産する産業部門であるが，それはいわば労働力の部分的生産部門なのであって，労働力を全体として生産する産業部門ではない——ただし，労働力の部分的生産が社会的労働部門によって行われるようになったこと自体は資本制の文明化作用のひとつである。こうして，労働力については，その生産が家族・家庭における個人的消費に委ねられており，労働力は資本の投入物ではあるが資本の産出物ではないという基本性格を有しているのである。それゆえ，冒頭で述べたように，労働価値説にもとづく投入・産出モデルを構築するには労働力をいかに扱うかという課題が生じることになる。

この課題については，一方で，労働力は各産業部門において事実上の投入物として扱われるが産出物としては登場しないという点，他方で，個人的消費で需要の対象となる消費財とサービス生産物は，消費財部門およびサービス部門の産出物として登場するが各産業部門で中間需要の対象となる投入物としては扱われないという点，これらに着目すれば解決方法が見出せる。すなわち，産業連関表においては，消費財と本書の定義するサービス生産物は最終需要の対象であり各産業部門の中間需要の対象としては扱われないが，それらによって労働力が生産されその労働力が各産業部門に投入されるのであるから，投入・産出モデルでは消費財とサービス生産物の両者を中間需要の対象となる擬制的な投入物として扱うことができるのである。ただし，そこで投入されるのはすべての労働力ではなく投入されるのは賃金労働者の労働力商品であるから，労働力商品の生産に必要な消費財とサービス生産物を擬制的な投入物として扱うのである。後に詳論されるが，表1の「投入・産出モデル」を見ると，各産業部門の列の欄には，投入物に生産財（不変資本）と擬制的な投入物である消費財とサービス生産物が並び，各産業部門の列の欄外に賃金と利潤からなる付加価値が表示される。これにより，付加価値は投入された労働力商品（可変資本）の機能である社会的労働によって形成されること，それは投入された労働力商品価値（＝擬制的な投入物である消費財とサービス生産物の価値）を超えて形成されること，付加価値から労働力商品の投入費用である賃金を控除した残余が利潤であること，これらが明瞭に表現される。そして，表1の「投入・産出モデル」の各産業部門の行を見ると，各産業部門の生産物は，マトリックスの部分では中間需要の対象として生産財および労働力商品の生産に必要な消費財とサービス生産物が並び，行の欄外では賃金労働者の消費分を除いた資本家の消費と投資からなる最終需要が表示される。この結果，産業部門ごとに行の欄外に表示された最終需要の総計は，列の欄外に表示された各産業部門生産額のうち利潤総計と一致する。

　本章の投入・産出モデルでは，各産業部門に投入される労働力商品に代わり，労働力商品の生産に必要な消費財とサービス生産物を中間需要の対象となる擬制的な投入物として扱う。これにより，再生産表式から投入・産出モデルへ接合するための2つの課題が解決される。まず，産業連関表に代表される一般の

投入・産出モデルでは，消費財およびサービス生産物は最終需要の対象であり，各産業部門で中間需要の対象となる投入物としてマトリックス部分には登場しない。しかし，各産業部門において投入される労働力商品に代わり，労働力商品の生産に必要な消費財とサービス生産物の両者を中間需要の対象となる擬制的な投入物として扱うことによって，投入・産出のマトリックス部分に消費財とサービス生産物が表示される。

次に，再生産表式では労働力商品（可変資本）の投入が前提されているが，そもそも労働力商品は産業部門生産物ではないから，投入・産出モデルにおいてそれは各産業部門で中間需要される対象物としては表示できない。しかし，この課題も，消費財とサービス生産物がもともと産業生産物として登場しているから，労働力商品の生産に必要な消費財とサービス生産物を中間需要の対象となる擬制的な投入物として扱うことによって解決する。なぜなら，各産業部門で中間需要の対象になるものとしてマトリックス内に表示された消費財とサービス生産物は，両者の産出物総計のうち労働力商品の再生産費に該当する部分にほかならないからである。それは，列の欄で見れば社会的総資本の体系外で生産された労働力商品の投入であり，行の欄で見れば同じく体系外で生産された労働力商品に対する中間需要を意味するからである。

こうして，本章が提示する投入・産出モデルは，再生産表式から接合するための2つの課題が解決されたモデルとなっている。なお，本書が提示する表1の「投入・産出モデル」の原型は，生産財部門と消費財部門の2部門モデルであるが，森嶋通夫氏および高須賀義博氏によって提示されている[4]。本書は，それをサービス部門を組み込んだ3部門モデルに発展させたものである。

3 生活ベクトルの導入と拡大投入係数行列

前項の考え方を踏まえて，労働力商品の擬制的な投入物である消費財とサービス生産物をどのように定義し，また表現するかという課題に移る。まず，労働力商品の再生産のため労働者1人1日当たり必要な標準化された消費財ベクトルとサービス生産物ベクトルを B_{II}, S_{III} とし，さらにこれらを労働日Tで除した1時間当たり必要な標準化された消費財ベクトル b_{II} とサービス生産物ベクトル s_{III} を，列ベクトルで次のように表す。

$$\mathbf{b} = \begin{bmatrix} 0 \\ \mathbf{b}_{\mathrm{II}} \\ 0 \end{bmatrix} \quad \text{ただし} \quad \mathbf{b}_{\mathrm{II}} = \begin{bmatrix} b_{n+1} \\ \vdots \\ b_{n+r} \end{bmatrix} \quad \mathbf{s} = \begin{bmatrix} 0 \\ 0 \\ \mathbf{s}_{\mathrm{m}} \end{bmatrix} \quad \text{ただし} \quad \mathbf{s}_{\mathrm{III}} = \begin{bmatrix} s_{n+r+1} \\ \vdots \\ s_{n+r+h} \end{bmatrix}$$

本書は,サービス生産物の実体を人間の能力としているので,サービス生産物は生産財としては使用されず,消費財と同じく労働者および資本家の個人的消費に入り込むという立論である。したがって,労働者の生活の再生産に1日当たり必要な賃金バスケットを想定すれば,各種サービス生産物は各種消費財とともに賃金バスケットの要素を構成する。$\mathbf{b}_{\mathrm{II}}$,$\mathbf{s}_{\mathrm{III}}$ はこれを1日当たりでなく1労働時間当たりで表している。1労働時間当たりにした理由は,後述するように本章は労働日均等かつ同質労働を仮定しているので,単位時間当たり表示にしても賃金バスケットの均等な縮尺版として問題がなく,かつ単位労働時間当たり表示の方が後の計算に便利であるからである。また,労働者の個人的消費に入る単位労働時間当たりの消費財ベクトル $\mathbf{b}_{\mathrm{II}}$ とサービス生産物ベクトル $\mathbf{s}_{\mathrm{III}}$ の各要素は,生産量ベクトル $\mathbf{X}$ と同じく物量単位を有している。これらは,さきに示した消費財生産量ベクトル $\mathbf{X}_{\mathrm{II}} = (X_{n+1} \cdots X_{n+r})'$ およびサービス生産量ベクトル $\mathbf{X}_{\mathrm{III}} = (X_{n+r+1} \cdots X_{n+r+h})'$ のうち,たとえば1年間という適当な期間をとって,労働者の個人的消費に入る部分を当該期間に直接投入された全セクターの総労働量 $\sum L_j$($j=1 \cdots n+r+h$)で除した商にほかならない。すなわち $\mathbf{b}_{\mathrm{II}}$ については,各要素はたとえばテレビ b_1 台$/h$,キュウリ b_2 本$/h$ などの物量単位をもち,$\mathbf{s}_{\mathrm{III}}$ については,各要素はたとえば区間 α の運輸 s_1 人$/h$,病名 β の治療 s_2 人$/h$,γ の卒業生 s_3 人$/h$ などの物量単位をもつ。なお,以下本章では,労働者の個人的消費に入る1日当たりの消費財ベクトル $\mathbf{B}_{\mathrm{II}}$ とサービス生産物ベクトル $\mathbf{S}_{\mathrm{III}}$ の和 $\mathbf{B}_{\mathrm{II}} + \mathbf{S}_{\mathrm{III}}$,あるいは単位労働時間当たりの消費財ベクトル $\mathbf{b}_{\mathrm{II}}$ とサービス生産物ベクトル $\mathbf{s}_{\mathrm{III}}$ の和 $\mathbf{b}_{\mathrm{II}} + \mathbf{s}_{\mathrm{III}}$,すなわち実質賃金率を生活ベクトルと呼ぶことにする。

各セクターの労働投入係数 l_j を,行ベクトル $\boldsymbol{l}$ で以下のように表す。労働投入係数 l_j は各セクター生産物1単位を生産するのに必要な直接投入労働量であり,各セクターの直接投入労働量を L_j とすれば,$L_j/X_j = l_j$ で求まる。また,各セクターの雇用者数を N_j,各セクター労働日均等で T 時間とすれば,TN_j

$=l_\mathrm{j}X_\mathrm{j}=L_\mathrm{j}$ という関係が成り立つ。

$$l_\mathrm{I} = (l_1 \cdots l_n) \qquad l_\mathrm{II} = (l_{n+1} \cdots l_{n+r}) \qquad l_\mathrm{III} = (l_{n+r+1} \cdots l_{n+r+h})$$

$\mathbf{b}_\mathrm{II}$ と $\mathbf{s}_\mathrm{III}$ は労働者の生活に1労働時間当たり必要な消費財とサービス生産物であり，l は各セクター生産物1単位当たり必要な直接投入労働量である。したがって，$\mathbf{b}_\mathrm{II}l$ と $\mathbf{s}_\mathrm{III}l$ は，各セクターで生産労働を行う労働者にとって当該セクター生産物1単位当たりに必要になる消費財とサービス生産物の行列表示になる。かくして，賃金労働者の生活ベクトルを形成する消費財とサービス生産物は，生産財 A とともに投入物として扱うことが可能になり，サービス部門を生産部門に加えた拡大された投入係数行列 $\mathbf{M}$ が，正方行列として以下のように与えられる。

$$\mathbf{M} = \begin{bmatrix} \mathbf{A}_\mathrm{I} & \mathbf{A}_\mathrm{II} & \mathbf{A}_\mathrm{III} \\ \mathbf{b}_\mathrm{II}l_\mathrm{I} & \mathbf{b}_\mathrm{II}l_\mathrm{II} & \mathbf{b}_\mathrm{II}l_\mathrm{III} \\ \mathbf{s}_\mathrm{III}l_\mathrm{I} & \mathbf{s}_\mathrm{III}l_\mathrm{II} & \mathbf{s}_\mathrm{III}l_\mathrm{III} \end{bmatrix}$$

$\mathbf{b}_\mathrm{II}l$ と $\mathbf{s}_\mathrm{III}l$ を投入物として扱う拡大された投入係数行列 $\mathbf{M}$ の理論的意義については，後に詳しく述べる。ここでは，ベクトル $\mathbf{b}_\mathrm{II}$, $\mathbf{s}_\mathrm{III}$, l の制約について一言しておく。生活ベクトル $\mathbf{b}_\mathrm{II}$, $\mathbf{s}_\mathrm{III}$ については，賃金労働者の生活は平準化し，各種消費財と各種サービス生産物に対して労働1時間当たりで見てみな同じ規準バスケットを選択する。つまり，すべての労働者の生活は均等化し，消費選択行動も均質化しているという想定である。そして，この延長上に，労働投入係数 l についてのきつい制約がある。本来，社会的労働は各種の具体的有用労働の集合であり，けっして同質ではない。しかし，本章では，すべて労働者が同質労働を行う単純労働者であるとみなし，労働日も各セクター均等であるとする。つまり，たとえば医療労働1時間は乗用車組立労働1時間とは本来異質であって，なんらかの基準によって換算がなされて然るべきであるが，本章では両者を等質で等価であるとみなす。労働投入係数 l の要素 l_j は，各セクター生産物1単位当たり必要な同質である直接投入労働量を示す。これは，多くの論者が採用しているモデル単純化のための想定であり，サービス部門を組み入れた本章のモデルにおいても，一定の論理次元で許容される想定として

採用する。

　なお，2部門構成の投入係数行列について広く認められている特徴が，サービス部門を加えた3部門構成の拡大投入係数行列 $\mathbf{M}$ についても同じように妥当することを確認しておく。まず第1に，$\mathbf{M}$ のなかの生産財部門の投入係数行列 $\mathbf{A}_\mathrm{I}$ について，$\mathbf{A}_\mathrm{I} \geq 0$ かつ $\mathbf{X}_\mathrm{I} > \mathbf{A}_\mathrm{I} \mathbf{X}_\mathrm{I}$ の成立である。つまり $(\mathbf{I}-\mathbf{A}_\mathrm{I})^{-1} > 0$ で，$\mathbf{A}_\mathrm{I}$ は純生産可能な行列である。生産財産業は資本主義存続の必要条件を満たす技術水準に達している。第2に，拡大投入係数行列 $\mathbf{M}$ は非負行列である。$\mathbf{A} \geq 0$，$\mathbf{b}_\mathrm{II} > 0$，$\mathbf{s}_\mathrm{III} > 0$，$l > 0$ だからである。第3に，$\mathbf{M}$ は分解不可能な行列でかつ産業間の連関はプリミティブである。ある特定セクターに発生した需要は十分な次階を経れば，全セクターの中間需要の成分を正にするように波及する。

4　投入・産出モデル

　拡大投入係数行列 $\mathbf{M}$ と労働 $\mathbf{L}$ および生産物 $\mathbf{X}$ によって投入・産出の物量的な経済モデルが与えられる。本章は，剰余の存在する単純再生産の経済を仮定する。単純再生産では，純生産物は社会全体から見れば消費財およびサービス生産物である。純生産物のなかに労働者の必要を超える剰余が存在すれば，剰余に相当する部分を枠外に括りだすことができ，これをベクトル $\mathbf{\Pi}$ で表す。また，単純再生産では剰余は蓄積されず，すべて消費財とサービス生産物に支出されるので，消費財の実体をもつ剰余ベクトルを $\mathbf{\Pi}_\mathrm{b}$ とし，それに対応する各部門資本家の最終需要としての個人消費を $\mathbf{\Pi}_{\mathrm{b}i}(i=\mathrm{I}\cdots\mathrm{III})$ で表す。同様に，サービス生産物の実体をもつ剰余ベクトルを $\mathbf{\Pi}_\mathrm{s}$ とし，それに対応する各部門資本家の最終需要としての個人消費を $\mathbf{\Pi}_{\mathrm{s}i}(i=\mathrm{I}\cdots\mathrm{III})$ で表す。すると，$\mathbf{\Pi}$ は列ベクトルで次のように表される。

$$\mathbf{\Pi} = \begin{bmatrix} 0 \\ \mathbf{\Pi}_{\mathrm{b}_\mathrm{I}} + \mathbf{\Pi}_{\mathrm{b}_\mathrm{II}} + \mathbf{\Pi}_{\mathrm{b}_\mathrm{III}} \\ \mathbf{\Pi}_{\mathrm{s}_\mathrm{I}} + \mathbf{\Pi}_{\mathrm{s}_\mathrm{II}} + \mathbf{\Pi}_{\mathrm{s}_\mathrm{III}} \end{bmatrix}$$

　これにより，剰余を含んだ単純再生産の3部門経済モデルは社会全体で

$$X = MX + \Pi \tag{1}$$

という生産物の需給方程式で表現される。これを展開すると，

$$X_I = A_I X_I + A_{II} X_{II} + A_{III} X_{III} \tag{2}$$

$$X_{II} = bl_I X_I + bl_{II} X_{II} + bl_{III} X_{III} + \Pi_{b_I} + \Pi_{b_{II}} + \Pi_{b_{III}} \tag{3}$$

$$X_{III} = sl_I X_I + sl_{II} X_{II} + sl_{III} X_{III} + \Pi_{s_I} + \Pi_{s_{II}} + \Pi_{s_{III}} \tag{4}$$

となる。これを産業連関表のスタイルで示したのが表1の「投入・産出モデル」である。私はすでに，サービス部門を組み込んだ3部門の単純再生産表式を前章で示した。再生産表式は価値表示であるが物量体系を内包している。表1の括弧の数値は，記号表記の一部を本章のスタイルに変えて前章で示した単純再生産表式の数値を当てはめたものである。また，表2は，部門生産物が各部門1種類とみなし，この数値例が内包している物量体系の一例を示したものである。なお，直接投入労働量 L は付加価値総計から3,000時間であるが，表3は，その物量体系から投入係数を求めたものである。

表1の「投入・産出モデル」を縦の列についてみると，各部門の生産に必要な投入物が並ぶが，労働力商品の投入を表現する消費財（**b**_l_**X**）とサービス生産物（**s**_l_**X**）の擬制的な投入によって，純生産物＝付加価値が形成されるという各部門の生産構造が示される。表1の「投入・産出モデル」を横の行についてみると，各部門生産物に対する各部門からの中間需要そして最終需要が並んでいる。モデルは需給均衡を前提にしているので，縦の合計である生産量と横の合計である需要量は各部門で一致する。なお，労働力商品の再生産に必要な消費財（**b**_l_**X**）とサービス生産物（**s**_l_**X**）は，このモデルでは投入物として扱う。つまりそれらは，期間の正常な労働遂行を保障するため前期の経済活動の成果として期首にあらかじめ存在し，前もって投入されると想定される。それ故，各部門の付加価値のうち賃金（可変資本）に対応する部分（表1の【**b**_l_**X**＋**s**_l_**X**】部分）は中間投入物として扱われ，当該期間に労働によって形成された新価値＝付加価値には加算されない。同時に，横の需要量についてみると，労働力商品の再生産に必要な消費財（**b**_l_**X**）とサービス生産物（**s**_l_**X**）に対する需要は，投入物のための需要すなわち中間需要として計上され，最終需要の項目から除

第6章 サービス部門と投入・産出モデル

表1 「投入・産出モデル」

投入＼産出		生産部門			小計	最終需要		生産量	純生産物
		I	II	III		消費	投資		
生産部門	I 部門 (生産財部門)	$A_I X_I$ (4,500C)	$A_{II} X_{II}$ (1,200C)	$A_{III} X_{III}$ (300C)	AX (6,000)		0	X_I (6,000)	$X_I - AX$ (0)
	II 部門 (消費財部門)	$bl_I X_I$ (600V_b)	$bl_{II} X_{II}$ (480V_b)	$bl_{III} X_{III}$ (120V_b)	blX (1,200)	$\Pi_{b_I} + \Pi_{b_{II}} + \Pi_{b_{III}}$ (1,200)	0	X_{II} (2,400)	X_{II} (2,400)
	III 部門 (サービス部門)	$sl_I X_I$ (150V_s)	$sl_{II} X_{II}$ (120V_s)	$sl_{III} X_{III}$ (30V_s)	slX (300)	$\Pi_{s_I} + \Pi_{s_{II}} + \Pi_{s_{III}}$ (300)	0	X_{III} (600)	X_{III} (600)
付加価値	賃金	$[bl_I X_I + sl_I X_I]$ (600V_b + 150V_s)	$[bl_{II} X_{II} + sl_{II} X_{II}]$ (480V_b + 120V_s)	$[bl_{III} X_{III} + sl_{III} X_{III}]$ (120V_b + 30V_s)					
	剰余	$\Pi_{b_I} + \Pi_{s_I}$ (600Π_b + 150Π_s)	$\Pi_{b_{II}} + \Pi_{s_{II}}$ (480Π_b + 120Π_s)	$\Pi_{b_{III}} + \Pi_{s_{III}}$ (120Π_b + 30Π_s)					
労働		L_I (1,500)	L_{II} (1,200)	L_{III} (300)	L (3,000)				
生産量		X_I (6,000)	X_{II} (2,400)	X_{III} (600)	X (9,000)				

(数値例)

〈単純再生産の基本表式〉

I) $4,500C + 750V + 750\Pi = 6,000$
II) $1,200C + 600V + 600\Pi = 2,400$
III) $300C + 150V + 150\Pi = 600$

〈部門間の補塡関係を表示した単純再生産表式〉

I) $4,500C + \underline{600V_b + 600\Pi_b} + \underline{150V_s + 150\Pi_s} = 6,000$
II) $1,200C + 480V_b + 480\Pi_b + \underline{120V_s + 120\Pi_s} = 2,400$
III) $300C + \underline{120V_b + 120\Pi_b} + 30V_s + 30\Pi_s = 600$

V_b = 賃金所得のなかで消費財に支出される部分
V_s = 賃金所得のなかでサービス生産物に支出される部分
Π_b = 剰余のなかで消費財に支出される部分
Π_s = 剰余のなかでサービス生産物に支出される部分

表2

	A (台)	L (時間)	X (生産量)
I	12	1,500	18 (台)
II	5	1,200	100 (個)
III	1	300	100 (人)
計	18	3,000	

表3

	I	II	III
A	0.$\dot{6}$	0.05	0.01
l	83.$\dot{3}$	12.0	3.0
b		0.01$\dot{6}$	
s			0.01$\dot{6}$

注：b, s については，II・III 部門生産量の半数が労働者の個人的消費に入るとし，それを労働時間 L で除した。

かれる。

　各部門に剰余は存在するが，単純再生産を前提にしているので剰余は投資に向かわず，すべて消費財あるいはサービス生産物に支出される（Π_{bi}，Π_{si}）。表式の数値例では，剰余価値率は100％，消費財とサービス生産物への剰余からの支出比率は賃金労働者と同じ4：1という想定である。賃金労働者の需要は最終需要から除かれるため，最終需要は剰余からの支出だけとなり，資本制経済では資本家の個人的消費に相当する。資本家の個人的消費としての消費財の購入（Π_{bi}）とサービス生産物への支出（Π_{si}）について一言しておく。資本家も労働力の保有者であり，彼も人間としての能力の維持・形成のために消費財だけでなくサービス生産物を必要とし，資本制ではそれらを商品として購入・支出するという点で労働者と変わりはない。違いは，資本家はそれらをつうじて形成した労働力を商品として販売しないという点，したがってそれらの支払源資は賃金でなく利潤（剰余）であり，資本家が購入・支出する消費財およびサービス生産物は投入物として扱われないという点にある。このように，資本家の消費財の購入（Π_{bi}）とサービス生産物への支出（Π_{si}）は，人間的能力の獲得のための支出にほかならないが，これを表1の「投入・産出モデル」の最終需要の消費項目で表していることに留意されたい。

　純生産物は経済全体の生産量（$\mathbf{X}_I+\mathbf{X}_{II}+\mathbf{X}_{III}$）から生産財（$\mathbf{A}_I\mathbf{X}_I+\mathbf{A}_{II}\mathbf{X}_{II}+\mathbf{A}_{III}\mathbf{X}_{III}$）を控除した残余であり，経済全体から見れば，余剰生産財（$\mathbf{X}_I-\mathbf{AX}$），消費財（$\mathbf{X}_{II}$），サービス生産物（$\mathbf{X}_{III}$）からなる。$\mathbf{X}_I-\mathbf{AX}>0$ の場合は拡大再生産となるが，表1は単純再生産を想定している。よって，余剰生産財は存在せず $\mathbf{X}_I-\mathbf{AX}=0$ であり，経済全体の純生産物は消費財（$\mathbf{X}_{II}$）とサービス生産物（$\mathbf{X}_{III}$）からなる。ただし，これは第I部門で純生産が行われないということではない。純生産物は，各部門生産量から消耗生産財を引いた残余の全体である。集計因子として価格ベクトル $\mathbf{p}$ を用いて各部門の純生産物を表せば，第I部門は $\mathbf{p}_I\mathbf{X}_I-\mathbf{p}_I\mathbf{A}_I\mathbf{X}_I$，第II部門は $\mathbf{p}_{II}\mathbf{X}_{II}-\mathbf{p}_I\mathbf{A}_{II}\mathbf{X}_{II}$，第III部門は $\mathbf{p}_{III}\mathbf{X}_{III}-\mathbf{p}_I\mathbf{A}_{III}\mathbf{X}_{III}$ であり，純生産物は $(\mathbf{p}_I\mathbf{X}_I-\mathbf{p}_I\mathbf{A}_I\mathbf{X}_I)+(\mathbf{p}_{II}\mathbf{X}_{II}-\mathbf{p}_I\mathbf{A}_{II}\mathbf{X}_{II})+(\mathbf{p}_{III}\mathbf{X}_{III}-\mathbf{p}_I\mathbf{A}_{III}\mathbf{X}_{III})$ である。これを整理すると，$\mathbf{p}_I\mathbf{X}_I-\mathbf{p}_I(\mathbf{A}_I\mathbf{X}_I+\mathbf{A}_{II}\mathbf{X}_{II}+\mathbf{A}_{III}\mathbf{X}_{III})+\mathbf{p}_{II}\mathbf{X}_{II}+\mathbf{p}_{III}\mathbf{X}_{III}$ であり，単純再生産を前提にすれば，生産財は期間内にすべて使用され蓄積分はなく，$\mathbf{X}_I=\mathbf{A}_I\mathbf{X}_I+\mathbf{A}_{II}\mathbf{X}_{II}+\mathbf{A}_{III}\mathbf{X}_{III}$ であるから，純生産

物は $p_{II}X_{II}+p_{III}X_{III}$ となる。純生産物を表す2つの式は等価である。したがって，経済全体の純生産物を消費財 (X_{II}) とサービス生産物 (X_{III}) で捉えることは，第I部門で純生産が行われないということを意味するものではない。表式の数値例でいえば，純生産物価値すなわち付加価値は総生産物価値 (9,000) から生産財の不変資本価値 (6,000) を引いた残余であり，それは消費財とサービス生産物の価値合計 (3,000) と一致する。同時に，純生産物価値は直接労働投入量の合計 ($L_I+L_{II}+L_{III}$) に一致している。

5 投入・産出モデルの意義

本章が提示した投入・産出モデルの経済的意義について，これまでの叙述を踏まえて要約しておく。第1に，この経済モデルは，前章の再生産表式と同じように生産財部門，消費財部門，サービス部門という抽象度の高い3部門分割を前提にし，しかもサービス部門を生産部門に加えた3部門経済モデルである。この部門分割は，産業連関表における慣用的な産業分類をベースにした部門分割と異なっているため，生産財部門以外の産業生産物をいかにして投入・産出モデルに組み込むかという課題が存在した。この課題に対しては，労働力の生産過程への投入を労働力商品の再生産に必要な消費財 (blX) とサービス生産物 (slX) の擬制的投入として扱うことによって解決した。これにより，消費財 (X_{II}) とサービス生産物 (X_{III}) のうち労働力商品の生産に必要な生産量が各産業部門の中間投入および中間需要の対象となり，消費財部門とサービス部門を投入・産出のマトリックス部分に組み込むことを可能にした。第2に，そのことは同じような抽象度の高い部門分割を前提にし，しかも労働力商品の投入（可変資本の投入）による商品価値形成を理論の根幹においた再生産表式との接合を可能にした。なぜなら，表1の「投入・産出モデル」を縦の列の欄で見れば，各産業部門は生産財 (AX) を生産手段にして，消費財 (blX) とサービス生産物 (slX) の擬制的投入（労働力の投入）によって純生産物（付加価値）そして剰余（剰余価値）を生みだす，と読み込むことが可能であるからである。また，再生産表式では産業生産物の部門内・部門間交換が示されるが，表1「投入・産出モデル」を横の行の欄で見れば，各産業部門生産物が，どの産業部門にどれだけ中間需要あるいは最終需要として供給されるかがわかるからで

ある。表1「投入・産出モデル」の括弧で示した数値は，対応するベクトルに再生産表式の数値を当てはめたものであり，再生産表式から「投入・産出モデル」への接合が適切に行われたことを表している。第3に，表1「投入・産出モデル」は物量経済モデルとして見ることができる。再生産表式は物量体系と価値体系という二面性を内包していたが，表1「投入・産出モデル」はその物量体系を取りだして表現したものともいえる。したがって，このモデルは，特定の経済体制に関わりのない，人間社会の持続的再生産を可能にする普遍的な経済モデルであるという意義をもつ。そして，表1「投入・産出モデル」がそうした普遍的な性質をもつが故に，この物量体系を労働価値（**Λ**）あるいは価格（**p**）で評価することによって，産業生産物に対する評価体系である価値体系あるいは価格体系をつくりだすことができる。今日の産業連関表がそうであるように，この評価体系にもとづいて，任意の産業生産物に対する需要や価格に変化が生じたときに他産業への波及効果を推定したり，あるいは特定の産業部門の投入係数の変化——投入係数の変化は，多くの場合，部門生産物1単位当たりの直接・間接の投入労働量が増減するという労働生産性の変化を反映している——によって起こる部門生産物の商品価値の変化が他産業部門の商品価値にどのような波及効果を及ぼすか，といった有益な情報が得られるのである。

　最後に，投入・産出の物量経済モデルにサービス部門を生産部門として加えることに関連して，既述した箇所と若干の重複はあるが，いくつかの留意点を述べておく。

　まず第1に，このモデルでは，労働者に必要な消費財（**b***l***X**）だけでなくサービス生産物（**s***l***X**）も投入物として扱われる。その経済的根拠は，次の点にある。すなわち，資本制生産における労働の投入は，生産期間の期首に資本が貨幣形態で労働力商品を購入し，前貸資本の一部である可変資本を投入するというかたちで開始される。そのためには，労働力商品の生産に必要な消費財とサービス生産物は前期の生産の成果として前もって期首に存在していなければならない。これらが資本の当該生産期間における労働力の生産的消費を可能にする。そして，モデルでのこうした想定が消費財を擬制的に投入物として扱うことを可能にしているのであるが，消費財と同じようにサービス生産物もここでは擬制的に投入物として扱われる。これはサービスの実体を人間の能力（労働

力の一部）とみる本書の必然的な帰結である。労働者に必要な消費財とサービス生産物は，ともに実質賃金率である賃金労働者の生活ベクトルを形成するという経路で，投入物として拡大投入係数行列 $\mathbf{M}$ に組み込まれる。

第 2 に，本章の冒頭で仮定したように，各産業部門の生産活動は一時点投入・一時点産出型で行われる。すなわち，生産財 ($\mathbf{X}_\mathrm{I}$) および労働 ($\mathbf{L}$) は期首にまとめて投入され，期末に生産物 ($\mathbf{X}$) が得られる。また，生産物の価格形成すなわち素材補塡と蓄積のための流通的取引は期末にいっきょに行われ，流通期間は事実上存在しないと仮定される。この仮定は，本章の「投入・産出モデル」において次のことを想定することと等価である。まず，期首の労働投入 ($\mathbf{L}$) は，可変資本の対応物である労働力商品の投入，あるいはその対応物である労働者用の消費財 ($\mathbf{b}l\mathbf{X}$) とサービス生産物 ($\mathbf{s}l\mathbf{X}$) が投入されるということであるから，期首にあらかじめ存在していなければならない投入物のコストは，前期末の生産物の価格形成によって規定される。つまり，各産業部門における労働力の擬制的な投入物である労働者用の消費財とサービス生産物は，前期末の流通的取引をつうじ前期末に形成された価格で補塡・充当されるのであり，同時にそれが今期首における労働力の投入を可能にしているということである。これを賃金労働者の立場から見れば，彼は，今期の生活に必要な消費財を保存性の良し悪しを問わず前期末にまとめて購入し，また今期の生活に必要な教育，医療，娯楽などのサービス提供契約も前期末にまとめて行うということになる。そして，資本の立場から見れば，それが消費財とサービス生産物の期首における投入にほかならず，今期の各産業部門の生産過程における労働力の標準的な使用を可能にする。労働者用の消費財とサービス生産物を投入物として扱い，生産が一時点投入・一時点産出型で行われると仮定すれば，モデルはこのような想定になる。なお，冒頭で仮定したように，一時点投入・一時点産出型を生産財についてみれば，生産財の回転期間は生産期間に等しく固定資本は存在しないと仮定される。生産財はすべて流動資本とみなされる。

第 3 に，拡大投入係数行列 $\mathbf{M}$ の定式化の際に述べたが，投入係数行列 $\mathbf{A}$ は各セクターの生産物 1 単位当たりに必要な生産財の行列表示であり，投入係数行列 $\mathbf{b}_\mathrm{II}l$ と $\mathbf{s}_\mathrm{III}l$ は労働者用という制約はあるが各セクターの生産物 1 単位当たりに必要な消費財とサービス生産物の行列表示である。したがって，第 j セ

クターの投入係数の単位は生産財，消費財，サービス生産物を問わず X_{ij}/X_j ($i=1\cdots n+r+h$) で与えられる。X_j は第 j セクターの生産量，X_{ij} は第 j セクターへの第 i 生産物の投入量であり，j も $j=1\cdots n+r+h$ と動くとすれば，X_{ij}/X_j は各セクター生産物1単位当たりの各セクター投入物が物量単位で表される。さきに示した拡大投入係数行列 $\mathbf{M}$ のなかの a_{ij}($i=1\cdots n$，$j=1\cdots n+r+h$) と b_il_j($i=n+1\cdots n+r$，$j=1\cdots n+r+h$) については周知である。s_il_j($i=n+1\cdots n+r+h$，$j=1\cdots n+r+h$) については，s_i の単位はたとえば「区間 α の乗客 s_i 人/労働時間 h」，l_j の単位は「労働時間 h/1単位の X_j」であるから，s_il_j の単位は「区間 α の乗客 s_i 人/1単位の X_j」になる。同様に，「病名 β の治療患者 s_i 人/1単位の X_j」，「γ の卒業生 s_i 人/1単位の X_j」であり，結局 s_il_j は"慣習的な名称を付けた人数／各種生産物 X_j の1単位"という物量単位で表される。

第4に，この経済モデルは，サービス生産物の投入係数行列 $s_{III}l$ を組み込んだうえで，ある時点での技術水準および賃金労働者の生活水準を表す拡大投入係数行列 $\mathbf{M}$ を固定的で所与とする。つまり，それは，資本の自由な技術選択を排除するとともに，消費財とサービス生産物に対する労働者の自由な選択行動をも排除するという想定である。つまり，拡大投入係数行列 $\mathbf{M}$ を固定的とすることは，各生産セクターの生産過程における技術革新だけでなく賃金労働者の生活水準の変化をも捨象することである。

6 財貨とサービス生産物の相互依存——和田豊氏のモデル

サービス部門は不生産部門であるから，社会的再生産の見地からすればサービス部門は財貨部門に依存・従属するという見解がある[5]。本章のモデルは，サービス部門を生産部門であるとする。したがって，賃金労働者が消費するサービス生産物を投入物として拡大投入係数行列 $\mathbf{M}$ に組み込んだ時点で，財貨とサービス生産物の相互規定性あるいは相互依存性を明確に表現している。なぜなら，拡大投入係数行列 $\mathbf{M}$ は，任意の産業セクターが生産物を単位当たり生産するのに各産業セクターに要求する投入物の量を示しており，そこに財貨セクターだけでなくサービスセクターも含まれているからである。仮に，サービス部門は財貨部門から投入物を必要とするが財貨部門はサービス部門から投

入物を必要としないということであれば，拡大投入係数行列 **M** は分解可能な行列になり，財貨とサービスの相互依存性を主張することはできなくなる。しかし，本章の拡大投入係数行列 **M** はそうした仮定を許していない。本章の均質的な賃金労働者は労働力再生産のために所与のサービス生産物を必要とすることを前提しており，労働者の個人的消費に入る単位労働時間当たりのサービス生産物ベクトルは正で $\mathbf{s}_{\mathrm{III}} > 0$ である。なおかつ，どの産業セクターへも労働が投入されるということで労働投入係数ベクトルも正で $l > 0$ である。よって，各セクター生産物1単位当たりに必要なサービス生産物の投入係数は正で $\mathbf{s}_{\mathrm{III}} l > 0$ であり，さきに述べたように拡大投入係数行列 **M** は分解不可能である。こうして，労働者用の消費財およびサービス生産物を労働力投入に対応する擬制的投入物としてみなして構築された拡大投入係数行列 **M** それ自体が，財貨とサービスの相互規定性あるいは相互依存性を表現しているのである。

　さて近年，和田豊氏がサービス部門を物量経済モデルに組み込み，財貨部門とサービス部門の相互依存性を主張している[6]。和田氏のモデルは本章と異なるモデルである。本章のモデルの特長がより鮮明になると思われるので，若干コメントしておく。

　和田氏は，社会全体の生産物は財貨とサービス生産物からなるとしたうえで，生産物を列ベクトルで $\mathbf{X} = (\mathbf{X}_{\mathrm{I}}, \mathbf{X}_{\mathrm{II}})'$ に分ける[7]。そのうえで，生産手段の投入係数ベクトルを **A**，労働投入係数ベクトルを l，労働1単位当たりでみた生活ベクトルを **E**（消費財ベクトルを **b**，サービス生産物ベクトルを **s**），剰余生産物ベクトルを **Π** として，次のように表す。ただし，記号は一部本書の表記法に直している。

$$\mathbf{A} = \begin{pmatrix} \mathbf{A}_{\mathrm{I\,I}} & \mathbf{A}_{\mathrm{I\,II}} \\ \mathbf{A}_{\mathrm{II\,I}} & \mathbf{A}_{\mathrm{II\,II}} \end{pmatrix} \qquad l = (l_{\mathrm{I}}, l_{\mathrm{II}})$$

$$\mathbf{X} = \begin{pmatrix} \mathbf{X}_{\mathrm{I}} \\ \mathbf{X}_{\mathrm{II}} \end{pmatrix} \qquad \mathbf{E} = \begin{pmatrix} \mathbf{b} \\ \mathbf{s} \end{pmatrix} \qquad \mathbf{\Pi} = \begin{pmatrix} \mathbf{\Pi}_{\mathrm{I}} \\ \mathbf{\Pi}_{\mathrm{II}} \end{pmatrix}$$

そして，社会全体では

$$X = AX + ElX + \Pi \tag{5}$$

なる関係が成り立つとしたうえで，「使用価値はサービス部門に投入されることはあるが，サービスは使用価値の生産手段にはならないから $A_{II\,I}=0$」[8]とし，(5)式を使用価値(以下，財貨と呼ぶ)およびサービス生産物に分けて展開して，

$$X_I = A_{I\,I}X_I + A_{I\,II}X_{II} + bl_IX_I + bl_{II}X_{II} + \Pi_I \tag{6}$$

$$X_{II} = A_{II\,II}X_{II} + sl_IX_{II} + sl_{II}X_{II} + \Pi_{II} \tag{7}$$

とする。

しかし，ここで $A_{II\,I}=0$ であるが $A_{II\,II}\neq 0$，つまり「サービスは財貨部門の生産手段にはならないがサービス部門の生産手段になる」はどうみても理解できない。和田氏自身，サービスを使用価値として認めていないせいか，サービス生産物の実体については明言していない。よって，ここからは推測にすぎないが，仮にサービス生産物の実体が「有用効果」なり「無形生産物」という生産物であるなら，サービスは財貨部門とサービス部門の両者の生産手段になるはずである。よって，$A_{II\,I}=0$ はおかしい。また仮に，サービス生産物の実体を本書の見解のように人間の能力と捉えれば，サービス生産物は生産財ではないから $A_{II\,I}=0$ であるとともに $A_{II\,II}=0$ である。だがそうなると，生産手段としての投入係数行列 A は 2 行目が消失し，サービス生産物は生産手段としては財貨部門だけでなくサービス部門へも投入されないということになり，「サービスは財貨部門の生産手段にはならないがサービス部門の生産手段になる」とする和田氏自身の主張と矛盾する。和田氏のモデルは，こうした問題点を抱えているのである。

和田氏の投入係数モデルを若干修正して，サービス生産物が賃金労働者の生活ベクトルを形成するとし，サービス生産物を消費財とともに資本の擬制的な投入物とみなす拡大投入係数行列 A^* を設定すれば，本書の見解に近いものになる。その際，生産物を財貨とサービス生産物に大きく 2 区分し，社会的再生産における両者の実物的連関を明らかにするという趣旨を活かすとすれば，消

費財ベクトルは生産財ベクトルと合算され $\mathbf{A}^*$ は

$$\mathbf{A}^* = \begin{bmatrix} \mathbf{A}_{II}+\mathbf{b}l_I & \mathbf{A}_{III}+\mathbf{b}l_{II} \\ \\ \mathbf{s}l_I & \mathbf{s}l_{II} \end{bmatrix}$$

となる。

これをもとに生産物を財貨とサービス生産物に分けて展開すれば，(6)式は同じままであるが，(7)式は $\mathbf{A}_{IIII}=\mathbf{0}$ となるので，

$$\mathbf{X}_{II} = \mathbf{s}l_I\mathbf{X}_I + \mathbf{s}l_{II}\mathbf{X}_{II} + \mathbf{\Pi}_{II} \tag{7}'$$

となる。

さて，(6)式と(7)′式から，生産財の補塡および労働者の生活要求を満たす消費財・サービス生産物の補塡を少なくとも持続的に保証するような経済，すなわち剰余生産が行われる経済であるためには，生産物が m 種類存在し $\mathbf{X}_I$，$\mathbf{X}_{II}$ の添字が 1…m まで動くと仮定すれば，この経済モデルは次の m 次元の連立不等式を満たさねばならない。

$$\begin{bmatrix} \mathbf{X}_I \\ \\ \mathbf{X}_{II} \end{bmatrix} \geqq \begin{bmatrix} \mathbf{A}_{II}+\mathbf{b}l_I & \mathbf{A}_{III}+\mathbf{b}l_{II} \\ \\ \mathbf{s}l_I & \mathbf{s}l_{II} \end{bmatrix} \begin{bmatrix} \mathbf{X}_I \\ \\ \mathbf{X}_{II} \end{bmatrix} \tag{8}$$

(8)式が成立するための形式的条件についてはよく知られているので，簡潔に触れておこう。第1に，投入係数行列 $\mathbf{A}^*$ は経済的に意味のある行列でなければならない。そのためにはさきに述べたように，$\mathbf{A}^*$ は非負行列，純生産可能，分解不可能な行列でなければならない。第2に，これに加え，剰余生産可能な正の生産量ベクトル $\mathbf{X}$ が存在するには，$\mathbf{I}-\mathbf{A}^*$ の逆行列が $(\mathbf{I}-\mathbf{A}^*)^{-1} > \mathbf{0}$ でなければならない。そして第3に，投入係数行列 $\mathbf{A}^*$ がこれらの条件を満たすとしても，所与の $\mathbf{A}^*$ によって導きだされる生産量ベクトル $\mathbf{X}_I$，$\mathbf{X}_{II}$ は任意の勝手な大きさをとることはできず，その大きさはそれぞれ(8)式の不等式を満たす領域になければならない[9]。

(8)式を財貨部門とサービス部門に分けて展開すると，再生産の持続性を保

証する上記の形式的条件は，財貨とサービス生産物の実物的連関として表現される。

$$[I-(A_{II}+bl_I)]X_I \geqq (A_{III}+bl_{II})X_{II} \qquad (9)$$

$$X_{II} \geqq sl_I X_I + sl_{II} X_{II} \qquad (10)$$

　(9)式の左辺は，所与の技術的条件のもとで繰り返し補塡が必要になる財貨部門の消耗生産財と財貨部門労働者の消耗消費財を財貨生産量から差し引いた財貨剰余である。右辺は，同じように繰り返し補塡が必要となるサービス部門の消耗生産財に対する需要とサービス部門労働者の消耗消費財に対する需要を表す。したがって，(9)式全体は，サービス部門の再生産が財貨部門の剰余に制約されていることを示す。財貨部門は，自部門の財貨消耗分を補塡し，なおかつサービス部門からの財貨に対する要求に応える生産水準になければならない。財貨部門における剰余の存在が，サービス部門の拡大・発展の条件なのである。

　(10)式の左辺はサービスの生産量を表し，右辺は財貨部門とサービス部門の両部門労働者のサービス生産物に対する需要を表す。したがって，(10)式全体は，サービス生産量が全労働者のサービス生産物に対する補塡要求をすくなくとも満たし，なおかつそれを超える生産水準になければならないことを示す。つまり，剰余生産が行われる経済においては，教育，医療，娯楽などのサービス部門において，全労働者のサービス生産物に対する要求を補塡し，なおかつそれらを超える供給・生産体制が必要であることを(10)式は示している。ただし，(10)式では全労働者の要求を超えるサービス生産物の流通経路については明らかにならない。後の(15)・(16)式をとおして説かれるので，ここでは概略だけ述べておく。まず，全労働者の要求を超えるサービス生産量の実体は，社会の支配階級のための教育，医療，娯楽などによる人間的諸能力の生産にほかならない。これらのサービス生産物は，その一部はサービス部門の生産財消耗分を補塡するために第I部門と交換され，他の一部はサービス部門支配階級の消耗消費財を補塡するために第II部門と交換され，残りはサービス部門支配階級が個人的に消費するサービス生産物として部門内で交換される。

　財貨部門とりわけ生産財部門で純生産が不可能であれば，生産財部門はまさ

に消耗活動を行うということになり，消費財部門およびサービス部門は成立の余地はない。この点で財貨部門，とりわけ生産財部門の規定的役割については疑問の余地はない。したがって，生産財部門が純生産可能であることは3部門経済成立の必要条件なのである。しかし，それは持続的な3部門経済成立の十分条件ではない。単に生産財部門が純生産可能というだけでは，消費財部門またはサービス部門の剰余生産を保証するものではないし，また労働者の最低限の生活要求が満たされているともかぎらないからである。サービス部門において剰余を含んだ再生産を持続するには，財貨部門それ自体が相応の財貨剰余を生みだす生産水準に達していなければならない。また逆に，各産業部門が労働者を使用して剰余を含む生産活動を行っているという経済の正常な状態を想定すれば，そこでは財貨だけでなく労働力も生産力の規定要因になること，その労働力の生産に消費財だけでなく教育や医療などのサービス生産物が一定水準必要であることは疑問の余地がない。このような意味で，財貨部門とサービス部門は生産力的側面で相互依存，相互規定の関係にある。(9)式と(10)式はとりもなおさずこのような経済状態を表現しているのであり，それゆえ(9)式と(10)式の同時成立が，持続的な3部門経済成立の必要十分条件にほかならない。サービス生産物の実体把握が本書と異なるため表現の仕方に若干の違いはあるが，投入係数をつうじて両部門の実物的連関を追求したところ，和田氏と基本的に同じ結論に達したのである[10]。

7　財貨とサービス生産物の相互依存——投入・産出モデルの安定条件

本章のような拡大投入係数行列 M によって経済全体の投入・産出モデルを構築した場合，資本家の最終需要の源泉は各産業セクターで毎期生みだされる実物的剰余にある。すると，資本家の最終需要が社会全体の生産物に対する需給を一致させるためにどのような役割を果たすかという点が問題になる。本章のモデルでは，賃金支出に対応する消費財とサービス生産物は，投入物として扱われ中間需要を形成するので需要の流れは明確になっている。しかし，資本家の利潤からの支出である最終需要については，(9)式と(10)式からは依然として需要の流れが見えてこない。つまり，(9)式と(10)式は持続的な3部門経済成立を表現しているが，そこに安定性は担保されていないのである[11]。周知

のように,社会的再生産が安定的に持続するためには部門間交換に一定の均衡条件が成立しなければならず,それには資本家の利潤部分が一定の規則をもって他部門に支出されねばならない——したがって剰余の処分が私的決定に委ねられている資本制経済は不安定性を不可避的に内包している——ということを明らかにしたのはマルクスの再生産表式である。

　私は前章で,サービス部門を再生産表式の第3部門に組み込み,均衡条件を織り込んだ表式論の展開を試みている。この均衡条件を本章の単純再生産の投入・産出モデルで表してみよう。さきに記したように,経済全体から見た純生産物は消費財およびサービス生産物である。純生産物のなかに労働者の必要を超える剰余があるとすれば,剰余に相当する部分を M の枠外に括りだすことができる。これをベクトル Π で表し,単純再生産では剰余は蓄積されず消費財あるいはサービス生産物の個人的消費にすべて充当されるので,これを $\Pi_{bi}(i=I\cdots III)$ と $\Pi_{si}(i=I\cdots III)$ で表す。さて,さきの表1の「投入・産出モデル」を縦のブロックで見れば投入物(投入費)がわかるので,各部門に剰余が存在しそれが消費財あるいはサービス生産物にすべて充当されるとすれば,3大部門の各生産量 $X_i(i=I\cdots III)$ は,生産構造からみて次の関係を満たさねばならない。これは,左辺の各部門の生産量 $X_i(i=I\cdots III)$ が右辺の生産物の投入により剰余をともなって産出される,ということを表している。これは投入・産出モデルの生産構造面から得られる物量体系である。

$$X_I \leftarrow A_I X_I + bl_I X_I + sl_I X_I + \Pi_{b_I} + \Pi_{s_I}$$

$$X_{II} \leftarrow A_{II} X_{II} + bl_{II} X_{II} + sl_{II} X_{II} + \Pi_{b_{II}} + \Pi_{s_{II}}$$

$$X_{III} \leftarrow A_{III} X_{III} + bl_{III} X_{III} + sl_{III} X_{III} + \Pi_{b_{III}} + \Pi_{s_{III}}$$

　しかし,上の物量体系の右辺に示される投入物と剰余は,それぞれ異なる物量でありそのままでは集計できない。そこで,冒頭の生産量ベクトルの添字に合わせ,価値価格とも生産価格とも特定しない単なる集計因子としてm次元の価格行ベクトル p_j [$j \in m$,$m=1\cdots n+r+h$,生産財価格$=p_I(1\cdots n)$,消費財価格$=p_{II}(n+1\cdots r)$,サービス生産物価格$=p_{III}(r+1\cdots h)$] を用いる。さきに示したように,剰余ベクトル Π の添字の記号 (b, s) は経済全体から見た剰余の実体(消費財あるいはサービス生産物)を表し,添字の数字 (I, II, III) は

剰余の発生部門を表す。そして，剰余ベクトル $\mathbf{\Pi}$ の集計因子は，剰余の実体である消費財およびサービス生産物の価格ベクトルを用いる。これは，剰余は蓄積されることなく消費財およびサービス生産物にすべて支出されるという単純再生産の想定にしたがっている。こうして，集計因子 $\mathbf{p}_j$ を用いて上の物量体系を集計すると，以下の式が得られる。

$$\mathbf{p}_I \mathbf{X}_I = \mathbf{p}_I \mathbf{A}_I \mathbf{X}_I + \mathbf{p}_{II} \mathbf{b} l_I \mathbf{X}_I + \mathbf{p}_{III} \mathbf{s} l_I \mathbf{X}_I + \mathbf{p}_{II} \mathbf{\Pi}_{b_I} + \mathbf{p}_{III} \mathbf{\Pi}_{s_I} \tag{11}$$

$$\mathbf{p}_{II} \mathbf{X}_{II} = \mathbf{p}_I \mathbf{A}_{II} \mathbf{X}_{II} + \mathbf{p}_{II} \mathbf{b} l_{II} \mathbf{X}_{II} + \mathbf{p}_{III} \mathbf{s} l_{II} \mathbf{X}_{II} + \mathbf{p}_{II} \mathbf{\Pi}_{b_{II}} + \mathbf{p}_{III} \mathbf{\Pi}_{s_{II}} \tag{12}$$

$$\mathbf{p}_{III} \mathbf{X}_{III} = \mathbf{p}_I \mathbf{A}_{III} \mathbf{X}_{III} + \mathbf{p}_{II} \mathbf{b} l_{III} \mathbf{X}_{III} + \mathbf{p}_{III} \mathbf{s} l_{III} \mathbf{X}_{III} + \mathbf{p}_{II} \mathbf{\Pi}_{b_{III}} + \mathbf{p}_{III} \mathbf{\Pi}_{s_{III}} \tag{13}$$

上の(11)，(12)，(13)式は，投入・産出モデルの生産構造面の物量体系をベースにして得られる式であり，3大部門の生産額 ($\mathbf{pX}$) が投下総資本価額 ($\mathbf{pAX} + \mathbf{pb}l\mathbf{X} + \mathbf{ps}l\mathbf{X}$) および利潤 ($\mathbf{p\Pi}$) によって決定されることを表している。これを供給量（生産量）決定式と呼ぶ。

次に表1の「投入・産出モデル」を横のブロックで見れば，各部門生産物に対する中間需要と最終需要がわかる。この関係は，すでに投入係数行列を使った(1)式の $\mathbf{X} = \mathbf{MX} + \mathbf{\Pi}$，およびその展開式である各部門生産物に対する需給方程式(2)，(3)，(4)式で示してある。これを，供給量（生産量）決定式と同じように集計因子 $\mathbf{p}_j$ ($j = 1 \cdots n+r+h$) を用いて示すと，

$$\mathbf{p}_I \mathbf{X}_I = \mathbf{p}_I (\mathbf{A}_I \mathbf{X}_I + \mathbf{A}_{II} \mathbf{X}_{II} + \mathbf{A}_{III} \mathbf{X}_{III}) \tag{2}'$$

$$\mathbf{p}_{II} \mathbf{X}_{II} = \mathbf{p}_{II} (\mathbf{b} l_I \mathbf{X}_I + \mathbf{b} l_{II} \mathbf{X}_{II} + \mathbf{b} l_{III} \mathbf{X}_{III}) + \mathbf{p}_{II} (\mathbf{\Pi}_{b_I} + \mathbf{\Pi}_{b_{II}} + \mathbf{\Pi}_{b_{III}}) \tag{3}'$$

$$\mathbf{p}_{III} \mathbf{X}_{III} = \mathbf{p}_{III} (\mathbf{s} l_I \mathbf{X}_I + \mathbf{s} l_{II} \mathbf{X}_{II} + \mathbf{s} l_{III} \mathbf{X}_{III}) + \mathbf{p}_{III} (\mathbf{\Pi}_{s_I} + \mathbf{\Pi}_{s_{II}} + \mathbf{\Pi}_{s_{III}}) \tag{4}'$$

となる。上の(2)′，(3)′，(4)′式の左辺の生産額に，供給量（生産量）決定式(11)，(12)，(13)式を代入して共通項を整理すると，

$$\mathbf{p}_I \mathbf{A}_{II} \mathbf{X}_{II} = \mathbf{p}_{II} (\mathbf{b} l_I \mathbf{X}_I + \mathbf{\Pi}_{b_I}) \tag{14}$$

$$\mathbf{p}_I \mathbf{A}_{III} \mathbf{X}_{III} = \mathbf{p}_{III} (\mathbf{s} l_I \mathbf{X}_I + \mathbf{\Pi}_{s_I}) \tag{15}$$

$$\mathbf{p}_{II} (\mathbf{b} l_{III} \mathbf{X}_{III} + \mathbf{\Pi}_{b_{III}}) = \mathbf{p}_{III} (\mathbf{s} l_{II} \mathbf{X}_{II} + \mathbf{\Pi}_{s_{II}}) \tag{16}$$

という需給均衡の条件式が導きだされる。

サービス部門を生産部門に加えた3部門の投入・産出モデルにおいて，経済

全体の再生産が安定的に持続するには，$p_I A_{II} X_{II} = p_{II}(bl_I X_I + \Pi_{b_I})$〔左辺は素材的には生産財，右辺は素材的には消費財〕，$p_I A_{III} X_{III} = p_{III}(sl_I X_I + \Pi_{s_I})$〔左辺は素材的には生産財，右辺は素材的にはサービス生産物〕，$p_{II}(bl_{III} X_{III} + \Pi_{b_{III}}) = p_{III}(sl_{II} X_{II} + \Pi_{s_{II}})$〔左辺は素材的には消費財，右辺は素材的にはサービス生産物〕なる交換関係が部門間で成立しなければならない。つまり，(14)，(15)，(16)式は，前章で示した単純再生産表式の制約条件のひとつである部門間の交換・補塡関係を投入・産出モデルをベースに記号表記で一般化したものにほかならない。(14)式の $p_I A_{II} X_{II} = p_{II}(bl_I X_I + \Pi_{b_I})$ は，消費財部門で発生した生産財に対する需要が，生産財部門で発生した消費財に対する需要に等しいことを，(15)式の $p_I A_{III} X_{III} = p_{III}(sl_I X_I + \Pi_{s_I})$ は，サービス部門で発生した生産財に対する需要が，生産財部門で発生したサービス生産物に対する需要に等しいことを，(16)式の $p_{II}(bl_{III} X_{III} + \Pi_{b_{III}}) = p_{III}(sl_{II} X_{II} + \Pi_{s_{II}})$ は，サービス部門で発生した消費財に対する需要が，消費財部門で発生したサービス生産物に対する需要に等しいことを示す。すなわち，剰余がすべて消費財およびサービス生産物に支出・吸収される単純再生産モデルにおいては，各生産部門は他部門に対して発生する需要に等しい量を自ら生産・供給しなければならず，両者が一致すれば再生産は安定的に持続する。剰余の処分が私的決定に委ねられている資本制経済においてはかなりきつい制約であるが，これが再生産を安定させる均衡条件にほかならない。

　サービス部門に限定して言えば，各産業部門で機能する労働者のサービス生産物に対する賃金支出だけでなく，各産業部門で形成された利潤からのサービス生産物に対する支出も，再生産の均衡条件を支える役割を担っている。マルクスの単純再生産表式は，剰余を含みつつ拡大率1すなわち成長率ゼロの定常均衡状態の経済を表現している。そこでは，生産財部門，消費財部門，サービス部門の各部門は，他部門に対して発生する需要に等しい量を自ら生産・供給しなければならない。この点で，各生産部門は相互規定あるいは相互依存の関係にある。(15)式と(16)式は，剰余を含んだ社会的再生産が安定的に持続するために，財貨部門とサービス部門が相互依存，相互規定の関係にあることを示している。

　サービス部門と財貨生産部門の相互依存，相互規定の関係は，まず，労働者

用の消費財およびサービス生産物を各産業部門の労働力投入に対応する擬制的投入物としてみなして構築された分解不可能な拡大投入係数行列 **M** それ自体において示される。次に，それは，経済の正常な状態が社会全体として持続的に再生産されるには，サービス部門と財貨生産部門の双方において剰余を生みだす相応の生産水準が必要であるということに示される。最後に，それは，定常均衡状態の単純再生産を前提にして，3部門経済を安定的に持続させるための部門間交換の均衡条件に示される。まとめると，

（1）　サービス生産物の実体を人間の能力と捉えて生産部門とする。
（2）　労働者用の消費財およびサービス生産物は実質賃金率としての生活ベクトルを形成し，これを労働力投入に対応する擬制的投入物として拡大投入係数行列 **M** を構築する。
（3）　拡大投入係数行列 **M** を基軸に剰余を含んだ物量的な3部門経済モデルを構築する。
（4）　持続的な3部門経済成立のためには剰余を生みだす相応の生産水準が財貨部門・サービス部門の双方に必要であること，また3部門経済が安定的に持続するためには財貨とサービス生産物の部門間交換に一定の均衡関係が保たれる必要があること，これにより財貨とサービスの相互依存関係を示す。

以上の順序で議論を進めてきた。これらが，本章の投入・産出モデルの骨格である。

Ⅱ　評価体系

投入・産出モデルは物量体系を内包している。そして，投入・産出モデルがそうした普遍的な性質をもつが故に，この物量体系を労働価値（ Λ ）あるいは価格（ $\mathbf{p}$ ）で評価することによって，産業生産物に対する評価体系である価値体系あるいは価格体系をつくりだすことができる。前項では，サービス部門が生産物の生産部門として物量体系に組み込まれることを論じた。以下では，サービス部門が財貨部門とともに価値体系また価格体系を担うということを中心に，生産物の評価体系について論じる。

1　労働価値体系

　各産業セクターの生産活動が社会的分業のもとで行われているにもかかわらず，生産財が私的に所有され，その結果，生産活動とその成果である生産物の交換が私的決定に委ねられている場合，生産物は必然的に商品形態をとる。生産活動を開始するための投入物は商品流通をつうじて入手され，生産活動そのものが，生産物の自家消費のためでなく，生産物の交換をつうじた利潤の獲得を目的に行われる。とりわけ資本制経済においては，資本家階級が人間の労働力を可変資本として購入し，生産過程で生産手段と結合させて商品生産を行う。まさに，商品による商品の生産であり，商品経済はこれによりいっそうの社会的広がりと深さをもつにいたる。そして，人間の労働力が商品として売買される事態が繰り返されるなかで，教育，医療，娯楽などで人間の変換された能力を共同生産物＝サービス商品として生産する産業が生成し発展する基盤が与えられる。というのは，労働力が商品化すること自体に，人間の能力が商品として経済的評価の対象になるということ，しかもその能力の形成，維持，発展が商品の交換比率に影響を与えるということが含意されているからである。

　では，サービス商品を含んだ諸商品の交換比率はなにを基準にして決まるのであろうか。すくなくとも，生産物が商品形態をとるかぎり，投入・産出の関係は単なる物量の投入・産出でなく商品の投入・産出という関係になり，流通的取引も物々交換や自家消費ではなく商品交換になる。したがって，ある時点において諸商品に対する経済的評価が確定し，諸商品どうしの交換比率が決まらないかぎり，経済全体の持続的かつ安定した再生産が不可能になることは明瞭である。

　労働価値説は，商品の交換比率が労働価値によって決まるという学説である。つまり，商品の生産に投下され，商品に対象化された社会標準的な抽象的人間労働が商品価値であり，これが諸商品の交換比率を究極的に規制しているとするのである。商品の交換比率を規制するものとしては他に効用価値なども考えられ，労働価値を唯一絶対の価値尺度とするのは誤りであるというベーム・ヴァベルクに代表される批判がある。形式的には，商品の交換比率は諸商品を等値関係におくdimensionの問題であり，ベームの批判は一面でたしかに当てはまる。しかし私は，商品の交換比率を規制するものとして，労働価値こそが作

業仮説として合理的なものであると考えている。その理由を，私は次のように考える。

まず，生産活動は生産手段と労働の結合によって行われるが，生産手段の多くが労働生産物であることを考えれば，生産過程の投入物はすべて労働に還元される。次に，商品生産の必要条件である協業にもとづく社会的分業すなわち労働の広汎な社会的分割は，商品が分割された各種労働の堆積物であるということを含意している[12]。したがって，これら具体的有用性が異なる各種労働に共通する評価基準が存在すれば，それが諸商品の交換比率を決める有力な統一的基準であることになる。マルクスが労働の二面的性格の発見によって明らかにした抽象的人間労働，すなわち社会標準的な人間労働が商品価値として諸商品の交換比率を規制するという労働価値説の作業仮説は，この点できわめて合理的なものといえる。端的に言えば，経済の再生産は，人間が相互に労働し合うことによって成り立つ労働共同体としての再生産にほかならないのであり，資本制的商品経済においてもこの再生産の普遍的性格が貫いているのである。

こうした想定にもとづいて価値方程式を定式化したのは置塩信雄氏である[13]。表1の「投入・産出モデル」の各産業部門の生産構造を表す縦のブロックについて，消費財とサービス生産物の擬制的な投入でなく，本来の労働力を投入して商品生産物の価値が生産されるとみれば，次のとおりである。

$$\begin{aligned}\Lambda_\mathrm{I} &= \Lambda_\mathrm{I} A_\mathrm{I} + l_\mathrm{I} \\ \Lambda_\mathrm{II} &= \Lambda_\mathrm{I} A_\mathrm{II} + l_\mathrm{I} \\ \Lambda_\mathrm{III} &= \Lambda_\mathrm{I} A_\mathrm{III} + l_\mathrm{III}\end{aligned} \qquad (17)$$

これを簡潔な形で示せば，

$$\Lambda = \Lambda A + l \qquad \therefore \Lambda = l(I-A)^{-1} \qquad (17)'$$

ただし，価値 Λ は m 次元の行ベクトルとして

$$\Lambda_\mathrm{I} = (\lambda_1 \cdots \lambda_n), \ \Lambda_\mathrm{II} = (\lambda_{n+1} \cdots \lambda_{n+r}), \ \Lambda_\mathrm{III} = (\lambda_{n+r+1} \cdots \lambda_{n+r+h})$$

ただし，$m = 1 \cdots n+r+h$

この価値方程式はよく知られているので，私なりに簡潔に要点だけを記す。
　まず第1に，(17)式の m 次元の連立方程式は，生産財の投入係数（a_{ij}）および労働投入係数（l_j）を知ることができ，かつ $(I-A_I)^{-1}>0$ であれば，正値の単位当たり生産物価値（生産財価値 Λ_I，消費財価値 Λ_{II}，サービス商品価値 Λ_{III}）を一義的に決定する。前項で，A_I について純生産可能しかも分解不可能という想定を与えているので，この条件は満たされる。なお，ここで留意せねばならないのは，労働投入係数（l_j）はすでに同質の抽象的人間労働（以下，同質労働）に還元された値であるということである。前項で述べたように，本章のモデルは，労働者はすべて労働1時間当たりでみて均等・均質な賃金バスケット（実質賃金率である生活ベクトル b_{II}，s_{III}）を選択し，しかも彼らはすべて同質労働を行う単純労働者であるという想定である。つまり，直接投入労働のすべてが同質労働として l_j に還元されているという前提に立っている。本来，労働者はすべて均等・均質な賃金バスケットを選択するとはかぎらず，また各産業セクターで直接投入される労働もそれぞれ質の異なる労働であるから，各種具体的有用労働の単位労働時間を同質労働の一定量に換算するという作業が行われなければならない。そして，その換算に本来均等・均質ではない賃金バスケットが関わる，と私は考えている。しかし，すべての賃金労働者を単純労働者とする本章のモデルは，こうした課題を回避している。要するに，価値決定式である(17)式において，経済のすべての生産セクターが単純労働の投入からなるという大前提が置かれているのである。
　第2に，前項で述べたように，社会全体から見た純生産物は経済全体の生産量（$X_I+X_{II}+X_{III}$）から各部門の消耗生産財（$A_IX_I+A_{II}X_{II}+A_{III}X_{III}$）を引いた残りであるから，純生産物（$Y_i$）を列ベクトルとして次のように定義できる。

$$Y_i = X_i - A_i X \tag{18}$$

　　　　ただし，Y_i は m 次元の純生産物列ベクトル Y_i [$i \in m$，
　　　　$m=1 \cdots n+r+h$，生産財部門 $= Y_I(1 \cdots n)$，消費財部門
　　　　$= Y_{II}(n+1 \cdots r)$，サービス部門 $= Y_{III}(r+1 \cdots h)$]

(18)式に左から価値ベクトル Λ をかけると,

$$\Lambda Y = \Lambda X - \Lambda A X \tag{19}$$

また(17)式に右から生産量ベクトル X をかけると

$$\Lambda X = \Lambda A X + l X \tag{20}$$

(19)式と(20)式をまとめると,

$$\Lambda Y = \Lambda X - (\Lambda X - l X) = l X = L \tag{21}$$

　結局,(21)式の純生産物価値 (ΛY) は,各生産セクターの生産量がどのような比重をとろうと,すなわち生産量ベクトル X の内部構成に関わりなく,各部門への直接投入労働量の総計 ($L = L_I + L_{II} + L_{III}$) に等しいということがわかる。以上がサービス商品を含めた社会的生産物の価値決定式とその系論である。

　さて,資本制経済では賃金労働者の消費活動の生産物である労働力も商品化する[14]。すなわち労働力商品であり,価値を創造するこの特別な商品の価値も考慮されねばならない。周知のように,マルクスは労働者1人の労働日 (T) を必要労働時間 (T^*) と剰余労働時間 ($T - T^*$) に分け,必要労働時間 (T^*) を労働力商品の日価値として労働力商品価値の基準とした。労働力商品の生産のため労働者1人1日当たり必要な生活ベクトルは消費財ベクトル B_{II} とサービス生産物ベクトル S_{III} であるから,

$$T^* = \Lambda_{II} B_{II} + \Lambda_{III} S_{III} \tag{22}$$

となる。上式の必要労働時間 (T^*) が,1日という単位で基準化された労働力商品価値にほかならない。そしてこれは,B_{II} と S_{III} を知ることができ,(17)式から Λ_{II} と Λ_{III} を与えられれば決まる。ただし,(22)式からわかるように,労働力商品価値には生活ベクトルの価値のみが関わり,労働者の消費活動時間は算入されない。

　本章では,労働条件をめぐる賃金労働者間の競争を前提に労働日 (T) は各産業セクターで同一,またすべてが単純労働者であるため生活様式は均質化し

て賃金バスケットに入る労働者1日当たり必要なB_{II}とS_{III}は均等，よって労働者の労働1時間当たりでみた消費財ベクトルb_{II}およびサービス生産物ベクトルs_{III}は均等化するという想定である。そして，こうした制約条件下で与えられる商品価値および労働力商品価値を前提にして，剰余価値率 e が次のように定義される。

$$e = (T-T^*)/T^* = [1-(\Lambda_{II}b_{II}+\Lambda_{III}s_{III})]/(\Lambda_{II}b_{II}+\Lambda_{III}s_{III}) \quad (23)$$

上式から，剰余価値率 e は，労働日 (T) の増加関数であるとともに，1日という単位で基準化された労働力商品価値＝必要労働時間 (T^*) あるいは実質賃金率である生活ベクトル$b_{II}+s_{III}$の減少関数であることがわかる。そして本章では，すべてが単純労働者であるから労働力商品価値は均等すなわち実質賃金率均等であり，剰余価値率 e も各産業セクターで均等化する。

サービス論との関連で述べれば，まず，価値決定式である(17)式は価値形成労働の算入範囲を示すものである。すなわち，その第3式は，サービス労働 (l_{III}) が財貨部門労働と同じく価値形成労働であり，サービス部門が財貨と同じくサービス商品価値 (Λ_{III}) を形成することを示している。また(22)式は，労働者1人1日当たり必要なサービス商品価値 ($\Lambda_{III}S_{III}$) が消費財価値 ($\Lambda_{II}B_{II}$) とともに労働力商品価値の構成要素をなし，それらが(23)式において剰余価値率 e の水準を決定することを示している。これは，サービス生産物を人間の能力という特殊な生産物と捉えたこと，サービス生産物が消費財とともに労働者の生活ベクトルを形成するとしたこと，つまりさきの物量モデルで与えた規定から必然的に導きだされる帰結である。

最後に，労働力商品を含めた商品価値の決定について，若干の留意点を述べておく。商品価値は(17)式からΛとlで決まり，分配関係を規定する労働力商品価値は(22)式から (B_{II}, S_{III}) およびΛで決まる。商品価値と労働力商品価値は，それぞれ異なる式によって決定される。しかし，両者は完全に独立で無関係であるわけではない，というのが第1の留意点である。まず，労働力商品価値の決定には (B_{II}, S_{III}) とともにΛが変数として入っているので，労働力商品価値が商品価値Λに依存することは自明である。しかし逆に，商品価値の決定には労働力商品価値のパラメーターである (B_{II}, S_{III}) は入ってこな

い。よって，商品価値は (B_{II}, S_{III}) に依存せず，労働力商品価値とは無関係に決まるように見える。しかし，そのように見えるのは，すべての労働を単純労働とみなすという前提から，各種具体的労働時間の同質労働時間への還元率が1となり，同質労働時間 l のデータそのものが労働力商品価値の格差に依存して決まるということが捉えにくくなっているからである。本章は，具体的労働時間の同質労働時間 l への還元メカニズムについては論じないが，私はそれが労働力商品価値に依存すると考えている[15]。そして，同質労働時間（l）のデータそのものが労働力商品価値に依存して決まるとすれば，商品価値は A と (B_{II}, S_{III}) に依存して決まる l によって決定されると見ることができる。よって，商品価値と労働力商品価値は異なる式で決まるとはいえ，両者はけっして無関係なものではない。

　商品価値と労働力商品価値はけっして無関係ではないが，それぞれの決定式に異なるパラメーターが入ることによって生じる別の課題が存在する，というのが第2の留意点である。だが，その課題を本格的に論じるのは本章の範囲を越えるので，課題を確認するだけにとどめる。繰り返し述べているように，本章の投入・産出モデルは，ある時点での生産の技術水準を表す生産財投入係数 A と労働投入係数 l，そしてある時点での労働者の生活水準および生活様式を表す生活ベクトル (B_{II}, S_{III}) を固定的で所与とし，それらはいわば定数で与えられる。換言すれば，資本の生産構造と労働者の消費構造はいずれも変化しないという想定になっている。しかし，その想定をはずした場合の一例として，A と l に関わる生産構造は一定で商品価値は変化せず，また労働力商品価値も変化しないが，消費構造を表す生活ベクトル (B_{II}, S_{III}) だけが変化するというケースを考えてみよう。これは，季節や流行などによって耐久消費財や娯楽サービスなどに対する労働者の消費パターンは変化するものの，生産技術は変わっていないから商品価値は変化せず，また価値で評価した賃金水準すなわち労働力商品価値も変わっていないというケースである。

　変化前の生活ベクトルを (B_{II}, S_{III})，変化後の生活ベクトルを $(\dot{B}_{II}, \dot{S}_{III})$ とすれば，$\Lambda_{II} B_{II} + \Lambda_{III} S_{III} = \Lambda_{II} \dot{B}_{II} + \Lambda_{III} \dot{S}_{III}$ であり労働力商品価値は変わらない。したがって，労働投入係数 l のデータは変化せず，生産構造には変化がないから商品価値 Λ も変わらない。しかし，生活ベクトルは (B_{II}, S_{III}) から

($\dot{\mathbf{B}}_{II}$, $\dot{\mathbf{S}}_{III}$) に変化しているので，後に示す均衡価格の決定式(24)また(25)から生活ベクトルが変わると価格ベクトル $\mathbf{p}$ は $\dot{\mathbf{p}}$ へと変化してしまう。つまり，労働力商品価値を一定に保つ範囲での生活ベクトルの変動があるとしたら，商品価値を変えずに価格を変化させる。つまり，商品の価値と価格は個々に乖離してしまう。後に転形問題で触れるが，生産構造において資本の有機的構成が各セクターで異なれば，価値と価格は個々に乖離し両者の比例性は失われる。そして，労働価値による価格の究極的な規制を言うために総計一致の論証が求められていることは周知である。労働力商品価値一定という条件下で，生活ベクトルの変動によって生じる価値と価格の乖離は，経済の再生産に組み込まれている労働者の個人的消費における需要パターンの変化に起因する価格変動である。よって，きわめて高価な骨董品や芸術的作品など一部の奢侈的商品の価格変動とは異なる性格を有している。労働価値が価格を究極的に規制するという労働価値説の理論的整合性を示すためも，その解明が求められる[16]。

2　価格体系

単位当たりの価格ベクトル $\mathbf{p}$ を m 次元の行ベクトル

$$\mathbf{p}_I = (p_1 \cdots p_n), \ \mathbf{p}_{II} = (p_{n+1} \cdots p_{n+r}), \ \mathbf{p}_{III} = (p_{n+r+1} \cdots p_{n+r+h})$$

とし，物量モデルと同一データである投入係数行列 $\mathbf{M}$ を用いれば，各産業セクターの生産コストにあたる費用価格は

$$(\mathbf{p}_I \mathbf{p}_{II} \mathbf{p}_{III}) \begin{bmatrix} \mathbf{A}_I & \mathbf{A}_{II} & \mathbf{A}_{III} \\ \mathbf{b}_{II} l_I & \mathbf{b}_{II} l_{II} & \mathbf{b}_{II} l_{III} \\ \mathbf{s}_{III} l_I & \mathbf{s}_{III} l_{II} & \mathbf{s}_{III} l_{III} \end{bmatrix}$$

となる。そして，資本の利潤追求をめぐる競争は各産業セクターの資本のあいだに均等利潤率 (π) を形成し，3部門モデルの価格体系は次のように表現される。

$$\begin{aligned}\mathbf{p}_\mathrm{I} &= (1+\pi)[\mathbf{p}_\mathrm{I}\mathbf{A}_\mathrm{I}+\mathbf{p}_\mathrm{II}\mathbf{b}_\mathrm{II}\mathit{l}_\mathrm{I}+\mathbf{p}_\mathrm{III}\mathbf{s}_\mathrm{III}\mathit{l}_\mathrm{I}]\\ \mathbf{p}_\mathrm{II} &= (1+\pi)[\mathbf{p}_\mathrm{I}\mathbf{A}_\mathrm{II}+\mathbf{p}_\mathrm{II}\mathbf{b}_\mathrm{II}\mathit{l}_\mathrm{II}+\mathbf{p}_\mathrm{III}\mathbf{s}_\mathrm{III}\mathit{l}_\mathrm{II}] \quad (24)\\ \mathbf{p}_\mathrm{III} &= (1+\pi)[\mathbf{p}_\mathrm{I}\mathbf{A}_\mathrm{III}+\mathbf{p}_\mathrm{II}\mathbf{b}_\mathrm{II}\mathit{l}_\mathrm{III}+\mathbf{p}_\mathrm{III}\mathbf{s}_\mathrm{III}\mathit{l}_\mathrm{III}]\end{aligned}$$

これをより簡潔な形で示せば,

$$\mathbf{p} = (1+\pi)\mathbf{pM} \quad (24)'$$

となる。ただし, $\mathbf{p}=(\mathbf{p}_\mathrm{I}, \mathbf{p}_\mathrm{II}, \mathbf{p}_\mathrm{III})>0$ である。

また, $\mathbf{b}_\mathrm{II}$ と $\mathbf{s}_\mathrm{III}$ は, 前項で示したように労働力商品の再生産のため労働1時間当たりに必要な標準化された列ベクトルの消費財ベクトルとサービス生産物ベクトルである。よって, $\mathbf{w}$ を労働時間当たりの貨幣賃金率とすれば, $\mathbf{w}=\mathbf{p}_\mathrm{II}\mathbf{b}_\mathrm{II}+\mathbf{p}_\mathrm{III}\mathbf{s}_\mathrm{III}$ であり, これを(24)式に代入すると

$$\begin{aligned}\mathbf{p}_\mathrm{I} &= (1+\pi)(\mathbf{p}_\mathrm{I}\mathbf{A}_\mathrm{I}+\mathbf{w}\mathit{l}_\mathrm{I})\\ \mathbf{p}_\mathrm{II} &= (1+\pi)(\mathbf{p}_\mathrm{I}\mathbf{A}_\mathrm{II}+\mathbf{w}\mathit{l}_\mathrm{II}) \quad (25)\\ \mathbf{p}_\mathrm{III} &= (1+\pi)(\mathbf{p}_\mathrm{I}\mathbf{A}_\mathrm{III}+\mathbf{w}\mathit{l}_\mathrm{III})\end{aligned}$$

が得られる。

(24)式と(25)式は, ともに等価な3部門モデルの価格決定式である。そして, 両式については方程式のかたちから, 拡大投入係数行列 $\mathbf{M}$ の情報すなわち生産財の投入係数 $\mathbf{A}_i$ (i =I…III), 消費財ベクトル $\mathbf{b}_\mathrm{II}$, サービスベクトル $\mathbf{s}_\mathrm{III}$, 労働投入係数 l_j (j =I…III) のデータが与えられ, $\mathbf{M}$ が生産的かつ分解不可能な行列であれば, フロベニウスの定理より正の均衡利潤率 $\overline{\pi}$ と各商品の正の相対価格(生産価格比)が決まることはよく知られている。

(24)式と(25)式の均衡価格の決定式について, サービス論の視点から2点を指摘しておく。まず第1に, (24)式と(25)式は, サービス部門が他の生産財部門および消費財部門とともに社会的生産部門として均衡利潤率の決定に関わり, サービス商品を含めた各商品の相対価格が決まるということを示している。また, この両式は, サービス商品が消費財とともに労働者の生活ベクトルを形成するというさきの物量モデルを踏襲している。サービス商品はけっして奢侈的商品でなく, 労働者の生活ベクトルとして経済の再生産に継続的に関わる投入

物なのである。サービス商品価格 (p_{III}) と消費財価格 (p_{II}) は労働者の生活ベクトルと掛け合わせることによって，各資本の費用価格の一部である人件費コストを形成する。よって第 2 に，サービス商品は広い意味での"賃金財"であり，サービス部門は基礎部門[17]として均衡利潤率の決定に関わるということを示している。

3 価値による価格の規制

労働価値説は，労働価値が諸商品の交換比率を究極的に規制しているという学説である。これは言い換えれば，人間の眼に映ることができる価格という評価体系をつうじて認識された経済的概念が，人間の眼に映らない抽象的人間労働という実体をもつ労働価値の評価体系によって究極的に規制されているということを主張している。本項は，社会的生産部門のなかにサービス部門を組み込んだうえで，これに関する 2 つの論点に言及する。利潤の源泉は剰余労働の存在にあるとするマルクスの基本定理[18]，資本構成不均等という条件下での総計一致の成立，の 2 つである。以下では，投入・産出モデルの諸前提を踏襲し，とりわけ A, l, b, s の技術係数は固定的で所与とする。

① マルクスの基本定理

社会的生産部門にサービス部門を組み込んだモデルにおいて，マルクスの基本定理の成立を示すことは，これまでの検討を踏まえれば困難なものではない。2 部門モデルの延長線として容易に示すことができる[19]。なお以下では，価値と価格の比例性や価格が均衡価格（生産価格）であることを必ずしも仮定していない。

第 j 商品の価格を p_j ($j=1\cdots m$)，労働者の労働 1 時間当たり消費財ベクトルとサービス生産物ベクトルを b_{II} と s_{III}，貨幣賃金率を w，またその他の技術係数をそのまま用いる。すべての社会的生産部門 m 部門（ただし，m＝1…n＋r＋h）において利潤を保証する価格がすくなくとも 1 つ存在することは，(25) 式から次のように表わせる。

$$p > pA + wl \tag{26}$$

$$w = p_{II}b_{II} + p_{III}s_{III} \tag{27}$$

ただし, $\mathbf{p} = (p_1 \cdots p_m) > 0$
$\mathbf{A} = (a_{ij}) \geq 0$ （$i = 1 \cdots n$, $j = 1 \cdots m$）
$\boldsymbol{l} = (l_1 \cdots l_m) > 0$
$\mathbf{b}_{\mathrm{II}}' = (b_{n+1} \cdots b_{n+r})' > 0$ （$\mathrm{II} = n+1 \cdots n+r$）
$\mathbf{s}_{\mathrm{III}}' = (s_{n+r+1} \cdots s_{n+r+h})' > 0$ （$\mathrm{III} = n+r+1 \cdots n+r+h$）

ここで(27)式を(26)式に代入すると，利潤を保証している状態は次の式にまとめられる。

$$\mathbf{p}(\mathbf{I}-\mathbf{M}) = \mathbf{p}[\mathbf{I}-(\mathbf{A}+\mathbf{b}\boldsymbol{l}+\mathbf{s}\boldsymbol{l})] > 0 \tag{28}$$

$$\text{ただし,} \quad \mathbf{M} = \begin{bmatrix} \mathbf{A}_{\mathrm{I}} & \mathbf{A}_{\mathrm{II}} & \mathbf{A}_{\mathrm{III}} \\ \mathbf{b}_{\mathrm{II}}\boldsymbol{l}_{\mathrm{I}} & \mathbf{b}_{\mathrm{II}}\boldsymbol{l}_{\mathrm{II}} & \mathbf{b}_{\mathrm{II}}\boldsymbol{l}_{\mathrm{III}} \\ \mathbf{s}_{\mathrm{III}}\boldsymbol{l}_{\mathrm{I}} & \mathbf{s}_{\mathrm{III}}\boldsymbol{l}_{\mathrm{II}} & \mathbf{s}_{\mathrm{III}}\boldsymbol{l}_{\mathrm{III}} \end{bmatrix}$$

(28)式が成立する条件は $(\mathbf{I}-\mathbf{M})^{-1} > 0$ であり，それは分解不可能な拡大投入係数行列 $\mathbf{M}$ のフロベニウス根（正の単根の最大固有値）が1より小であることである[20]。また，それは拡大投入係数行列 $\mathbf{M}$ が剰余生産可能な行列であるということにほかならず，次の式を満たすことと等価である。

$$(\mathbf{I}-\mathbf{M})\mathbf{X} = [\mathbf{I}-(\mathbf{A}+\mathbf{b}\boldsymbol{l}+\mathbf{s}\boldsymbol{l})]\mathbf{X} > 0 \tag{29}$$
ただし，$\mathbf{X} > 0$

(29)式は，すべての社会的生産部門において剰余生産物を保証する生産編成 $\mathbf{X} = (X_1 \cdots X_{n+r+h})' > 0$ が少なくとも1つ存在することを意味する。

そして，拡大係数行列 $\mathbf{M}$ が剰余生産可能であれば，$\mathbf{M}$ の要素である生産財部門の投入係数行列 $\mathbf{A}_{\mathrm{I}}$ について次のことが言える。すなわち，分解不可能な非負行列のフロベニウス根はその行列要素の単調増加関数であるから，$\mathbf{A}_{\mathrm{I}}$ の固有値は $\mathbf{M}$ の固有値より小さく，$(\mathbf{I}-\mathbf{M})^{-1} > 0$ であれば $(\mathbf{I}-\mathbf{A}_{\mathrm{I}})^{-1} > 0$ である。つまり，$\mathbf{A}_{\mathrm{I}}$ は純生産可能な行列となり，先の(17)式から決まる生産財価値 Λ_{I} は正値，よってすべての商品価値 $\Lambda = (\lambda_1 \cdots \lambda_{n+r+h})$ は正値となる。

$$\Lambda = \Lambda\mathbf{A} + \boldsymbol{l} > 0 \tag{17}'$$

この Λ を(29)式の左から掛けて，(17)′を考慮すると

$$(1-\Lambda b-\Lambda s)l\mathbf{X} > 0 \tag{30}$$

となる。そして，$l\mathbf{X} > 0$ であるから，(28)式および(29)式が成り立つとき，

$$\Lambda > 0, \quad (1-\Lambda b-\Lambda s) > 0 \tag{31}$$

が成り立っている。$1-\Lambda b-\Lambda s$ はさきの(23)式の分子である。$\Lambda b+\Lambda s$ はサービス商品を労働力再生産費に加えた労働1時間当たりでみた労働力商品価値であるから，$1-\Lambda b-\Lambda s > 0$ は労働1時間当たりでみた剰余労働の存在を示している。以上，利潤発生の必要条件が剰余労働の存在にあることの証明である。

逆の十分条件の証明は，(31)式が成り立つとき，すべての部門で利潤が発生する正の価格ベクトルが少なくとも1つ存在することを示せばよい。その一例として，価値に比例する価格を次のように表す——あくまで一例であり，価値と価格の比例関係を利潤発生の条件にしているわけではない。

$$\mathbf{p} = \varepsilon\Lambda > 0$$

ただし，ε は比例定数。これと(17)′式を用いると

$$\mathbf{p}[\mathbf{I}-(\mathbf{A}+\mathbf{b}l+\mathbf{s}l)] = \varepsilon l(1-\Lambda b-\Lambda s) > 0$$

となり，(31)式が成立すれば(28)式が成立していることが示される。つまり，剰余労働が存在すれば，すべての部門で利潤を発生させる価格ベクトルが少なくとも1つ存在する。よって，価格体系における利潤の存在を示す(28)式と価値体系における剰余労働の存在を示す(31)式は等価である。こうして，サービス部門を組み込んだ社会的生産モデルにおいて，正の利潤が存在するための必要十分条件は正の剰余労働が存在することにほかならず，利潤の源泉が剰余労働にあることが示される。

さて近年，マルクスの基本定理をめぐって，利潤の源泉は剰余労働の存在と等価であるだけでなく，労働以外の生産要素の価格を基準にした「コメ剰余」，「石油剰余」，「バナナ剰余」等々とも等価であるから，労働の搾取だけを取り立てて強調し問題視するのはおかしいという議論が「一般化された商品搾取定

理」として提示されている[21]。サービス商品で言えば，利潤の源泉はさしずめ「教育サービス剰余」，「医療サービス剰余」，「娯楽サービス剰余」等々の存在にあるということになるであろう。この議論の論点は，利潤の源泉を剰余労働の存在とすること，あるいは「コメ剰余」，「石油剰余」，「バナナ剰余」等々の存在とすること，このいずれが数学的証明においてすぐれているかにあるのではない。両者が数式上すなわち形式的に等価であることについては，「基本定理」擁護派でさえも認めている[22]。また，そもそも価格体系での利潤存在と価値体系での剰余労働の存在が数学的に等価であることを根拠に，"利潤の源泉は労働の搾取だけにあり"と主張できるものではない。数式のうえからは，これを"利潤の源泉は労働の搾取にあり"と読み込んでも間違いではないし矛盾もしていない，ということが言えるだけである。

したがって，むしろ論点はきわめて哲学的なところにある。さきに述べたように，労働価値説の基本的視点は，人間が相互に労働し合う労働共同体として人間社会が成り立つとするところにある。再生産への投入物のすべてを本源的生産要素である労働に還元し，労働力を含めて労働（生産物）の投入と労働生産物の産出をつうじて経済がまわると見るのである。それゆえ，価格体系の本質に本源的生産要素に対応した労働価値の評価体系が存在するとし，そこから，マルクス基本定理の数式に対し"利潤の源泉は労働の搾取にあり"と読み込む。私は，これを経済学説としてきわめて合理的推論とする。これに対し「一般化された商品搾取定理」は，事実上，任意の商品たとえばコメや石油等々を本源的生産要素とし，それらの投入によって経済全体がまわっていると見るようなものである。しかも，価格体系の本質にそれらの商品に対応する「コメ価値」や「石油価値」等々といった評価体系があり，それらが諸商品の交換比率を究極的に規制している，と主張するに等しい。私は，労働を本源的生産要素と見るこれまでの行論の展開から，利潤の源泉を特定の一生産要素である労働の剰余によって説明する論理は，経済学説としてなお妥当性があると考えている。

② 総計一致問題

資本制経済には，人間の眼に映らない抽象的人間労働という実体をもつ労働価値の評価体系が存在する。本章では均質な労働者を前提しているので，価値体系は，すべてのセクターにおいて労働力商品価値均等したがって剰余価値率

均等によって基準化されている。一方，資本制経済には，人間の眼に映ることができて観察可能な価格という評価体系が存在する。以下では，労働者は均質であるが。資本は均質でなく，産業の特性，技術力，資金力等々の違いによって各セクター資本間に格差＝資本の有機的構成の相違があることを前提する。そのうえで，各セクター間における資本の参入・退出といった利潤追求をめぐる部門間競争は均衡利潤率（$\bar{\pi}$）を成立させ，よって諸商品は生産価格＝均衡価格で取引されると想定する。すると，周知のように価値と価格の乖離は比例的でなくなり，価値はそのままでは諸商品の交換比率を規制していると言えなくなる。そして，このような場合においても，生産価格体系が価値体系によって根拠づけられていることを示すのが，総価格＝総価値，総利潤＝総剰余価値という総計一致2命題の成立にほかならない。総計一致の成立が言えれば，生産価格体系は価値体系によって総枠において根拠づけられているとみることができ，労働価値による価格の究極的な規制すなわち労働価値説の理論的正当性が保証される。そして，冒頭に述べたような単純化の仮定のもとで総計一致2命題が成立することは，すでに森嶋通夫氏によって明らかにされている[23]。以下，氏の業績を踏まえながら，サービス部門を含めた投入・産出モデルにおいても総計一致が同じように成立することを確認する。

　価値 $\Lambda = \mathbf{p}^0$ のとき[24]，転化を1回にとどめずに $\mathbf{p}^t(\mathbf{A}+\mathbf{b}l+\mathbf{s}l)$ として費用価格を生産価格化した場合に，価値 Λ は総計一致を成立させる有意味な生産価格に収束するか否か，これが論点であった。森嶋氏が与えた解決は注23）の文献等に詳しく紹介されているので，本項では要点のみを記す。まず，すでに述べたように，拡大投入係数行列 $\mathbf{M}$ は非負行列，分解不可能かつ産業間の連関はプリミティブであり，しかも剰余生産可能な行列として与えられているので，フロベニウスの定理より，拡大投入係数行列 $\mathbf{M}$ には次の（32）式を満たすフロベニウス根 ρ（正の単根の最大固有値，ただし $0<\rho<1$）および正の生産量ベクトル $\bar{\mathbf{X}}$ が存在する。

$$\rho\bar{\mathbf{X}} = \mathbf{M}\bar{\mathbf{X}} \qquad (32)$$
$$\text{ただし，} \mathbf{M} = \mathbf{A}+\mathbf{b}l+\mathbf{s}l$$

　（32）式は，各生産セクターの生産量 $\bar{\mathbf{X}}$ が生産財，消費財，サービス生産物

の経済全体の必要投入量 $M\bar{X}$ に比例している状態を表している。つまり，経済が任意の生産量ベクトル $\{X,$ ただし $X \geq 0\}$ から出発して所与の技術係数である M で再生産を繰り返せば，生産量ベクトル $\{X\}$ は調整され極限では M のフロベニウス根 ρ に対応する生産量ベクトル，右固有ベクトル $\bar{X}$ に収束する。そして，収束先の状態を表現しているのが(32)式にほかならない。

次に，価値の生産価格への転化を1回にとどめず費用価格を p^tM とし，さらに t 次の平均利潤率 π^t を用いて費用価格を生産価格化するように価格ベクトル p^{t+1} を調整すると，次の転化公式が得られる。

$$p^{t+1} = (1+\pi^t)p^tM \tag{33}$$
$$ただし，M = A+bl+sl, \quad p^0 = \Lambda$$

(33)式は，$p^0=\Lambda$ すなわち価値から出発した価格ベクトル p^t は，極限では(32)式と同じ技術係数 M のフロベニウス根 ρ に対応する左固有ベクトル $\bar{p}$ すなわち正の生産価格ベクトル（=均衡価格）に収束する。また，(32)式および(33)式の技術係数である拡大投入係数行列 M のフロベニウス根 ρ から $1/\rho-1$ が均衡利潤率 $\bar{\pi}(\bar{\pi}>0)$ になることが示される[25]。

ここで，生産量が先に固有ベクトル $\bar{X}$ に収束し，出発時点から経済は均斉成長経路で動き，後は価格だけの調整が残されているとみる。すると，(33)式に右から $\bar{X}$ を掛け，転化の各段階を $\bar{X}$ で総計したものとして，

$$p^{t+1}\bar{X} = (1/\rho)p^tM\bar{X} \tag{34}$$

が得られる。

ところで，(32)式より，$\bar{X}=(1/\rho)M\bar{X}$ であるから，(34)式は $p^{t+1}\bar{X}=p^t\bar{X}$ を意味する。$p^0=\Lambda$，$\lim(t\to\infty)p^t=\bar{p}$ であるから，

$$\Lambda\bar{X} = p^1\bar{X} = p^2\bar{X} = \cdots = \bar{p}\bar{X} \tag{35}$$

つまり，総価値=総価格が成立する。また，(34)式と(35)式から，すべての t に対して，

$$\Lambda M\bar{X} = p^tM\bar{X} \tag{36}$$

が得られ，(36)式を(35)式の各項から差引けば，

$$(\Lambda - \Lambda M)\bar{X} = (p^1 - p^1 M)\bar{X} = (p^2 - p^2 M)\bar{X} = \cdots = (\bar{p} - \bar{p} M)\bar{X} \quad (37)$$

つまり，総剰余価値＝総利潤が成立する。ここでは，冒頭に述べた単純化の仮定を除けば，各産業セクター資本の有機的構成均等という制約はついておらず，価値と価格の乖離は比例的でない。しかし，こうした条件下でも総計一致命題は成立し，注25)の均衡利潤率 π が均等剰余価値率 e の関数として導かれることと合わせて，生産価格体系は価値体系によって総枠において根拠づけられているとみることができる。森嶋氏の示した解法によって，総計一致問題は基本的に解決されたと言ってよい。

最後に，森嶋氏の解法について，留意点を2点述べておく。まず第1に，総計一致問題に対する森嶋氏の解法を成立させているのは，出発点の価値 Λ と収束先の均衡価格 $\bar{p}$ を固有ベクトルである生産量ベクトル $\bar{X}$ で総計する点にある。つまり，この解法は，経済が均斉成長経路で動いているということを前提にして与えられたものである。総計一致を成立させるための古典的条件，すなわちすべてのセクターにおける資本の有機的構成均等という条件より緩い制約であるとはいえ，これはきわめて理想的な架空の経済を想定していることに違いはない。しかしながら，この解法は，必ずしも経済の現実から遊離した話をしているわけではない。というのは，経済データとして拡大投入係数 M が冒頭の条件を満たすかたちで与えられれば，正値の固有値，固有ベクトルとして均斉成長経路はその内部に必ず含まれおり，かつそこから必ず理論的に導きだすことのできる関係だからである。したがって，技術選択や固定資本が存在せず，かつ技術係数を固定的で所与とする単純な投入・産出モデル――森嶋氏はこれをレオンチェフ経済モデルと呼んでいる――において，資本構成不均等化での総計一致問題は基本的に解決されたと私は考えている。ただし，総計一致問題に関する森嶋氏の解法を，総価値＝総価格，総剰余価値＝総利潤の量的一致の証明という点にとどめず，労働価値によって決まる諸商品の交換比率が価格を規制するという労働価値説の根本命題の論証という視点から見た場合，少なからぬ課題が残っていると私は考えている。この点は，後に補論のなかで若干述べる。

なお，上の証明で使用した拡大投入係数行列 **M** にもとづく投入・産出モデルでは，サービス部門は基礎部門として組み入れられている。それ故，サービス部門を生産部門に加えた投入・産出モデルは，森嶋氏の総計一致命題の論証には構造的になんらの障害も与えない。サービス部門は，生産財部門および消費財部門と同じように利潤をめぐる資本競争の対象となる。そして，所与の技術係数 **M** が固定的であることを条件として，サービス部門を含めて総計一致を成立させる均衡利潤率，均衡生産量，均衡価格を理論的に導くことができ，それらが価値体系によって根拠づけられていることを示すことができるのである。

補論　佐藤拓也氏の拙論批判について

　佐藤拓也氏は，論文「現代サービス経済論の方法」[26]で現代のサービス経済化を捉える理論のあり方を全般的に検討され，そのなかで私見を批判されている。批判点は，サービスセクターの範囲と価値形成労働の成立条件の2点である。これらは，本章で展開した内容と少なからず関連があるので，補論としてまとめて検討する。

1　サービスセクターの範囲について

　第1のサービスセクターの範囲をめぐる批判点について検討する。本章は"社会的労働によって変換された人間の能力"をサービス労働の生産物とし，これにもとづき教育，医療，娯楽等のいわゆる「対人サービス」をサービスセクターとして捉えている。この把握は，サービスセクターが農業，鉄鋼業，自動車製造業等の財貨産業，あるいは商業，金融の流通産業とは異なるという産業分類の指標を与えるとともに，さらに生産物が生産過程でどのような用途に使用されるかに応じて諸産業を生産財部門，消費財部門，サービス部門という3大経済部門に統合するという考え方に基礎を与えている。

　これに対し，佐藤氏のサービスセクターの捉え方は，「医療や教育などの非物質的生産だけではなく，……物質的生産の分野でさえもが通常の用語法での『サービス』として現象しているという事実がある限り，サービス経済論は，それをも分析対象としなければならない」[27]とし，「経済用語としての普通の使

い方」[28]でサービスセクターを捉えるとされる。これによれば，教育，医療等の「対人サービス」にとどまらず，建築業等の生産受託・請負サービス，財貨の運輸・保管，財貨の修理・メンテナンス，さらには商業・金融などもサービスセクターになる。そして，こうした方法は，「『サービス概念』を予め定義し，その『サービス概念』に限定して論じるという方法ではなく，現実に『サービス』と呼ばれている諸分野がそれぞれどのような労働が『サービス』として現われたのか，という方向から議論する方法」[29]（傍点は櫛田）であるとされる。

① 隠されたサービスの定義

この佐藤氏の指摘に対し，2点述べる。1点目は，佐藤氏はあらかじめサービス概念を定義せずに，現実に「サービス」と呼ばれている諸分野を広く分析対象にすると述べているが，その叙述には隠された「サービス」の定義が存在している。すなわち，引用文に付した傍点箇所から明らかなように，佐藤氏において，「サービス」は少なくとも生産物に対してではなくなんらかの性質をもつ労働に対する呼称であるという定義である。この点を自覚しているならば，なんらかの労働に対する呼称とすることが「経済用語としての普通の使い方」であるか否かはともかく，佐藤氏は「サービス」に対する定義をあらかじめもっているといえるのである。それ故，サービスを労働と区別されたなんらかの実体をもつ生産物と捉える見解，すなわち本書の人間の能力と捉える考え方，あるいは飯盛信男氏や刀田和夫氏のように有用効果あるいは無形生産物と捉える考え方とは理論的にまったく対立する。したがって，佐藤氏は，サービスセクターにおいて固有の生産物は生産されない，だからサービスは生産物ではないということを主張しているのであって，このことを積極的に論証する必要があるという点を指摘しておきたい[30]。

② 「重要な部分の分析」

2点目は，「経済用語としての普通の使い方」でサービスセクターを捉えずに，たとえば本書のように「対人サービス」だけをサービスセクターとして捉えることは，「現代のサービス経済化の重要な部分の分析を自ら放棄しているのと同じである」[31]とされている点である。私は，社会的労働とその生産物である使用価値を質料的な形態と性質といった普遍的な観点から考察して，教育，医療・介護，人の運輸等のいわゆる「対人サービス」を人間の能力ひいては労働

力の維持・形成に貢献するサービスセクターとして捉えることを示した。これにより，サービスセクターは，財貨生産だけでなく，財貨の運輸・メンテナンスあるいは商業・金融などから産業分類のうえで明確に区別される。同時に現代のサービス経済化現象について，そこには「対人サービス」の比重増大という一面はあるが，他面では新たな製造業の創出と再編にほかならないコンピューター関連産業の拡大，金融部門の肥大化にほかならないリース・レンタル業の拡大という把握が生まれる。そして，飯盛信男氏の見解を批判した第4章「有用効果生産物説の"サービス産業像"批判」で述べたように，それらが当時のサービス経済化現象と言われる事態の本質ではないか，という仮説となる。私は，理論にもとづく経済分析としてこれは正しい方法であり，「現代のサービス経済化の重要な部分の分析を自ら放棄しているのと同じである」という佐藤氏の批判はあたらない，むしろ「対人サービス」をサービス部門として摘出してこそ「現代のサービス経済化現象の重要な部分の分析」を可能にすると考えている。

2　価値形成労働の成立条件をめぐって

　第2の価値形成労働の成立条件という論点について検討する。価値形成労働の成立条件に関し，私は旧稿で，「サービス労働が特殊な労働生産物であるサービス生産物を生産し，その商品形態である特殊な商品（＝サービス商品）に価値を対象化するということでもって，サービス労働の価値形成的性格の論証は基本的に完了している」[32]と述べた。この旧稿の文言は，まず価値形成労働の必要条件が生産物を生産する労働であること，次に価値形成労働の十分条件は単に生産物でなく商品に価値を対象化する労働であることを述べたものである。そして，いわゆる「対人サービス」として本書が捉えるサービス労働について，2つの条件はいずれも成立すると結論した。この考え方の基本線は現在においても変わっていない。

　これに対し，佐藤氏は，価値形成労働の成立条件に関する私の上記の文言を批判的意味合いを込めて引用しつつ，次のように主張する。①具体的有用労働としての対象化が過大評価され，抽象的人間労働（＝社会的必要労働時間）としての対象化との区別が十分になされていない。②「対人サービス」において

は抽象的人間労働としての対象化は成立しにくい[33]。③具体的有用労働として生産物を生産しない労働であっても，抽象的人間労働として対象化が言えるならば，その労働は価値形成的である[34]。佐藤氏の主張については，すでに本章のいくつかの箇所で述べた論旨から，私としては同意できない。以下，氏の主張を順に検討する。

① 具体的有用労働としての対象化について

私は，具体的有用労働としての対象化を"生産物を生産する労働"として，抽象的人間労働としての対象化を"商品に価値を対象化する労働"として，佐藤氏とは異なる表現ではあるが明確に区別している。そして，佐藤氏の主張と異なり，前者の具体的有用労働の側面で"生産物を生産する労働"であることを価値形成労働であるための必要条件としてとくに重視している。具体的有用労働の側面でこの必要条件を満たさない労働が存在する。たとえば商業労働がそうであり，商業労働の個々の労働過程を細分化して見れば，たしかになんらかの具体的な労働成果なり有用効果を生みだしているという事実がある。しかし，商業労働の経済的性格は所有権の移転に本質があり，この意味で"生産物を生産する労働"から除外されると私は考えている。"生産物を生産する労働"を価値形成労働の必要条件とする理由を端的に言えば，生産物を生産するということによって，生産物は単位当たり労働時間という単位データをもつことが可能になり，価値決定の基礎が与えられるからである。たとえば，1着の上着（上着製造部門を第1セクターとして）が各種生産財 a_{i1} ($i=1\cdots n$) 単位，直接労働 l_1 時間の投入によって生産される，というデータなくして上着の価値は決定されない。ここでの生産財 a_{i1} 単位および直接労働 l_1 時間は，ある時点における上着製造セクターの社会標準的な数値ではなく，それに先立つ個別企業の生産過程の生データでもよい。ともかく，商品には物量単位当たりの生産財および直接投下労働量という単位データが必要なのである。"生産物を生産する労働"であることは，単に使用価値として生産物の質料的実体が明確になっているということだけでなく，労働の成果について物量単位当たり直接・間接の投下労働量という単位データを与えるということを意味する。注30)に記したように，サービス論争は，サービスセクターにおける固有の生産物生産の可否が論点であった。これは事実上，サービスセクターが価値形成労働の必

要条件を満たすか否かをめぐって争われたのであり，サービス論における重要論点のひとつと私は考えている。

　第I節「サービス部門と物量経済モデル」で述べたように，本章は，サービス生産量を"慣習的な名称を付けた人数"で測定・捕捉するという考え方を提示し，サービスセクターの投入係数を定式化した。すなわち，生産物を労働対象である人間の能力の変換に即して捉え，たとえば教育部門では各種教育課程の卒業者1名，医療部門では各種病気の治療・治癒患者1名，娯楽部門では各種ゲームの入場観客者1名を測定単位として生産量を捕捉するという方法である。これにより，財貨部門で上着1着の生産に必要な各種生産財 a_{i1} 単位，上着製造労働 l_1 時間の投入データを得るのと同じように，教育レベル α の卒業生1人の生産（教育部門を第2セクターとして）に必要な各種生産財 $a_{i2}(i=1\cdots n)$ 単位，教育労働 l_2 時間の投入データを得ることができる。そして，全セクターの投入係数データから逆行列表が得られ，各種生産物1単位当たり直接・間接の投下労働量を知ることができる。ただし，これらのデータは価値決定には必要なデータであるが，そのままではけっして十分なデータではない。というのは，上着1着——教育レベル α の卒業生1人でも同じ——の生産に必要な各種生産財 a_{i1} 単位，上着製造労働 l_1 時間の投入はあくまで個別企業の生産過程から得られたデータであり，それらがある時点における上着生産セクターの社会標準的技術を体現するデータである保証はないからである。とは言え，これらの生データがなければ価値決定のための社会標準的なデータは得られないのであるから，"生産物を生産する労働"すなわち物量単位当たりの労働時間を得ることを可能にする労働であることが，価値形成労働であるための必要条件であることをあらためて確認しておきたい。

　② 「対人サービス」における社会的必要労働時間の成立について

　"「対人サービス」においては抽象的人間労働としての対象化は成立しにくい"という主張を検討する。生産財の移転価値を捨象して直接的な投下労働だけを例にとり，たとえば1着の上着に上着製造労働8時間の投入，教育レベル α の卒業生1人に教育労働400時間の投入が必要であるとしよう。しかし，このデータからだけでは，教育労働の生産物が上着労働の生産物に対して単位当たり50倍の価値をもつという結論は無条件には導けない。この結論——上着

製造労働8時間および教育労働400時間の投入が抽象的人間労働としての対象化である——を導くには，2つの条件が必要であることはよく知られている。第1に，両者の単位当たり投下労働時間のデータが平均値としてそれぞれのセクターの社会標準的な技術を反映したものであること，第2に，それぞれ標準的な強度と熟練をもつ上着製造労働1時間と教育労働1時間の異種労働間の換算が行われていること，である。そして，この2つの条件を満たすことが，各種セクターの労働が価値形成労働であるための十分条件であり，とりもなおさず抽象的人間労働（＝社会的必要労働時間）を評価単位にして"商品に価値を対象化する"ことにほかならない。すでに繰り返し述べているように，「対人サービス」についてこれを適用できると私は考えている。

　佐藤氏は，"「対人サービス」においては抽象的人間労働としての対象化は成立しにくい"とし，その根拠について2点述べている。まず，教育では「生徒・学生の学力・知識の増加が同じ労働時間によって達成されない」，「学力・知識の増加を図る単位もない」[35)]とし，「対人サービス」における価値形成を全面的に否定する川上則道氏の主張を援用して，次のように述べる。「教育労働は，その具体的労働としての成果としての学力・知識の増加をもたらすし，またそれを具体的労働としてその成果に対象化したと言ってもよいであろうが，しかしながら，その成果が『同じ労働時間によって達成されるということはない』ことを根拠に，抽象的人間労働としての対象化は否定されている」[36)]。次に，医療やプロスポーツなどのサービスセクターでそれぞれ単位当たり労働投入量の加重平均を出し，各セクターの社会標準的な直接労働時間 l_i が確定できるということを試みた拙論に対し，「そもそも『社会的・標準的な生産諸条件と，労働の熟練および強度の社会的平均度』が成立する基盤がないところで『社会的平均』を算術上導き出したとしても，それは概念としての社会的必要労働時間ではない」[37)]と批判される。

　教育について成果が「同じ労働時間によって達成されるということはない」という佐藤氏の主張について，具体的にどのような事態を指して述べておられるのか判然としない点があるので，2点指摘する。まず，教育労働の成果に測定単位がないとしているのか，それとも測定単位があることを前提にしてなお成果が「同じ労働時間によって達成されるということはない」としているのか

である。川上氏はもちろん前者であるので，「対人サービス」の価値形成については全面否定である。佐藤氏は，後に引用するように介護サービス等では部分的に価値形成は成り立つとされているので，どうも後者であるように思われる。とすれば，佐藤氏は「対人サービス」における労働成果の測定単位を明確にして，「同じ労働時間によって達成されるということはない」ことを主張されなくてはならないが，どうもその辺りは明確に述べていない。次に，佐藤氏の言う「同じ労働時間によって達成されるということはない」という主張は，労働以外の生産要素の投入を変えずに，たとえば教師や医師が同じ学生や患者に2倍の労働を追加的に加えても，学力や治療効果は2倍にならないという"要素投入に関する収穫逓減"を指しておられるのかである。もしそうであるならば，たしかにそれは一面の事実である。しかし，それはサービスセクターに固有なものではなく製造業においても理論的に前提されている[38]。しかも，"要素投入に関する収穫逓減"は"規模に関する収穫逓増"のケースをも包含しており，本来それは"規模に関する収穫一定"と矛盾するものではない。したがって，"要素投入に関する収穫逓減"を根拠に，サービスセクターにおける"規模に関する収穫一定"の想定を，またサービスセクターにおける社会的必要労働時間の確定を否定することはできない。

上記の点に留意すれば，佐藤氏の言う「同じ労働時間によって達成されるということはない」という主張は，サービスセクターにおける"規模に関する収穫一定"を直接的に否定するものとして扱うことができる。すなわち，学校や病院をそれぞれもうひとつ建てて同じ諸投入を行っても——同じ諸投入という条件のなかに学校と病院に対する需要は十分に存在するということが含まれている——，同じ学力を身につけた卒業生数や同じ治療効果を得た患者数を産出できないという主張である。その根拠となるのは，それぞれのサービスセクターにおいて，同じ条件での諸投入といっても労働過程の標準化は製造業ほど進展しておらず，また労働対象が人間であるため教育効果や治療効果が学生や患者の消費活動に左右されてしまう。よって，サービスセクターでは産出にバラツキが大きく，同じ諸投入から均等な産出を得ることができないから社会的必要労働時間は確定できない。したがって，「対人サービス」において投入係数を使った"規模に関する収穫一定"のモデルを構築したとしても，経済的に意

味がない，という主張であるように思われる。

　佐藤氏の主張をこのように解釈すれば，結局，製造業とサービスセクターを比較した場合の投入と産出のバラツキの違いについて，経済的にどう解釈するかにかかっている。この論点については，すでに第2章第Ⅲ節「サービス業における平準化生産の相対的困難性と労働価値説」および本章第Ⅰ節の1「生産量ベクトル」で私見を述べているので，以下に要点のみを記す。結論を先に記せば，佐藤氏は，投入・産出にバラツキの少ない平準化生産を社会的必要労働時間が確定する必要条件と考えているようであるが，その考え方には同意できない。投入と産出の比例的関係の明確さについては，たしかに生産過程の質料的性格——たとえば労働対象が生命体であるかどうか——に由来して，相対的に製造業，採取業，サービス業という順位がつくのは事実である。しかし，投入と産出の比例的関係が相対的に明確な製造業においても，マニュファクチュア段階以前の多くの生産過程において平準化生産は実現されていない。すると，平準化生産が行われることを社会的必要労働時間が確定する必要条件とした場合，マニュファクチュア段階以前の製造業では商品価値は形成されないと結論せざるをえない。さらに，農業や漁業などの産業は，天候や海流など自然環境に大きく影響を受けるため，産業特性として生産量を平準化できない。すると，そもそも生産量を平準化できない農業や漁業も商品価値の生産過程ではないと結論せざるをえなくなる。したがって，社会的必要労働時間が確定し商品価値の生産過程であることの必要条件に平準化生産という厳しい制約をおく考え方に，私は同意できない。

　また同時に，平準化生産が行われている財貨生産部門の特定の企業内あるいは工場内において，リジッドに決まる生産物単位当たりの労働量をただちに社会的必要労働時間であるとは言えない。なぜなら，同品種の商品を生産し競争関係にある資本主義的企業はほかにも存在するからである。私は，社会的必要労働時間はそのような競争関係にある企業の生産条件を含めて決まると考える。したがって，特定の企業内あるいは工場内において，そもそも平準化生産においてリジッドに確定する生産物単位当たりの投入労働量が多くの場合そのまま財貨商品価値の実体である社会的必要労働時間になるわけではないのである。そして，特定企業内の生産物単位当たりの投入労働量がそのまま社会的必要労

第6章　サービス部門と投入・産出モデル　**227**

働時間になるわけではないという点では，サービス商品の価値を決定する基準になる社会的必要労働時間についても同じことが言える。第2章第III節の設例で示したプロスポーツ興行とバス運行を例にとれば，それぞれで平準化生産はなされていないものの，3日間で加重平均した労働価値すなわちサービス商品の個別的価値と平均的な労働生産性は，プロスポーツ興行で観客1人当たり5時間，平均的な労働生産性は0.20人/時間，同じようにバス運行で乗客1人当たり0.40時間，平均的な労働生産性は2.5人/時間であった。そして，プロスポーツ興行資本とバス運行資本はこうした生産条件をベースに同業他社と競争し，同種商品の共通の市場価値を形成していくことになる。その場合，特定企業内のサービス商品の個別的価値と市場価値が一致する保証はない。しかし，サービス部門においても個々の生産条件をベースに共通の市場価値が形成されるということは，平準化生産が相対的に困難なサービス業においても，生産物単位当たりの社会標準的労働量すなわち社会的必要労働時間が確定していくということを意味する。言い換えれば，ある経済過程が商品の生産過程と流通過程をもち，他資本との競争関係のなかで共通の商品市場を形成するということであれば，そこに平準化生産という条件がなくても，生産物単位当たりの社会標準的労働量は確定し，その経済過程が商品価値の生産過程であることが言えるのである。そして，サービス業の多くの経済過程はこうした条件を満たしているのである。よって，サービスセクターでそれぞれ単位当たり労働投入量の加重平均を出し，そこで社会標準的な直接労働時間 l_j ($j=1\cdots m$) が確定できるということを試みた拙論は，佐藤氏が批判するような単なる算術上の計算にとどまるものではなく，サービス部門においても競争による標準化作用が働く基盤があることを前提にした「概念としての社会的必要労働時間」の確定作業であると考えている[39]。

　なお，本章の投入・産出モデルでは，平均値として導かれる各セクター生産物の単位当たり社会的必要労働時間は，交換過程における価値形態プロセスすなわち市場での評価を経て事後的に確定される社会的必要労働時間に一致するということが想定されている——したがって市場に登場しない単なる生産物をつくりだす労働は価値評価の対象から除外される。つまり，各セクター生産物の社会的必要労働時間は生産技術条件から事前的に決定され，市場の評価はそ

れを追認するというものである。資本の競争が，セクター内の生産技術格差や労働強度・熟練度の相違を平均化させ，各セクターの平均生産性を一定水準に収束させる強制力をもつかぎり，商品価値すなわち「概念としての社会的必要労働時間」は生産技術条件にもとづいて定義されるという考え方は，なお合理的であると私は考えている。これに関連して言えば，本章第 II 節で取り上げた置塩氏の価値方程式は，生産技術条件から事前的に決定される価値と交換過程における価値形態プロセスを経て評価される価値との乖離，セクター内の生産技術格差による個別的価値と市場をつうじて追認される社会的価値との乖離という問題をいっさい捨象し，社会的必要労働時間は各セクターの標準的な生産技術条件にもとづいて決定され，市場はこれを反映するということを，あらかじめ前提にしていると考えねばならない。本章のモデルでは，資本の技術選択の問題は捨象されており，各セクターにつき生産技術は1つしかない。置塩氏の価値方程式モデルもそうであり，セクター内での生産技術格差やその優劣をめぐる競争という問題は捨象されている。つまり，各セクターの生産技術条件については平均の世界を前提にして，各セクター生産物の商品価値が決定されるという仕組みである。したがって，(17) 式の **A**, **l** のベクトルの要素 a_{ij} および l_j は，個別あるいは現実に投下された生産財および労働ではなく，各セクター生産物の単位当たり生産に必要な各種生産財および直接投下労働の平均値または代表値であることに留意されたい。

　さて，佐藤氏は，異種労働間の換算については触れていない。サービス労働を含めてすべてのセクターの労働を単純な同質労働と仮定しているためとも思われるが，「概念としての社会的必要労働時間」の確定には，異なる種類の労働時間を共通の尺度＝抽象的人間労働で評価するというプロセスも明らかにされねばならない。端的に言えば，さきの例で上着製造労働が単純労働，教育労働が複雑労働であるとすれば，教育労働1時間は上着製造労働1時間と等価ではなく，複雑労働を単純労働に還元するプロセスが必要になる。これを経て，はじめて「概念としての社会的必要労働時間」が確定する。そして，教育労働を複雑労働とした場合，教育労働の生産物は上着労働の生産物に対して単位当たり50倍ではなく，それ以上の価値をもつという結論を導く。ただし，異種労働の換算問題は十分に解決されていないので，社会的必要労働時間の確定と

いうプロセスと関連した2つの論点に簡潔に触れるにとどめたい。
　第1に、異種労働の存在を踏まえて、各セクター生産物の社会的必要労働時間が生産技術条件から事前的に生産過程で決定されるという論理を一貫させる場合、異種労働間の換算率はなにを根拠に決まるのかという問題である。ここでは、生産技術に格差のあるセクター内個別企業の生産過程の労働投入量から加重平均を出し、社会標準的な単位当たり直接投入労働時間を確定するというやり方は適用できない。異種労働間というのは異種生産セクターであり、そもそも生産物の種類が異なっており、たとえば労働時間/上着1着と労働時間/卒業生1人では次元が異なるため両者の平均をとること自体に意味がない。それは、身長170cmと体重70kgの平均を求めるようなものであるからである。注15）に挙げたように、私は異種労働間の換算の根拠を労働力商品価値に求め、各種労働は労働力商品価値の大きさに比例的な価値形成力を発揮するという試論を提示したが、それはいまだ十分なものとは言えない。
　第2に、仮に異種労働間の換算を含んで社会的必要労働時間が事前的に生産過程で決定されたとして、異種商品生産部門では有機的構成が異なるため、市場の長期的均衡において成立するのは生産価格である。本章第II節で述べたように、そこでは商品価値総計と生産価格総計は一致するものの、生産過程段階で決まる諸商品の価値比（価値ベクトル Λ）は、市場で決まる諸商品の生産価格比（価格ベクトル $\bar{p}$）に一致しない。言い換えれば、そこでは、生産技術条件を所与として生産過程段階で決まる諸商品の交換比率は、均衡市場で決まる諸商品の交換比率に一致しないのである。こうして諸商品の交換比率は生産過程段階と市場段階で一致しないのであるが、すでに述べたように、総価値＝総生産価格、総剰余価値＝総利潤という総計一致命題が成立するということで、社会的必要労働時間による価値の決定、また価値による価格の規制という論理は破綻しないとされている。つまり、諸商品の単位当たり社会的必要労働時間（価値ベクトル Λ）は生産過程段階で決まり、そして価格ベクトル p^t はなんらかの要因によって時間とともに変動するものの、本文(35)式の $\Lambda\bar{X}=p^1\bar{X}=p^2\bar{X}=\cdots=\bar{p}\bar{X}$ というつねに内積一定（総価値＝総生産価格）という条件を満たしながら変動し $\bar{p}$ に収束する。よって、生産段階で決まる諸商品の交換比率 Λ が市場段階で最終的に決まる諸商品の交換比率 $\bar{p}$ を規制し、また根拠づ

けているとするのである。しかしながら，この解釈はベクトルの内積一定を根拠にそう述べているだけで，初期値 Λ と収束値 $\bar{p}$ を直接関係づけているわけではない。ベクトルの内積一定という条件からは，諸商品の交換比率として収束値 $\bar{p}$ の特定要素が初期値 Λ のそれに比べ突出した値をとらない，あるいは収束値 $\bar{p}$ が初期値 Λ の近いところに収束するといったことは導けないのである。こうした点で，労働価値説，すなわち商品の交換比率は労働価値によって決まり，その価値が価格を規制するという学説の論理整合性については，少なからぬ課題が残っていると私は考えている。

③ 価値形成労働の必要条件をめぐる佐藤氏の矛盾

佐藤氏は，「生産物を生産しない労働であっても，抽象的人間労働として対象化が言えるならば，その労働は価値形成的である」と主張されている。端的に言えば，生産物を生産する労働であることを価値形成労働の必要条件としない，という主張である。そして，具体的有用労働の成果として生産物を生産しない場合でも，抽象的人間労働（＝社会的必要労働時間）としての対象化が成立する場合があるとする。そして，さきに注39）に引用した介護サービスや人間輸送を例に出しながら，これを一般化して次のように述べる。「具体的有用労働の側面で『凝固状態・対象的形態』の生産物を生産しないような労働であったとしても，抽象的人間労働の側面で『8時間』というように『凝固状態・対象的形態』が言えるならば，その労働は，価値形成的であると見なされるのである」[40]。

しかし，そもそもこのような考え方が理論的に成立するであろうか。佐藤氏は，介護サービスなどを例にあげ，資本の競争によって労働の標準化・平均化が強制され，労働の成果が「同じ労働時間によって達成される」ようになれば，抽象的人間労働（＝社会的必要労働時間）としての対象化が部分的に成立するとしている。しかし，商品価値としての社会的必要労働時間の次元は，単なる労働時間ではなく，必ず物量単位当たりの労働時間である。ある種類の労働の標準化・平均化が強制されるという場合も，共通の物量単位が明確になっていなければこれを主張できない。投入・産出に比例的関係を見出す場合も，たとえば1単位生産と2単位生産とを比較するのだから当然共通の物量単位がベースになっている。私は，このような意味で，具体的有用労働として生産物を生

産する労働であることが価値形成労働の必要条件としたのである。つまり，"生産物を生産する労働"であることが，物量単位当たり労働時間という商品価値の単位データを得るための絶対要件になっているのである。

　佐藤氏は，注33）の引用文に見られるように，「対人サービス」の分野の教育，医療，福祉の労働について，生産物とまでは言わないが，具体的有用労働の対象化として一定の労働成果あるいは有用効果をあげているとする。佐藤氏の言う「一定の労働成果」あるいは「有用効果」の共通の物量単位が具体的になにであるかは判然としないが，これに即して「対人サービス」における労働の標準化・平均化の進展，投入・産出における比例的関係を捕捉し，部分的に価値形成労働であることを肯定する。しかし，そうなると別の問題が生じる。各産業セクターの生産物生産の可否を理論的に問わずに，細分化された労働過程におけるなんらかの「一定の労働成果」あるいは「有用効果」に対する労働の標準化・平均化，投入・産出における比例的関係の捕捉を根拠に価値形成労働であると主張することは，佐藤氏の意に反する結論を導くことになる。そのような意味合いを込めて，私は次のように指摘した。「今日，ファーストフードやコンビニなどでは商品売買に係わる作業は極めて定型化しており，情報化関連費用等も含めて売買に必要な諸費用は標準化されている。このような意味で『命がけの飛躍』も標準化されており，するとそこに社会平均的な必要労働が客観的に成立し，商業労働も価値形成的としなければならないはずである」[41]。

　これに対し，佐藤氏は次のように反論する。「たしかに，POSシステムや各種のマニュアルの導入等によって，これらの流通労働が定型的な労働になっていることはその通りである。しかし，そのように定型化された労働の投入に対して，その成果が比例的にもたらされるかどうかということは，全く別のことである。……流通労働においては，いくら労働が定型化されたとしても，その労働を2倍投入したところで，『商品の販売』という労働の『成果』が2倍もたらされるとは限らない。……流通過程においては，一定の技術（販売技術やPOSのような流通システムなど）を前提にしてさえ，その成果が労働に対して比例しないところに，生産過程とは異なる独自の性格があるのである。それゆえ，こうした比例性が存在しないような流通過程の労働を価値形成的と見ることはできないのである」[42]。

佐藤氏の価値形成労働を主張する論法は,「本来は,労働時間を尺度にして評価ができるような分野ではない非物質的生産のうちの一部の労働過程でも」,生産物生産の可否を問わずに細分化された「労働の成果」に即して,労働の標準化・平均化の進展,投入・産出に比例的関係が捕捉できれば,価値形成労働とするものであった。今日の商業労働の相当部分は標準化が進展している——この点は佐藤氏も認めている。そればかりでなく,店舗を2倍にして諸投入を2倍にすれば,『商品の販売』という労働の『成果』が2倍もたらされるという事象は,完全相関など現実には他の要因の制約のせいではじめから存在しないとしても,都合のよい期間の業績データからこれに近い事象が少なからず得られるはずである。そして,そのような事象が一時的あるいは局所的に観察また捕捉できた場合,「命がけの飛躍」であろうがなかろうが,部分的でも価値形成労働とするというのが佐藤氏の論法であったと思われる。

　したがって,私は,まず,佐藤氏の論法からは「流通過程の労働を価値形成的と見ることはできない」という結論は,氏の論理一貫性を損なうものであり,導けないと考えている。次に,商業労働については,「生産物生産の可否を問わずに」ではなく,"生産物を生産する労働"であるか否かという観点から,価値形成労働の必要条件を満たすか否かの検討と判断が必要であると考えている。

注

1) 櫛田豊「社会的再生産とサービス部門」(日本大学『経済集志』第77巻第4号,2008年1月)。
2) この共同研究の成果が斎藤重雄編著『現代サービス経済論』(創風社,2001年)である。また,本書第4章のもとになった論稿が同書に収録されている。
3) 冒頭で述べたように,本書は,各産業セクターは1種類の均質な生産物を生産すると仮定している。つまり,$n+r+h=m$個の社会全体の産業セクターは,それぞれ1つひとつが同種商品を生産する個別企業セクターの集合から成っている。よって,財貨を抽象度の高い生産財と消費財に区分・整理する方法にもとづけば,ここで言う生産的消費のための乗用車生産と個人的消費のための乗用車生産とは異なる生産セクターに属する。前章において,この論点の系論として,「本書は,サービス部門を商品生産部門であるとする視点から,サービス部門で使用される財貨は生産財であり,川上氏の見解と異なり,消費財部門である第II部門ではなく生産財部門である第I部門と交換され,第I部門への需要を拡大する。したがって,本書の視点からサービス経済化を考えた場合,サービス部門の発展は生産財の比重増大の一要因となり,技術的構成の高度化が価値構成の高度化に結びつく限りにおいて第I部門優先的発展——V部分

4) 森嶋通夫『マルクスの経済学』(高須賀義博訳，東洋経済新報社，1974年)，高須賀義博『マルクス経済学研究』(新評論，1979年)。高須賀氏は，現実の生産過程で投入される労働力は消費財を投入すると擬制的にみなすことが可能である，と次のように述べる。「すなわち，可変資本は貨幣額であるにしても，それに対応する2つの素材的形態，つまり，労働力とその労働力の再生産に必要な賃金財stockは，再生産期間の期首に同時的に存在していると考えなければならない。……問題は賃金の支払い時点ではなく(賃金後払いは資本主義の不可欠の現実である)，貨幣資本としての可変資本の素材的対応物の同時的存在を認識するか否かにある。そして，その存在を肯定する場合にのみ，賃金財を擬制的に投入財とみなすことができるのであり，生産のために直接あるいは間接に用いられる財のなかに賃金財を含めることができる。」(高須賀，同上書，89ページ)，「生産過程に現実に投入されるのは，生産手段と労働力であるが，以上に述べた可変資本の三重形態を考慮すれば，投入される労働力を実質的費用の面からみたものとして，一定量の消費財を投入すると擬制的にみなすことが可能である。価格決定方程式で実質賃金率を変数とするのはこのためである。」(同上，186ページ)。
5) 前章で，財貨部門の規定的役割をとくに強調し，財貨部門とサービス部門の相互依存性に目を向けない川上則道氏の見解を批判した。
6) 和田豊『価値の理論』(桜井書店，2003年)第8章「生産的労働論争と労働価値論」で提示されている。
7) 和田氏は生産物を外在的使用価値すなわち財貨で定義しており，本書が主張するような対人的サービスを「生産物」および使用価値で捉えてはいない。よって，和田氏自身が認めるように，サービス生産物 X_{II} は便宜的に表されたものである (和田，同上書，262ページ)。
8) 同上，251ページ。
9) 本文の(8)式を仮に2次元の連立方程式として扱えば，X_I と X_{II} の大きさについて，X_I/X_{II} という両生産部門の生産比重のとりえる領域，すなわち経済全体の生産編成の問題として設定される。置塩信雄氏は，X_I を生産財，X_{II} を消費財としたうえで，X_I/X_{II} で示される生産編成のとりえる領域を係数表示し，これが持続的再生産を可能にする必要条件のひとつであることを明示した (置塩『蓄積論』筑摩書房，1967年版，93-96ページ)。
10) 和田，前掲書，252ページ。
11) 投入物に対する需要すなわち補塡需要は，それによって規定される現実の生産水準に依存し，逆にその生産水準は補塡需要に依存するということで両者は相互規定の関係にある。ところが，資本家の個人消費需要と蓄積需要は，それによって規定される現実の生産水準と事前的な関係をもたない独立需要であることを明確に理論化したのは置塩信雄氏(前掲書，第3章)である。
12) ここで言う各種労働の堆積物とは，商品生産物の生産に直接・間接に投下された労働を知るために，とくに消耗生産財に関し，限りなく遠い過去にまで遡って堆積された労働を測定し加算するということを意味するのではない。さきに本文で示した拡大投入係数行列 M は，各種商品生産物の任意の時点における社会標準的な生産条件を示

している。つまり，これにより，商品生産物の生産に単位当たり必要な直接的投下労働 l_j および単位当たり必要な間接的投下労働を知るための生産財投入係数 a_{ij} の情報が与えられる。各種労働の堆積物とは，これらの情報をもとに連立価値方程式を解くことによって得られる各種商品1単位当たりの直接・間接の投下労働量を指している。

13) 置塩信雄『資本制経済の基礎理論』（創文社，1965年）第1章第1節。

14) 私は，労働力商品を社会的労働による直接的生産物ではないものの，賃金労働者の消費活動とりわけ本源的消費活動の生産物であり，価値規定される商品と捉えている。この観点で一貫して論じたものが，旧著の櫛田豊『サービスと労働力の生産――サービス経済の本質――』（創風社，2003年）である。

15) 私は，旧著で，各種労働は労働力商品価値の大きさに比例的な価値形成力を発揮するという試論を提示している（櫛田，前掲書，第6章「複雑労働還元問題」を参照）。

16) 生産価格体系では価値とは無関係な賃金率が生産価格を規制しており，よって価値による価格の規制は成立しないという労働価値説批判はベーム・バヴェルク（『マルクス体系の終結』木本幸造訳，未来社，1969年）に端を発する。近年，鈴木明氏が「マルクス価値論とベーム・バヴェルクの批判」（大石雄爾編『労働価値論の挑戦』大月書店，2000年所収，203-216ページ）でこの論点を取り上げてベーム・バヴェルクを支持する一方，斎藤正美氏が「ベーム・バヴェルクによるマルクス生産価格批判と『転形問題』」（同書，217-223ページ）でそれを批判している。

17) 本章の基礎部門とは，労働者の生活すなわち労働力の再生産に直接必要な消費財およびサービス商品の生産部門，およびこれらの部門に直接・間接に投入経路をもつ生産財生産部門のことをいう。労働を経済の本源的生産要素として捉え，その遂行者である労働者用の消費財およびサービス生産物を擬制的な投入物とみる本章の基本視点に依拠している。基礎部門は少なくとも1つ存在し，そしてすべてが基礎部門である場合には投入係数行列は分解不可能になる。基礎部門概念については，置塩，前掲『資本制経済の基礎理論』（53-54，81-84ページ）を参照されたい。

18) 利潤の源泉が剰余労働の存在にあることを，正の利潤と労働の搾取との数学的な等価性で示した定理。置塩信雄氏（"A Mathematical Note on Marxian Theorems," *Weltwirtschaftliches Archiv*, 1963，および『マルクス経済学』筑摩書房，1977年）による発見で，森嶋通夫氏（『マルクスの経済学』東洋経済新報社，1974年，65-68ページ）が世界に広めた。

19) 本文の証明については，中谷武氏（『価値，価格と利潤の経済学』勁草書房，1994年，92-93ページ）の多部門モデルにおける一般的証明を参考にした。ただし，そこでは，サービス部門を社会的生産部門に組み込むことは示されていない。

20) この条件は，(28)式の係数行列 ($I—M$) がホーキンス・サイモン条件を満たすことと等価である。ホーキンス・サイモン条件については，中谷，前掲書，213-215ページを参照。

21) 「一般化された商品搾取定理」を積極的に論じたものとして，吉原直毅「マルクス派搾取理論再検証――70年代転化論争の帰結――」（一橋大学『経済研究』第52巻第3号，2001年7月），吉原「再論：70年代マルクス派搾取理論再検証」（経済理論学会編『季刊経済理論』第42巻第3号，2005年10月）。この定理の要点は，利潤が正のときには，

22) 中谷,前掲書,94-95ページでは,両者が等価命題であると論じている。また,松尾匡氏も「この定理(「一般化された商品搾取定理」)自体が成り立つことには数学的に全く異論はない……」(「吉原直毅氏による『マルクスの基本定理』批判」,経済理論学会編『季刊 経済理論』第41巻第1号,2004年4月,59ページ)としている。
23) 森嶋通夫・カテフォレス『価値・搾取・成長』(創文社,1978年)第6章「転化問題:マルコフ過程」。また,総計一致問題に対する森嶋説の意義を論じたものとして,高須賀,前掲『マルクス経済学研究』第4章「転化論の展望」および吉原,前掲論文を参照されたい。
24) 価値 Λ と価格 $\mathbf{p}$ はそのままでは次元が異なり比較できない。本文の $\Lambda=\mathbf{p}^0$ は,どちらかに適当な変換係数,たとえば左辺 Λ に[円/時間]という単位をもつ変換係数 h を掛けて比較可能にしていると理解されたい。このとき,変換係数 h は比例定数であり,$\mathbf{p}^0$ は価値に比例する価値価格である。各生産セクターで資本構成均等な場合は転化によっても価値と価格の比例性は保たれる。しかし,資本構成不均等な場合には,転化により個別セクターの利潤率と異なる平均利潤率で価格が形成されるために,価値と価格の比例性は失われる。総計一致が問題にしている価値と価格の乖離は,このような状態を指している。
25) フロベニウスの定理より,(32)式で $1/\rho=1+\bar{\pi}$ とすれば,生産価格体系が

$$\bar{\mathbf{p}} = (1+\bar{\pi})\bar{\mathbf{p}}\mathbf{M}$$

であるとき,次の式を満たす生産量ベクトル $\bar{\mathbf{X}}$ が存在する。

$$\bar{\mathbf{X}} = (1+\bar{\pi})\mathbf{M}\bar{\mathbf{X}}$$

拡大投入係数行列 $\mathbf{M}$ から右固有ベクトルとして導き出されるこの生産量ベクトル $\bar{\mathbf{X}}$ について,各生産セクターの生産量 $\bar{\mathbf{X}}$ は経済全体の必要投入量 $\mathbf{M}\bar{\mathbf{X}}$ と比例している状態にあるという意味で,森嶋氏はこれを経済が均斉成長経路にあるときの各生産セクターの産出比率(あるいはフォン・ノイマンの「黄金時代」の均斉成長経路の産出量)と呼んだ。この式の両辺に左から価値ベクトル Λ を掛けると,

$$\Lambda\bar{\mathbf{X}} - \Lambda\mathbf{M}\bar{\mathbf{X}} = \bar{\pi}\Lambda\mathbf{M}\bar{\mathbf{X}}$$

ここでさきの均等剰余価値率 e の定義式(23)式を変形すると,$(1+e)(\Lambda\mathbf{b}+\Lambda\mathbf{s})=1$ であり,よく知られているようにこれを用いて価値決定式(17)′は,

$$\Lambda = \Lambda\mathbf{A} + (1+e)(\Lambda\mathbf{b}+\Lambda\mathbf{s})l$$

となる。この両辺に右から $\bar{\mathbf{X}}$ を掛けて整理すると,

$$\Lambda\bar{\mathbf{X}} - \Lambda\mathbf{M}\bar{\mathbf{X}} = e(\Lambda\mathbf{b}+\Lambda\mathbf{s})l\bar{\mathbf{X}}$$

かくて,

$$\bar{\pi} = e(\Lambda\mathbf{b}+\Lambda\mathbf{s})l\bar{\mathbf{X}}/\Lambda\mathbf{M}\bar{\mathbf{X}} \qquad (*)$$

が得られ,均衡利潤率 $\bar{\pi}$ が均等剰余価値率 e の関数として結びつけられた。この(*)式は,価値決定式から得られる均等剰余価値率 e に均斉成長経路にある産出比率 $\bar{\mathbf{X}}$ で各生産セクター間をウェイトづけすることによって均衡利潤率 $\bar{\pi}$ を導くことができるということを意味する。同時に,このとき $e>0 \Leftrightarrow \bar{\pi}>0$ も成立している。すでに本文で述べたように,生産価格体系(24)式の固有方程式を解くことによって,数式的

にフロベニウス根 ρ したがって $\bar{\pi}$ が得られる。この（*）式は，価格体系上の概念である均衡利潤率 $\bar{\pi}$ が，実は，価値体系上の概念である均等剰余価値率 e によって根拠づけられているということを示している。

26) 佐藤拓也「現代サービス経済論の方法」（中央大学『中央大学経済学部創立100周年記念論文集』2005年10月）。
27) 同上，707ページ。
28) 同上，703ページ。
29) 同上，707ページ。
30) 近年のサービス論争は，この点を明確に認識して行われてきた。サービス生産物否定派は金子ハルオ『サービス論研究』（創風社，1998年），原田実「サービス労働価値形成説批判 II」（政治経済研究所『政経研究』第77号，2001年），川上則道「サービス生産をどう理解するか——再論（上）（下）」（政治経済研究所『政経研究』第82・83号，2004年）であり，他方のサービス生産物肯定派は櫛田豊『サービスと労働力の生産——サービス経済の本質——』（創風社，2003年），斎藤重雄『現代サービス経済論の展開』（創風社，2005年），飯盛信男『サービス経済論序説』（九州大学出版会，1985年），刀田和夫『サービス論争批判』（九州大学出版会，1993年）である。
31) 佐藤，前掲論文，707ページ。
32) 櫛田豊「サービス部門における社会的必要労働の成立」（青森大学『研究紀要』第25巻第1号，2002年7月）2ページ。
33) 「『医療，教育などの『対人サービス』は，非物質的生産の一部が『サービス』商品として現象したものと捉えるべきである。この場合，その特質は，一定の成果を上げるために必要な労働時間が確定しにくいということであって，川上氏の所説でも，『学力の向上』がその一つの例としてあげられていた。……こうした労働のもたらす『有用効果』は，本来は，その労働の対象となる人の生活全般が可能になるということであろうから，そういった有用効果をもたらすための社会的必要労働時間を措定することは困難である。したがってこの限りにおいて『対人サービス』労働を価値形成的であると言うことはできない。」（佐藤，前掲論文，703-704ページ）。
34) 「具体的有用労働の側面で『凝固状態・対象的形態』の生産物を生産しないような労働であったとしても，抽象的人間労働の側面で『8時間』というように『凝固状態・対象的形態』が言えるならば，その労働は，価値形成的であると見なされるのである。要は，たとえば運輸業と医療業で，そのそれぞれがもたらす有用効果が，『常に同じ労働時間によって達成される』のかどうか，すなわち社会的必要労働時間が成立するのかどうかということを論じればよい」（佐藤，前掲論文，699ページ）。
35) 「教育労働が人間的労働の凝固状態・対象的形態とは言えません。……なぜなら，教育においては，そのような生徒・学生の学力・知識の増加は等質でもなく，それを図る単位もないからです。したがってまた，生徒・学生の学力・知識の増加は価値でもないわけです」（川上，前掲論文，142-143ページ）。
36) 佐藤，前掲論文，698ページ。
37) 同上，704ページ。
38) 新古典派は，生産過程のいわば物理的性質である"要素投入に関する収穫逓減"を根

拠に生産関数を凹関数とし，この生産関数の偏微分係数である生産諸要素の限界生産力によって利潤，賃金等の所得の発生を説明する。本書は，この立場はとらない。

39) 佐藤氏は，投入・産出の比例的関係はサービスセクターでは基本的に成立しないが，介護サービスなどでは部分的に成立するとして次のように述べる。「日本の介護保険制度のように，『介護サービス』を，細切れの時間単位で細分化し価格付けをするという制度によって，本来は，労働時間を尺度にして評価ができるような分野ではない非物質的生産のうちの一部の労働過程でも，労働の平均化が強制されつつある。こうした労働過程では，どのような労働者であっても，その区切られた時間内で提供可能なサービスだけをまさに『平均的』『標準的』に提供することを，いわば制度的に強制されてくるからである。……こうして，これまでは，労働過程のその技術的特性によって資本が包摂することを躊躇していたような非物質的生産の領域であっても，現代では資本が参入し，部分的には価値形成的と言ってもよいほどに，労働過程の変質が進んでいる……」，(佐藤，前掲論文，704-705ページ，傍点は櫛田)。

佐藤氏が，サービスセクターの一部についてではあるが，平均化・標準化作用を認めたことは前進である。しかしながら，労働過程の質料的性格から「本来は，労働時間を尺度にして評価ができるような分野ではない」サービスセクターが，資本の包摂の進展により労働時間を尺度にして評価できるようになり，「部分的には価値形成的」になるという論法はいかがなものであろうか。資本による包摂は，労働過程が本来的にもっている質料的性格たとえば佐藤氏の言う非物質的生産を物質的生産に変えるものではないであろう。

40) 佐藤，前掲論文，699ページ。
41) 櫛田，前掲論文，40ページ。
42) 佐藤，前掲論文，706-707ページ。

第7章　サービス商品と国民所得

はじめに

　第5章および第6章で，サービス部門を導入した3部門構成の再生産表式，そしてこれを産業連関表のスタイルに接合した3部門構成の投入・産出モデルを構築した。そこでは，サービス部門は人間の能力を生産物の実体とする商品と価値の生産部門であり，よってサービス部門は社会的総資本の運動の一翼を担うことが示された。本章は，こうした展開を踏まえ，サービス部門が国民所得を生産する社会的労働部門であることを提示する。労働価値論の通説は，サービス部門を商品価値の不生産部門であり，よって国民所得を生産する社会的労働部門ではないとする[1]。したがって，本章で展開される主張は，通説とまったく対立する。この対立は，財貨以外の労働生産物を認めるか否か，財貨商品以外の商品生産物を認めるか否かといった経済学の基礎範疇の捉え方の相違に起因している。本章では，この原理上の違いが，マクロ的範疇である純生産物，経済的富，蓄積・再生産の捉え方の相違につながることを明らかにする。なお，本章では，サービス部門が国民所得を生産することを第5章の再生産表式をベースに提示するが，再生産表式は第6章の投入・産出モデルに接合可能であるから，本章で展開する内容は投入・産出モデルをベースにしても当てはまる。

I　再生産表式におけるサービス部門と国民所得

　サービス部門が国民所得を生産することを示すために再生産表式をベースにする理由は，第5章で述べたように再生産表式は経済の迂回生産モデルであり，生産財部門の自立化が経済全体の生産性を向上させ純生産物の増大をもたらすという視点が明確に捉えられたモデルであるからである。そして，迂回生産の目的として位置づけられる純生産物には，消費財だけでなくサービス生産物が含まれる。本章は，これらの主張を踏まえて国民所得について論じる。結論を

先に言えば，国民所得は純生産物と同義であり，純生産物が流通過程をとおる生産，分配，消費の3つの局面[2]に対応して国民所得が定義される。生産局面の国民所得は，各産業部門で生産され流通過程に入る前の部門純生産物であり，当該年度に社会的労働によって新しく創りだされた価値が内在する価値生産物（付加価値生産物）である。分配局面の国民所得は，生産過程に関わった人間（諸階級あるいは個人・法人）に分配される部門純生産物であり，資本制的商品経済では部門純生産物は現物形態で直接に分配されず，貨幣形態で分配される賃金，利潤，利子等の所得である。消費局面の国民所得は，分配された部門純生産物が交換（物々交換，商品交換等）によって転態する生産物であり，資本制経済では貨幣形態の国民所得（賃金，利潤，利子等）が支出されることにより個人的消費あるいは生産的消費に使用される消費財，サービス商品，蓄積用の生産財である。以下，これらについて再生産表式をベースに単純再生産と拡大再生産の場合とに分けて論じる。なお，社会的労働部門が生産財部門，消費財部門，サービス部門という3つの大部門によって構成されるということ，また再生産表式の単純化の仮定については第5章に従っている。

1　再生産表式における国民所得——単純再生産

まず，第5章で示した〈表式I：単純再生産表式〉の主要部分を再掲する。

〈表式I：部門間の交換関係＝均衡条件を表示した単純再生産表式〉

$$\text{I})\ 4{,}500C + 600V_p + 600M_p + 150V_s + 150M_s = 6{,}000$$
$$\text{II})\ 1{,}200C + 480V_p + 480M_p + 120V_s + 120M_s = 2{,}400$$
$$\text{III})\ \ \ \ 300C + 120V_p + 120M_p + 30V_s + 30M_s = 600$$
$$6{,}000C + 1{,}200V_p + 1{,}200M_p + 300V_s + 300M_s = 9{,}000 \quad 総生産高\ 9{,}000$$

$\Big[$ $C=$生産財の購入に向かう部分，$V_p=$賃金所得のうち消費財購入に向かう部分，$V_s=$賃金所得のうちサービス商品の支払いに向かう部分，$M_p=$資本家の所得のうち消費財購入に向かう部分，$M_s=$資本家の所得のうちサービス商品の支払いに向かう部分 $\Big]$

再生産表式における生産局面の国民所得は，3つの生産部門すなわち生産財部門，消費財部門，サービス部門で生産される商品全体のうち，生産財補塡分を控除した純生産物である。それは，まず素材的視点で言えば，生産財部門で

第7章　サービス商品と国民所得　241

生産される生産財の純生産物部分［I(Vp＋Mp)＋I(Vs＋Ms)］，消費財部門で生産される消費財の純生産物部分［II(Vp＋Mp)＋II(Vs＋Ms)］，サービス部門で生産される人間の能力＝サービス商品の純生産物部分［III(Vp＋Mp)＋III(Vs＋Ms)］である。そして，この部門純生産物を価値表示で捉えれば，生産局面の国民所得は各生産部門で形成される新価値（＝付加価値）である。すなわち，生産財部門においては生産高6,000のうちの［I(750V＋750M)＝1,500］であり，消費財部門においては生産高2,400のうちの［II(600V＋600M)＝1,200］であり，サービス部門においては生産高600のうちの［III(150V＋150M)＝300］である。よって，社会全体の生産局面における国民所得は，価値表示という共通の尺度で捉えることによって，商品全体の総生産高9,000のうち3,000という価値表示の純生産物，つまり新しく生産された価値＝価値生産物になる。

　次に，第5章で述べたように，各部門は自部門生産物を生産するだけでは次期の再生産は不可能である。各部門で損耗した生産財は，その損耗分が毎期補塡され生産的消費に入ることで同じ規模の再生産が可能になる。また，各部門の労働者と資本家は，自らの所得を消費財およびサービス商品へ支出し，それらが個人的消費に入ることで人間としての再生産が可能となり，次期の再生産で労働者また資本家として同じように機能することが可能になる。このように，各部門で生産される生産財，消費財，サービス商品は，自部門内あるいは部門間の交換を経由して，生産財は各部門の生産的消費に入り，消費財およびサービス商品は各部門の労働者および資本家の個人的消費に入る。自部門内および他部門との交換が過不足なく行われ，各部門の商品生産物が生産的消費あるいは個人的消費に入ることをつうじて生産財および労働力が補塡され，社会全体の持続的再生産すなわち社会的総資本の再生産が円滑に進行する。

　これを〈表式Ⅰ：単純再生産表式〉に即して述べれば次のようになる。生産局面における国民所得である各部門の純生産物，生産財部門［I(Vp＋Mp)＋I(Vs＋Ms)］，消費財部門［II(Vp＋Mp)＋II(Vs＋Ms)］，サービス部門［III(Vp＋Mp)＋III(Vs＋Ms)］は，それぞれ自部門内あるいは部門間において交換されねばならない。貨幣に媒介された流通的取引の全体については第5章で詳論したので，以下ではこの交換を媒介する分配局面の国民所得に焦点をあてて要点を述べる。まず，生産財部門の純生産物 I(600Vp＋600Mp) と I(150Vs＋150Ms)

は，それぞれ消費財部門 II 1,200C とサービス部門 III 300C と交換される。この部門間の交換を媒介するのが生産財部門の労働者と資本家に貨幣形態で分配される賃金 [I(600Vp+150Vs)] と利潤 [I(600Mp+150Ms)] である。生産財部門の労働者と資本家に分配される賃金所得 [I(600Vp+150Vs)] と利潤所得 [I(600Mp+150Ms)] が，流通的取引において第 II 部門の消費財 [II 1,200C] および第 III 部門のサービス商品 [III 300C] へ過不足なく支出されることが，この部門間の交換を可能にする。次に，消費財部門の純生産物 II(120Vs+120Ms) はサービス部門の純生産物 III(120Vp+120Mp) と交換される。この部門間の交換を媒介するのが消費財部門およびサービス部門の労働者と資本家に貨幣形態で分配される賃金と利潤の一部 [II(120Vs)+III(120Vp)] と [II(120Ms)+III(120Mp)] である。消費財部門の労働者と資本家に分配される賃金所得と利潤所得の一部 [II(120Vs)+II(120Ms)] が流通的取引において第 III 部門のサービス商品 [III(120Vp+120Mp)] へ過不足なく支出されること，同時にサービス部門の労働者と資本家に分配される賃金所得と利潤所得の一部 [III(120Vp+120Mp)] が流通的取引において第 II 部門の消費財 [II(120Vs)+II(120Ms)] へ過不足なく支出されること，つまり，消費財部門とサービス部門で分配される賃金所得と利潤所得から同額 (240) を互いの商品へ支出し合うことが，この部門間の交換を可能にするのである。そして，消費財部門とサービス部門の残りの純生産物 [II(480Vp+480Mp)] と [III(30Vs+30Ms)] は自部門内で交換される。この自部門内の交換を媒介するのが消費財部門およびサービス部門の労働者と資本家に分配される残りの賃金所得 [II(480Vp)+III(30Vs)] と利潤所得 [II(480Mp)+III(30Ms)] である。消費財部門の労働者と資本家に分配される残りの賃金所得と利潤所得 [II(480Vp)+(480Mp)] が自部門内の流通的取引において消費財へ過不足なく支出されること，サービス部門の労働者と資本家に分配される残りの賃金所得と利潤所得 [III(30Vs+III(30Ms)] が自部門内の流通的取引においてサービス商品へ過不足なく支出されること，これらが消費財部門およびサービス部門の自部門内交換を完了させる。このように，各部門において貨幣形態で分配される所得（賃金，利潤）が自部門内あるいは部門間の交換を媒介することによって，各部門の純生産物は各部門の消費局面（生産的消費あるいは個人的消費）に入り込む。この結果，自部門内あるいは部門間の

交換を媒介する分配局面の国民所得の総計は，1,500V の賃金［I(600Vp＋150Vs＝750V)，II(480Vp＋120Vs＝600V)，III(120Vp＋30Vs＝150V)］および 1,500M の利潤［I(600Mp＋150Ms＝750M)，II(480Mp＋120Ms＝600M)，III(120Mp＋30Ms＝150M)］の合計 3,000 となる。そして，それは生産局面の国民所得総計と一致する。

　最後に，自部門内あるいは部門間の交換を結果から見れば，生産財部門の純生産物 I(Vp＋Mp) および I(Vs＋Ms) は素材的に生産財であるが，生産財部門の賃金所得と利潤所得を媒介にして，すべて素材的には別の形態である消費財およびサービス商品すなわち IIC と IIIC に転態する。また，消費財部門の純生産物 II(Vp＋Mp) とサービス部門の純生産物 III(Vs＋Ms) は，消費財部門とサービス部門の賃金所得と利潤所得の一部の支出を媒介にして，素材的にはそれぞれ別の形態であるサービス商品 III(Vp＋Mp) と消費財 II(Vs＋Ms) に転態する。そして，消費財部門とサービス部門の賃金所得と利潤所得の残りはそれぞれ自部門の消費財 II(Vp＋Mp) およびサービス商品 III(Vs＋Ms) に支出される。この結果を踏まえれば，各部門の純生産物である生産局面の国民所得，すなわち生産財の純生産物［I(Vp＋Mp)＋I(Vs＋Ms)］，消費財の純生産物［II(Vp＋Mp)＋II(Vs＋Ms)］，サービス商品の純生産物［III(Vp＋Mp)＋III(Vs＋Ms)］は，各部門で分配される賃金所得と利潤所得を媒介にして，労働者と資本家の個人的消費に入る消費財とサービス商品の生産高全体（［IIC＋II(Vp＋Mp)＋II(Vs＋Ms)］＋［IIIC＋III(Vp＋Mp)＋III(Vs＋Ms)］）に転態する。すなわち，流通的取引を経て労働者と資本家の個人的消費に入り込む消費財とサービス商品の全生産高が，消費局面における国民所得として捕捉される。そして，このように捕捉された消費局面の国民所得は労働者と資本家の個人的消費に入ることによって，いずれも社会的総資本の再生産の運動の外に出る。これを価値表示で示せば，消費財部門の全生産高である消費財価値 2,400 およびサービス部門の全生産高であるサービス商品価値 600 である。両者の合計価値は 3,000 となり，生産局面で捉えた国民所得総額および分配局面で捉えた国民所得総額と一致する。

　要約すると，国民所得は純生産物と同義であり，純生産物が流通過程をとおる生産，分配，消費の3つの局面に対応して国民所得が定義される。〈表式 I：

単純再生産表式〉にもとづいて言えば，国民所得はまず生産財1,500，消費財1,200，サービス商品300という商品形態をとり，それが生産局面の国民所得として定義される。次に，国民所得は賃金1,500と利潤1,500という貨幣形態をとり，それが分配局面の国民所得として定義される。最後に，国民所得は消費財2,400とサービス商品600という商品形態をとり，それが消費局面の国民所得として定義される。そして，生産局面の国民所得，分配局面の国民所得，消費局面の国民所得はいずれも総計3,000で一致する。

2 再生産表式における国民所得――拡大再生産

次に，第5章で示した〈表式Ⅱ：拡大再生産表式〉の主要部分を再掲する。

〈表式Ⅱ：部門間の交換関係＝均衡条件を表示した拡大再生産表式〉

$$
\begin{aligned}
\text{I)}\quad & 4{,}000\text{C} + 400\text{Mc} + \underline{800\text{Vp} + 80\text{Mvp} + 400\text{Mp} + 200\text{Vs} + 20\text{Mvs} + 100\text{Ms}} = 6{,}000 \\
& \qquad\qquad (1{,}000\text{M} = 400\text{Mc} + 80\text{Mvp} + 20\text{Mvs} + 400\text{Mp} + 100\text{Ms}) \\
\text{II)}\quad & 1{,}200\text{C} + 80\text{Mc} + 480\text{Vp} + 32\text{Mvp} + 384\text{Mp} + \underline{120\text{Vs} + 8\text{Mvs} + 96\text{Ms}} = 2{,}400 \\
& \qquad\qquad (600\text{M} = 80\text{Mc} + 32\text{Mvp} + 8\text{Mvs} + 384\text{Mp} + 96\text{Ms}) \\
\text{III)}\quad & \underline{300\text{C} + 20\text{Mc} + 120\text{Vp} + 8\text{Mvp} + 96\text{Mp}} + 30\text{Vs} + 2\text{Mvs} + 24\text{Ms} = 600 \\
& \qquad\qquad (150\text{M} = 20\text{Mc} + 8\text{Mvp} + 2\text{Mvs} + 96\text{Mp} + 24\text{Ms}) \\
\hline
& 5{,}500\text{C} + 500\text{Mc} + 1{,}400\text{Vp} + 120\text{Mvp} + 880\text{Mp} + 350\text{Vs} + 30\text{Mvs} + 220\text{Ms} = 9{,}000 \\
& \qquad\qquad\qquad\qquad\qquad\qquad\qquad\qquad\qquad\qquad\text{総生産高 } 9{,}000
\end{aligned}
$$

［C＝生産財の購入に向かう部分，Mc＝生産財の追加的購入に向かう部分，Vp＝賃金所得のうち消費財購入に向かう部分，Mvp＝賃金所得のうち消費財の追加的購入に向かう部分，Vs＝賃金所得のうちサービス商品の支払いに向かう部分，Mvs＝賃金所得のうちサービス商品の追加的支払いに向かう部分，Mp＝資本家の所得のうち消費財購入に向かう部分，Ms＝資本家の所得のうちサービス商品の支払いに向かう部分］

拡大再生産の場合，まず生産局面の国民所得は，生産財部門の純生産物である2,000の生産財［Ⅰ(400Mc＋800Vp＋80Mvp＋400Mp＋200Vs＋20Mvs＋100Ms)］，消費財部門の純生産物である1,200の消費財［Ⅱ(80Mc＋480Vp＋32Mvp＋384Mp＋120Vs＋8Mvs＋96Ms)］，そしてサービス部門の純生産物である300のサービス商品［Ⅲ(20Mc＋120Vp＋8Mvp＋96Mp＋30Vs＋2Mvs＋24Ms)］である。それらは，商品全体の総生産高9,000のうち各部門で使用された消耗生産財総計

5,500Cを控除した3,500という価値表示の純生産物，つまり新しく生産された価値＝価値生産物である。

次に，分配局面の国民所得は，生産財部門では労働者と資本家に分配される賃金［I（1,000V＝800Vp＋200Vs）］と利潤［I（1,000M＝400Mc＋80Mvp＋20Mvs＋400Mp＋100Ms）］であり，消費財部門では同じく彼らに分配される賃金［II（600V＝480Vp＋120Vs）］と利潤［II（600M＝80Mc＋32Mvp＋8Mvs＋384Mp＋96Ms）］であり，サービス部門では同じく彼らに分配される賃金［III（150V＝120Vp＋30Vs）］と利潤［III（150M＝20Mc＋8Mvp＋2Mvs＋96Mp＋24Ms）］である。分配局面の国民所得総計は，賃金所得と利潤所得の合計3,500であり，生産局面の国民所得総計と一致する。

そして，いま述べた分配局面の国民所得が自部門内あるいは部門間の交換を媒介する。以下では，単純再生産表式の場合と同じように，流通的取引の全体のなかでこの交換を媒介する分配局面の国民所得に焦点をあててその要点を述べる。まず，生産財部門の生産局面の国民所得（純生産物）である2,000の一部1,280の生産財［I（800Vp＋80Mvp＋400Mp）］は，消費財部門の1,280の消費財［II（1,200C＋80Mc）］と交換され，生産財部門の純生産物の他の一部である320の生産財［I（200Vs＋20Mvs＋100Ms）］は，サービス部門の320のサービス商品［III（300C＋20Mc）］と交換され，生産財部門の純生産物2,000のうち残りのI（400Mc）に対応する400の生産財は自部門内で交換される。これら，生産財部門の純生産物の自部門内あるいは部門間の交換を媒介するのが，生産財部門の労働者と資本家に分配される賃金I（1,000V）と利潤I（1,000M）である。これら分配所得が消費財部門あるいはサービス部門に過不足なく支出されることによって部門間の交換が可能になるのは単純再生産の場合と同じである。ただし，拡大再生産の場合がそれと違うのは，利潤所得のすべてが資本家の個人的消費には充当されず，その一部I（400Mc）が蓄積用生産財の購入のために自部門内へ投資されること，またその一部I（80Mvp＋20Mvs）が労働者の追加雇用に充当され，利潤所得から振り替えられた彼らの賃金所得が消費財II（80Mc）とサービス商品III（20Mc）に支出され，両部門の蓄積用生産財の購入（資本投下）の原資となることである。これら自部門内あるいは部門間の交換により，生産財部門の生産局面の国民所得であり，素材的には生産財である部門純生産物

2,000は，消費財部門の1,280の消費財，サービス部門の320のサービス商品，生産財部門の400の蓄積用生産財に転態する。

次に，消費財部門の生産局面の国民所得（純生産物）の一部である [II(120Vs + 8Mvs + 96Ms)] に対応する224の消費財は，サービス部門の生産局面の国民所得（純生産物）の一部である [III(120Vp + 8Mvp + 96Mp)] に対応する224のサービス商品と交換される。この部門間の交換を媒介するのが，消費財部門の労働者と資本家に分配される賃金 II(600V) と利潤 II(600M) の一部である [II(120Vs + 8Mvs + 96Ms)]，およびサービス部門の労働者と資本家に分配される賃金 III(150V) と利潤 III(150M) 一部である [III(120Vp + 8Mvp + 96Mp)] である。両部門の分配所得の一部から互いの商品に同額（224）を過不足なく支出し合うことが，この部門間の交換を可能にする。そして拡大再生産が単純再生産の場合と異なるのは，消費財部門とサービス部門の利潤所得である II(600M) と III(150M) のすべては資本家の個人的消費には充当されず，利潤所得の一部 II(80Mc) と III(20Mc) が投資を目的にした蓄積用生産財の購入のために生産財と交換されること，同じく利潤所得 II(600M) と III(150M) の一部が両部門の労働者の追加雇用に充当され，利潤所得から振り替えられた彼らの賃金所得の一部 II(8Mvs) と III(8Mvp) が消費財部門とサービス部門のあいだで同額（8）を互いの商品へ過不足なく支出し合うということである。これら部門間の交換により，消費財部門の生産局面の国民所得であり素材的には消費財である部門純生産物1,200のうち304は，224のサービス商品および80の蓄積用生産財に転態する。また，サービス部門の生産局面の国民所得であり素材的にはサービス商品である部門純生産物300のうち244は，224の消費財および20の蓄積用生産財に転態する。

最後に，消費財部門の生産局面の国民所得（純生産物）の残り [II(480Vp + 32Mvp + 384Mp)] に対応する896の消費財およびサービス部門の生産局面の国民所得（純生産物）の残り [III(30Vs + 2Mvs + 24Ms)] に対応する56のサービス商品は，自部門内の交換であり，それぞれ部門内の労働者と資本家に分配された賃金所得 II(600V)・III(150V) と利潤所得 II(600M)・III(150M) から部門内の商品へ支出される。それは，たとえば消費財であるパン工場の労働者が同じく消費財である野菜を購入したり，教育部門の労働者が同じくサービス部門で

第7章 サービス商品と国民所得　247

ある医療部門で医療を受けるようなケースである。また、拡大再生産の場合には、利潤所得であるⅡ(600M)とⅢ(150M)の一部が両部門の労働者の追加雇用に充当され、利潤所得から振り替えられた彼らの賃金所得の一部Ⅱ(32Mvp)とⅢ(2Mvs)が自部門内の消費財とサービス商品に支出される。こうして、これら自部門内の交換により、消費財部門の生産局面の国民所得であり素材的には消費財である部門純生産物1,200のうち残りの896は、自部門内で分配される賃金所得と利潤所得により再び消費財に転態する。同じく、サービス部門の生産局面の国民所得であり素材的にはサービス商品である部門純生産物300のうち残りの56は、自部門内で分配される賃金所得と利潤所得により再びサービス商品に転態する。

以上の結果から、拡大再生産において純生産物である国民所得は、流通の出発点である生産局面において2,000の生産財、1,200の消費財、300のサービス商品であるが、各部門で分配される賃金所得総計1,750［Ⅰ(1,000V)＋Ⅱ(600V)＋Ⅲ(150V)］および利潤所得総計1,750［Ⅰ(1,000M)＋Ⅱ(600M)＋Ⅲ(150M)］の媒介によって、流通の終着点である消費局面では2,400の消費財、600のサービス商品、500の拡大再生産に充当される蓄積用生産財に転態する。つまり、生産局面の国民所得は2,000の生産財、1,200の消費財、300のサービス商品の総計3,500であり、分配局面の国民所得は賃金所得総計1,750および利潤所得総計1,750の合計3,500であり、消費局面の国民所得は社会的総生産物9,000のうち生産財補填にあてられる部分5,500Cを控除した残りの生産物すなわち全消費財2,400、全サービス商品600、蓄積用生産財500の総計3,500である。そして、この3つの局面の国民所得の総計はそれぞれ一致することになる。

さて、〈表式Ⅰ：単純再生産表式〉および〈表式Ⅱ：拡大再生産表式〉にもとづいて、純生産物としての国民所得について総括的に述べると次のようになる。なお、以下は山田喜志夫氏が2部門構成の再生産モデルについて総括的かつ的確に述べられたことを、3部門構成の再生産モデルに応用したものである。いかなる社会においても、社会的総生産物は、①生産的に消費された生産財の補填、②個人的消費、③蓄積の3形態で使用される。そして、社会的総生産物から①の生産財の補填量を控除したものが純生産物である国民所得になる。この控除した残りの部分を社会は自由に使用することができる。この控除した残り

の部分が剰余生産物Mを含めてすべて個人的に消費されれば，社会は同一規模の単純再生産が行われる。これに対し，控除した残りをすべて個人的消費にはあてずに，剰余生産物Mの一部を蓄積にあてると拡大再生産が行われる。したがって，純生産物である国民所得は「人類社会にとって，このように，縮小再生産に陥ることなく自由に処分しうる生産物部分という意味をもっているのである」[3]。そして私は，こうした意味をもつ生産物部分である国民所得にサービス生産物を加えているのである。これを拡大再生産表式Ⅱにあてはめると，①は $5,500C$，②は $1,400Vp + 350Vs + 880Mp + 220Ms = 1,750V + 1,100M$，③は $500Mc + 120Mvp + 30Mvs = 500Mc + 150Mv$ となる。ここで②と③が国民所得になる。とくに③は，生産財と労働力への追加投資（蓄積）にあてられた剰余生産物Mの一部を表している。なお，サービス生産物を加えた国民所得範疇については，後の第Ⅴ節「所得の本質」で再び触れることになる。

Ⅱ 国民所得の生産部門としてのサービス部門

　国民所得は，まずは生産局面において素材的および価値的に規定される。それは，素材的には，3つの社会的労働部門において各年度に生産される総生産物から労働手段の減価償却分と原材料分（各部門生産物におけるCの比例的成分）を控除した生産物（各部門生産物におけるV＋Mの比例的成分）にほかならない。そして，この純生産物には，生産財や消費財といった財貨だけでなくサービス部門において共同生産されるサービス生産物の比例的成分も含まれる。また，国民所得は価値的には，3つの社会的労働部門において各年度に生産される総生産物価値から減価償却費と原材料費（各部門生産物における不変資本価値）を控除した付加価値にほかならない。そして，この付加価値にはサービス部門で生産された純生産物に対応する付加価値も含まれる。これは，社会的労働と消費活動によって共同生産される人間の能力を労働生産物であるとし，サービス部門が社会的労働部門のひとつを構成する，と規定した本書の帰結である。

　次に，資本制的商品経済においては，国民所得は商品―貨幣―商品（W―G―W）の形態で流通する。素材的形態が財貨である国民所得の多くは売買形式

で流通するが，素材的形態が人間の能力であるサービス生産物としての国民所得は，売買形式ではないサービス提供契約という債権契約の形式で流通する。素材的形態が財貨であれ人間の能力であれ，資本制経済における国民所得は商品流通に包摂される。そして，生産局面の国民所得の流通を媒介するのが，貨幣形態の資本とともに各部門で分配される貨幣形態の所得である。資本制経済では，各生産部門で生産された付加価値は，各部門の労働者と資本家に賃金あるいは利潤という貨幣形態で分配されるからである。サービス部門が国民所得を生産する社会的労働部門である以上，生産された付加価値から貨幣形態で分配されたサービス部門の賃金所得と利潤所得は，派生的所得ではなく財貨部門の賃金と利潤と同じように本源的所得あるいは1次所得になる。

そして，3つの社会的生産部門の付加価値から貨幣形態で分配された賃金所得と利潤所得は，生産財部門に対する消費財部門とサービス部門の部門間転態，消費財部門とサービス部門の部門間転態，消費財部門とサービス部門それぞれの自部門内の転態を媒介し，当該期間に生産されたすべての消費財とサービス商品はそれぞれの階級の個人的消費に入る（単純再生産の場合）か，あるいは利潤の一部が追加資本に転化し追加生産財や追加労働力の購入に充当される（拡大再生産の場合）のである。このことは，当該期間における社会的総資本の運動の結果からみて，国民所得の現物形態の一部である消費財とサービス生産物は，追加労働者を含めた賃金労働者と資本家にすべて分配されそれぞれの階級の再生産を可能にするとともに，残りの国民所得の現物形態である生産財が蓄積にあてられるのである。

教育，医療，福祉，娯楽等の国民生活の維持・向上に直結するサービス部門を，財貨部門とともに国民所得の生産部門としたうえで，社会的総資本の運動モデルのなかに組み込むことは経済的に意義のあることである。というのは，本書の再生産表式で示した3部門経済モデルは，すでに述べたように経済の迂回生産モデルであり，生産財と消費財だけでなく人間の能力というサービス生産物が経済活動の根幹をなすことを示している。3種類の生産物の生産があってこそ経済全体が再生産されるのである。つまり経済全体の維持・発展には生産財や消費財が社会的に適切に生産されねばならないと同時に，人間の能力もサービス生産物として社会的に適切に生産されねばならないのである。このこ

とは社会的労働部門として教育や医療等が仮に存在しなければ，他の財貨部門において現行の生産能力にふさわしい生産活動が早晩不可能になるであろうことを想起すれば容易にわかる。3部門構成の再生産表式は，こうした見地のもと，部門内および部門間の経済的取引が需給一致という条件下で，各部門生産物のCとVとMの比例的諸成分が素材的にも価値的にも正値をとるひとつの数値例を示したものである。

　国民所得また社会的総資本の運動を3部門経済モデルで描くことを可能にさせたのは資本制経済の文明化作用にほかならない。資本制経済は人間の能力の統合体である労働力を商品化した。これにより生産手段の所有から排除された労働者は，彼の保有する労働力を維持・発展させて資本に雇用されないかぎり，社会標準的な生活の維持あるいは人間らしい生活の維持が困難になる。労働者は彼の能力を維持・発展させることが社会的な強制力になる。そして，市場競争において労働生産性の増大を日常的に強制される資本にとって，資本の要求する労働力を維持・発展させるには労働者自身による個人的消費だけでは不十分なのである。ここに教育，医療，福祉，娯楽等のサービス部門が人間の能力を維持・発展させる社会的労働部門として成立する必然性がある。歴史的に見れば，これらサービス部門は当初は公共的性格の強い経営体によって担われたが，今日では利潤獲得を目的にした資本主義的企業によっても担われるようになってきている。人間の能力の維持・発展が資本主義的競争原理のなかで行われるということは，一面では，人間の能力の偏面発達あるいは競争からの脱落者を生むという社会問題を発生させる。しかし，他面では，資本主義社会に入ってからの識字率の飛躍的向上，高等教育機関への進学率の上昇，乳幼児死亡率の減少，平均寿命の伸長，音楽・スポーツ興行等の娯楽産業の隆盛はきわめて顕著である。これらはサービス部門が社会的労働部門として確立され労働者の教育，医療，娯楽等の水準が高度化した結果であるといえる。このように資本制経済の文明化作用は否定しがたい事実であり，3部門経済モデルはこうした歴史的事実を踏まえたものである。

　迂回生産モデルとしての3部門構成の再生産表式は，生産財部門，消費財部門，サービス部門がそれぞれ部門内交換および部門間交換を繰り返しながら全体として経済活動を維持・発展させるという構造になっている。このことは，

経済活動において財貨生産だけが経済の目的ではなく，人間の能力の生産も経済の目的のひとつになることを示している。財貨とともにサービス生産物が国民所得の現物形態である純生産物を構成し，財貨部門の労働とともにサービス部門の労働も国民所得を生産する労働であることが，このことを示している。3部門構成の再生産表式そのものが，サービス部門が商品生産物を生産するという前提のもとでつくられているのであるから，これはいわば当然である。ここで，経済の目的を国民生活の維持・向上にあると抽象的に規定したとしよう。財貨がその手段であり，財貨生産を増大させることは国民生活を豊かにする条件をつくりだすから，経済学の射程なり考察範囲は財貨生産で十分であるという考え方が少なからず存在する。農業生産物あるいは工業生産物を経済的富の中心におく議論はその代表例である。しかし，こうした議論は財貨生産が増大しただけでは必ずしも自動的に国民生活が豊かになるわけではないという簡明な事実を無視している。国民生活の維持・向上には財貨を生産手段にした対人労働部門，すなわち人間の能力の形成・維持・向上をはかる教育，医療，娯楽等の社会的労働部門が必要になる。そして，これらの労働部門が戦後一貫して増大し経済全体のなかでその比重を増してきているのである[4]。しかも，これらの労働部門によって形成・維持・向上された人間の能力は，逆に財貨生産を効率的に生産する手段にもなっている。要するに，財貨生産と人間の能力の生産は相互に連関しながら経済活動を活性化させ国民生活の維持・向上につながっているのである。こうした見地から見れば，財貨だけでなく人間の能力も経済的富に含まれることは明らかである。国民所得の現物形態に財貨とともに人間の能力を明確に位置づけた3部門構成の再生産表式はこうした見地に立っている。ただし，資本制経済においては国民生活の維持・向上はあくまで抽象的目的にすぎず，経済活動の目的また経済的富として直接的に現れるのは商品であり資本である。つまり，利潤の極大化を追求する社会的総資本の運動のなかで，商品形態での国民所得の増大こそが経済的富の増大として現れる。

　さて，"経済活動では財貨とともに人も財産である"ことはきわめて常識的な見地であるが，労働価値論の通説は3部門経済モデルを未だ認めるにいたっていない。その理由が2点あることは第1章と第2章で触れたが，純生産物としての国民所得概念に即して以下簡潔に述べておく。まず第1に，人間の能力

を労働生産物として認めない生産物観である。これは，労働生産物と言えば財貨だけであるという固い信念か，あるいは人間の能力また労働力は労働生産物でなく個人的消費の生産物であるという理論に依拠している。いずれにせよ人間の能力は労働生産物ではないから，社会的労働部門によって生産される生産物また純生産物を構成せず，3部門経済モデルは成立しないということになる。しかし本書では，教育，医療，福祉，娯楽等で維持・形成される人間の能力は，社会的労働と個人的消費による共同生産物であるという見解を展開した。この見解によれば，直接的な労働生産物である財貨とは異なるとはいえ，人間の能力は特殊な労働生産物であると捉えることができる。よって，社会的労働部門で共同生産される人間の能力は社会全体の労働生産物また純生産物の一部を構成し，3部門経済モデルに組み入れることができる。第2に，人間の能力が特殊な労働生産物であることを仮に認めたとしても，それは資本の生産物とは言えないという議論である。これは，財貨と異なり，サービス部門によって共同生産される人間の能力が資本の排他的所有物にはならないということに依拠している。つまり人間の能力は資本が所有する生産物ではないから，社会的総資本の運動をかたちづくる商品生産物また商品形態での国民所得を構成せず，資本主義的な3部門経済モデルは成立しないということになる。しかし本書は，資本の生産物とは資本主義的商品のことであり，サービス商品は資本の排他的所有物にはならないものの価値および剰余価値が内在している。そして，サービス商品に内在する価値および剰余価値は，所有権の移転をともなう売買契約でなくサービス提供契約をつうじ資本に回収されるという見解を展開した。こうした見解にもとづけば，サービス商品は資本の排他的所有物にはならないが，そこに価値および剰余価値が内在する商品であり，特殊な資本主義的商品と捉えることができる。よって，社会的労働部門でサービス商品として共同生産される人間の能力は，資本によって生産される商品生産物また国民所得の一部を構成し，資本主義的な3部門経済モデルに組み入れることができる。

Ⅲ　サービス商品と労働力の生産費

　生活手段商品およびサービス商品と賃金所得の関係について触れておく。ま

ず，人間が生活を営んでいくうえで必要な消費財のことを生活手段と定義する。そのうえで，〈表式Ⅰ：単純再生産表式〉を見れば，第Ⅰ部門で生産される財貨は生産手段（＝生産財）であり，第Ⅱ部門で生産される財貨が生活手段（＝消費財）であり，サービス部門で生産される生産物は財貨ではなく人間の能力というサービス生産物である。資本制経済においては賃金労働者は，社会的労働部門で繰り返し同じように機能するためには，第Ⅱ部門の生活手段商品だけでなく第Ⅲ部門のサービス商品にも賃金所得を支出し，自らの労働力を再生産しなければならない。このことは，賃金の本質である労働力商品の価値すなわち労働力の再生産費が，生活手段商品の価値（以下，生活手段価値）だけでなく，サービス商品を加えた商品価値によって規定されることを示している[5]。労働力商品の再生産費は生活手段価値で規定されるというのがこれまでの通説であったが，人間の能力を商品生産物として捉える本書の考え方にもとづけば，それは正しくない。賃金労働者が病院で病気の治療を受けなければ，あるいは特殊な技能を必要とする賃金労働者が教育訓練機関で所定の教育を受けなければ，彼は再び同じように労働過程で機能することができなくなる，という簡明な事実がこれを証明している。労働力商品の再生産費は，生活手段価値だけでなくサービス商品価値が加わった商品価値によって規定されるのである。

〈表式Ⅰ：単純再生産表式〉に即して，これを明確にしておこう。3つの社会的労働部門で機能するすべての賃金労働者は，第Ⅱ部門の生産物である生活手段（＝消費財）に彼の本源的所得である賃金所得［Ⅰ(600Vp)＋Ⅱ(480Vp)＋Ⅲ(120Vp)＝1,200Vp］を支出する。また，すべての部門の資本家も第Ⅱ部門の生活手段に彼の本源的所得である利潤所得［Ⅰ(600Mp)＋Ⅱ(480Mp)＋Ⅲ(120Mp)＝1,200Mp］を支出する。これにより，第Ⅱ部門の生活手段（＝消費財）の生産高2,400はすべて個人的消費に入る。また，同じように3つの社会的労働部門で機能するすべての賃金労働者は，第Ⅲ部門の生産物であるサービス商品に彼の本源的所得である賃金所得［Ⅰ(150Vs)＋Ⅱ(120Vs)＋Ⅲ(30Vs)＝300Vs］を支出する。また，すべての部門の資本家も第Ⅲ部門のサービス商品に彼の本源的所得である利潤所得［Ⅰ(150Ms)＋Ⅱ(120Ms)＋Ⅲ(30Ms)＝300Ms］を支出する。これにより，第Ⅲ部門のサービス商品の生産高600はすべて個人的消費に入る。この結果，本書における労働力商品の再生産費は，賃金労働者の個人的

消費に入る生活手段価値とサービス商品価値の合計 [II(1,200Vp) + III(300Vs)] である 1,500V の商品価値によって規定されることになる。

　これに対して，通説は，労働力商品の再生産費は生活手段価値によってのみ規定され，そこにサービス商品価値は加わらないとする。〈表式Ⅰ：単純再生産表式〉に即して，通説の捉え方も明確にしておこう。まず，通説は第Ⅲ部門のサービス商品を商品生産物として捉えない。サービス商品は，土地商品と同じように価値の裏づけのない価格をもつ擬制的商品になる。つまり，サービス商品価格の構成要素のうちIII(300C) 部分は財貨であるから価値の裏づけはあるが，他の [III(150V + 150M)] はサービス部門で形成される付加価値ではなく，他の財貨生産部門の賃金水準あるいは平均利潤率によって決まるとする。つまり，サービス商品は価格をもつが，それはあくまで価値の裏づけのない貨幣表現であるとする。そして，このようなサービス商品は他の財貨生産部門の賃金労働者および資本家の本源的所得からの支出をつうじて彼らの個人的消費に入る。それ故，擬制的商品であるサービス商品の販売をつうじ第Ⅲ部門において貨幣形態で分配される賃金所得と利潤所得 [III(150V + 150M)] は，本源的所得でなく，派生的所得あるいは2次的所得となる。また，第Ⅲ部門の賃金労働者と資本家は，この派生的所得を第Ⅱ部門の消費財や自部門のサービス商品に支出し，自らの生活を維持する。この結果，通説における労働力商品の再生産費は，賃金労働者の個人的消費に入る生活手段の商品価値，すなわち表式の [I(600Vp) + II(480Vp) + III(120Vp) = 1,200Vp] にあたる消費財 1,200 とサービス部門の生産財価値に該当する III(300)C の一定量 150——通説ではサービス部門の生産財を消費財とみなしており，そのうちの半分が賃金労働者の個人的消費に入ると仮定する——にあたる消費財，合計 1,350V の生活手段価値に帰着する[6]。

　労働力商品の再生産費をめぐり，〈表式Ⅰ：単純再生産表式〉に即して本書での見解と通説との相違点を明確にしたが，いずれも形式論理的には矛盾はないと言える。したがって，理論としてどちらが正しいかはこのかぎりでは判断はつかない。結局，どちらの理論が現実をより適切に説明できるかによるのである。ただし，労働力商品の再生産費についてのこの相違が，根本的には人間の能力を商品生産物として認めるか否かに起因していることがあらためて確認で

きたと言える。

IV　3部門経済モデルにもとづく国民所得論の範囲

　3部門経済モデルで取り上げる国民所得およびこれを生産する労働の範囲から外れる経済活動について述べる。まず第1に，人間の個々の能力であるサービス生産物は共同生産物であるサービス商品として3部門経済モデルにおける社会的労働部門の商品生産物として登場するが，諸能力の統合体である労働力商品は3部門経済モデルにおける社会的労働部門の商品生産物としては登場しない。このことは，人間の諸能力の統合体としての労働力の生産には，社会的労働の直接的投入に依存せずに生産される部分が存在することを示している。食べたり，呼吸したり，飲んだり，眠ったりする活動によって生産される能力である。このような活動を含めて生産される諸能力の統合体としての労働力は社会的労働による直接的な生産物ではない。よって，労働力商品は3部門経済モデルにおける社会的労働部門の商品生産物としては登場しない。食べる，呼吸する，飲む，眠る等の活動，さらにサービス商品の共同生産過程で消費者によって投入される学習する，療養する，観戦する等の活動について，これらは「自分のために自分にしかできない」活動であり，私はこれを本源的消費活動と呼んだ。本源的消費活動は，自分自身の能力あるいは労働力を維持・形成する重要な経済活動のひとつであるが，代替性のない個人的な摂取活動であるが故に，本来的に社会的活動ではなく[7]，よって商品価値を形成する労働に算入されず国民所得を生産する労働の範囲から除外される。

　第2に，家庭菜園で作った野菜や家族構成員のために作った料理やクリーニングされた衣服等の財貨生産物，また親が子どもを教育したり子どもが親を介護したりする活動等によって維持・形成される家族構成員の能力（サービス生産物），これらは家族外の市場において財貨商品あるいはサービス商品として取引されるようにならないかぎり，3部門経済モデルにおける社会的労働部門の商品生産物としては登場しない。家族構成員のために料理したり，洗濯したり，教育したり，介護したりする活動，これらは「家族のなかで他者のためにできる」活動であり，私はこれを代替的消費活動と呼んだ。代替的消費活動は

外的変革活動としての労働の原型であるが,それによって生産された財貨生産物やサービス生産物が商品生産物として市場で取引されるようにならないかぎり商品価値は形成しない。よって,代替的消費活動は商品価値を形成する労働に算入されず国民所得を生産する労働の範囲から除外される。代替的消費活動は一般に家事労働と呼ばれている。家事労働は伝統的国民勘定や産業連関表といった「中枢体系」では生産の境界外である。しかし,国民経済計算(1993年SNA)では,家事労働が「無償労働」と認められ「家計生産」として貨幣評価されることにより,「中枢体系」の生産境界を拡張した「拡張型サテライト勘定」で扱われるようになった[8]。本書は,家事労働は商品生産物を生産しないと捉えるから,「中枢体系」には組み込まれないことを当然であると考える。しかし,家事労働や各種ボランティア活動を類似の市場労働や代替的な財貨商品によって貨幣評価し,社会保障や環境問題等の特定テーマについて検討することを否定するものではない。

　第3に,3部門経済モデルでは商業・金融業は除外される。商業・金融業は商品および貨幣の価値の形態転換を専業とする流通部門である。したがって,それは生産財や消費財を生産する財貨部門ではなく,また人間の能力を共同生産するサービス部門でもない。要するに,総資本や国民生活にとって商業・金融部門の客観的な必要性は十分に認められるものの,そこでは商品生産物は生産されないという見地から3部門経済モデルにもとづく国民所得論から除外される。したがって,商業・金融部門に社会的労働が投入されそこで賃金および利潤といった所得は得られるが,商品生産物が生産されないかぎり,そこで得られる国民所得は生産部門からの派生的所得になる。資本制経済における流通部門は商品生産物を生産しない社会的労働部門であるが,流通部門は受動的役割を担うだけでなく,3部門の実体経済に対し積極的役割あるいは錯乱的影響を与える。たとえば,不況期における貨幣供給量の増大は商品生産物に対する有効需要を喚起し実体経済を活性化させ,あるいは好況期における貨幣供給量の縮小は過度なインフレーションを防ぐ。しかし,貨幣供給の量とタイミングを誤れば実体経済に錯乱的な影響を与える。仮に金融機関が破綻すれば,実体経済を担う企業は被融資資金を引き揚げられるだけでなく,勤労諸階層の個人金融も大きな打撃を被ることになる。

商業・金融業といった流通部門について，財貨商品および有価証券等の売買をつうじて得られる賃金および利潤といった所得は商品生産物の直接的な生産から生じるものではないとする点で，本書は労働価値論の通説と同じ見地に立っている。ただし，本書は通説とまったく同じでない。本書は，商業活動における輸送や保管に関わる労働が追加的生産であるが故に商品に価値を付加することを当然として，それに加えて簿記，商品の品揃え，品質鑑定，分類，小分け，市場情報の収集・整理など「純粋の商業活動」とされる労働も商品に価値を付加すると考えている[9]。ただし，紙あるいはネットワーク上での契約成立を行う労働は商業部門が扱う商品には価値を付加しないと考える。これらの契約成立によって得られる商業部門の所得は，上で述べた商業労働が付加する価値によっては規定されない。商業部門は実体経済部門の生産する商品生産物の独立した売買専業者として機能することにより派生的所得を得るのであって，その所得は商業部門が付加する価値には規定されず，それとは別の事情によって決まる。要するに商業部門は，一面では商品の使用価値を完成させる生産活動を行い商品に価値を付加すると同時に，他面では商品に価値を付加せず，商品の生産活動とは無縁な価値の形態転換の活動を行う。換言すれば，商業部門は生産機能と流通機能の両者の複合的機能をあわせ持ち，特殊な結合生産——流通機能の側面では生産物を生産しないから厳密な意味では結合生産ではないが——を行う社会的労働部門なのである。本書は，いま述べた特殊な複合的機能を踏まえたうえで，資本制経済における商業部門の本質を価値の形態転換を専業とする流通部門であると捉え，生産部門だけで構成される3部門経済モデルからは除外しているのである。

　第4に，小経営あるいは家族経営の農業や工場で生産される農作物や工業製品，同じく小経営あるいは家族経営のクリーニング業や修理業で生産される財貨商品，個人経営の家庭教師や理美容師等によって生産されるサービス商品，これら独立の小商品生産者によって生産される商品は，それらが剰余価値を含んだ資本主義的商品でないかぎり，原理的には3部門経済モデルにおける社会的労働部門の商品生産物としては登場しない。本書の3部門経済モデルは，社会全体が労働者と資本家という二大階級によって構成されるという前提のもとで組み立てられている。小商品生産者は彼らが生産する商品に剰余価値が含ま

れず再生産費用を回収するにとどまるという意味で賃金労働者に限りなく近く，また なんらかの市場環境等の変化によって商品が剰余価値を含むようになれば資本家階級に近づく，という意味で二面的な性格規定を受ける過渡的な存在である。したがって，小商品生産者の労働は，商品生産物を生産するという点では生産的労働の本源的規定に当てはまるが，剰余価値を生産しないという点では生産的労働の歴史的規定に当てはまらない，という二面的な性格規定を受ける。本書の3部門経済モデルは，資本制経済の二大階級を前提にして国民所得また社会的総資本の運動を解明することを目的にしている。それ故，独立の小商品生産者によって生産される商品および彼らの労働は3部門経済モデルでは原理的に除外される。ただし私は，最低限の生活を維持する労働も国民所得の維持に貢献しているという観点から，自営農民や個人経営の家庭教師等の幅広い諸階層を含めて，実体経済により近い3部門経済モデルにもとづく国民所得論を構築することを否定するものではない[10]。

　最後に，政府および公共部門は，私的資本のもとで剰余価値・利潤の極大化を追求する社会的労働部門ではないが故に，資本制経済の二大階級を前提にした3部門経済モデルからは原理的に除外される。しかし，政府および公共部門の労働は，「公共サービス」および「公共財の建設」をつうじて商品生産物を生産するという点で，小商品生産部門と同じように生産的労働の本源的規定に当てはまる社会的労働部門のひとつである。したがって，商品生産物の生産をつうじ社会的総資本の再生産および国民の生活水準の維持・増進に貢献しているという観点から，政府および公共部門を実体経済により近い3部門経済モデルに組み込むことを，私は否定しない。これについては第8章で詳論する。

　以上をまとめれば，次のようになる。第1に，3部門経済モデルにもとづく国民所得論が対象にする労働部門は，社会的労働部門でなければならない。この見地から，個人的な摂取活動である本源的消費活動と家族内で行われる代替的消費活動（家事労働）は外される。第2に，社会的労働部門のなかで，それは商品生産物の生産部門でなければならない。この見地から，商品・貨幣流通を専門的に担う商業・金融部門は外される。第3に，商品生産物の生産部門のなかで，それは資本制経済の二大階級を前提にした剰余価値・利潤の生産部門でなければならない。この見地から，小商品生産部門および政府・公共部門は

第7章 サービス商品と国民所得　259

外される。これらを除外したものが，資本制経済において付加価値生産物を生産する社会的労働部門であり，純粋な抽象理論という枠組みのなかでは，それらが3部門経済モデルにもとづく国民所得論が対象にする労働部門になる。ただし，小商品生産部門および政府・公共部門については，零細・自営の小商品生産部門で従事する就業者の比率は高く，また今日では政府・公共部門で従事する就業者の比率は高まっている。しかも，小商品生産部門および政府・公共部門は，商品生産物の生産をつうじ社会的総資本の再生産および国民の生活水準の維持・増進に貢献している。こうした観点から，純粋な抽象理論という枠組みを離れて，小商品生産部門および政府・公共部門を3部門経済モデルにもとづく国民所得論に組み込むことは有意味であると考える。

V　所得の本質

1　所得の本質について

　本書は，生産財，消費財，サービス生産物（人間の能力）という3種類の生産物を生産する社会的労働部門を立て，3部門構成の再生産表式を作成した。そして，それにもとづき，それぞれの社会的労働部門が生産局面において国民所得を生産するということ，次いで生産局面の国民所得は流通過程における分配局面で捕捉されるということ，最後に生産局面の国民所得は消費局面に入り個人的あるいは生産的に消費されるということを示した。そして，山田喜志夫氏が的確に指摘した文章を引きながら，純生産物としての国民所得の性格と本質について次のことを示した。

　第1に，純生産物としての国民所得とは，それぞれの社会的労働部門の部門生産物総計から生産財を控除した残りの部分であり，労働価値で評価すれば，それぞれ部門生産物総計の比例的成分（$C+V+M$）のうち生産財（C）を控除した残りの労働力の再生産に充当される必要生産物（V）と剰余生産物（M）の和である。第2に，単純再生産では，生産財部門で生産される生産財の比例的成分のうち必要生産物（V）と剰余生産物（M）は部門間交換を経て消費財またサービス生産物にすべて転態する。よって，社会全体の消費局面の国民所得は全消費財と全サービス生産物の合計で捕捉され，当該期間中にすべてが個

人的に消費される。拡大再生産では，それぞれの社会的労働部門の剰余生産物（M）の一部が蓄積に回され，追加労働者の個人的消費に入るか，あるいは生産財に追加投資され生産的に消費される。この場合も，純生産物としての国民所得が当該年度の部門生産物総計である必要生産物（V）と剰余生産物（M）の和であることに変わりはない。しかし，拡大再生産では剰余生産物（M）の一部が蓄積に回されるため，部門内および部門間交換を経た社会全体の消費局面で捉えれば，追加労働者を含めて社会全体で個人的に消費される全消費財と全サービス生産物，それに拡大再生産のため生産的に消費される蓄積用生産財が加わる。第3に，こうして，単純再生産また拡大再生産のいずれにおいても，純生産物としての国民所得は社会的総生産物から当該年度に使用された生産財を補填・控除した残りの必要生産物（V）と剰余生産物（M）から成り，それらがすべて個人的に消費されれば社会は単純再生産になり，剰余生産物（M）の一部が蓄積にあてられると社会は拡大再生産になる。したがって，純生産物としての国民所得の本質は，「人類社会にとって，このように縮小再生産に陥ることなく自由に処分しうる生産物部分」という性格にある。

　本書は山田氏に従い，国民所得の本質を「人類社会にとって，このように縮小再生産に陥ることなく自由に処分しうる生産物部分」とした。ただし私は，ここで言う「自由に処分しうる」は私的所有を前提にした排他的処分権のことではなく，"社会全体で自由にできる生産物部分"という意味で普遍的かつ抽象的に捉える。また，私は山田氏と異なり，純生産物としての国民所得に生産財および消費財といった財貨生産物だけでなく，教育，医療，福祉，娯楽等によって共同生産される人間の能力を加える。これらの点を踏まえ，この本質把握の意義について若干補足する。まず，なんらかの事情で必要生産物（V）と剰余生産物（M）の総計が前年度と比べ減少すれば，社会全体は縮小再生産に陥る。それまで稼働していた生産財の一部を遊休したり廃棄したり，また必要生産物（V）および剰余生産物（M）それぞれの取得者の消費財およびサービス生産物の個人的消費は制限される。この場合，衣食住に関わる消費財の必要度と比べ教育，医療，福祉，娯楽等のサービス生産物の必要度は相対的に低いので，縮小再生産はサービス部門の相対的な縮小となって現れるであろう。人々は，子どもの高等教育機関への進学をあきらめたり，医者に行く回数を減

らしたり，旅行・スポーツ観戦等の娯楽を減らすのである。生産財の生産的消費また消費財の個人的消費に制限がかかるだけでなく，サービス生産物の個人的消費にも制限がかかる。それゆえ，「社会全体にとって自由に処分しうる生産物部分」が量的に減少するのである。

これに対し，なんらかの事情で必要生産物（V）と剰余生産物（M）の総計が前年度と比べ増大すれば，社会全体は拡大再生産になる。拡大再生産になるためには，多くの場合，剰余生産物（M）の取得者が消費財とサービス生産物の個人的消費を自ら制限し——資本制経済では競争による強制力がそうさせる——，剰余生産物（M）の一部を蓄積用生産財と追加労働者の個人的消費に充当しなければならない。これにより，必要生産物（V）と剰余生産物（M）の総計が前年度と比べ増大し，社会全体は拡大再生産となる。そして，この拡大再生産に財貨部門の労働生産性の上昇がともなえば，社会全体は衣食住に関わる財貨生産物への欲求を満たし，教育，医療，福祉，娯楽等のサービス生産物に対する欲求を相対的に高め，サービス部門の相対的比重を大きくさせる。前年度と比べ，衣食住について消費財の個人的消費の水準を高めるとともに，子どもの教育や親の介護等に「公共サービス」の利用度を高め，旅行・スポーツ観戦等の娯楽を増やすのである。つまり，財貨生産物とサービス生産物を含めて，「社会全体にとって自由に処分しうる生産物部分」が量的に増大するのである。このように本書は，純生産物としての国民所得に財貨生産物だけでなくサービス生産物を加えたうえで，その本質を「人類社会にとって，このように縮小再生産に陥ることなく自由に処分しうる生産物部分」とするのである。

2　斎藤重雄氏の見解

本章を執筆した際，所得の本質をめぐり斎藤重雄氏と議論になった。斎藤氏と私は，人間の能力をサービス生産物として捉える生産物観，またサービス生産物が国民所得を構成するというサービス論の基本的把握では見解が一致している。そして，サービス論の先学者として折に触れ有益な意見をいただいている。しかし，サービス論の基本的把握では見解が一致するものの，本章で示した国民所得の本質把握では見解が相違するという結果になった。国民所得の本質把握をめぐり私見をあらためて示すということが，これまでいただいた学恩

に報いることになるので，以下で論じることにする。なお，今回の斎藤氏との議論の焦点はサービス論とは無関係なので，社会的労働部門が生産財と消費財の2部門で構成されると単純化して話を進める。

　斎藤氏と私の見解の相違は，上で述べたように私が"国民所得は純生産物と同義"と捉えるのに対し，斎藤氏はそうではなく，①分配された生産物，②とりわけ個人に分配されて個人に帰属する生産物すなわち消費財，を国民所得として捉えるという点にある。①について。私はそれぞれの生産部門において流通過程に入る前の純生産物を生産局面の国民所得として捉えるが，斎藤氏はそれらは分配される前の段階であるから国民所得ではなく，そもそも生産局面の国民所得なるものは存在しないとされる。氏は，所得の一般的本質は「分配された生産物」にあるとして，「現代では貨幣所得によって購入された生産物（＝財貨とサービス），つまり分配された生産物（＝分配生産物）が所得の一般的本質であり，これが所得の一般的概念である」[11]とされる。そして，そもそも「生産国民所得」という捉え方に問題があるとして，「確認すべきこととは，所得を生産されたままの生産物と峻別すべきことである。生産されたままの生産物は，現代では資本の一形態［の商品資本］であり，決して所得ではない。……国民所得は諸所得の社会的総計であるが，いかに社会的総計であるとは言え，分配を経たものでなくてはならない。したがって，国民所得に該当するものは，『分配国民所得』である。……国民所得は，これ（社会的純生産物）と峻別されなければならない」[12]とされる。この定義にもとづけば，単純再生産における生産財部門の純生産物は「分配された生産物」にはならない。なぜなら，生産財部門の純生産物は消費財部門の消費財販売額の一部――購入者は生産財部門の賃金労働者と資本家である――によって購入され，分配されずにそのまま消費財部門の消耗生産財の補塡にあてられるからである。ここから氏は，国民所得を純生産物と同義と捉え，生産財と消費財の純生産物を生産局面の国民所得として捉えた私の方法を問題にされる。②について。氏は国民所得は使用価値的には資本から解放され個人に帰属する生産物すなわち消費財でなければならないとされる。したがって生産財は国民所得を構成しないとして，「所得の普遍的本質，つまり真の所得は，人類の生存を可能にする新使用価値にある。……生存のためには貨幣所得が新使用価値としての現物所得（分配された消費

財）に転化しなければならない」[13]とされる。ここから氏は，個人に分配されず個人に帰属しない生産財の純生産物部分を国民所得として捉えた私の方法を問題にされる。こうして，氏によれば，"国民所得は純生産物と同義"でないから生産局面には国民所得は存在せず，存在するのは分配局面での賃金所得および利潤所得といった貨幣形態での国民所得，そしてそれらが支出され個人に帰属するところの現物形態での国民所得（＝消費財）ということになる。

　まず，上の2つのことは私から見れば同じ主張ではないように思われる。①は生産局面において国民所得は存在しないという主張であり，②は個人に分配され個人に帰属する生産物（＝消費財）を国民所得であるとする主張である。両者が同じ主張でないのは，①は純生産物の流通過程における生産局面，分配局面，消費局面のうち生産局面では国民所得が成立しないという主張であるのに対し，②は純生産物の分配局面および消費局面に立ち入って，個人に分配され個人に帰属する純生産物を国民所得とするという純生産物の分配の内容に関わる主張であるからである。たとえば，法人所得について氏の定義からはどうなるのであろうか。剰余生産物の売上収入すなわち剰余価値が実現した状態の利潤を法人所得（利潤所得）と呼ぶことを前提にした場合，法人所得には役員報酬や株主配当をつうじて個人に帰属するものに加えて企業内部に蓄積される留保所得（利益剰余金）が存在する。多くの場合，留保所得は拡大再生産のために支出され蓄積用の生産財に転化する。氏の所得概念からすれば，留保所得は個人に帰属せず消費財に転化しないから国民所得ではなくなってしまう。よって利潤所得である法人所得全体も所得とは呼べなくなる可能性が出てくる。つまり氏は，生産局面の純生産物は分配される前の段階だから国民所得ではないとされるだけではなく，純生産物の流通過程において貨幣形態で分配される所得のうち資本に帰属する所得も国民所得ではないとされているのである。

　以上のことを踏まえると，斎藤氏と私の見解の相違は，私が"国民所得は純生産物と同義"と捉えるのに対し，斎藤氏は国民所得は純生産物と区別して別途新たに定義されねばならないとされているところに根差しているといえる。私としては，国民所得に純生産物と区別される有意味な定義があればそれに従ってもよいと考えている。しかし，上で述べたような個人に帰属する「分配された消費財」という氏の新たな定義では，すくなくとも拡大再生産における蓄

積用の生産財，資本に帰属して消費財に転化しない留保所得が国民所得の定義から脱落してしまうことになり，賛同できないのである。そしてむしろ私は，斎藤氏とは逆に，"国民所得は純生産物と同義"であるとするところに経済的意義を見出している。その理由は2つある。

　第1に，国民所得が純生産物と同義であるとすることは，資本制経済における賃金所得，利子所得，地代所得，留保所得といった貨幣形態で分配される所得，およびそれらが支出されて個人的あるいは生産的に消費される現物形態の所得（消費財および生産財），これら貨幣形態あるいは現物形態で分配される所得の源泉がそれぞれの社会的労働部門で生産された純生産物（価値的には $V+M$）にある，ということが明確にできる。私の理解では純生産物としての国民所得は「社会全体にとって自由に処分しうる生産物部分」であり，それは生産財および消費財が流通過程に入る直前の生産局面において捕捉される。したがって，生産局面で捕捉される「社会全体にとって自由に処分しうる生産物部分」が量的に拡大すれば，分配率一定のもとで貨幣形態および現物形態で分配される諸所得が全体的に増大する，という因果関係を明らかにすることができる。第2に，生産局面の純生産物は部門生産物総計（$C+V+M$）から各部門で使用された生産財（C）を控除した残りの部分である。したがって，"国民所得は純生産物とは同義"であるとすることは，国民所得は総生産物とは同義でないということを意味する。つまり，賃金所得，利子所得，地代所得，留保所得といった貨幣形態で分配される所得（価値的には $V+M$）の総計は，当該年度に生産された総生産物の価値（$C+V+M$）ではなく，純生産物の価値＝価値生産物（$V+M$）に帰着する。つまり，"国民所得は純生産物と同義"とすることによって，年々の社会的総生産物の価値または価格は賃金所得および利潤所得にはすべて還元されないということが明らかになり，いわゆる「$V+M$のドグマ」に陥ることを避けることができるのである。

　さて斎藤氏は，"国民所得は純生産物と同義"であることを否定する主張にもとづいて，国民所得の「三面等価の原則」を批判する。「三面等価の原則」とは，生産局面で見ても，分配局面における貨幣形態で見ても，消費局面の支出主体で見ても，国民所得（減価償却費を無視すれば『国民経済計算』でのGDP）は同じ値になるというものである。労働価値による評価をベースにしていない

という点，流通・金融部門を生産物の生産部門とする点，これらの点で『国民経済計算』と本書は見解が異なるものの，"国民所得は純生産物と同義"とする点では一致している。よって，生産物に対する需給一致という条件下では，「生産国民所得」は「分配国民所得」および「支出国民所得」と量的に一致することになる。これに対し斎藤氏は，国民所得は二面等価であると批判して，「このことは，いわゆる『国民所得の三面等価の法則』に問題を投げかけることになる。この『法則』なるものは，『生産国民所得』と『分配国民所得』，『支出国民所得』が等価であるというものである。ここで問題は『生産国民所得』にある。なぜなら，これは生産されたままの社会的純生産物であって，決して国民所得ではないからである。……したがって，同義反復に目を瞑れば，国民所得は『2面等価』——2面とは分配と消費——に過ぎない」[14]とされる。

　氏の「三面等価の原則」への批判は，「生産国民所得」が他の2つと量的には一致しないから「二面等価」であるとしているのでなく，価値的あるいは価格的に3つは量的に一致することを踏まえたうえで，純生産物を「生産国民所得」と捉えることに異を唱えているのである。しかし，私は，"国民所得は純生産物と同義"と捉えているので，「生産国民所得」は成立し，「分配国民所得」また「支出国民所得」はいずれも生産局面の純生産物の転化形態であり，また需給一致のもとでは流通過程や消費支出過程において価値や価格の増減はないから，「三面等価の原則」は成立すると考えている。このように，"国民所得は純生産物と同義"とするか否かで見解が分かれ，そこから波及して「三面等価の原則」についても評価が分かれるにいたっている。

　斎藤氏は，「三面等価の原則」を認めることは，労働価値論が新古典派の国民所得論に追随することになると警鐘を鳴らす。新古典派の国民所得論とは，氏も著書の別の箇所で述べているように，賃金，利潤，地代といった貨幣所得あるいはそれらが転化した現物所得が，生産過程における労働，資本，土地という3つの生産要素の貢献・役立ちによって発生しかつそれに応じて公正に分配される，という所得の発生と分配に関わる「三位一体」論のことである。私は，労働価値論にもとづき"国民所得は純生産物と同義"と捉えることは，氏が危惧するような「三位一体」論につながるものではない，と考えている。もっとも，氏は，所得に関する私見が「三位一体」論につながるとして直接批判

されているわけではない。しかし，労働価値論にもとづき"国民所得は純生産物と同義"と捉えることは「三位一体」論につながるものではないことをあらかじめ示しておくことは肝要と思われるので，最後にこれに触れておきたい。

　周知のように，今日の国民所得論の創設者であるケインズは，賃金労働者が余剰効用を極大化するという新古典派の第2公準は否定したが，新古典派の第1公準は承認した。すなわち，その第1公準とは，純生産物は労働および資本といった生産諸要素それぞれの貢献・役立ちによって獲得されるものであり，諸所得はそれぞれの生産諸要素の物理的な貢献度（凹型の生産関数を前提にした偏微分係数＝限界生産力）に応じて公正に分配されるというものである。したがって，そこには剰余労働あるいは労働の搾取は存在しない，ということになる。これに対し，労働価値論は，生産過程が労働力および機械・設備等の生産諸要素の投入であることはそのとおりであるが，これを人間の労働が主役となる労働過程として捉え，他の生産諸要素である機械・設備等をあくまで労働の対象および手段として捉える。したがって，生産物は文字通り労働の生産物であり，生産物の価値また価格は生産過程の主役である労働の投入をベースに経済評価する。換言すれば，新古典派では，純生産物は生産局面において各生産要素の貢献度に応じた合成物としてあらかじめ存在し，それが流通過程において分配局面および消費局面で公正に分配されていくと捉える。これに対し労働価値論では，純生産物は生産局面において各生産要素の貢献度に応じた合成物としてあらかじめ存在するとは捉えない。すなわち，生産局面における純生産物は労働によって新たにつくりだされた価値（V＋M）が内在している価値生産物であり，それがいったんは資本の所有物――サービス生産物の場合は支払請求権である債権の保有物――になることを経て，賃金所得や利潤所得等の諸所得に分解していく，と捉える。それゆえ，諸所得の大きさは，主として労働生産性を決定因とする純生産物1単位当たりに含まれる価値の絶対量，それと労働力商品の価値水準を決定因とするVとMの相対量（価値生産物の分配率）に応じて決まる，とする。そして，諸所得の大きさがこのようにして決まるとする労働価値論は，諸所得は純生産物の価値また価格が分解したものであり，逆に諸所得の合成によって純生産物の価値また価格が形成されるものではないこと，また，諸所得の大きさはそれぞれの生産要素の物理的な貢献度に応

じた公正な分配分であることをなんら保証するものではないこと，を示している。要するに，労働価値論にもとづき"国民所得は純生産物と同義"とすることは新古典派の所得把握と一線を画するものであり，私はこれを踏まえて「三面等価の原則」を承認する。それは，純生産物と同義である「生産国民所得」において所得が発生し，それが上の諸要因をつうじて分配され「分配国民所得」および「支出国民所得」に転化すると捉えるに等しい。したがって，「三面等価の原則」を承認すること自体は，「三位一体」論を柱とする新古典派の国民所得論に追随することを示すものではないのである。

注
1) このような通説の見地の我が国の代表者は，金子ハルオ『生産的労働と国民所得』（日本評論社，1967年）である。同様の見地から国民所得論を展開したものに山田喜志夫『再生産と国民所得の理論』（評論社，1968年），川上則道『計量分析 現代日本の再生産構造』（大月書店，1991年）等がある。
2) ここで言う，生産，分配，消費の3つの局面はいずれも流通過程の一局面であって，文字通りの生産過程あるいは消費過程を指すものではない。生産局面とは純生産物が生産過程を経て流通過程に入る局面であり，消費局面とは純生産物が流通過程を経て個人的消費あるいは生産的消費に入る局面のことである。山田喜志夫氏も，再生産表式をベースにして国民所得を論じるにあたり，3つの局面の意味について注意を促している。「社会的総生産物の一部分としての国民所得もまた生産，分配，交換，消費の各局面を経て運動するものである。なお，ここでいう生産局面とは，直接的生産過程それ自体を指すのではなく，生産過程を経て流通過程に入らんとする局面を指すのであって，ここでは，生産過程は前提・捨象されている。……他方，消費局面とは，上述の生産と対立する意味での消費であって消費過程それ自体指すのではなく，流通過程を経て消費過程に入らんとする局面のことである。……要するに，ここにいう，生産，分配，消費は，いずれも流通過程の一局面である」（山田，前掲書，16ページ）。
3) 山田喜志夫「再生産と国民所得範疇」，富塚良三・服部文男・本間要一郎編『資本論体系 第7巻 地代・収入』（有斐閣，1984年）386ページ。
4) 2013年「労働力調査年報」（総務省統計局）によれば，2012年の「医療・福祉業」の就業労働者は2010年の593万人から49万人増加し642万人に達した。「製造業」では1145万人から1030万人へと115万人の減少，「建設業」では543万人から502万人へと41万人の減少に対し，増大幅が顕著である。2012年の総就業者6246万人のうち，医療・福祉業だけで全体の約1割強を占めるにいたっている。
　　　サービス産業の現状分析で精力的に著作を発表している飯盛信男氏は，最新の著作（『日本経済の再生とサービス産業』青木書店，2014年）で1990年代以降のサービス産業従業者の推移を「事業所統計」（総務省統計局），「経済センサス」（総務省統計局）を用いて，次のように概括している。「わが国のサービス産業従業者数は1990年代前半

に製造業を上回り，それ以降の製造業の海外移転加速化＝空洞化とサービス産業の拡大により，現在ではサービス産業従業者数は製造業の2倍以上になっている」（55ページ）。1990年代以降の成長業種として，医療，福祉，教育，学術研究，宗教等を含む「公共サービス」の伸長が著しく，とくに医療，老人福祉，介護を加えれば1991年248万人，2001年352万人，2012年540万人と急増していると指摘している。

5） 労働力商品の再生産費である生活手段の価値とサービス商品の価値は，賃金労働者の個人的消費によって労働力に担われるというのが私の解釈である。これに対し通説は，労働力商品の再生産費である生活手段の価値は労働力には担われないという解釈である。この論点については，拙著（『サービスと労働力の生産』創風社，2003年）で詳論した。

6） 労働力の再生産費である労働力商品の価値について，金子ハルオ氏は次のように述べる。「賃金収入を規定する『労働者の維持に必要な一定量の生活手段の価値』である労働力価値は，その大部分が労働者の家族を含めて『正常な生活状態』で自分を維持するために消費するある量の生活手段の購入に当てられ，その他の部分が労働者家族を含めて『正常な生活状態』で自分を維持するために消費するある量の労働力の形成に与るサービスの購入に当てられ，この2つの部分から成り立っているものなのである。そうして，後者の部分はサービス部門に支払われる本源的収入の一部分となり，したがってサービス部門において生ずる派生的収入の一部分となり，またその派生的収入の大部分がその派生的収入の取得者の維持に必要な『一定量の生活手段』の購入に当てられるのである。それゆえ，労働者個人を社会的存在と捉えている限り，労働力の価値を労働者の維持に必要な『一定量の生活手段』の価値に帰着させることは正当なのである」（金子ハルオ『サービス論研究』創風社，1998年，89ページ）。

7） 第1章および第2章で私は次のように述べた。すなわち，本源的消費活動は目的意識的活動であるが故に，個人的消費において財貨商品の価値を労働力に移転し，サービス商品の共同生産過程で教育労働や医療労働等による労働力への新価値の創造を媒介する。しかし，本源的消費活動それ自体は"代替性がなく本来的に社会的活動ではない"ため商品価値は形成しないとした。これに対し，斎藤重雄氏（日本大学），土井日出夫氏（横浜国立大学）を交えたサービス論研究会において，労働力が商品化した資本制経済では本源的消費活動が労働力商品を生産する活動であることを認めているのであるから，これを商品価値形成労働から除外することは疑問であるという指摘があった。私は，そこでは明確に述べなかったが，本源的消費活動を"本来的に社会的活動ではない"とした趣旨は，本源的消費活動は労働ではないという考えがあったからである。これに関連して，土井氏から次の指摘があった。労働とは対自然（対物）と対人間（対人）を含めた外的変革活動である。これに対し，本源的消費活動は自分自身に対するいわば内的変革活動である。したがって，外的変革活動という範疇に入らない本源的消費活動は労働ではない。この土井氏の指摘は，本源的消費活動について"代替性がなく本来的に社会的活動ではない"とした本書の考えを原理的に捉えたものであり，同意できるものである。ただし，土井氏は本源的消費活動による新価値創造を否定するだけでなく，財貨価値の労働力への価値移転をも否定されている。これは本源的消費活動を労働ではないと捉えたことに起因していると思われるが，私は後者につ

いては肯定している。その理由は、本源的消費活動は代替性がないから労働のもつ抽象性をもちえないが、それが目的意識的活動であるという点で労働のもつ具体的有用性をもつと考えるからである。したがって、労働の具体的有用的性格が財貨価値の生産物への価値移転機能をもつのと同じように、本源的消費活動は目的意識的活動であるが故に財貨価値の労働力への価値移転機能をもつのである。

8) 作間逸雄編『SNAがわかる経済統計学』(有斐閣アルマ, 2003年) 265-293ページ。なお、森田成也氏は新著(『家事労働とマルクス剰余価値論』桜井書店, 2014年) で、家事労働は商品価値を形成すると主張し、家事労働は商品価値を形成しないとする拙論を批判している。「櫛田氏は、通説に反してサービス労働が労働力価値を形成する労働であり、個人的消費によっても労働力価値への生活手段価値の移転が起こることを正しく力説しているのだが、その櫛田氏ですら、家事労働が問題になるとたちまち通説に舞い戻るのである」(106ページ)。森田氏は、個人的消費を拙論のように本源的消費活動および代替的消費活動というかたちでは概念化していない。しかし、一方で拙論の本源的消費活動を「本来の消費行為」(55ページ)と呼んだうえでこれは商品価値を形成しないとしつつ、他方で拙論の代替的消費活動である家事労働は商品価値を形成すると主張されている。本書は両者の消費活動を区別したうえで、異なる理由によってそれぞれ商品価値を形成しないと結論している。前者の本源的消費活動は労働力を生産する重要な活動である。しかし、それは労働のような外的変革活動ではなく個人的な摂取活動であるために、商品価値は移転するが新たに商品価値は形成しないとする。後者の代替的消費活動である家事労働は、「家族のなかで他者のためにできる」外的変革活動として労働の原型であり、生産物の生産活動であることに違いはない。しかし、代替的消費活動である家事労働は、潜在的には生産活動であるとはいえ、資本制経済では個人的消費の範疇に入る。なぜなら、代替的消費活動は家族構成員のために作った野菜や椅子等の財貨、教育や介護によって維持・形成する家族構成員の知力や健康といった能力等を商品生産物として生産せず、よって資本制経済では労働力再生産単位としての家族内の活動にとどまるからである。つまり本書は、代替的消費活動が単に個人的消費であるという理由で価値を形成しないと主張しているのでなく、財貨あるいは能力であれ商品生産物として生産しないから新価値を形成しないとしているのである。

　森田氏は、本源的消費活動は商品価値を形成しないとしつつも、代替的消費活動である家事労働は労働力商品を直接生産する労働であると捉え、そうであるが故に価値形成労働としているようである。しかし、労働力は諸能力の統合体である。消費財やサービス生産物を活用し労働力を統合的な能力として最終的に生産するのは、個々人の「自分のために自分にしかできない」本源的消費活動でしかない。代替的消費活動である家事労働は、その手段である料理や家具といった財貨、知力や健康といった能力を生産物あるいは共同生産物として生産する活動にほかならない。つまり、代替的消費活動である家事労働は、労働力を生産する手段を財貨生産物として生産する活動あるいは労働力を構成する諸能力をサービス生産物として共同生産する活動にほかならず、諸能力の統合体である労働力を商品として直接的に生産する活動ではない。資本制経済の文明化作用は、見方を変えれば、労働力を生産する手段である財貨(消費財)

やサービス生産物を家族内の代替的消費活動（家事労働）による生産物から社会的労働による商品生産物に置き換え、これらを経済の迂回生産の連関のなかに組み込むことによって進展してきたと言ってよい。競争と社会的分業にもとづく資本主義的な労働編成は、一定の限界内でではあるが、財貨であれ人間の能力であれ、代替的消費活動（家事労働）による生産物から社会的労働による商品生産物に置き換えることをつうじて生産物の質と量を向上させ、労働者の生活水準を上昇させるとともに本源的消費活動によって生産される労働力の質を高めたのである。

9) 小檜山政克氏（『労働価値論と国民所得論』新評論、1994年）は、マルクスの「純粋の流通費」に包摂される「純粋の商業活動」について、「計算、簿記、市場調査や通信、現金出納などであり、そのために必要な不変資本としては、事務所、紙、郵便料金などがあった。この種の活動ではさらに、商品の品揃え、品質鑑定、秤量、分類、小分け、受渡しなどの仕事がある」（335ページ）とされたうえで、「売買取引を、紙の上の契約成立そのものとみるならば、それは価値を生むことはないだろう」（339ページ）としつつ、「純粋の商業活動」は「商品の輸送や保管と同じように、生産と消費を結び付ける上で社会的になくてはならない役割を果たしているのであって、……その意味で、間違いなく有用効果を生み出しており」（336ページ）、商業はその有用効果のために「投じられた労働によって、価値がつくり出される」（356ページ）と主張される。氏は、有用効果生産物説に立ったうえで、サービス部門にとどまらず商業・金融部門も国民所得を生産するという議論を展開しておられる。私は、「純粋の商業活動」は有用効果を新たに商品生産物として生産するということでなく、商業が取り扱う商品の使用価値の維持あるいは使用価値の完成をつうじて商品に価値を付加すると考えている。そのため小檜山氏の論旨には根本的なところで賛同できないが、「純粋の商業活動」を一括して価値非形成としたマルクスの見解の見直しを提起した点は評価に値するものと考える。

10) 小檜山氏は、前掲書において、二大階級を前提にした3部門経済モデルのような理論的に抽象された国民所得論の重要性を認めつつも、「最低限国民生活を維持できる活動をするものも、国民経済の維持、国民所得の生産にそれなりに貢献している」（289ページ）という観点から、自営業者を含む幅広い諸階層を含めて「現実の資本主義社会をリアルに反映した国民所得論」（255ページ）の必要性を強調しておられる。

11) 斎藤重雄『所得とサービスの基礎理論』（桜門書房、2014年）124ページ。

12) 同上、124-125ページ。［の商品資本］は、草稿段階での斎藤氏の指摘による。

13) 同上の訂正、「178ページへの追加」、2015年。

14) 同上、124-125ページ。

第8章　国民所得と公共部門

I　国民所得の生産部門としての「公共サービス」
　　──公的医療を例にして──

　教育，医療，福祉，娯楽等の対人労働部門では人間の能力というサービス商品を生産する。よって，サービス部門は商品価値生産部門であるとともに国民所得を生産する社会的労働部門である。本章では，前章の展開を踏まえ，「公共サービス」を担う公共部門と国民所得の関係をどう捉えるかについて私見を述べる。そこでまずは，公的医療を例にとり，本書の基本的考え方を述べる。公的医療について以下に展開される内容は，他の「公共サービス」すなわち公教育，公的福祉，公共交通，公的施設を使用するスポーツ等についても同じように当てはまる。なお，ここで言う「公共サービス」とは，単に公的機関によって運営されるサービス業だけではなく，公教育，公的医療，公的福祉などのように，なんらかの行政的見地からサービス商品に自由競争価格でなく公的価格が設定され，サービス商品に対し租税また公的保険からの支出がなされ所得移転また所得再分配が行われるサービス業を指す。

1　医療における投入と産出

　医療行為を健康維持・増進という人間の能力の生産，すなわちサービス生産物の生産過程として捉える私見にもとづけば，医療行為という経済過程は生産過程であり投入・産出という視点から捉えることができる。まず，医療における投入であるが，すでに第1章および第2章で述べたように，人間の能力というサービス生産物の生産過程の共通の特徴は，労働対象となる人間の消費活動が生産物の質に大きな影響を与える共同生産過程である。したがって，医師や看護師等の社会的労働の投入や医療機器等の労働手段の投入だけでなく，本来なら労働対象となる人間および彼の行う消費活動も投入に加えるべきであるが，資本主義的商品生産においては労働対象である人間は生産主体である資本の所

有物にはならない。また，純粋資本でない「公共サービス」の生産主体が商品生産を行う場合でも，労働対象となる人間は生産主体である公共部門の所有物にはならない。よって，「公共サービス」においても，労働対象となる人間および彼の行う消費活動は生産主体の投入費用から除外して考えることができる。

こうして，医療における投入は大別すると労働力と労働手段から構成されることになる。前者の労働力の投入は，医師，看護師，レントゲン技師等の医療スタッフの投入をつうじた社会的労働の投入であり，後者の労働手段の投入は，施設（土地および病棟），設備（注射器や血圧計等の器材，集中治療や血液透析等で必要とされる医療機器），薬剤等の財貨の投入である。そして，これらの総投入費用のうち，前者の労働力の投入が可変資本価値を，後者の労働手段の投入が不変資本価値を構成する。医療における投入をこのように捉えたうえで，労働価値説にもとづく本書は，医療行為を労働力と労働手段の投入による生産物の生産過程であり，しかも単なる生産過程でなく価値の生産過程でもあると捉える。つまり，医療労働の投入が労働手段に担われている価値を新しい生産物に移転するとともに，同じ医療労働の投入が新しい生産物に新価値を付加するのである。

次に，これらの医療部門の社会的労働の投入によって移転・付加された価値が担われる医療生産物とはなにかという問題である。本書は，すでに述べたように，医療における生産物を健康の維持・増進という人間の能力であるとする。ただし，人の運輸というサービス部門が人の移動距離という客観的尺度でその生産活動の成果（＝生産物）を測定できるのに対し，医療における健康の維持・増進という生産活動の成果を測定することのできる広く承認された統一的な尺度は，いまのところ存在しない。医師であり医療経済学者でもある二木立氏（『医療経済学――臨床医の視角から――』)[1]は，急性・慢性の伝染病が主流の時代には死亡率の改善，平均寿命の伸長など公衆衛生学的指標で医療の成果を測定できたが，慢性疾患，成人病など生活習慣病が多くなった現在では，そのような指標では医療の成果は測定しにくくなっている。そこで最近では，日常生活動作（activities of daily living: ADL）の改善を含んだ生活の質（Quality of Life: QOL）の改善が医療の成果を測定する有力な尺度として提案されているとする。

医療の成果すなわち健康の維持・増進という生産物あるいは産出物を測定す

る客観的な尺度としてなにが適切であるかは，今日の臨床医学また医療経済学におけるきわめて重要な実践的課題のひとつである。将来，仮に医療の成果を測定する広く承認される統一的な尺度が見出されるならば，本書はそれに従うつもりである。ところで，いま述べた医療の成果（＝生産物）を測定する尺度に関わる問題は，医療だけでなく教育，福祉，娯楽等の人間を対象とした社会的労働部門（＝サービス部門）の成果測定に共通する課題である。本書は，サービス生産物の測定尺度はそれぞれのサービス部門で究明されるべき実践的課題であると考える。むしろ経済理論的に重要なことは，医療を例にとって言えば，健康の維持・増進（人間の能力の変化）という医療の成果が人間の外部でなく内部に存在するということである。したがって測定尺度の問題があるにせよ人間の数を基準に医療の成果を捕捉することの妥当性があらためて確認できる。つまり，医療の成果についてなんらかの測定尺度が広く承認されれば，特定疾患の患者数は標準的疾患の患者数の数倍に換算されて医療生産物が捕捉される。こうして，特定疾患の患者は標準的疾患の患者の数倍に換算できるとすれば，医療の成果は標準的疾患の患者一人ひとりに等質に生産されるとしたうえで，医療生産物の総量は延べの患者数という人間の数で捕捉されるのである。

そこで，医療の成果が対象となる患者一人ひとりに等質に生産されると仮定して，医療部門における国民所得を捉えてみよう。仮に医師，看護師，レントゲン技師等の医療スタッフの投入をつうじた社会的労働の直接投入が年間10,000時間，労働手段の間接投入は，施設（土地および病棟），設備（注射器や血圧計等の器材，集中治療や血液透析等で必要とされる医療機器），薬剤等の財貨の投入が年間5,000時間であったとしよう。そして，医療成果として年間に生産される患者数が延べ300,000人であったとする。労働価値説にもとづけば，移転価値と付加価値（新価値）を含めた15,000時間の労働は300,000人の患者に担われる。1人の患者に担われる価値は0.5時間である。また，この医療部門における移転価値と付加価値（新価値）の比率は1：2であるから，延べ300,000人の患者のうち，100,000人が移転価値の比例的成分であり200,000人が付加価値（新価値）の比例的成分である。つまり，医療部門において300,000人の患者に担われた総生産物（＝健康の維持・増進という能力）のうち200,000人の患者に担われた生産物が医療部門における純生産物となる。換言すれば，

医療部門は200,000人の患者に形成された医療成果を純生産物すなわち国民所得として生産したのである。なお，すでに述べたように，サービス部門は共同生産であるために生産と消費は同時進行する。よって，200,000人の患者に形成された能力すなわち健康の維持・増進は生産主体である医療部門から見れば生産局面の国民所得であるが，消費主体である消費者（患者）から見れば消費局面の国民所得でもある。

2　医療サービス商品の価格

　周知のように，今日の資本主義社会は，多くの場合において，サービス部門における人間の能力の共同生産は民間資本あるいは公的機関によって行われている。そこでは，政府・自治体の許認可による参入規制が敷かれ，サービス商品の価格も自由競争的な商品価格ではない。医療サービスもそうであり，多くの場合，医療サービス商品に診療報酬という公定価格が設定され，患者はその一部を負担するという仕組みをとっている。公定価格である診療報酬は，投入および産出という医療サービス生産過程の評価を競争的市場に委ねるのではなく，行政的見地から医療サービス商品価格を評価・決定するものであり，国による統制価格といえる。また患者負担の割合も行政的見地から決定され，医療サービス商品価格＝診療報酬と患者負担とのあいだの差額は租税また公的保険から各種医療機関へ支払われる。

　医療サービス商品の公定価格である診療報酬は国民医療費[2]の水準を決定する最大の要因である。日本の保険診療の場合，医師・看護師その他医療従事者の技術料，処方された薬剤の薬剤費，使用された医療機器等の物件費などに対して点数方式（診療報酬点数表1点＝10円）で評価がなされる。診療報酬点数表の決定にあたって，厚生労働大臣は診療側（医師，歯科医師，薬剤師），支払い側（保険者），公益委員から構成される中央社会保険医療協議会に諮問し，厚生労働省が告示する（改定は原則2年に1度）。こうした医療サービス商品に対する公定価格の設定は国民医療費の高騰を防止し，診断・治療における患者負担を平等にする役割があるとされる。現在の日本では，被保険者である患者自己負担額は一部を除き公定価格である診療報酬の3割である。

　医療経済学者の広井良典氏（『医療の経済学』）[3]によれば，我が国の診療報酬決

定のプロセスは，大きく2つの段階に分かれるとされる。(a)「改定幅（率）」の決定と (b)「点数配分」の決定の2段階である。(a)「改定幅（率）」の決定は，診療報酬を全体として何％引き上げるかという決定に関わるものであり，財政的な側面を強く有し，政府の予算編成過程のなかに位置づけられる。(b)「点数配分」の決定は，(a)「改定幅（率）」の決定を総枠としつつ，そのなかで点数をいかに配分・再編成するかという観点から行われる。(b) の過程は (a) に比べ技術的な性格を有し，①医療技術の難易度の評価，②投入費用の補塡，③政策的な優先性，④病院と診療所間の得失に関する配慮を踏まえて点数配分がなされる。そして，(a) の決定は医療機関の経営を全体として補塡し，(b) の決定は医療技術を相対評価するという性格を有し，仮に日本の医療サービスが国民皆保険にもとづく公定価格制度をとっていなければ，いずれも前面には出てこない性格であると結んでいる[4]。

　さて，いま述べた医療サービス商品の公定価格である診療報酬を踏まえ，「公共サービス」のひとつである医療部門の国民所得をもう一度捉えてみよう。さきに範例として示したように，医療スタッフの投入をつうじた社会的労働の直接投入が年間10,000時間，労働手段に含まれる社会的労働時間の間接投入は年間5,000時間，そして年間に生産される医療成果は患者数で捕捉され延べ300,000人であった。労働価値説にもとづけば，移転価値と付加価値（新価値）を含めた社会的労働時間15,000時間は300,000人の患者に担われ，1人の患者に担われる価値は0.5時間となる。また，この医療部門における移転価値と付加価値（新価値）の比率は1：2であるから，延べ300,000人の患者のうち200,000人が付加価値（新価値）の比例的成分となり，医療部門における総生産物300,000人の患者のうち200,000人の患者に担われる健康の維持・形成という能力が医療部門における純生産物となる。ここで，医療部門で投入される社会的労働時間は市場評価に委ねれば1時間当たり10,000円という価格評価を受けるとしよう。すると，医療部門の総生産物価値は価格換算で150,000,000円，そのうち付加価値（新価値）は 100,000,000 円となる。また，総生産物価値150,000,000円は延べ300,000人の患者に担われるから，患者1人に担われる価値は0.5時間で価格換算すれば5,000円となる。さらに，医療部門は200,000人の患者に形成された医療成果を純生産物すなわち国民所得として生産するから，

医療部門で生産した国民所得は価格表示で100,000,000円となる。また、医療部門では生産と消費は同時進行するので、生産された100,000,000円の国民所得は患者である消費者から見て消費局面の国民所得となる。

次に、医療部門で投入される社会的労働時間を市場評価に委ねれば1時間当たり10,000円としたが、国民医療費の高騰を抑止する等の目的で政策的誘導あるいは政治的配慮が行われ、診療報酬という公定価格によって政府が価格をコントロールしたとしよう。たとえば、診療報酬決定のプロセスをつうじ、医療部門で投入される社会的労働時間は1時間当たり10,000円でなく8,000円に決定されたとしよう。すると、医療部門における総生産物価値は150,000,000円でなく120,000,000円となり、純生産物すなわち国民所得も100,000,000円でなく80,000,000円で価格評価されることになる。また、患者1人に担われる価値は0.5時間で価格換算すれば5,000円であったが、診療報酬という価格コントロールのもとでは4,000円で価格評価され、3割自己負担であれば患者が医療機関に直接支払うのは1,200円ということになる。

3 医療部門における国民所得と再分配

以上の数値例を踏まえ、医療部門を含めた「公共サービス」を国民所得の生産部門として捉える本書の見地から、次の3つの点を確認しておきたい。

まず第1に、公定価格である診療報酬は行政的見地から医療サービス商品価格を評価・決定するものであり、その時々の政治的思惑や配慮が働くことになる。その場合、投入および産出という医療サービスの生産過程の価格評価あるいは医療生産物1単位当たりの労働価値に対する価格評価は、医療サービス商品を競争的市場における取引に委ねる場合と比較して、本来の価格評価よりも高い水準あるいは低い水準に決定することを意味する。これは、医療サービス商品価格が需要供給の変動によって一時的に価値から乖離するケースとは異なり、一定期間にわたり政策的に誘導された恒常的な価値からの乖離である。医療部門の国民所得は、現実にはこのような性格をもつ公定価格にもとづいて捕捉されることになる。しかし、医療部門が健康の維持・増進という人間の能力の生産部門のひとつとしてサービス生産部門の一翼を担うということ、また純生産物である国民所得の生産部門であるということには変わりはない。したが

って，国民所得が公定価格によって捕捉されるとはいえ，経済全体に対する医療部門の社会的な貢献や影響を当該部門における国民所得の生産量をつうじて定量的に繰り返し捕捉すること，さらに，こうした前提を踏まえて医療部門を含む「公共サービス」をより現実に近づけた3部門経済モデルに組み入れることは経済的に有意味であると考える。

　第2に，競争的価格ではなく診療報酬という公定価格が設定されているとはいえ，医療サービス部門では剰余価値また利潤が存在する。上の数値例で言えば，医療部門における移転価値と付加価値（新価値）を含めた15,000時間の労働は300,000人の患者に担われるが，そのうち200,000人の患者に担われた健康の維持・増進という能力を純生産物として生産した。仮に剰余価値率が100％であるとすれば，200,000人の患者に担われた純生産物のうち100,000人の患者に担われた健康の維持・増進という能力が剰余生産物となり，これを労働価値で評価すれば15,000時間のうちの5,000時間の労働となる。また，医療部門で投入される社会的労働を1時間当たり8,000円と決定する診療報酬（公定価格）でこれを評価した場合，医療部門における総生産物価値は120,000,000円で，純生産物すなわち国民所得は80,000,000円である。したがって，医療部門の剰余生産物である100,000人の患者に担われた健康の維持・増進という能力は労働価値で評価すれば5,000時間の労働であるが，診療報酬という公定価格で評価すれば40,000,000円の利潤となる。医療部門における剰余価値また利潤の存在は，一定の制約はあるものの特別剰余価値ないし特別利潤を獲得するための競争を促し，中長期的にみれば医療部門における労働生産性を増大させる。

　このように本書は，医療部門では政府が公定価格の設定によって競争的市場をつうじた利潤極大化の追求をコントロールしているとはいえ，医療部門には剰余価値に裏づけられた利潤動機が存在すると解している。とりわけ，我が国の医療サービスは診療所から病院まで多くの場合が民間資本によって経営され，診療報酬支払方式の総枠規制の枠内で出来高制[5]を採用している。こうした我が国の医療サービスでは，利潤動機にもとづく競争が存在することを二木氏が明快に指摘している。「わが国の診療報酬支払方式では，最近部分的に手直しが行われているとはいえ，伝統的に『無形の技術（対人サービス）』が低く評価され，『有形の技術（投薬・注射・検査）』の質量の増加に比例して医療機関の

所得が増える方式がとられてきたため，医師・医療機関は収益をあげるために，新しい医療技術（新薬・新鋭の診療機器）を導入せざるを得なかった。更にわが国の場合，欧米諸国と異なり医療施設の機能分化がなく，しかも診療所だけでなく病院までも私的資本に依存しているため，医療機関間の競争が激しく，新鋭医療機器の無政府的導入＝過剰設置が生じやすい。……わが国ではCTスキャナー，人工透析などの高額医療機器の普及率がアメリカさえ抜いて世界最高水準に達しているが，その背後にはこのようなわが国の医療保障・医療供給制度の特殊性があるといえよう。しかもこれら高額機器が民間中小医療機関に導入されると，その採算確保のために本来の適応以上の過剰使用が誘発されやすい」[6]とされている。

　第3に，診療報酬によって決定されたサービス商品価格に対し，現行制度では患者本人がその一部を自己負担するが，それは所得移転また所得再分配を意味する。所得移転また所得再分配については，まず次の点に留意しなければならない。本書は公的な医療部門を含めたサービス部門全体を国民所得の生産部門としている。したがって，医療部門が生産するサービス商品への支払いよって得られる医療部門の所得は本源的所得であり，またそれが分解していく医療機関の利潤また医療労働者の賃金も本源的所得である。これに対し，本書と対立する見解は，医療部門を含めたサービス部門全体を国民所得の不生産部門であるとし，医療機関の利潤所得また医療労働者の賃金所得は財貨部門の本源的所得から派生する2次的所得であるとする。つまり，医療部門を含めたサービス部門全体が財貨部門によって事実上扶養されると考え，医療部門を含めたサービス部門全体を所得の再分配過程と位置づけるのである。本書がこうした所得再分配論に同意しないことは前章で詳論した。したがって，医療部門の所得移転また所得再分配について以下に述べることは，サービス部門について対立する見解が主張するところの本源的所得からの派生するという意味での所得移転また所得再分配ではない。医療部門を含めた「公共サービス」部門の所得移転また所得再分配とは，国民各層の貨幣所得からの負担とサービス生産物の現物支給とが一致しないという意味での所得移転また所得再分配である。

　上の数値例でいえば，患者1人に担われる労働価値は0.5時間で，診療報酬という価格コントロールのもとでは4,000円で価格評価され，3割自己負担で

あれば患者が医療機関に直接支払うのは1,200円である。このことは，まず，患者1人について労働価値で0.5時間，公定価格で評価すれば4,000円の健康の維持・増進という医療生産物が医療部門で生産され，患者1人はその現物支給を受けたことになる。また，サービス部門の一構成部門である医療部門を国民所得の生産部門と捉える本書の見地からは，医療生産物の現物支給は生産された所得の現物支給であるとも言える。しかし他方で，現物支給を受けた患者は，3割負担であるから公定価格の一部である1,200円，労働価値で言えば0.15時間しか彼の貨幣所得からは負担しない。公定価格との差額3,800円，労働価値で言えば0.35時間は，国民所得の生産部門における本源的所得だけでなく，流通・金融部門等における2次的所得をも含んだ社会的労働部門全体の賃金所得また利子・配当所得などの不労所得から徴収した公的保険料あるいは租税から支出される。

　つまり，「公共サービス」のひとつである医療部門における所得移転また所得再分配は，各種の貨幣所得から公的保険料あるいは租税を徴収された国民のうち，健康でない人が医療生産物の現物支給を受け健康な人はその現物支給を受けないということを示している。換言すれば，分配された貨幣所得からの負担分と医療生産物という現物所得の分配が必ずしも一致しないという事例である[7]。それ故，公定価格と自己負担額の差額が公的保険また租税から支出されるということは，健康な人の所得から健康でない人への所得の移転であり，また公的保険また租税の徴収そのものが累進的であったり給与額に比例するような場合には，豊かな人から貧しい人への所得の移転であると言える。そして賃金労働者に限って言えば，公的保険料また租税が賃金労働者全体の賃金所得（資本が賃金労働者に対して支払う直接賃金また間接賃金）から徴収されることで，賃金労働者一人ひとりの日々の労働力商品の再生産そして家族構成員の労働力の世代的な再生産を可能にしているのである。こうして，医療部門にとどまらず福祉部門，教育部門など「公共サービス」において普及している所得移転また所得再分配の制度は，競争主義的な自己責任原則とは異質な原理として，賃金労働者階級全体の日々の労働力商品の再生産そして世代的な再生産を可能にしていると言える。そして，今日の多くの先進資本主義国の「公共サービス」において，医療部門に類似した公定価格の設定と所得移転また所得再分

配が現に広く行われているという事実は,労働力商品の再生産を保証することをつうじて社会の安定を維持し,よって資本による社会的再生産を円滑に進行させるという行政的見地が働いていることを示している。今日の国家およびこれを代表する政府は,「公共サービス」の公定価格により競争的市場をコントロールし,所得移転また所得再分配により競争主義的な自己責任原則を一部緩和しているのである[8]。

II 国民所得の生産者としての公共部門

　医療部門の数値例にもとづき「公共サービス」について述べたように,3部門経済モデルは公共部門を包摂することができる。これが本書の主張である。まず,資本制経済において公共部門の主体である政府,自治体等は,公的活動を行うための土地等の十分な資産を有しないが故に,その活動の財源は租税に依拠している。よって,公共部門の主体である政府,自治体等は私的財産権を所有する純粋資本ではない。次に,公共部門が生産する商品は純粋な資本主義的商品ではなく,その生産活動の内容および優先順位は純粋資本の専決によるものではなく,議会の決定に依拠している。さらに,公共部門の生産活動の成果である公共財や「公共サービス」の価格形成は,利潤極大化を追求する個別資本間の競争市場をつうじた競争的価格ではなく,議会の政策的な意図を反映した公定価格となる。このように,公共部門は社会的労働部門のひとつであることに違いないが,経済主体が純粋資本ではなく,生産する商品が純粋な資本主義的商品でないが故に,資本制経済の二大階級を前提にして構築された3部門経済モデルから原理上は除外される。しかしながら,公共部門は教育,医療,福祉等の「公共サービス」および道路,港湾等の「公共財の建設」をつうじて,社会的総資本の運動を補完したり,国民の生活水準を維持したり,社会的再生産の維持・増進に大きく貢献する。この点で,公共部門はさきの小商品生産部門に準じて考えることができる。すなわち,公共部門は純粋な資本主義的商品の生産部門ではないものの,それが社会的労働部門のひとつとして財貨商品やサービス商品の生産活動を担うかぎりにおいて,実体経済により近い国民所得論を構築するために3部門経済モデルに包摂されるのである。その場合,公共

部門は国民所得の生産部門であり，公共部門で雇用され機能する賃金労働者の所得は派生的所得ではなく本源的所得になる。20世紀以降の独占資本主義段階の資本制経済において，公共部門は国民所得を生産する社会的労働部門として経済過程で比重を増してきている。以下では，「公共サービス」と「公共財の建設」を国民所得の生産部門とする考え方を中心に，本書の基本的考え方を述べる。

1 「公共サービス」と「公共財」の生産的性格

　資本主義社会は20世紀の独占資本主義段階に入ると，1917年のロシア革命，1929年の世界大恐慌，および2つの世界大戦をつうじて体制的な危機に陥った。この体制的な危機を乗り越えるために，公権力である国家が経済過程へ積極的に政策介入するとともに経済過程そのものへ積極的に進出した。財政・金融政策，社会保障政策など経済政策および社会政策の強化と同時に，「公共サービス」そして「公共財の建設」といった公共部門の経済規模の拡大である。金本位制の停止にともなう管理通貨制度の誕生，均衡財政を否定し所得創出効果を目的とした各種財政支出の拡大，中央銀行の財政・金融の一体化，労働基本権の法制化と最低賃金制の成立，国民健康保険・失業保険・年金等の社会保障の充実等々，これらが20世紀以降の資本主義諸国における体制的危機の回避および第2次世界大戦以降の経済成長に大きな役割を果たしてきたことは広く論じられていることである。そして，本書がとくに注目するのは，これら経済政策および社会政策の一環として資本主義諸国のなかで規模を拡大し続けている「公共サービス」および「公共財の建設」といった公共部門の拡大である。たとえば『国勢調査』(総務省統計局)で我が国の産業別就業者構成を見ると，医療，保健，福祉，廃棄物処理，教育研究，宗教等で構成される「公共サービス」は年々その比重を高めており，2010年には製造業が全体の16.8％であるのに対しサービス業は33.8％であり，このサービス業のうち「公共サービス」だけで15.2％を占め，製造業就業者に匹敵する比重を占めるにいたっている。とくにアメリカ，イギリスといった先進資本主義国の「公共サービス」の比重は20％を超えており，それに比べると日本の「公共サービス」の比重はいまだ低いとされている[9]。また，『国民経済計算年報』(内閣府経済社会総合研究所)によると，

「公共サービス」に関わる政府最終消費支出——中央および地方公務員への給与支払い，社会保障基金からの保険者としての医療費支出を主たる内容とする——の国内総生産（支出側，名目）に占める比重は，1995年15.2％，2000年17.1％，2005年18.3％，2010年19.9％と着実に増加し，最新2012年のデータでは20.6％とついに20％台に到達している。

　「公共サービス」には，教育，医療，福祉，保健・衛生，司法，警察・消防，文化・娯楽・スポーツ施設の管理・運営，公共交通機関の管理・運営，環境保護などが含まれる。それらは，管理・運営組織が政府・自治体等の公的機関であるか，また管理・運営組織が私的民間資本であったとしても許認可による参入規制があり，そして多くの場合，サービス商品に競争的価格ではなく公定価格が設定されている。これら「公共サービス」は国民一人ひとりの能力を維持・形成する役割を果たしており，本書の言うサービス部門にほかならない。そして「公共財の建設」には，教育施設，医療施設，福祉施設，集合住宅，上下水道，電気・ガス等のエネルギー，文化・娯楽・スポーツ施設，道路・港湾施設・飛行場等の交通手段，廃棄物処理など広範囲な施設が含まれる。設置・管理主体が公的機関であるか，あるいは公定価格が設定され国民に幅広く利用されている。本書は，競争的価格ではない公定価格が設定され国民各層に幅広く利用される公的施設を「公共財」と呼ぶ。「公共財」は，たとえば同じ道路が産業用と生活用に併用されるように，労働手段としての性格（生産財）と生活手段（消費財）としての性格をあわせもっている。しかし，「公共サービス」を国民所得の生産部門であるサービス部門のひとつとする本書の見地からすれば，これらの財貨の多くを労働手段にして「公共サービス」が行われるのだから，その場合には「公共財」は消費財というよりは生産財という性格を有するものとして扱われる。こうして公共部門は，生産財また消費財としての「公共財の建設」で財貨生産の一翼を担うと同時に，「公共サービス」の管理・運営主体として国民の能力を維持・形成する対人サービス部門のなかで大きな比重を占めるにいたっている。公共部門は，その経営主体が政府，地方自治体，公社，公団——広義には協同組合や非営利企業も含まれる——等の公的機関であるか，あるいは医療サービスで述べたように私的な民間資本によって経営されているとしても商品価格が公定価格によってコントロールされている。そして公共部

門の管理・運営には，公務労働者および公的性格をもつ労働者の分業および協業が幅広く形成されるにいたっている。

　今日の資本制経済では，就業労働者全体の約 1/5 が公共部門で活動している。20世紀以降の独占段階の資本主義は，財貨生産における労働生産性を飛躍的に上昇させ，個別資本では莫大な費用を負担しきれない「公共財の建設」を公共部門に委ねて個別資本の利潤を補完するとともに，財貨生産の労働生産性の上昇によって相対的に過剰になった労働力を「公共サービス」を含む対人サービス部門へ配分させた，と言える。しかもさきに述べたように，「公共財の建設」は景気対策また有効需要創出のための経済政策であり，「公共サービス」は体制的危機を回避するための社会政策であるという性格がある。また，公務労働および公的性格をもつ労働は，競争的市場で利潤極大化を追求する純粋資本の指揮・管理下にある社会的労働と比較すれば，相対的に共同体的性格を有している。したがって，公務労働および公的性格をもつ労働の拡大は，私的財産権にもとづく利潤極大化の追求に制限をかける領域の拡大である。これらはいずれも資本主義的競争市場メカニズムの万能性が否定されたことを意味する。したがって，労働価値論にもとづく論者のなかには，自由競争資本主義段階に見られないこうした事態の進行をクリーピング・ソーシャリズム[10]，あるいは「人間発達を保障する条件の拡大」[11]と捉える見解がある。これらは興味ある論点であるが，いまは触れない。

　本書が問題にするのは，労働価値論のなかであたかも通奏低音のように共通して流れる視点である。すなわち，「公共サービス」また「公共財の建設」を消費生活また生活様式の問題あるいは経済政策また社会政策の問題としてだけ捉え，国家が生産者として経済過程に進出している事態と明確に捉えることのできない視点である。これは，サービス部門は商品生産物を生産するものでないという認識だけでなく，それにに加え，「公共サービス」また「公共財の建設」を統括するために国家が行う共同社会事務は経済過程でない，という認識がそうさせていると思われる。そこから，共同社会事務を担う人々を不生産的階級，共同社会事務そのものを生産上の空費とするのである。しかし，こうした認識は，さきの医療サービスで言えば競争的価格にもとづき自由診療で医療サービスが行われれば経済過程であり生産上の空費ではないが，公定価格にもとづき

「公共サービス」として医療サービスが行われれば経済過程でなく生産上の空費であるとみなすようなものである。つまり、財貨生産であれ対人サービスであれ、それらが私的資本あるいは公的機関によって行われるかどうかで、経済過程であるか否か、また生産上の空費であるか否かを決定しようとするものであり、本書はこうした認識には同意できない。以下、こうした認識について批判することにする。

2 国家および共同社会事務の生産的性格——国家の二面的性格

以下では、「公共サービス」また「公共財の建設」を含む国家および公共部門の活動全体を共同社会事務と呼び、その生産的性格について2点述べる。

第1に、共同社会事務を経済過程とりわけ生産活動と捉えることができず、共同社会事務を担う人々を不生産的階級とする見解は、国家および公共部門が財政民主主義をつうじ共同体的性格をもつ社会的労働部門として機能している側面を見逃している。かつてマルクスは『ドイツ・イデオロギー』のなかで、自由競争段階の資本制経済において国家機構の行う司法、警察、軍事等に関わる共同社会事務を「幻想的な共同性」[12]と呼び、その共同社会事務を支配階級の利益を守る階級国家の不生産的機能として捉えた。しかし同時に、マルクスは『ゴータ綱領批判』のなかで、学校や衛生設備など国民経済あるいは国民生活を維持していくために国家機構が行う共同社会事務は、将来に継承していくべきものと捉えていた[13]。現代資本主義における国家を体系的に論じた宮本憲一氏は、ここで言う共同社会事務の受託者としての国家の性格を「共同社会事務受託国家」と呼んだ。そのうえで、氏は、マルクスの国家論は階級国家論であることに疑いがないが、共同社会事務受託者としての性格も有しており、両者をどのように統一して理解するかが国家論の中心課題であるとした[14]。本書は、現代国家の「公共サービス」や「公共財の建設」の実態を踏まえると、国家の性格を支配階級の階級的利益を保障しかつ被支配階級に譲歩した制度・組織であり、故に国家の活動はすべて不生産的・浪費的支出であるとすることでは不十分であると考える。むしろ、国家は二面的な性格をもつ——階級国家としての性格と国民国家としての性格——とした方が妥当と思われる。ここで言う国民国家とは、宮本氏の言う「共同社会事務受託国家」にあたるものであり、

社会的分業によって形成される多種多様な労働・職業部門に従事する国民諸階層あるいは都市・農村といった地域的分業等によって形成される国民諸階層の利害を，国民経済あるいは国民生活を維持するために統一的な視点で調整・管理・運営する共同業務遂行者としての公権力である。こうした二面的性格をもつ国家および公共部門が，社会的労働部門のひとつとして領域を拡大してきているのが今日の資本制経済であると考える。そして私は，こうした二面的性格をもつ国家および公共部門が「公共サービス」を行う場合，国家および公共部門は多様な階層に属する不特定多数の人間（国民）を対象に人間の能力を共同生産していると原理的に捉えるのである。

　周知のように，宮本氏は，公共投資の対象を「社会的労働手段」あるいは「社会的共同消費手段」という概念を駆使して整理し，それらのもつ生産的機能を強調した。氏は，著書『社会資本論』の「あとがき」のなかで，次のように心境を述べておられる。「公共支出をすべて，不生産的労働の産物として考える乱暴な議論がマルクス経済学界を支配し，公共投資の対象は，その経済循環の中での機能のいかんをとわず，すべて不生産的・浪費的とする政治的な判断が先行していた」，「現代の公共投資の対象を，社会的労働手段と社会的消費手段という概念を創造して整理することは，著者には『清水の舞台』から飛び降りるような勇気のいることであった」[15]。氏が「社会的労働手段」と呼ぶものは，港湾，鉄道，産業道路，飛行場，ダム，工場用排水設備，臨海工場用地などであり，「社会的消費手段」また「社会的共同消費手段」と呼ぶものは，共同住宅，エネルギー（ガス，電気），鉄道，生活道路，上下水道，病院，保健所，教育などである。とりわけ，後者の「社会的共同消費手段」は，氏が言うように国民生活を維持するための生産的な機能を有しており，これらを不生産的な機能をもつ階級抑圧・階級的譲歩の制度としてしか見ない議論は事実認識としても誤っている。なお，宮本氏が考案した「社会的消費手段」また「社会的共同消費手段」という用語は，内容からして国家および公共部門の生産的機能を強調したものである。それゆえ，本書の見地からすれば，「消費手段」と形容するよりは，これらは「公共サービス」という社会的労働部門の生産活動の手段であり，よって「公共サービス」の労働手段とした方が適切であると考える。

　第2に，これは本書の主張の繰り返しになるが，共同社会事務を生産活動と

捉えることができず，それを担う人々を不生産的階級とみなすのは，共同社会事務の中核をなす「公共サービス」においては新たな生産物は存在しないという誤った認識があるからである。生産物概念を財貨だけで捉える見地にもとづけば，教育，医療，福祉，保健・衛生等の「公共サービス」では，たしかに財貨は生産されない。よって，それを担う人々は生産物を新たに生みださず，財貨である生産物をもっぱら消費するだけの労働に従事していると映る。それ故，彼らの活動は社会的労働であるとはいえ不生産的労働であり，彼らは不生産的階級ということになる。しかし，対人サービス労働によって共同生産される人間の能力を生産物概念で捉える本書の見地からすれば，伝統的な生産物観にもとづくこうした考え方は正しくない。国家および公共部門の行う共同社会事務のうちさしあたり流通・金融および軍隊を除外すれば[16]，彼らの行う財貨生産活動である「公共財の建設」および国民の能力を維持・形成する「公共サービス」はともに生産活動なのである。第1章および第2章で論じたように，「公共サービス」で投入される社会的労働は外的自然（対人間を含む）の質料変換活動という労働過程論の一般的規定に包摂される。したがって，「公共サービス」の社会的労働は，純粋資本による利潤極大化を追求するものではないという点で生産的労働の特殊歴史的規定では不生産的労働であるものの，労働過程論からする本源的規定では生産的労働となる。つまり，「公共サービス」を含めた共同社会事務を担う人々は，一面では不生産的階級（歴史的規定）であるが他面では生産的階級（本源的規定）という二重の性格規定を受け取るのである。

　このように，国家および公共部門の行う共同社会事務のなかで「公共サービス」および「公共財の建設」を担う社会的労働は，いずれも労働過程論から見れば生産物そして純生産物を生産している。これにより，社会的総資本の運動を補完し，また国民の生活水準を維持・向上させ，よって社会的再生産の維持・増進に大きく貢献をするという生産的性格を有している。この視点から，国民所得の3部門経済モデルでは，公共部門は純粋な資本主義的商品の生産部門ではないものの，それが社会的労働部門のひとつとして財貨商品やサービス商品の生産活動を担うかぎりにおいて，3部門経済モデルに包摂し国民所得の生産部門とするのである。周知のように，今日の賃金労働者およびその家族は，財政民主主義を基盤にした財政支出により教育，医療，福祉などの無償あるい

は低価格の「公共サービス」によって労働力を再生産している。このことは，今日の賃金労働者およびその家族の労働力の再生産が，財貨である「公共財」を含む消費財だけでなく，「公共サービス」を含むサービス生産物を加えた純生産物（＝国民所得）によって成り立っていることを示している。この場合の労働力再生産費（労働力商品価値）は，資本が賃金労働者に対して支払う直接賃金また間接賃金によって購入・支出される商品生産物の価値，すなわち「公共財」を含んだ生活手段価値と「公共サービス」を含んだサービス商品価値によって規定されることになる。したがって，こうした「公共財」および「公共サービス」に該当する労働力再生産費（労働力商品価値）は，剰余労働からの控除ではなく賃金労働者の必要労働の一部である。国家および公共部門は「公共サービス」および「公共財の建設」をつうじて賃金労働者を含む国民の生活水準の維持に貢献しているのであり，本書の3部門経済モデルにおいてこそ，その意義を明確にできるのである[17]。なお，現行の国民経済計算は労働価値論にもとづく国民所得体系ではなく，しかも無形生産物あるいは無形財という概念でサービス部門の生産物を捉えており，本書のように人間の能力を生産物として捉えていない。ただし，すでに1968年の改訂SNA (A System of National Accounts) において，一般政府を旧来の消費主体の政府から社会秩序の維持，社会福祉の増進といった「公共サービス」の生産者へと地位変更している[18]。

3 本書の生産物観と唯物史観

　国家および公共部門が行う共同社会事務を生産上の空費とみなし，それらの社会的労働を不生産的労働，それを担う人々を不生産的階級とみなす見解は，生産物を物質的財貨だけで捉える伝統的な生産物観に根ざしており，現代の国家および公共部門の果たしている二面的性格のうち生産的性格を明確に捉えることができない。本書は，現代の国家および公共部門が生産的性格を有すること，とりわけ本書の生産物観にもとづけば「公共サービス」は国民の能力を維持・形成するという生産過程を有することを主張している。本書の生産物観は，物質的財貨だけでなく，対人サービス労働によって維持・形成される人間の能力を生産物と見る生産物観である。この本書の生産物観は，教育，医療，福祉，娯楽等において競争的市場でサービス商品を生産する対人サービス部門を国民

所得の生産部門と捉えるだけでなく，さきに医療サービスで述べたように，政府・地方自治体等の公的機関により直接的あるいは間接的コントロールのもとで行われる「公共サービス」も国民所得の生産部門に組み入れることを主張する。換言すれば，政府・地方自治体等の公的機関の活動を経済過程への政策的介入としてだけでなく経済過程そのものとして見るべきことを主張している。こうした本書の見解に対しては，それは事実上，唯物史観における上部構造を下部構造＝経済的土台とするに等しく，到底受け入れられないという反論が予想される。そこで，本書の生産物観にもとづいて唯物史観をどう見るかについてその骨子を示しておく。周知のように，唯物史観には「経済的土台の規定的役割，土台―上部構造論」そして「物質的生産の第一義的役割」という2つの命題がある。そこで，これら2つの命題について順次私見を述べる。

まずは，「経済的土台の規定的役割，土台―上部構造論」という命題である。土台とは経済過程であり，上部構造とは経済的土台の上に形成される政治・法律・宗教・道徳・芸術などの意識形態（イデオロギー）と，それに対応する社会制度・組織であるとされる[19]。マルクスは，特定の生産力段階に対応して，特定の生産関係，その総体である経済的土台が形成され，その土台に対応して特定の上部構造が形成されるとした。そして，土台と上部構造の統一を経済的社会構成体と呼び社会発展の歴史的段階を奴隷制，封建制，資本制等に区分した。さて，本書は，現代の国家および公的機関の共同社会事務の管理・運営下で行われる「公共サービス」また「公共財の建設」を本書の生産物観にもとづき経済過程＝経済的土台であるとした。「経済的土台の規定的役割，土台―上部構造論」という命題に関わって問題になるのは，国家および公的機関の共同社会事務は上部構造に関わって機能している社会的労働であり，よってそれらは経済的土台に属さないとすべきではないか，という点である。すなわち，裁判官，検察，警察，弁護士等に関わる社会的労働は私的財産権の保証（財産権の不可侵）かつ私的資本の利潤追求の保証（営業権の不可侵）という社会制度を維持するために機能する。また教育，宗教，芸術，スポーツ等に関わる社会的労働はこのような制度・組織のもとで宗教，道徳，芸術等に関わる意識形態をつくりだす。そして衛生，医療，福祉等に関わる社会的労働はこのような意識形態の基盤である人間の心身を維持する。行政，司法，警察等に関わる社会的

労働，また教育，宗教，芸術，スポーツ等に関わる社会的労働，そして衛生，医療，福祉等に関わる社会的労働，これらは国家の共同社会事務として行われる「公共サービス」である場合が多い。そして，それら社会的労働の成果は，法・社会秩序・治安といった社会制度・組織あるいは宗教，道徳，芸術等の意識形態（イデオロギー）といった上部構造であり，よって土台である経済過程に属さないとするのである。

　本書は，「公共サービス」を含む対人サービス部門で投入される社会的労働は直接人間（国民）を対象とし，人間の能力を維持・形成する社会的労働であり，人間の能力を共同生産する経済過程であるとする。これに対する反論は，本書のように対人サービス部門の成果を人間の能力としたうえで「公共サービス」を経済過程であると捉えることと，「公共サービス」の成果を社会制度・組織あるいは意識形態（イデオロギー）といった上部構造と捉えることとは論理的に対立しており成立しないとするものである。しかし私は，この両者は対立も矛盾もしないと考える。むしろ，本書のように捉えることは「経済的土台の規定的役割，土台―上部構造論」という命題を否定するものでなく，むしろこれを補強するものであると考える。その理由は，「公共サービス」の対象は意識形成をする人間（国民）であり，意識形成する能力を共同生産するということ，また国家あるいは公的機関が行う共同社会事務が二面的性格をもつということに起因している。

　たとえば，「公共サービス」が政府・地方自治体等の資本主義社会の公的機関によって管理・運営されるかぎり，そこには国家のもつ二面的性格が反映される。私のサービス経済論の考え方からすれば，行政，司法，警察等に関わる社会的労働の成果は人間（国民）の能力であり，生産量は事案，事件，事故等で対象となる人間（住民）の数で捕捉される。「公共サービス」は，国民一人ひとりの生活を維持するために必要な国民国家としての共同社会事務であるからである。この場合，「公共サービス」は生産物（人間の能力）を生産する経済過程になる。片や同時に，行政，司法，警察等に関わる社会的労働の成果は「公共サービス」の対象となる人間の意識形成をつうじた法制度・社会秩序であるとすることもできる。「公共サービス」は，支配階級の利益を守るために必要な階級国家としての共同社会事務でもあるからである。この場合，「公共サー

ビス」の成果である法制度・社会秩序は上部構造を形成する。同じように，教育，医療，福祉等に関わる社会的労働の成果は人間（国民）の能力であり，対象となる人間の数——学生数，患者数，入所者数——で生産量が捕捉される。教育，医療，福祉等が「公共サービス」として行われる場合は，それらは国民一人ひとりの能力を維持・形成するために必要な国民国家としての共同社会事務であり，「公共サービス」は生産物（国民の能力）を生産する経済過程になる。片や同時に，教育，医療，福祉等に関わる社会的労働の成果は，「公共サービス」の対象となる人間の意識形成をつうじた世界観や道徳観また教育・医療制度であるとすることもできる。それら「公共サービス」は，支配階級の利益を守るためあるいは被支配階級に譲歩するために行われる階級国家としての共同社会事務でもあるからである。この場合，「公共サービス」の成果である世界観や道徳観また教育・医療制度は意識形態（イデオロギー）や社会制度といった上部構造を形成する。

　要するに，行政，司法，警察，教育，医療，福祉等の「公共サービス」は対人サービス部門という経済過程すなわち土台＝下部構造として捉えることができるし，また意識形態（イデオロギー）や社会制度といった上部構造としても捉えることができる。「公共サービス」が政府・地方自治体等の資本主義社会の公的機関によって管理・運営されるかぎり，そこには国民国家であり階級国家でもあるという国家の二面的性格が反映されるからである。そして，現代の国家および公共部門が行う共同社会事務は，就業人口またGDPの構成比で見てもその比重を高めてきており，現代国家は生産的性格を強めてきているのである。こうして，「公共サービス」の対象が人間（国民）であり意識形成する能力が共同生産されるということ，しかも「公共サービス」を遂行する国家および公的機関の共同社会事務が二面的性格をもつということ，これらを踏まえれば，行政，司法，警察，教育，医療，福祉等の「公共サービス」は，上部構造であると同時に経済過程である，とすることができる。したがって，「公共サービス」を上部構造としてだけで捉え，経済過程ではないから生産上の空費であり，国民所得論のうえで不生産部門とする見方に私は賛同できないのである。以上が，「経済的土台の規定的役割，土台―上部構造論」の命題についての私の見解である。

次は,「物質的生産の第一義的役割」の命題についてである。これについては,斎藤重雄氏また飯盛信男氏が折に触れ述べており,私も同意できる解釈を示しておられるので簡潔に記すことにする。国家および公的機関の共同社会事務として行われる「公共サービス」を対人サービス部門という生産過程として捉えること,あるいは飯盛氏が主張するようにサービス部門を有用効果の生産部門として捉えることは,「物質的生産の第一義的役割」の命題を否定するものでないし,またそれとなんら矛盾するものではない。「物質的生産の第一義的役割」は,人間の経済活動は食べ,住み,着るための財貨の生産活動から出発しなければならないという真理を述べたものである。財貨生産における労働生産性の相応の向上があってはじめて,教育,医療,福祉,娯楽等の対人サービス部門への社会的労働の配分が可能になるのである。食べ物に飢え,住む所もなく,着るものに不足している状況下では,教育,医療,福祉,娯楽等の対人サービス部門に社会的労働を配分するどころではない,ということは自明である。したがって,「物質的生産の第一義的役割」の命題は,かねてより斎藤氏が述べているとおり[20],財貨生産とサービス生産をともに生産過程としたうえで,両者の階層性を示したものであると私は考える。よって,この命題は,財貨生産だけが生産過程であり,サービス部門は生産過程でないことを示すものではない[21]。

Ⅲ 生活様式論における「消費サービス労働」について

成瀬龍夫氏は『生活様式の経済理論』[22]で生活過程分析を試みておられる。必要生活手段の構成内容およびその変化の特徴づけ,生活様式と労働様式との関連性,都市的生活様式あるいは農村的生活様式といった生活様式の地域性など,氏の著書から学ぶところは多い。氏は,「消費サービス労働」は生活様式概念を構成する一要素であるとして,次のように述べる。「第1の要素は,家族である。家族は,人間の生命と労働力の生産・再生産の単位である。……第2の要素は,物的あるいは精神的な生活手段である。生活手段は,それが消費されることによって人間の生命と労働力に質量的に転化される。……さらに第3の要素としてあげられるのは,人間自身の消費サービス労働である。消費サ

ービス労働は，一般に消費用具を用いて消費対象を人間の直接的な消費に結びつけたりあるいはそれに適合するような加工や保管，伝達などを行う労働であるが，それは，家族による生活手段の消費を媒介し，生活手段を人間の生命と労働力に転化させる役割を果たしている。……生活様式の概念のもっとも簡単な規定を行えば，生活様式は家族と生活手段の結合様式として定義できるであろう。また，この定義のもとでは，家族と生活手段，およびそれらの両者の結合を媒介する消費サービス労働は，生活様式の概念を構成する3つの基本的な要素となる」[23]。

しかし，生活様式の構成要素であり家族と生活手段を結びつける役割を果たすとしている成瀬氏の「消費サービス労働」は，本書の見地からすると2つの問題点を抱えている。第1に，「消費サービス労働」として氏が定義するところの「一般に消費用具を用いて消費対象を人間の直接的な消費に結びつけたりあるいはそれに適合するような加工や保管，伝達などを行なう労働」は，本書の言う代替的消費活動（＝家事労働）である。代替的消費活動（＝家事労働）には家庭菜園の収穫物や日曜大工の製作物といった財貨の生産活動とともに，子どもの教育や親の介護といった家族構成員を対象とした対人サービス活動が混在している。労働の原型として家族共同体内に潜在している対物活動と対人活動の両者を一括して「消費サービス労働」という名称で括ることは適切ではない。なぜなら，たとえば家庭菜園の収穫物がなんらかの事情で商品として売買された場合，家庭菜園の消費活動の質料的性格は変わらないはずなのに「消費サービス労働」から農業労働に転化したということになってしまうからである。やはり，労働の質料的性格に依拠して，サービス労働は教育や介護などの対人労働に限定して使用する方法が妥当である[24]。この方法によれば，家族共同体内で家族構成員のために行われる消費活動には対物活動と対人活動の両者が労働の原型として存在し，家族共同体のなかに財貨あるいは人間の能力という別種の生産物が存在しているということを理論的に捉えることができる。

第2に，「消費サービス労働」には，対人労働において生産物が存在するという視点がないために，なんらかの事情で家族共同体内の対物労働が社会的労働部門として独立した場合にそれが社会的な生産活動になることを認める一方で，家族共同体内の対人労働が社会的労働部門として独立した場合には，それが社

会的な生産活動になるか否かをあえて問わないということになってしまっている。国民所得論との関連ではこちらの方が問題である。たとえば，家庭菜園で収穫される野菜，キッチンで料理・調理された食物は成瀬氏の言う「消費サービス労働」の生産物である。しかしなんらかの事情で，野菜や食物が家族外で商品として取引されるようになれば，「消費サービス労働」は農業労働また食品加工労働となり国民所得を生産する。したがって，それは生活様式の問題から生産様式の問題に移る。一方，家族内で行われる子どもの教育，親の介護といった「消費サービス労働」がなんらかの事情で教育労働，介護福祉労働といった社会的労働部門として独立した場合はどうか。氏の著書に，これに対する回答はない。著書では，社会的労働として現に独立して行われている教育労働，医療労働，介護福祉労働等はあくまで生活様式にかかわる労働として扱われ，生産様式の問題としては扱われていない。

　本書の見地からすれば，教育や介護の対人労働は，代替的消費活動（＝家事労働）という形態であれ，教育労働や介護福祉労働といった社会的労働という形態であれ，人間の能力を生産する活動にほかならない。そして，生産される人間の能力がサービス商品として家族外で取引されるようになれば，教育労働や介護福祉労働は商品生産物を生産する労働，また国民所得を生産する労働になる。教育労働や介護福祉労働はサービス労働という社会的労働，教育施設や介護福祉施設は社会化したサービス労働の労働手段になる。よって，教育労働や介護福祉労働および教育施設や介護福祉施設が戦後大量に整備されるようになったことは，一面では消費生活過程の変化という生活様式の問題であると同時に，他面では社会的労働全体のなかでサービス部門の比重が増大するという経済のサービス化の問題すなわち生産様式の問題になる。氏の「消費サービス労働」にはこのような視点が欠落している。たとえば，教育労働や介護福祉労働および教育施設や介護福祉施設が戦後大量に整備されるようになったことは，経済のサービス化という生産構造あるいは産業構造の変化の問題であるのにもかかわらず，「消費サービス労働」の社会化，「共同消費手段」の社会化といったかたちで捕捉され，もっぱら消費構造の変化という生活様式の問題としてのみ捉えられている。

　最後に，成瀬氏の「消費サービス労働」は，金子ハルオ氏の愛用する用語

「消費労働」を髣髴とさせる。そして,「消費労働」は言葉が短くなったせいか,問題の本質が端的に現れている。金子氏は次のように言う。「物質的財貨である生産物に転化することなしに消費者に提供され,その有用的な働きによって消費者の欲望をみたす労働は,社会的には消費過程に属し,そこで機能する労働(消費労働)である。一般的規定としてのサービス労働は,このように社会的には『生産労働』,『流通労働』,と区別される『消費労働』というべき性格の労働である。社会的な『消費過程』において,人間は社会的生産の成果である消費財を消費するとともに,その消費財によって維持される『消費労働』をも消費するのである」[25]。金子氏に言わせれば,教育労働および介護福祉労働は,家族共同体内で代替的消費活動(=家事労働)として行われようと,社会的労働として行われようと,「消費労働」あるいは「消費労働の社会化」である。いずれにせよ,それらは生産過程でなく消費過程に属することは変わらず,よって価値も国民所得も生産しない,となる。では,社会的労働として投入される教育労働や介護福祉労働は,何故に社会的に消費過程に属すると言えるのか。それは,それらのサービス労働は新たに生産物を生産せず,教育施設や介護福祉施設といった財貨は教育労働や介護福祉労働とともに消費者である人間によって個人的に消費されるだけだからである。つまり,労働生産物は財貨だけで構成され,人間の能力はそれに含まれない。これはもう生産物観の問題である。この点は,すでに先立つ諸章で詳論したので繰り返さない。

注
1) 二木立『医療経済学――臨床医の視角から――』(医学書院,1985年)。二木氏は,著書の冒頭章で医療経済学についての基本的考え方を述べておられる。そこでは,まず医療を「投入」・「産出」と「生産性」という視点から捉えようとされている。医療を含めたサービス部門は生産過程でなく消費過程であるという見地が支配的であった1980年代当時において,事実上,医療を経済学的に生産過程として捉えようとしたものであり評価に値するものである。さらに二木氏は,V. R. Fuchsの「サービスの生産には消費者の協力が重要な役割を果たす」(V. R. Fuchs『サービスの経済学』江見康一訳,日本経済新聞社,1974年,35ページ)に依拠して,「筆者は現代主流となっている慢性疾患医療における医者―患者関係の経済規定としては,……『生産過程での協力代行者としての消費者』が重要であると考えている」(二木,前掲書,13ページ)とされる。ここで二木氏が医療を含めたサービス生産過程の重要な特性と認める「生産過程での協力代行者としての消費者」は,サービス生産物の生産過程が社会的労働と消費活動

による共同生産過程であるという私のかねてよりの主張を別のかたちで表現したものである。

医療が経済的に生産過程であり，しかもその特性が共同生産過程であるという点で二木氏と私は認識を共有しているが，その生産過程の生産物はなにかという点で認識は一致していない。本書は，医療生産物を対象となる患者の心身に形成された能力すなわち健康の維持・増進であると捉える。二木氏は，医療生産物を死亡率の改善，平均寿命の伸長あるいは日常生活動作（activities of daily living: ADL）の改善を含んだ生活の質（Quality of Life: QOL）など事実上患者の心身上の変化として捉えているにもかかわらず，医療生産物を患者の心身に形成された能力として理論化してはいない。むしろ，サービス生産物の一般的特性を無形生産物であるとした V. R. Fuchs に依拠し，「財貨が有形であるのに対して，サービスは無形である。……医療サービスの場合も生産されるところで消費される。つまり，病院，診療所，あるいは保健所等々で提供され，その場で消費される」（二木，前掲書，7ページ）としている。無形というのは人間の五感によって容易には捕捉しにくいという意味であろうが，たとえばウイルスの除去は医療機器を用いて確認できるし，死亡率の改善や平均寿命の伸長は人間の感性で確認できる。また，日常生活動作（ADL）の改善を含んだ生活の質（QOL）も人間の心身活動の変化として確認できる。私は，医療生産物をけっして無形と思わない。医療を含んだサービス部門の生産物を無形生産物として捉える V. R. Fuchs や刀田和夫氏に代表される考え方については，第1章および第2章において批判的視点で論じている。

2) 医療サービス商品価格は公定価格であるとはいえ，日本のように個人開業医から大学病院までほとんど画一料金体系という国は例外的である。また，我が国の「国民医療費」の範囲は狭く傷病の治療費に限られているのに対し，アメリカの「国民保健費用」は傷病の治療費だけでなく，公衆衛生費や医学，公衆衛生の教育研究費，関連施設の建設費までを含んでいる。このように国民医療費を国際比較する際にその範囲を統一・調整する必要がある。この点に留意しつつ大雑把な国際比較データを示す。まず，我が国の「社会保障給付費」の2011年の対GDP比率は23.7％で，近年社会保障レベルの順位を上げているとはいえフランス31.4％，デンマーク30.3％，スウェーデン27.6％などヨーロッパ諸国と比べ低水準にとどまっている（OECD. Stat. 2015.4）。これに対し，「社会保障給付費」の構成要素のひとつである我が国の「国民医療費」の2010年の対GDP比率は8.2％で，アメリカは16.0％で突出しているが，スウェーデンの8.9％，イギリスの8.4％と同水準に達している（World Health Statistics 2013, WHO）。これら国民医療費の構造分析と国際比較については，データは若干古いが，二木，前掲書，第2章が詳しく述べている。

3) 広井良典氏『医療の経済学』（日本経済新聞社，1997年）93-126ページ。

4) 広井氏は，日本の診療報酬制度の仕組みは1992年アメリカの公的医療制度メディケアに導入され，「これはある意味で巧みなやり方であって，なぜなら，物価などの上昇をそのまま素直に一点単価の引き上げに直結させることなく，同時に点数体系そのものの再編成を行い，政策的誘導があわせて行われる仕組みになっているからである」（広井，前掲書，97-98ページ）と指摘している。ただし，これはあくまでメディケアの枠内の改革にとどまり，アメリカでは依然として民間医療保険の高騰の問題，無保

険者の問題は残されたままである。

5) 「患者1日あたりの入院料」、あるいは「疾病類型別の患者1人あたりの入院料」として定額を支払う定額制に対し、出来高制は医療サービスの質と内容を評価する支払方式とされている。広井氏は、わが国の総枠規制がかけられた出来高支払方式について、「医業費用の全体を『診療行為』と連動させた点数においてすべて評価しようとしているのが現在のわが国の診療報酬であり、……診療行為と直接関係のない、例えば事務職員の人件費は、直接的には点数そのものには上がってこず、また、個々の診療行為のいわば共通基盤をなす施設関連費用も、それ自体が直接点数として特掲されるのでなく、個々の点数の中に包含されるかたちとなっている。こうした意味で、医業費用の各費目と診療報酬点数表とは"一対一"の関係にあるものではない」(広井、前掲書、135-136ページ)としたうえで、「一点単価を固定しつつ、引き上げ幅の"枠"内で個々の点数自体の引き上げ(プラス相対評価の変更)を行うことにより、『技術の相対評価』という側面と『経済的な補塡』という側面を一回の改定で同時に行おうとする方式」(同上、140ページ)であるとしている。

6) 二木、前掲書、98ページ。診療報酬は公定価格であるとはいえ労働価値の影響を受け、医療部門の労働生産性の上昇は医療生産物(医療成果)1単位当たりの労働で評価した総投入コストを低下させる。またその別表現であるが労働1単位当たり生産される医療生産物(医療成果)の量を増大させる、と私は考える。この点で、二木氏は戦後の医療技術の進歩を「第1次医療技術革新」と「第2次医療技術革新」に区別して比較検討を行った川上武氏(『医療と福祉』勁草書房、1973年)に依拠し、興味深い指摘をしておられる。まず、「第1次医療技術革新」は戦後比較的早く始まった抗生剤・化学療法剤の開発、麻酔・輸血技術の進歩などに代表されるものであり、これにより感染症の克服、手術適応の拡大・安全性の向上がもたらされ、医療成果のひとつの測定尺度である死亡率の低下がもたらされた。そして、そこでは技術進歩による医療費の増加は問題にならず、むしろ疾病の医療費は低下しうる。「第2次医療技術革新」は1960年代後半から脚光をあびたコンピュータ化・自動化技術を医療に全面的に持ち込むものであり、その結果CTスキャナー、超音波診断装置、血液化学自動分析器などの医療機器の開発・実用化が進んだ。高価な医療機器の導入とこれにともなう病院の大型化が促進され、医療費の増加が加速した。

　二木氏は、「第1次医療技術革新」を高度技術、「第2次医療技術革新」を中間的技術と位置づけたうえで、高度技術はひとたび確立されるとそれ以前の効果の少ない技術と比べて安価で単純なものとなり、それが対象とする疾病の医療費を低下させるのに対し、中間的技術は「臓器移植、人工臓器、癌の治療(外科、放射線、化学療法)」などである。これらの技術は一見華々しく、国民・マスコミはこれらを高度技術と誤解することが多い。しかしこの中間的技術は、疾病の基礎にあるメカニズムに基づくものではなく疾病の最終結果を対象にしている延命技術にすぎない。……その場合には巨額な医療費、病院施設とスタッフの拡大が必要になる」(二木、前掲書、97ページ)と述べる。そのうえで、現代の慢性疾患・成人病の治療は19世紀末の感染症の治療と同じレベルにあり、医療費の高騰にもかかわらずそれに見合った医療効果(死亡率の低下等)が得られないことが現代の医療技術である中間的技術の性格である、と指摘し

ている。
7） 分配された貨幣所得からの負担分と医療生産物という現物所得の分配の不一致は，いわば"受益と負担の不一致"であり，所得移転また所得再分配が行われる教育や福祉など他の「公共サービス」においても見られる。所得移転また所得再分配は，資本主義的商品を生産する労働力商品の生産・再生産を保証し，よって資本制経済の社会的再生産を円滑に進行させ社会の安定を維持することにある。そもそも，財源を租税に依拠する近代資本主義国家は，国民国家であるとともに階級国家でもあるという二面性を有している。それゆえ，議会の決定をつうじた財政支出には"受益と負担の不一致"が不可避な側面がある。"受益と負担の不一致"は医療，教育，福祉などの「公共サービス」だけでなく，産業用道路，港湾，工業用水などの「公共財の建設」および軍隊などにも見られる。これら公共財や軍隊によって受益を得る企業資本はそれに相応しい租税負担をしているとはかぎらない。
8） 医療経済学の古典的論文と言われるK・J・アロー「不確実性と医療の経済学」（田端康人訳『国際社会保障研究』第27号，1981年所収［原著1963年］）は，医療に対する需要は不安定で予見できない，医師は利潤動機を強く持たない，医療成果に不確実性がある，医療分野への参入に免許制度による制限がある，価格決定に所得に応じた価格差別があるとしたうえで，医療では完全競争メカニズムは働かずこれをいわゆる"市場の失敗"としている。すなわち，医療では，資源の効率的配分と消費者のより大きな効用を同時に満たすパレート均衡（資源の効率的配分と消費者のより大きな効用の同時達成）は達成しえないとする。そのうえでアローは，社会はそのギャップを察知し，それを埋めるための非市場的社会制度を生みだすとし，公的医療保険制度の導入の必然性を説いている（アロー，前掲論文，56ページ）。こうして，アローとそれに続く公共経済論は，パレート均衡とのギャップを補正するための非市場的社会制度の重要性を説くことになる。これに対し本書は，すくなくとも社会の多くを占める労働者階級について，消費者としての彼らを，労働による苦痛を差し引いた余剰効用を極大化する存在とは見ない。本書は，医療部門を含む「公共サービス」における公定価格の設定そして所得移転また所得再分配の意義を，社会的生産部門において商品価値と所得を新たに生産する労働力商品の生産・再生産を保証し，よって資本制経済の社会的再生産を円滑に進行させ社会の安定を維持することにある，と捉えている。
9） 「公共サービス」就業者の構成比は，『国勢調査』の医療，保健，福祉等の産業中分類の数値にもとづいている。本文の構成比の数値は，飯盛信男氏の新著『日本経済の再生とサービス産業』（青木書店，2014年，19ページ）のなかで，氏が作成した数値に依拠している。また飯盛氏は，U. S. Bureau of Labor Statistics, Employment and Earnings 等から産業別就業労働者構成比の時系列表を作成し，アメリカの公共サービスが2000年時点で20％を超え，2010年には23％に達していることを明らかにしている。
10） 柴垣和夫氏は，労働力商品化の止揚という意味での社会主義への接近が現代資本主義のなかで進行しつつあるとして，次のように述べている。「労働力商品化の止揚とは，この三点を克服すること，すなわち，①労働者による賃金の自己決定，②雇用と生存の保障，③労働者による労働過程の自己管理，を実現することにほかならないことを提起したのであった。……①の賃金決定については，労働者の自己決定ではないが，

労働基本権の公認による労働組合の賃金決定への参加が権利化されることによって，そう言うことができる。②の雇用と生存の保障は，文字どおりのそれではないが，労働基本権による解雇条件の労働協約化と，生存権の公認による社会保障制度の確立によって，完全自助原則からの解放が達成された。これらは……福祉国家としての現代資本主義を古典的資本主義から区別する，きわめて重要な特徴である。さらに③の労働過程の自主管理の課題は，欧米諸国では未だしだが，……日本的経営を特徴づけている全員参加経営の『会社主義』において，疑似的に実現していると言えなくはない。……これらは現代資本主義におけるクリーピング・ソーシャリズムともいうべき事態であって，言い換えれば，労働力商品化の止揚という意味での社会主義への接近は，ソ連型社会主義においてではなく，むしろ現代資本主義の中でこそ進行しつつある過程だということになる」（柴垣和夫『知識人の資格としての経済学』大蔵省印刷局，1997年，248-249ページ）。

11) 角田修一氏は，生活様式論という枠組みのなかであるが，「公共財の建設」および「公共サービス」は資本主義的生活様式に代わる新しい生活様式をつくりだす可能性があるとして，次のように述べる。「共同生活条件が国家や自治体の管理や供給にゆだねられる場合，その所有・管理・規制は国家の共同業務としていとなまれそれに従事する公務労働者の分業も形成されるから，生活諸手段の可変資本形態を廃棄する形式的可能性を生みだす。……人間の生命の維持・再生産・発達を共同で支える手段と新たな労働が形成されているのであるから，その担い手たちがみずからの労働を『人間発達を保障する労働』として発揮する条件をつくるならば，資本と国家による制約をこえて新しい生活様式をつくりだす大きな協同の力となることができる」（角田修一『生活様式の経済学』青木書店，1992年，212-213ページ）。なお，教育，医療，福祉等の「公共サービス」あるいは公務部門で使用される財貨は個人的消費の対象・手段であるから，たしかに生活手段であり生活様式の問題になるが，しかし同時に，それら財貨は人間の能力というサービス生産物の共同生産過程で使用される財貨である。教育・医療・福祉に関わる機械・施設等は対人サービス部門における教育労働，医療労働，福祉労働また公務労働といった社会的労働の労働手段にほかならない。したがって，本書の見地からは，これら公共財を手段にした教育，医療，福祉，公務等の社会的労働過程は，生活様式というよりむしろ生産様式の問題になる。

12) 「諸個人は……，民主制の場合のように，この分裂のなかで動かざるをえない。だからこそ反面，共同の利益と幻想的な共同の利益とにたえずそむくところのこれらの諸々の特殊利益の実践闘争は，国家としての幻想的『普遍』利益による実践的な干渉と制御を必要ならしめる」（マルクス・エンゲルス『ドイツ・イデオロギー』，『マルクス＝エンゲルス全集』第3巻，大月書店，30ページ）。

13) 「総生産物の残りの部分は，消費手段としての使用にあてられる。だが，各個人に分配されるまえに，このなかからまた，次のものが控除される。第一に，直接に生産に属さない一般管理費。この部分は最初から，今日の社会にくらべればきわめてひどく縮小され，そして新社会が発展するにつれてますます減少する。第二に，学校や衛生設備等々のようないろんな欲求を共同で満たすためにあてる部分。この部分は最初から，今日の社会にくらべてひどくふえ，そして新社会が発展するにつれてますますふ

える」(マルクス『ゴータ綱領批判』,『マルクス＝エンゲルス全集』第19巻, 大月書店, 19ページ)。

14) 宮本氏は, 注12) および注13) のマルクスの文言を引きながら, これは国家の任務を示したものと解したうえで, 次のように述べる。「マルクス主義国家論は, 階級国家論であり, それによれば, 資本主義国家は, 資本家階級の意志によって, その利害を守ることを目的とした権力であることを解明したものであることは疑いがない。……だが同時に, マルクス＝エンゲルスの国家論には, 国民経済や市民社会を維持していくために必要な共同社会事務の受託者としての国家の基本的性格が解明されていた。このような共同社会事務は, 資本家の利害と直接結びつくものは別として, その多くは粉砕の対象ではなく, 継承すべきものであった。……現代の国家活動にはこの後者の共同欲望の充足の分野が多くなっている。このことから, マルクス＝エンゲルスの提起した階級国家論と共同社会事務受託国家論とをどのように統一理解するかが, 国家論の中心課題とされている」(宮本憲一『現代資本主義と国家』岩波書店, 1981年, 46-47ページ)。

15) 宮本憲一『社会資本論』(有斐閣, 1967年) 385ページ。

16) 国家の行う生産活動のなかにあえて軍隊を含めなかったことについて一言しておく。軍隊も国民の財産である国土や建物等の財貨, そして国民一人ひとりの能力が所属する人命を防御・維持するという点で, 警察・消防と同じように対人サービス労働の一環を占め, 本源的規定における生産的労働と言える。しかし, 実際に戦争行為が行われれば, 他国また自国で相応の財貨および人命を破壊する。戦争行為は, 武器等を生産・輸出する特定の独占資本にとって利潤の源泉であるが, 労働過程論の視角からすると産出より投入が多く経済的にマイナスである。つまり, 戦争行為は, それによって新たに生みだされる産出物総量よりはそれによって失われる投入物総量 (労働力が所属する人間を含む) の方が大きいから, この点で生産的労働の本源的規定にも当てはまらない。こうした点を踏まえて, 本書では国家の行う生産活動のなかに軍隊を含めていない。

なお, 近代国家に比較すると, 古代の都市国家や中世の王政国家では, 国家機能のなかで軍隊の占める比重は絶大であった。周知のように, 戦争行為のたびに戦費調達のために重い徴税や兵役が課せられた。国家および公的機関が生産的機能をもつにいたった近代と比較すれば, 軍隊が圧倒的な比重を占めていた古代や中世の国家は生産的機能をもたず, またそれを担う人々を不生産階級と見なすことは, この点で合理的であると言える。

17) 国家および公共部門の生産活動によって生産される「公共財」および「公共サービス」は, 純粋な資本主義的商品でないが故に, その商品価格は競争的市場をつうじた価格形成とは異なり公定価格, 統制価格になる。したがって, 租税負担者と「公共財」・「公共サービス」の受益者, また租税負担額と「公共財」・「公共サービス」への支払額が, 国民一人ひとりについて個々には一致しないという所得移転・再分配が生じる。この点については, 医療サービスを例にして, すでに指摘した。端的に言えば, 国家および公共部門は財貨およびサービス生産物の生産活動を行いつつ, 同時に「公共財」および「公共サービス」への公定価格の設定をつうじて所得移転・再分配を行う

のである。これに対し，労働価値論の通説は，国家および公共部門に所得移転・再分配の機能を認めつつも，彼らを生産者として捉えることは否定する。たとえば，川上則道氏は次のように言う。「つまり，生産やサービスは政府がおこなうにしても，再生産上の本来的位置はやはり生産部門やサービス部門にあり，政府部門にうつるわけではない。したがって，再生産論上の政府部門に生産やサービスを内在させるわけにはいかず，政府部門は再分配という機能（購入したサービスや施設の社会への提供をふくむ）を権力的・公的におこなう部門として限定されることになるのである」（川上則道『計量分析 現代日本の再生産構造――理論と実証――』大月書店，1991年，132ページ）。

18) 浅野栄一氏は，国連による1968年の改訂SNA（A System of National Accounts）――日本は1978年以降この新基準に従う――で，政府活動および対家計民間非営利団体の活動の位置づけが変更されたことについて，次のように述べている。「国民経済における政府活動の位置づけに関しても新しい考え方が打ち出された。政府を生産者として捉えるか消費者として捉えるかに関しては，従来いくつかの対立する解釈が存在していたが，新SNAは一般政府を政府サービス生産者として明確に位置づけた。ここで政府サービスとは，国家の安全や秩序の維持，経済・社会福祉のためのサービスであり，政府以外の主体によっては効率的に生産されえないものである。政府は，産業が生産した財と本源的要素サービス（主として公務員の労働）を投入して上記の政府サービスを生産する。……同様に，対家計民間非営利団体も，その独自のサービスを最終財として生産する経済主体と位置づけられている。対家計民間非営利サービス生産者には，私立学校，老人ホームや養護施設などの社会福祉施設，公共性の強い私立病院，労働組合，政党，宗教団体などが含まれる。新SNAでこれらを独立の経済主体としたのは，こうした準公共的セクターの活動領域が拡大している現実に対応したものである」（浅野栄一『現代の経済学』中央経済社，1988年，101-102ページ）。

19) 飯盛信男氏は，政治・法律などの社会制度・組織と宗教・道徳・芸術などの意識形態（イデオロギー）の両者を区分し，前者だけを上部構造とする見解を述べておられる。「客観的実在の反映にすぎぬ意識諸形態は，土台にも上部構造にも属さないとみるべきであろう。イデオロギー形態，意識諸形態は社会の上部構造に含まれるものではなく，経済的土台に照応するにすぎないとの主張は，藤井陽一郎教授，秋間実教授，黒滝正昭教授らによってなされている。さらに，田口富久治教授は，国家機構を狭義の上部構造，イデオロギー形態を広義の上部構造として両者を区別し，中野徹三教授も意識諸形態を『上部構造』としてではなく，『上層過程』としてとらえるべきだと主張しておられる」（飯盛信男『サービス経済論序説』九州大学出版会，1985年，176ページ）。本書では，飯盛氏の主張の当否はさしあたり問わず，上部構造は政治・法律などの社会制度・組織および意識諸形態の両者で構成されるとする通説にもとづいて論を進めることにする。

20) 斎藤重雄『サービス論体系』（青木書店，1986年）211-222ページ，および『現代サービス経済論の展開』（創風社，2005年）66-68ページ。

21) 飯盛信男氏は有用効果生産物説に立脚してサービス部門を生産部門・価値形成部門とする議論を展開しておられ，この点で本書と見解を異にする。しかし，「物質的生産

の第一義的役割」の解釈については認識を共有している。「生産諸関係は物質的生産部門のみならず流通部門・サービス部門にも見い出せるものであり，これらを含む総体としての生産諸関係が経済的土台（下部構造）を構成する。価値法則は生産関係に属するものであるから，サービス部門をも価値形成的とみなすことは，生産力にかかわる『物質的生産の第一義性』の命題となんら矛盾するものではない。『物質的生産の第一義性』の命題は，経済活動（社会の下部構造）のなかでは物質的生産が第一義的なものであるとするものであり，サービス部門が経済活動（社会の下部構造）に属さないとするものではない」（飯盛信男「生産的労働・サービス論争における新たな主張」佐賀大学『経済論集』第47巻第4号，2014年11月，107-108ページ）。

22) 成瀬龍夫『生活様式の経済理論』（御茶の水書房，1988年）。
23) 同上，19-20ページ。なお，生活様式概念を重視する角田修一氏も，対物活動と対人活動を含む家事労働を成瀬氏と同じように「消費サービス労働」と見ておられる。「これまでのことをまとめて，労働と生活，生産と消費を組みあわせると，①生活手段を生産する生産的労働，②生活手段を消費する消費労働（家事労働やサービス労働），③生活手段を消費する消費的生活，④生命を（再）生産する生産的生活，という4つの局面を区分することが必要になってくる」（角田，前掲書，101ページ）。
24) 二宮厚美氏は，近年の著書のなかで，サービス労働を対人労働に限定して議論を出発させた斎藤重雄氏と私の見解を，次のように評価している。「サービス労働をまず対人サービス労働に限定した上記の斎藤，櫛田氏らの議論は，この点において，マルクスの視点を継承したものであり，高く評価される。議論の出発点においてサービス産業に対物サービスを持ち込んだところに，サービス論の混乱が生まれたのである。」（二宮厚美『ジェンダー平等の経済学』新日本出版社，2006年，273ページ）。そのうえで，サービス労働の特質について，「サービス労働の特質とは，実に，それが人間を相手にした労働であり，それゆえコミュニケーション的関係のなかで進められる，という点に求められる。この点に着眼すると，サービス労働とは精神代謝労働に他ならない。」（223ページ）とされる。しかし私は，氏の言うところの精神代謝は物質代謝に包摂されると考えており，その点で認識は異なっている。
25) 金子ハルオ『サービス論研究』（創風社，1998年）72ページ。

櫛田 豊（くしだ ゆたか）

1954年，群馬県館林に生まれる
早稲田大学大学院商学研究科（経済学専修）博士後期課程修了
現在，青森大学経営学部教授，経済学博士
単書：『サービスと労働力の生産──サービス経済の本質──』創風社，2003年
共著：大石雄爾編『労働価値論の挑戦』大月書店，2000年
　　　斎藤重雄編『現代サービス経済論』創風社，2001年

サービス商品論
2016年10月20日　初　版

著　者	櫛田　豊
装幀者	加藤昌子
発行者	桜井　香
発行所	株式会社 桜井書店
	東京都文京区本郷1丁目5-17 三洋ビル16
	〒113-0033
	電話 (03)5803-7353
	FAX (03)5803-7356
	http://www.sakurai-shoten.com/
印刷・製本	株式会社 三陽社

© 2016　Yutaka KUSHIDA

定価はカバー等に表示してあります。
本書の無断複製（コピー）は著作権法上
での例外を除き，禁じられています。
落丁本・乱丁本はお取り替えします。

ISBN978-4-905261-34-6 Printed in Japan

大谷禎之介著

マルクスの利子生み資本論
全4巻

『資本論』の最難所をマルクス草稿(第3部エンゲルス版第21〜36章に使われた草稿全文)の精緻な解析で読み切る。20年にわたる著者の考証的論究を,さらに彫琢・拡充して,全4巻に集大成!

第1巻 利子生み資本 A5判上製・456頁・6000円+税
第3部エンゲルス版第21〜24章に使われた草稿部分を取り扱う

第2巻 信用制度概説 A5判上製・424頁・5600円+税
第3部エンゲルス版第25〜27章に使われた草稿部分を取り扱う

第3巻 信用制度下の利子生み資本(上)
A5判上製・628頁・8200円+税
第3部エンゲルス版第28〜32章に使われた草稿部分を取り扱う

第4巻 信用制度下の利子生み資本(下)
A5判上製・576頁・7500円+税
第3部エンゲルス版第33〜36章に使われた草稿部分を取り扱う
巻末に,マルクス第3部第5章草稿全文についての文献・人名・事項索引を収録

現行(エンゲルス)版では見えなくなっているマルクスの構想と筋道がここにその全容を現わす。

桜井書店
http://www.sakurai-shoten.com/